GÉNÉRAL DU BARAIL

MES SOUVENIRS

TOME DEUXIÈME

1851 — 1864

AVEC UN PORTRAIT

DOUZIÈME ÉDITION

PARIS

LIBRAIRIE PLON

E. PLON, NOURRIT ET Cie, IMPRIMEURS-ÉDITEURS

RUE GARANCIÈRE, 10

1898

Tous droits réservés

MES SOUVENIRS

L'auteur et les éditeurs déclarent réserver leurs droits de reproduction et de traduction en France et dans tous les pays étrangers, y compris la Suède et la Norvège.

Ce volume a été déposé au ministère de l'intérieur (section de la librairie) en mars 1895.

PARIS. TYP. DE E. PLON, NOURRIT ET Cie, 8, RUE GARANCIÈRE. — 3326.

LE COLONEL DU BARAIL

1863

MES SOUVENIRS

I

BOGHAR.

Au pied du mur. — Triste impression. — Un bon Agha. — Les nomades. — Une défection. — Larbâ et Ouled-Nayl. — Gendre et beau-père. — Un convoi. — Les illusions d'un général. — Fausse alerte. — En Smala.

Quelques jours après le coup d'Etat, le général Randon, nommé gouverneur de l'Algérie, venait prendre possession de son poste, et le général Pélissier, qui portait depuis plusieurs mois déjà les trois étoiles, rentrait à Oran, déçu, je crois, en ses espérances de se voir maintenu dans les fonctions qu'il avait occupées intérimairement. Au débotter, le nouveau Gouverneur se fit présenter les chefs de la province, et tous les chefs des bureaux arabes vinrent se ranger dans la cour du palais du Gouvernement, chacun à la tête des aghas, caïds, etc., qui dépendaient de lui. Mon bureau arabe de Blidah portant le numéro 1, j'occupais la droite, et le directeur divisionnaire me nomma le premier.

Le général Randon, probablement pour se donner l'air militaire, affectait un ton bourru, quoiqu'il fût au fond l'homme le meilleur et le chef le plus bienveillant qu'on pût rêver. « Ah! c'est vous, capitaine du Barail, me dit-il. Eh bien, après la réception, montez dans mon cabinet; j'ai à vous parler. » Et il passa. Ces paroles et le regard sévère qui les accompagnait présageaient une réprimande, des reproches. Je fis un rapide examen de conscience pour chercher si je les méritais, et, comme je ne trouvai rien de répréhensible dans ma conduite, j'attendis le Gouverneur avec une sérénité que justifièrent les premières paroles de notre tête-à-tête :

— J'ai lu, me dit-il, une sorte de mémoire signé de vous, en réponse à quelques questions que j'avais chargé l'inspecteur général des spahis d'étudier. J'y ai trouvé des utopies irréalisables, mais aussi certaines idées dont je serais assez disposé à tenter l'expérience, notamment en ce qui concerne l'emplacement, le recrutement et l'installation des spahis. Pour commencer, je vais vous envoyer à Boghar, comme commandant supérieur du cercle. Vous pourrez appliquer là vos théories, et nous verrons comment vous vous en tirerez.

Je voulus lui répondre qu'il s'agissait moins de mes idées que des siennes, et que j'attendais ses instructions; mais je sentis, au premier mot, qu'il ne fallait pas insister, et je me contentai de dire : « Mon général, alors j'emmène mon escadron avec moi à Boghar; car avant tout, j'en veux conserver le commandement? »

— Non pas, me dit le Gouverneur; vous allez partir tout seul. Vous étudierez comment vous pouvez établir votre escadron, monsieur le théoricien, et puis vous me ferez des propositions pratiques, et nous verrons. Votre nomination paraîtra demain matin; soyez parti demain soir.

Je m'en allai très inquiet et un peu déconfit. « C'est bien fait, me disais-je en descendant; tu te mêles toujours de ce qui ne te regarde pas. Tu veux réorganiser la cavalerie indigène! Eh bien, tu quitteras Blidah, où tu étais comme un coq en pâte, et tu t'en iras dans le plus vilain trou de l'Algérie, à Boghar. Il y fait chaud, il y fait malsain. Tu y laisseras peut-être ta peau, car tu n'es pas déjà si brillant, puisque le père Camou voulait te faire rentrer en France; mais ça t'apprendra! »

Il est vrai qu'au bout de vingt-cinq pas j'avais déjà changé d'opinion, presque aussi vite qu'un homme politique, et retourné la situation de son bon côté : un commandement à exercer, de l'indépendance à savourer, et enfin la gloriole de prouver que mes projets n'étaient pas des utopies. Je fis à peine entrer en ligne de compte les difficultés qui m'attendaient certainement de la part du bureau arabe de l'endroit dont j'allais changer le système et troubler les habitudes. A cette époque, les commandants supérieurs de cercle laissaient aux bureaux arabes la bride sur le cou pour tout ce qui concernait les relations politiques avec les indigènes, et les chefs de bureau traitaient directement avec le Gouvernement. A Boghar, notamment, le commandant supérieur était un vieux capitaine d'infanterie nommé Beauvallet, enchanté de son poste, de son supplément de solde, et qui signait, les yeux fermés, tout ce que lui apportait son chef du bureau arabe, un jeune officier très aimable et très intelligent. Il allait falloir changer tout cela.

Boghar dépendant de la subdivision de Médéah, j'allai prendre les ordres du général de Ladmirault qui y commandait, sous lequel j'avais eu l'honneur de servir à Aumale, et qui m'a toujours témoigné une bienveillance dont je lui suis resté respectueusement reconnaissant. Il me reçut à ravir et, pour que je n'arrivasse point au chef-lieu de mon commandement uniquement suivi de mon ordonnance, il me donna une petite escorte de quatre spahis commandés par un brigadier.

De Médéah à Boghar, par la traverse, il y a quinze

lieues de pays très accidenté. Dans la belle saison, c'était l'affaire d'une étape. Mais pendant les pluies, les ruisseaux transformaient la route en une série de fondrières qui mettaient à une rude épreuve la vigueur et l'entrain de nos excellents petits chevaux arabes.

Bâti sur l'emplacement du vieux fort qu'avait fait sauter le général Baraguay d'Hilliers en 1841, Boghar occupe le sommet d'un des derniers contreforts du massif montagneux qui se développe entre Blidah et les Hauts-Plateaux. Il est perché, comme un nid d'aigle, sur cette sorte de promontoire qui fait éperon vers le Sud et adossé à la forêt de cèdres et de pins du Oulad-Antar. Au pied de la montagne, coule le Nahr-Ouassel, qui bientôt, changeant de nom, deviendra le Cheliff, une des rares rivières importantes de l'Algérie. Le torrent s'est creusé un lit profond entre deux berges sablonneuses qui le rendent infranchissable, excepté à certains gués, et, pour descendre du fort dans la vallée, la pente est rude et escarpée.

En face, de l'autre côté de la rivière, se trouve le petit village saharien (ksar, au pluriel ksour) de Boghari, caravansérail où s'arrêtaient, à leur première étape, les nombreuses caravanes qui se dirigeaient de Médéah vers le Sud.

Boghari, construit entièrement en briques crues (taubs), se confondait avec les roches qui l'entouraient et avaient l'air de cacher honteusement ses nombreux lupanars peuplés de filles des Ouled-Nayl (les Nayliates).

J'arrivais par un jour sombre et pluvieux du commencement de janvier, à la nuit tombante, horriblement fatigué de la route, après m'être embourbé dans le pays bas, et j'apercevais devant moi toute la montagne ensevelie sous un linceul de neige. Au sortir des rosiers et des orangers de Blidah, le contraste était navrant. Il me serra le cœur.

Depuis quinze ans de vie africaine, j'avais connu de bien vilains postes, et je les avais connus au milieu des tristesses d'une occupation récente; jamais je n'avais encore ressenti une impression aussi pénible que celle que me causa ma nouvelle résidence, entrevue sous le brouillard et la neige. Avant de gravir la côte, j'allai me réchauffer quelques instants au foyer hospitalier d'un grand chef indigène que le général de Ladmirault m'avait indiqué comme un homme de confiance, l'agha Couider-ben-Mimouna, personnage très prudent, très avisé, très au courant de toutes les affaires du pays, quoique systématiquement placé en dehors de toutes les intrigues. Il me reçut en frère, et, quand je repris ma route, j'avais déjà le corps et l'âme réconfortés : le corps, par la chaleur du bon feu de sa tente, et l'âme par la chaleur d'une amitié naissante qui devait, par la suite, m'apporter de précieux avantages.

J'entrai dans Boghar à la nuit close. Rien n'était prêt pour me recevoir. Le capitaine Beauvallet, qui m'attendait pour me remettre le service, n'avait pas encore quitté le local affecté au logement du commandant supérieur, et ce local, composé de deux chambres dont l'une servait de chambre à coucher et de salle à manger et l'autre de cabinet de travail et de salon de réception, était vraiment trop étroit pour nous abriter tous les deux. J'allais faire tendre ma tente et camper dans la rue, quand le chef du bureau arabe accourut pour m'offrir l'hospitalité. Le lendemain, je fis connaissance avec l'intérieur du fort. Il n'était guère plus gai que l'extérieur. A part l'hôpital militaire, bâtiment construit, suivant le type traditionnel, sur la déclivité de la côte, et dont les sous-sols d'une façade correspondaient au premier étage de l'autre, tout n'était encore qu'à l'état d'ébauche et installé avec si peu de soin que la poudrière et le four de l'administration n'étaient séparés que par le grenier à bois. Je réclamai aussitôt contre d'aussi vicieuses dispositions, mais sans le moindre succès. Heureusement, une belle nuit, le feu se mit dans le bois, la poudrière manqua de sauter et tout le fort avec. Le lendemain, le génie daigna m'exaucer.

Outre les services accessoires, hôpital et subsistances militaires, la garnison était composée de deux compagnies d'infanterie : une du 60° détachée de Médéah et une du bataillon d'infanterie légère, plus la compagnie des pionniers de discipline, dite des mutilés, et ainsi nommée parce qu'elle était formée des conscrits qui s'étaient volontairement mutilés pour échapper au service militaire. On ne leur donnait pas d'armes, et ils servaient comme terrassiers. La chefferie du génie était occupée par le capitaine Vincent, fils d'un ancien officier supérieur du 17° léger. Officier jeune, charmant, distingué, ambitieux, il avait le cœur chaud et dévoué, mais la tête un peu près du bonnet. Il avait, en outre, rapporté de l'École polytechnique, avec une instruction supérieure, des allures d'indépendance qui amenèrent vite un petit conflit entre nous. Il réclama, fut désavoué et devint de bonne grâce mon ami fidèle. Je le fis venir plus tard à Laghouat, où il fut promptement décoré. La paix de Villafranca l'arrêta au moment où il allait partir pour l'Italie, comme capitaine dans un nouveau régiment de tirailleurs algériens qu'on voulait créer. Pour parvenir plus vite, il demanda alors à servir aux colonies, fut envoyé à Gorée et mourut de la fièvre jaune en y arrivant. Je le regrettai infiniment.

Boghar possédait aussi un commandant de place, le capitaine Fricot, vieil officier de l'état-major des places, qui jouissait là d'une retraite anticipée. Il était marié avec une femme aussi âgée que lui. M. et Mme Fricot rappelaient vaguement M. et Mme Denis, et leur couple vénérable servait de cible perpétuelle aux quolibets de nos jeunes gens. Ils se racontaient que la commandante ayant fait appeler, un jour, le médecin militaire pour le consulter sur certains troubles naturels amenés par l'âge, lui avait demandé si, néanmoins, elle pouvait rester pour le capitaine l'épouse soumise à ses fantaisies. Le major avait ordonné une abstinence complète. « Là, tu vois bien, Fricot, dit la bonne dame en regardant son mari; qu'est-ce que je te disais? » Et le capitaine écouta son arrêt avec une modestie un peu orgueilleuse.

Une fois installé, je vis fondre en même temps la neige blanche et mes idées noires, sous l'influence combinée du soleil et du travail. Ma marotte était mon escadron. Je voulais, avant tout, pourvoir à son installation, et j'étais fort impatient de le voir arriver. Or, ce n'était pas une petite affaire que de l'amener où j'étais. Il fallait d'abord vaincre la mauvaise volonté de l'état-major du régiment qui ne voulait pas le voir partir de Blidah, parce que cet escadron était le seul qui justifiât à Blidah la présence de cet état-major, réduit, sans mes spahis, à un peloton hors rang. Il fallait vaincre encore l'inertie du bureau arabe qui n'était pas pressé de le voir venir. Il fallait enfin lui trouver, à proximité de Boghar, des terres domaniales assez vastes pour le recevoir; et je ne savais pas où les prendre. Très embarrassé, j'imaginai d'aller consulter mon nouvel ami, l'agha Couider-ben-Mimouna. « Vous cherchez une terre domaniale pour votre smala? dit-il, j'en ai une très belle à votre disposition, là tout près, de l'autre côté de la rivière; elle s'appelle Moudjebeur. Comme elle n'était ni louée ni cultivée, le bureau arabe m'en a accordé la jouissance, et j'en ai tiré mon profit; cela ne faisait tort à personne. Mais elle appartient à l'État, et je suis prêt à vous la remettre. »

On pense si je remerciai le consciencieux agha et si je m'empressai de réclamer Moudjebeur. Je proposai au Gouverneur d'assigner ce terrritoire au 1ᵉʳ escadron de spahis et demandai, en même temps, qu'à titre de récompense pour son désintéressement, l'agha reçût en toute propriété les terres qui ne seraient pas nécessaires à notre établissement. Ces deux demandes me furent immédiatement accordées. Il me restait encore à trouver les moyens d'installer matériellement l'escadron. Sans doute, les spahis indigènes devaient vivre à l'arabe, sous la tente. Mais il fallait loger le cadre français, construire des magasins, les dépendances nécessaires à une troupe régulière, un abri pour les chevaux. Et, comme Moudjebeur était à deux heures de Boghar, de l'autre côté de la rivière, il fallait encore le mettre à l'abri d'un coup de main, pour le cas où l'escadron serait dehors, laissant au camp ses familles, ses provisions et ses indisponibles. Tout cela, dans mon idée, devait s'exécuter après l'arrivée de l'escadron que je demandais à cor et à cri. Mes instances étaient d'ailleurs justifiées par un point noir qui grossissait du côté du Sud.

A Ouargla, s'était établi un nouvel agitateur, un Mohammed-ben-Abdalah, notre ancien khaliffa de Tlemcen, qui était allé porter d'abord en Kabylie ses prédications fanatiques et, après avoir attiré dans les montagnes du Djurdjura les maux de la guerre et en avoir été chassé par les habitants eux-mêmes, était venu se fixer dans la dernière oasis de l'Oued-Rir d'où il espérait soulever nos tribus nomades. Déjà les Larbâ, sous l'influence de leur bach-agha, Ben-Nacer-ben-Chorâ, étaient venus se joindre à lui, abandonnant brusquement les campements qui leur avaient été assignés.

Deux mots d'explication feront comprendre une situation assez compliquée. La population nomade du sud de la province d'Alger se compose de deux grandes confédérations : les Ouled-Nayl et les Larbâ. Elles sont soumises, je l'ai expliqué, à un double mouvement alternatif entre le Sahara et le Tell, gagnant le Sahara en hiver, pour y nourrir leurs dromadaires et leurs moutons, et remontant vers le Tell en été, lorsque le Sahara, desséché, n'offre plus à leurs bêtes de moyens de subsistance. Dans ces pérégrinations, ces nomades traversent les campements d'autres tribus dont les émigrations sont moins étendues que les leurs. C'est un chassé-croisé perpétuel pendant lequel se font les échanges indispensables, les nomades venant vendre des dattes, des laines, des moutons, des chameaux, et acheter des céréales, des tissus, des objets fabriqués. Il se tient là des marchés que l'on pourrait comparer à nos foires d'autrefois. Les intérêts entre le Nord et le Sud sont enchevêtrés de telle sorte que les passages de nomades sont considérés, non comme une servitude incommode, mais comme un contact avantageux qui donne lieu à des relations fécondes. Les nomades, pour s'éviter le transport des denrées et marchandises qu'ils ont acquises, les déposent dans les villages sahariens qui leur servent d'entrepôts et de magasins où ils viennent puiser. Et chaque nomade a dans les ksour un correspondant qui lui sert d'homme d'affaires et de magasinier. Les Arabes des grandes tentes considèrent, de ce fait, les Arabes des ksour comme des sortes de commis appartenant à une race inférieure.

Or, en 1844, un chef important de Laghouat, Ahmed-ben-Salem, étant venu à Médéah offrir au général Marey-Monge la soumission de sa ville et des tribus avoisinantes, le général se porta sur Laghouat avec une colonne légère, entreprise qui, un an après la prise de la Smala, semblait encore audacieuse et périlleuse. On ne tira pas un coup de fusil. Ahmed-ben-Salem, qui avait guidé la colonne et dont l'influence, croyait-on, venait de nous faire faire un pas décisif, fut récompensé par les hautes fonctions de khaliffa de Laghouat. Il ne le leva que du général commandant à Médéah. Lorsque plus tard, les Ouled-Nayl firent leur soumission, ils reçurent, sous l'autorité de Si-Chérif-bel-Arch, une organisation qui les rendait indépendants d'Ahmed-ben-Salem. Mais ce dernier fut l'auteur et le négociateur de la soumission des Larbâ, qui passèrent naturellement sous son commandement. Il fit même confirmer leur chef, Ben-Nacer-ben-Chorâ, dans son titre de bach-agha et lui donna une de ses filles en mariage. Pendant quelque temps, tout marcha bien entre le beau-père et le gendre; mais bientôt les cartes se brouillèrent; le gendre, homme des grandes tentes, souffrait dans son orgueil d'être placé sous les ordres d'un homme des ksour qu'il traitait de vieux marchand de dattes, encore que ce vieux marchand de dattes fût son beau-père. Tous les ans, lorsqu'il ramenait sa tribu aux pâturages d'été, Ben-Nacer-ben-Chorâ venait se plaindre à Médéah des exactions de son beau-père. Il devait avoir raison. Un Arabe a toujours raison quand il se plaint d'avoir été dépouillé par un autre Arabe. Mais les services et la fidélité du vieux khaliffa plaidaient en sa faveur; et puis, le chef du bureau arabe de Médéah, mon ami, le capitaine Gruard, des zouaves, qui pratiquait la maxime « diviser pour régner », aimait à entretenir des querelles entre les chefs. Il avait doublement tort, d'abord parce que, sur le terrain de l'intrigue, les Arabes étaient plus forts que lui, et ensuite parce que, lorsqu'on commande, le meilleur moyen d'être bien servi, c'est d'inspirer confiance à force de loyauté. Ce pauvre Gruard devait mourir fou, dans un voyage qu'il fit à Laghouat pendant que j'y commandais. Il cherchait donc à gagner du temps et répondait évasivement.

Vers la fin de l'été de 1851, Ben-Nacer-ben-Chorâ, voyant qu'on ne l'écoutait pas à Médéah, poussa jusqu'à Alger, afin de porter plainte au Gouverneur général. Le colonel Durrieu, alors directeur des affaires indigènes, étudia consciencieusement cette affaire, y démêla la vanité blessée du chef et, assez embarrassé, ne voulant pas pousser le solliciteur à l'insurrection, ne voulant pas non plus sacrifier à ses rancunes un vieux serviteur, lui promit de tout régler au bout de quelques jours, à sa satisfaction. En attendant, il lui assigna, comme campement provisoire, une région située entre Médéah et Boghar, appelée Berrou-Aghia. Ben-Nacer parut satisfait, demeura quelques jours à Alger, puis vint rejoindre sa tribu et, dans la nuit, partit, sans laisser une tente en arrière, et alla s'établir à douze lieues au delà de Boghar, à un endroit appelé Aïn-Oucera.

Le général de Ladmirault ne vit là qu'un coup de tête, et, persuadé qu'il suffirait de mettre en demeure le fugitif d'avoir à rentrer dans nos lignes, il fit partir un peloton de vingt-cinq spahis, commandé par un lieutenant, servant au titre indigène, M. Carrus. Né à Marseille, M. Carrus était juif. Il était venu, très jeune, s'établir à Alger avec ses sœurs, et il était devenu un véritable Arabe de langue, de mœurs et d'esprit. Il avait l'habitude de ces sortes de missions et s'en tirait toujours bien, parce qu'il connaissait sur le bout du doigt toutes les intrigues arabes. Bon soldat, du reste, mais sans grande instruction générale ni professionnelle. Enfin, il avait eu plusieurs fois affaire avec Ben-Nacer et partit, convaincu qu'il le ramènerait promptement à l'obéissance. Il rejoignit les Larbâ à Aïn-Oucera, où Ben-Nacer avait jugé à propos de séjourner, en pleine sécurité, d'ailleurs, puisqu'il avait devant lui l'immensité du désert pour s'enfuir, et attendait là le retour d'émissaires envoyés aux tribus dont il lui fallait traverser les territoires et dont il voulait s'assurer les sympathies. Elles lui étaient acquises. La plus importante de ces tribus, les Ouled-Chaïb, avait pour caïd un vétéran des guerres d'Abd-el-Kader, Si-

Djedid, qui ne rêvait que la reprise de la guerre sainte.

Carrus fut reçu à merveille par le chef, qui voulut lui offrir lui-même l'hospitalité dans sa tente, tandis que les principaux Arabes emmenaient chacun un spahis pour mieux le fêter. Le dîner se faisant attendre et le bach-agha s'étant absenté pour veiller, disait-il, à la réception des cavaliers rouges, Carrus s'endormit. Quand il se réveilla, il vit, dans les dernières lueurs du crépuscule, dix canons de fusil braqués sur lui. Il voulut sauter sur ses armes; elles avaient disparu. Ses soldats, perdus dans l'immensité de la tribu, avaient partagé son sort et étaient, comme lui, réduits à la plus complète impuissance. Ben-Nacer-ben-Chorâ pouvait donc faire ce qu'il voulait des vingt et quelques hommes lancés imprudemment à sa poursuite.

— Il ne te sera fait aucun mal, ni à toi ni aux tiens, dit-il au lieutenant déconfit ; seulement, je t'enlève la possibilité de me nuire. Je vous rends la liberté, mais je garde vos chevaux et vos armes. Retourne à Médéah. Va dire à celui qui t'a envoyé que Ben-Nacer-ben-Chorâ quitte le service des Français, où il n'a trouvé qu'amertume et qu'humiliation, pour aller rejoindre celui qui représente la religion et l'indépendance.

Le pauvre Carrus réunit, non sans peine, ses vingt-cinq hommes, hors du campement, et, très peu rassuré, craignant que les Arabes ne partageassent point la magnanimité de leur chef, il fit à pied les douze lieues qui le séparaient de Boghar, où il arriva avec tout son monde, exténué, mais sain et sauf. Il fit connaître aussitôt au général de Ladmirault l'échec de sa mission et la fuite des Larbâ, qui avaient pris sur nous trop d'avance pour qu'on pût songer à les arrêter.

Le général de Ladmirault imagina une combinaison qui ne fit qu'augmenter le gâchis.

Les Larbâ avaient pour rivaux, je l'ai déjà dit, les Ouled-Nayl. Le général de Ladmirault conçut le projet de faire ramener les Larbâ par les Ouled-Nayl, qui avaient alors comme grand chef, avec le titre de bach-agha, Si-Chérif-bel-Arch, grand personnage, ancien khaliffa d'Abd-el-Khader, celui qui fit exécuter devant nous, le 11 mars 1846, les deux officiers français prisonniers de l'Émir : MM. Lévy et Lacoste, alors que, dans une poursuite forcenée, nous tenions, pour ainsi dire, notre grand ennemi au bout de nos sabres, et que ses meilleurs cavaliers se faisaient tuer les uns après les autres, pour assurer sa retraite.

Forcé de s'incliner devant la nécessité, il fit sa soumission pour sauver sa tribu d'une ruine complète. Il nous fut, d'ailleurs, depuis toujours fidèle. Il s'est fait tuer au début de la grande insurrection de 1865, laissant sa place à son fils Si-Mohammed-bel-Cassem, jeune homme très sympathique et très intelligent. Si-Chérif-bel-Arch jouissait d'un très grand prestige parmi les siens. Il était de haute et robuste stature, et cachait beaucoup de finesse et d'intelligence sous des apparences de bonhomie et de simplicité. Il appartenait au parti démocratique et passait pour être marabout. Ce qu'il y a de sûr, c'est qu'il marmottait continuellement des prières et égrenait son chapelet, du matin jusqu'au soir. Il avait eu son roman, lui aussi. Abd-el-Khader avait fait cadeau à Si-Chérif et à un de ses parents de deux jeunes filles espagnoles enlevées aux environs de Mélilla. Épousées par les deux chefs, ces jeunes filles devinrent de véritables femmes arabes très contentes de leur sort et refusèrent toujours la liberté.

Si-Chérif-bel-Arch partit donc à la poursuite des Larbâ, dans ce Sud qui n'avait pas de mystères pour lui, et, peu de temps après, on apprit qu'il avait été battu en deux rencontres. Je n'oserais pas affirmer que sa campagne fût autre chose qu'une démonstration d'obéissance, ni même qu'il y eût eu jamais bataille. En tout cas, le sentiment public était pour les insurgés, et l'échec de Si-Chérif compliqua d'autant plus la situation qu'une partie de ses contingents, sous le commandement de son compétiteur, nommé Telli, que nous retrouverons plus tard, fit défection et se joignit aux Larbâ.

Tout cela ne me regardait pas directement. Les tribus battues dépendaient directement de Médéah, et les populations de mon cercle ne m'inspiraient aucune inquiétude, à condition cependant qu'on mît bientôt le pied sur le tison insurrectionnel. Voilà pourquoi je pressais de toutes mes forces l'arrivée de mon escadron. Avant même son départ de Blidah, une première difficulté fut tranchée par le Gouverneur général, qui en modifia le recrutement, en décidant que tous les cavaliers qui demanderaient à ne pas quitter Blidah seraient congédiés par anticipation. En effet, ces cavaliers, pour la plupart, gens des villes, auraient été dépaysés dans leur nouveau rôle, et ils allaient être remplacés très avantageusement par de beaux et bons Arabes des tribus voisines de Boghar, bien équipés, bien montés, et connaissant admirablement le pays dans lequel ils allaient évoluer. Il fut décidé, enfin, que les rations de fourrages seraient payées en argent à tout le monde, chacun devant assurer à ses risques et périls la nourriture de son cheval.

Tout étant prêt, l'escadron conduit par mon capitaine en second arriva vers la fin de février, et je le reçus avec une joie intense. Si jamais une troupe de cavalerie avait eu besoin de son cadre complet d'officiers, c'était bien celle-là, qui allait être reconstituée et adaptée à un rôle tout nouveau. Or, le colonel retint à Blidah, comme adjudant-major, mon lieutenant en premier, M. de Romans, à qui le voyage déplaisait. De sorte que, pour commander à quelques ouvriers du peloton hors rang, il restait à Blidah un colonel, un lieutenant-colonel, trois chefs d'escadrons, un major, trois adjudants-majors et un capitaine d'état-major. Je rapporte ce détail parce qu'il montre combien sont rares ceux qui placent le bien général avant leurs intérêts particuliers.

Cependant la situation empirait dans le Sud, l'agitation gagnait de proche en proche, et, au mois de mars, le Gouverneur général envoyait le général de Ladmirault à Laghouat, avec une colonne expéditionnaire de cinq bataillons d'infanterie, de quatre escadrons et d'une batterie de montagne. Le général de Ladmirault me demanda; le gouverneur général me refusa, ne voulant pas me distraire de l'installation de ma smala. Et, après un séjour de vingt-quatre heures au-dessous de Boghar, la colonne du Sud, qui avait complété ses approvisionnements, fila sur Laghouat. Là, on n'était plus qu'à une dizaine de lieues de ce qu'on considérait encore comme nos colonnes d'Hercule.

Le général de Ladmirault, qui sentait combien il était impossible d'aller chercher Ben-Nacer au fond du pays des M'zab, essaya de l'amadouer par de bonnes paroles. Il lui écrivit qu'il n'y avait au fond de tout cela qu'un malentendu, que le Gouverneur général l'aimait beaucoup; que s'il voulait revenir, tout serait oublié. Ben-Nacer-ben-Chorâ répondit à ces premières ouvertures qu'il n'était pas responsable des événements qui s'étaient produits, qu'on l'avait humilié, qu'on avait méprisé ses plaintes, qu'on avait tout fait pour le pousser à bout. Bientôt, il s'établit une correspondance régulière entre le général de Ladmirault, campé sous les murs de Laghouat, et le rusé chef, retiré près de Ouargla. « Reviens! disait le général. — Je ne puis pas revenir, répondait Ben-Chorâ, pour être placé sous l'autorité de Ben-Salem. »

Et les estafettes se succédaient, emportant toujours

de nouvelles concessions du général et de nouvelles exigences du bach-agha.

— Reviens, et tu seras indépendant; tu ne dépendras plus que de moi.

— Je vous connais; si je reviens et que mon beau-père soit encore khaliffa de Laghouat, vous me remettrez sous son autorité.

— Reviens! Tes craintes sont chimériques. Ben-Salem n'est plus khaliffa de Laghouat.

— Ce n'est pas suffisant. Tant qu'il sera à Laghouat, je n'aurai pas confiance.

— Reviens! te dis-je. Nous sommes des gens loyaux. Ben-Salem va être interné dans une ville du Tell.

Peu à peu, ce bon gendre aurait fini par demander les oreilles, puis la tête de son beau-père.

Malheureusement, pendant que le général écrivait, ses trois mille hommes et ses six cents chevaux mangeaient; de sorte qu'au plus fort de ses négociations, il fut forcé de réclamer un convoi de ravitaillement de trente jours de vivres, et c'est moi qui fus chargé de former ce convoi et de le conduire.

C'était la première fois qu'une pareille mission m'incombait, et elle n'était pas précisément facile. Il s'agissait d'abord de réquisitionner, dans les tribus du cercle, dix-huit cents chameaux, en répartissant sur toutes cette lourde corvée et en luttant contre les lenteurs et les ruses des Arabes mécontents. Il fallait ensuite réunir le chargement, égaliser les charges, faire venir toutes les bêtes de somme par petits paquets, sans perdre de temps et en évitant tout encombrement, rendre chaque chef de groupe responsable de ce qu'il emportait, puis redoubler de surveillance et de précaution, pour empêcher les Arabes de manger le convoi, car les chameliers arrivaient sans provisions, et comptaient bien prendre sur leurs chameaux de quoi vivre, pendant les soixante-dix lieues de route ; ce qui eût singulièrement allégé le convoi, au grand plaisir des chameaux, mais au grand déplaisir des camarades de Laghouat. Je me rappelai le précepte de mon vénéré chef, le général de Martimprey : Ne pas se rebuter devant un ordre, mais en chercher tout d'abord les moyens d'exécution, et je m'en tirai assez bien.

J'avais, pour escorter le convoi, les cent spahis de mon escadron, nouvelles recrues pour la plupart, mais bien encadrés, et deux cents cavaliers des tribus, commandés par des chefs intelligents et obéissants. C'eût été insuffisant pour défendre dix-huit cents dromadaires parmi lesquels il était déjà difficile de maintenir l'ordre. Mais je n'avais pas grand'chose à redouter, car j'étais couvert par la colonne de Laghouat. Nous marchions très rapidement, sur un front d'une immense étendue, avec les cavaliers des goums lancés très loin en avant, pour éclairer la route. On arrivait d'aussi bonne heure que possible à l'étape, afin d'avoir le temps d'envoyer les chameaux aux pâturages. Quant à leurs conducteurs, ils ne vivaient guère que du produit de leur chasse. Devant le convoi, se levaient en grand nombre les lièvres qui pullulent dans le pays. Il était rare que les chameliers ne les atteignissent pas avec leur bâton qu'ils lancent d'une main extraordinairement adroite. Ce même bâton servait encore aux chasseurs, lorsque le lièvre était tombé, à se caresser les côtes pour savoir à qui le gibier appartenait.

L'arrivée d'un convoi au milieu d'une colonne expéditionnaire est une fête, car c'est l'abondance qui succède à la disette et aux privations ; c'est la distraction venant remplacer l'ennui. J'apportais du pain frais, du vin, de l'eau-de-vie, des journaux, des lettres de France à des gens séparés du reste du monde, réduits à manger du biscuit et à boire de l'eau, et je fus reçu avec des acclamations. D'ailleurs, j'arrivais à l'heure dite, et sans avoir perdu un gramme de mes approvisionnements en route.

Il faut croire que le général prenait goût aux ravitaillements, car j'étais à peine arrivé qu'il m'appela pour demander une seconde tournée. « Mes négociations sont en bonne voie, dit-il, mais il me faut encore au moins un mois de répit. Rendez-vous chez le Gouverneur et demandez-lui l'autorisation de ramener un second convoi pareil à celui-ci. »

J'étais convaincu que le bon général s'illusionnait, et que Ben-Nacer voulait tout bonnement gagner, sans coup férir, la saison où il savait que nous ne pourrions plus garder de troupes à Laghouat. Mais je n'avais qu'à m'incliner et à gagner Alger; c'est ce que je fis.

Le Gouverneur général, quand il me reçut, était en grande conférence avec Si-Djoudi, chef de la confédération des Zaouas, le plus important des groupes kabyles, et il m'avait fait entrer, espérant en avoir bientôt fini avec cet Arabe. Mais le Kabyle ajoute à la finesse de sa race la ruse de nos paysans normands, et avec lui on n'en a jamais fini. Si-Djoudi tint donc deux heures le Gouverneur, pendant que je réfléchissais au piquant de cette situation : le général tiraillé entre les affaires de la Kabylie, qui est aux portes d'Alger, et les troubles de l'extrême Sud.

Quand le Kabyle fut parti, le Gouverneur était énervé, et brusquement il me répondit : « Le général de Ladmirault reconnaît que les insurgés échappent à toute action militaire, et ne compte que sur la diplomatie. Eh bien, alors, qu'il rentre; on n'a pas besoin d'être à Laghouat, avec trois mille hommes, pour écrire des lettres. »

Il finit pourtant par se laisser toucher et par autoriser un convoi de trente jours de vivres. Puis, changeant de conversation, il me dit vivement : « Eh bien ! et votre escadron, qu'en faites-vous? Comment vos hommes sont-ils établis ?

— Sous la tente.
— Et les chevaux?
— A la corde, en plein air. Seulement quand la mauvaise saison viendra, il sera nécessaire de faire quelque chose pour eux. »

Et je lui expliquai qu'avec les bois que nous fournirait la forêt des Ouled-Antar, on pourrait établir des abris rustiques pour les bêtes. Il n'y aurait que la main-d'œuvre à payer; elle ne coûterait pas grand'chose. Avec douze ou quinze cents francs, on pourrait s'en tirer.

— Et où voulez-vous que je les prenne, vos quinze cents francs? s'écria le Gouverneur, dans ma poche? Ces jeunes gens, ça ne doute de rien! Vous n'avez eu de cesse que votre escadron fût arrivé; et maintenant vous ne savez plus où le loger. Tirez-vous de là comme vous pourrez. — Et il partit.

J'en fis autant, bien résolu à ne plus rien demander. Et j'allai organiser mon second convoi. Seulement bientôt, on m'apporta une dépêche du Gouverneur qui réduisait les vivres de moitié et n'accordait, par conséquent, que quinze nouveaux jours au général de Ladmirault. Le rassemblement et la mise en marche n'offrirent rien de saillant, si ce n'est quelques difficultés au passage du Nhar-Ouassel, grossi par les pluies et dont les berges glissantes firent chavirer mes chameaux les uns sur les autres.

A Guelt-el-Stehl, à trois étapes de Boghar, je fus rejoint par un cavalier, m'apportant une lettre du général de Ladmirault qui m'invitait d'urgence à lui amener, à marches forcées, mes deux cents meilleurs chameaux, parce que, disait-il, il n'avait plus de vivres que pour trois jours. Le reste du convoi suivrait sous les ordres du chef du bureau arabe, et sous l'escorte de la cavalerie indigène; ce qui fut fait.

Aujourd'hui, on se rend à Laghouat par une route

directe qui, de Guelt-el-Stehl, passe par le Rocher de sel et Sidi-Macklouf. Mais alors, la route fréquentée était celle des Ksour, qui, inclinant vers l'ouest, allait de Taguine à Cherff, longeait le pied du Djebel-Amour, revenait à l'est, en suivant la vallée de l'Oued-Mzi, et tournait brusquement au sud, par l'échancrure que la rivière s'est ouverte, en faisant tomber partiellement la paroi de roches dénudées qui formait jadis un des côtés de la vallée. C'est à peu près à sa sortie des rochers, et avant d'aller se perdre dans les sables, pour en ressortir beaucoup plus loin sous le nom d'Oued-Djedi, que l'Oued-Mzi arrose et féconde les vastes jardins, plantés d'environ vingt mille palmiers et d'une infinité d'arbres fruitiers, qui forment l'oasis de Laghouat, la plus importante de cette partie du Sud algérien, moins encore par ses produits que par sa situation politique et commerciale dans le voisinage du Mzab, et sur la grande route des caravanes. Le camp du général de Ladmirault était au débouché des rochers, à côté du grossier barrage qui retient les eaux pour l'arrosage de l'oasis. J'y ramenai, pour quelques jours, un semblant d'abondance.

Le lendemain de mon arrivée, vers dix heures du soir, nous fûmes, le lieutenant-colonel de La Pérouse, de mon régiment, qui commandait toute la cavalerie, et moi, brusquement convoqués chez le général, qui nous dit : « Je suis très inquiet. On m'annonce comme certain qu'un gros parti de cavalerie insurgée est venu s'interposer entre le camp et le convoi que nous attendons demain matin et qui, dans ce cas, court le risque d'être enlevé, ce qui nous mettrait dans un embarras sérieux, puisque nous n'avons plus pour vivre que ce que le capitaine nous a apporté, c'est-à-dire de quoi manger pendant deux ou trois jours. »

Cette nouvelle me laissa incrédule. Mes réquisitions avaient été faciles. Je venais de traverser un pays profondément tranquille et n'offrant point ces symptômes ordinaires d'une insurrection prochaine, qui sont la disparition d'une partie des Arabes et les bravades de l'autre partie. Enfin, l'officier à qui j'avais remis le commandement du convoi venait de me faire tenir une lettre, par deux cavaliers des Ouled-Chaïb, m'annonçant que tout allait bien et qu'il arriverait le lendemain. Je ne parvins pourtant pas à rassurer le général : « Ces gens du Sud, nous dit-il, se transportent sur leurs méharis à des distances énormes, avec une rapidité inconcevable. Ils précèdent presque toujours la nouvelle de leur arrivée. Dans tous les cas, que toute la cavalerie monte à cheval avec l'escadron de du Barail, comme avant-garde ; allez au-devant du convoi et protégez-le. »

Bien que je ne partageasse point ces inquiétudes, je les comprenais, car l'existence de trois mille hommes et de six cents chevaux, confiés au général et aventurés à soixante-dix lieues de tout centre, dépendait exclusivement de l'arrivée du convoi. On sonna le boute-selle, et je partis en avant avec le colonel, tout en m'efforçant de lui faire partager ma confiance.

A peine entrés dans la vallée de l'Oued-Mzi, nous aperçûmes, dans le lointain, des feux de bivouac, qui semblaient allumés à un lieu d'étape ordinaire appelé Reichag, et situé à dix lieues de Laghouat. Le colonel me les fit remarquer et me demanda s'ils ne modifiaient pas mon opinion. — Au contraire, répondis-je. Si c'était l'ennemi, il ne commettrait pas la bêtise de nous signaler ainsi sa présence. Ce doit être le convoi qui aura forcé sa marche pour arriver jusqu'ici. Le colonel ne paraissant pas convaincu, je finis par lui dire : — Je suis tellement persuadé que c'est le convoi que, si vous le voulez, je vais aller moi-même le reconnaître.

— C'est cela, répondit-il aussitôt. Allez voir ce que c'est.

Ma proposition était stupide; car une reconnaissance individuelle à cette distance ne signifiait rien. Si les feux aperçus étaient ceux de l'ennemi, j'allais être enlevé, sans avoir la consolation de laisser derrière moi un mot historique, puisqu'il n'y aurait eu personne pour le recueillir. Si c'était le convoi, il était inutile que j'allasse tout seul au-devant de lui. Il était bien plus simple de continuer à cheminer tous ensemble, en nous couvrant d'un peloton de spahis, pour éclairer la route. Tout en faisant cette réflexion, j'avais déjà filé, prenant pour guides les deux cavaliers des Ouled-Chaïb qui m'avaient apporté la lettre, et pour compagnons deux de mes meilleurs sous-officiers : Mohammed-el-Isry et Aïssa-bel-Arby. Au bout d'une demi-heure, nous étions à peu près à égale distance de la colonne et des feux, lorsque mes deux guides font demi-tour et partent à fond de train. En même temps, mes deux sous-officiers arrêtent brusquement mon cheval, en me disant ce simple mot : Écoute ! Je prêtai l'oreille et j'entendis le bruit d'une troupe de cavalerie qui arrivait rapidement sur nous. J'eus un petit frisson, car, après tout, ce pouvait bien être l'ennemi, et, dans ce cas, non seulement je m'étais grossièrement trompé, mais j'allais cruellement expier mon erreur en me jetant dans la gueule du loup. J'avais bien envie de m'en aller. Oui, mais quelles gorges chaudes n'aurait-on pas faites sur moi, si ce n'avait pas été l'ennemi et si j'avais pris la fuite devant mon propre convoi? Au reste, je n'eus pas le temps de faire de nombreuses réflexions, car presque aussitôt je me sentis entouré de cavaliers. Dans cette nuit sombre, il faut, pour se reconnaître, se toucher ou s'entendre. J'entendis auprès de moi quelques mots prononcés en arabe, mais avec une intonation française qui ne me laissait plus de doute; c'était le convoi. Sans demander d'autres explications, je repartis à fond de train, pour avertir le colonel, qui, majestueusement, me répondit : Je m'en doutais, et trouva la chose la plus naturelle du monde.

La fausse nouvelle que le général de Ladmirault avait reçue courait, en effet, le pays. Elle était même venue aux oreilles du commandant du convoi, qui avait fait hâte pour nous rejoindre et qui avait pris la très prudente précaution, usitée en pareil cas, de laisser, en quittant le bivouac de Reichag, ses feux allumés afin de tromper un ennemi possible. Le général de Ladmirault resta encore quelque temps à parlementer avec Ben-Nacer, qui ne revint pas; quant à moi, je rentrai à Boghar, pour m'occuper de l'installation de mon escadron. J'y reviens avec complaisance, parce que l'idée des smalas m'appartient, parce qu'elle fut appliquée là pour la première fois, parce qu'elle prit ensuite une assez grande extension, parce qu'elle a rendu, en somme, des services, et parce qu'elle en aurait rendu de plus considérables encore si on n'y avait pas renoncé, avant qu'elle eût porté tous ses fruits.

II

LAGHOUAT.

Mon blé. — *Sic vos non vobis.* — En expédition. — Nos alliés. — Investissement. — Devant Laghouat. — Sur la brèche. — Ville prise. — Un document. — L'assaut. — Ceux qui se sont distingués. — Les assiégeants. — Funérailles. — Scène pénible. — Chez Pélissier. — Commandant supérieur! — Dialogue. — Un sauveur. — Dénouement. — Mes prisonniers. — Le commerce du Sud. — Mort d'un héros. — Rapports et couriers. — Le bois d'ébène. — Les trafiquants. — Moutons et chameaux.

Le système des Smalas a sombré, comme tout a toujours sombré en Algérie, à cause de l'instabilité de nos institutions politiques et surtout coloniales. Il a sombré enfin parce que trop de gens étaient intéressés à le voir disparaître. Les états-majors, les officiers voulaient avoir des régiments de spahis organisés comme des régiments de cavalerie régulière, où le service est mille fois plus facile et mille fois plus agréable. Et personne n'avait de goût pour aller s'enterrer aux confins du désert, sans distractions, sans cafés, sans pensions, et pour jouer le rôle de Robinson des sables que j'avais rêvé.

Aujourd'hui, à la place de nos anciens spahis qui étaient des cavaliers rompus au cheval et au métier des armes, avant de s'engager, on a des spahis auxquels on commence par apprendre à monter à cheval. Dieu veuille que des insurrections sérieuses ne montrent jamais qu'on a eu tort de renoncer aux vieilles mœurs de la cavalerie indigène, qui opposait aux Arabes d'autres Arabes, perfectionnés par la discipline et fortifiés par des cadres français.

Le Gouverneur général m'avait prodigué les bonnes paroles, les félicitations, les encouragements. Il avait signé toutes mes propositions. Mais il ne m'avait pas alloué un sou, et j'étais très embarrassé pour mes constructions. Ce fut encore mon ami, l'agha Couider-ben-Mimouna, qui me tira d'affaire.

Un jour que je lui contais mes peines : « Que ne demandes-tu aux caïds, me dit-il, de te faire une Touiza? (La Touiza est l'antique corvée.) Les travaux des champs sont terminés et la saison est encore bonne. Qu'est-ce que c'est pour une tribu que le travail de dix ou quinze charrues pendant une journée? On te donnera cela, sans la moindre difficulté. Tu emprunteras la semence que tu rendras à la moisson, et ainsi, tu pourras avoir une bonne récolte qui te permettra de faire ce que tu veux. »

Le conseil était sage. Je le suivis. Un matin, je mis dans les champs de Moudjebeur soixante charrues qui commencèrent à les retourner, sous la surveillance de mes sous-officiers. Couider m'avait prêté ou fait prêter les semences, et en une seule journée, tout le travail fut enlevé gaiement. J'étais ravi, je me faisais l'effet d'un gentleman farmer, et je ne pouvais m'arracher à cette plaine que je chérissais déjà en propriétaire, et dans laquelle une journée de travail bénévole allait amener la fécondité et la richesse. Et je me mis à consulter le baromètre avec anxiété, à attendre la pluie avec impatience, la pluie, la pluie bienheureuse qui allait faire lever MON blé. C'est pendant qu'il germait que de cultivateur je me fis chamelier, pour approvisionner le général de Ladmirault.

Au retour de l'expédition, tout marchait admirablement. La récolte s'annonçait superbe, et mon plus grand plaisir était d'aller la voir pousser, en grand enfant que j'étais.

C'est dans cette occupation agricole et pacifique que me surprit, un beau jour, un aide de camp du Gouverneur général, envoyé par lui pour savoir où j'en étais. Cet aide de camp investigateur était mon camarade, le capitaine Appert, mort, il y a deux ans, général de division, grand-croix de la Légion d'honneur, ancien commandant du seizième corps d'armée, ancien ambassadeur de France en Russie. Il tombait bien, car il allait saisir toutes choses sur le vif. Nous descendîmes tous les deux immédiatement du fort de Boghar à l'emplacement de la Smala, où régnait la plus grande activité. Mes faucheurs bottelaient les approvisionnements de fourrage. Plus loin, d'autres travailleurs étaient occupés à capter et à aménager trois sources dont l'eau fraîche et limpide, sortant des rochers, allait remplacer, pour bêtes et gens, les eaux tièdes et bourbeuses de la rivière. Mes spahis vivaient contents sous la tente arabe, et leurs chevaux à la corde, mieux nourris que dans les écuries des garnisons, luisants comme des bêtes de prix, semblaient prêts à affronter toutes les fatigues. Appert se montra à la fois surpris et charmé. Je lui fis voir les plans de l'installation définitive de la smala que j'avais demandés à mon ami, le capitaine du génie Vincent; c'était fort simple: un grand carré de maçonnerie bastionné à ses quatre angles. Contre la paroi interne de deux des faces, on dressait une toiture supportée par des piliers de bois : c'étaient les écuries. Contre les autres faces, s'élevaient : un pavillon pour les officiers, un autre pavillon pour le cadre français, les cuisines, les magasins, en un mot tous les accessoires d'une caserne, y compris une salle de police.

Tout cela commençait à sortir de terre et à se dessiner sur le terrain, car, avec mon impatience fébrile, j'avais vendu mon blé en herbe, et je n'avais pu me résoudre à attendre la récolte. Je l'avais cédée sur pied à un entrepreneur nommé M. Grégoire, que j'avais connu à Blidah et qui s'était engagé, d'abord à rendre aux Arabes les semences qu'ils m'avaient prêtées, et ensuite à construire la smala avec l'excédent, sur les plans dressés par le capitaine Vincent et sous la surveillance du génie. Je dirai tout de suite, et pour n'y plus revenir, que la récolte fut superbe, dépassa nos espérances, apporta de sérieux bénéfices à M. Grégoire, et qu'ainsi mon escadron fut logé, sans que le Trésor eût déboursé un sou.

Ce fut le rapport dressé, en ces circonstances, par le capitaine Appert, qui décida le Gouverneur à étendre le système des smalas. Mais, hélas! je n'habitai jamais le palais champêtre que je devais à la bonne volonté des Arabes, car, lorsqu'il fut achevé, j'étais déjà loin.

Forcé par la saison chaude de lever son camp sous Laghouat, le général de Ladmirault, qui s'entêtait à négocier avec Ben-Nacer, pour ne pas perdre le fruit de ses démarches, avait emmené avec lui le vieil Ahmed-ben-Salem, sacrifié à son gendre dénaturé. Le vieux khaliffa ne put résister à toutes ces tribulations et tomba malade en route, sans avoir la force d'aller plus loin que Boghar, où l'on me le laissa en garde. Je ne trouvais pas que nous eussions joué un beau rôle envers lui et je m'efforçai, par mes soins, de nous le faire pardonner. Il ne se rétablit pas, et un matin son second fils, Scheik-Ali, qu'il avait conservé auprès de lui, vint m'annoncer sa mort. « Ce qui est écrit est écrit, répondit-il à mes condoléances, et nul ne peut échapper à son destin. Demande seulement pour moi au général la permission de transporter à Laghouat le corps de mon père, pour qu'il repose dans le tombeau de ses ancêtres. » Un courrier rapporta bientôt de Médéah l'autorisation demandée. Presque en même temps, le général de Ladmirault était rappelé en

France, où il allait recevoir sa troisième étoile, et remettait le commandement de la subdivision à mon ancien chef et protecteur, le général Yusuf.

En cet été de 1852, nous vîmes arriver l'archiduc Maximilien, le frère de l'empereur d'Autriche, et pour lui, Yusuf, prestigieux metteur en scène, organisa une fête arabe incomparable. Tous les goums de la province de Tittery et du cercle de Boghar avaient été convoqués, et quand l'archiduc déboucha dans nos montagnes qui formaient, sous le soleil du matin, un merveilleux décor, il en put voir les cimes couronnées et les pentes sillonnées par d'innombrables cavaliers, vêtus de leurs plus beaux habits et montés sur leurs plus beaux coursiers.

Rien ne donne une plus parfaite idée de la force, de l'élégance et de la grâce que ces cavaliers sahariens, enveloppés de burnous de fine laine, blanche comme la neige, surmontés de larges chapeaux de paille que les plumes d'autruche font ressembler de loin à des bonnets à poil de grenadiers, et campés sur des juments, vêtues de soie éclatante et, pour ainsi dire, coquettes comme des femmes.

Lorsque la chaleur du jour fut tombée, on simula, pour l'archiduc, dans la plaine Ozanneau, aux portes de la ville de Médéah, l'attaque d'une tribu en marche, avec le bétail, et les femmes renfermées dans leurs palanquins, sur les chameaux. Puis, ce fut une chasse aux autruches, j'en avais amené six de Boghar, une chasse à la gazelle, une chasse au renard, avec les grands lévriers, une chasse au faucon, et enfin une fantasia endiablée. La journée se termina par un festin monstre où notre hôte impérial put comparer les mérites respectifs des cuisines turque, arabe et française. Le général Yusuf avait un cuisinier nègre nommé Fettah, dont l'histoire oublieuse aurait dû enregistrer le nom et qui avait fait ses études chez Véry, au Palais-Royal. Préparé par lui, le repas eût satisfait l'appétit de Pantagruel et flatté la gourmandise de Panurge.

Pauvre Maximilien ! Qui nous eût dit alors que nous le conduirions au Mexique !

Cependant, Laghouat continuait à fermenter. Le chérif d'Ouargla, l'agitateur, le Mohammed-ben-Abdallah traditionnel (j'ai déjà dit qu'ils s'appelaient tous ainsi), exploitait le départ du général de Ladmirault, après une longue période d'inaction, la révocation du vieux khaliffa, dont le titre, mais non l'influence, avait passé à son fils aîné, brave et fidèle serviteur de la France, qui voyait tomber à rien autour de lui, dans l'oasis, le parti français. Il fallait faire quelque chose. Le général Yusuf commença par décider la construction de ce qu'on appelait une maison de commandement, sorte de poste-magasin fortifié, au cœur du pays des Ouled-Nayl, sur l'Oued-Djelfa, au pied de la forêt du Moalba. Elle était destinée au bach-agha, Si-Chérif-bel-Arch. Quinze de mes spahis furent chargés de convoyer les matériaux : bois, pierre, sable, transportés à cet endroit, et d'y faire établir un four à chaux. Puis, le général vint lui-même protéger la construction, à la tête d'une colonne composée de deux bataillons du 60° de ligne, commandés par le colonel du régiment, le marquis de Linieres, quelques compagnies de zouaves et de tirailleurs indigènes, deux escadrons de spahis, le mien et le troisième, et trois escadrons de chasseurs d'Afrique.

Le site était ravissant. C'était un plateau garni de pins, de cèdres, de tuyas, de chênes-lièges, à l'entrée d'une vallée étroite et sinueuse formée par le cours de la rivière Djelfa, qui fournit d'abord une eau excellente, bientôt imbuvable après son passage le long d'un énorme rocher de sel, et va se perdre dans la région qu'on appelle le Zahrès. Nous restâmes là, pendant six semaines, bien tranquilles et nous allions rentrer, quand nous apprîmes que le chérif n'attendait que notre retraite pour dessiner un mouvement sur Laghouat où l'appelait une partie de la population.

Le général Yusuf transporta immédiatement son camp en amont de l'oasis, sur l'Oued-Mzi, à l'emplacement qu'avait occupé le général de Ladmirault, à Ras-el-Mâ, c'est-à-dire auprès du barrage, qu'il n'avait qu'à rompre pour priver d'eau les jardins et réduire la ville à boire l'eau de ses puits.

Cette mesure d'intimidation sembla réussir tout d'abord, et tout le monde se tint tranquille. Le général, qui n'était pas précisément un modèle de douceur, commença par faire vendre à l'encan les biens meubles et immeubles de tous les habitants qui avaient émigré pour rejoindre les insurgés. Puis il s'avisa, avant de partir, de nommer un commandant militaire et choisit, pour ce poste, un de ses officiers indigènes, Mohammed-ben-Ahmeda. C'était un garçon très intelligent, prêt à toutes les besognes, à tous les coups de main, sans famille, sortant on ne savait d'où, qu'il avait employé souvent avec succès, dont il avait fait un lieutenant de spahis et un chevalier de la Légion d'honneur, mais dont tout le monde se méfiait, aussi bien les indigènes que les Français, ses compagnons d'armes. On lui forma une petite garde de six spahis, commandés par un de mes maréchaux des logis, Ibrahim-ben-Abdallah.

Je me rappelle avoir collaboré, avec mon ami, le capitaine Faure, à la rédaction du rapport qui devait édifier le Gouverneur général sur les avantages de la combinaison. Nous le fîmes sans conviction et par ordre, car l'organisation ne nous inspirait pas confiance, et nous trouvions détestable le choix du général. Mais il faut obéir avec la plume comme avec le sabre.

Nous rentrions enfin, toutes choses ainsi réglées, le général à Médéah, et moi à Boghar, lorsque mon maréchal des logis, Ibrahim, me rattrapa en route et me raconta que Laghouat était en pleine révolte, et que le commandant avec ses spahis avait été chassé par la population.

Mon Ben-Ahmeda avait voulu éprouver la patience de ses nouveaux administrés et avait infligé des amendes à tort et à travers. Il mit le comble à l'exaspération publique en s'adjugeant une jeune Juive qui avait, là-bas, une réputation de beauté, d'ailleurs assez peu méritée. Toute l'oasis avait pris fait et cause pour cette nouvelle Lucrèce, et l'insurrection avait éclaté. Des émissaires avaient été envoyés au chérif, pour qu'il vînt prendre possession de la ville, et on avait fait partir de force, parmi eux, les fils de l'ancien khaliffa eux-mêmes, nos amis.

Le général Yusuf ne fit que toucher barre à Médéah, pour reconstituer et renforcer sa colonne expéditionnaire, et, suivant sa coutume, marchant la nuit, se reposant le jour, il piqua droit dans le Sud, pour aller au delà de Laghouat, afin de couper la retraite à toutes les populations qui étaient venues dresser leurs tentes sous les murs de la ville et que l'oasis ne protégeait pas.

Un matin, en arrivant dans le voisinage de Laghouat, nous vîmes venir à nous les trois fils de l'ancien khaliffa, qui avaient réussi à s'échapper d'auprès du chérif, étaient allés demander l'hospitalité au marabout Tidjeni, dans sa ville fortifiée d'Aïn-Madhi, et ralliaient la colonne dont ils avaient connu l'arrivée.

Braves gens! pauvres alliés, ils ont constamment tout fait pour la cause française. J'aurai bientôt à raconter quels services considérables ils allaient nous rendre. Mais je dois dire tout de suite qu'ils ont été bien insuffisamment récompensés. L'un des trois, l'aîné, Ben-Nacer, est mort. Le second, Taouti, est mort. Quant au troisième, il vient mourir aussi, commandeur depuis fort longtemps de la Légion d'honneur, pourvu d'un titre honorifique, sans qu'on lui ait confié les emplois qu'il méritait et où il aurait pu nous être si utile.

Malgré toute notre diligence, notre marche avait été

éventée et les nomades avaient fui, laissant dans la ville de forts contingents chargés de la défendre. Pourtant, à sept lieues au sud de Laghouat, nous rejoignîmes une émigration considérable qui fuyait, dans laquelle nous entrâmes au galop et qui laissa entre nos mains des prisonniers et une quantité énorme de bétail. La journée fut mauvaise pour moi. J'y perdis une superbe jument arabe que je m'étais offerte afin d'être aussi bien monté qu'un agha. Un de mes sous-officiers, que j'aimais beaucoup, était démonté, et me pria de lui faire donner un cheval, pour charger avec l'escadron. Je lui confiai ma bonne jument, pour ne pas démonter un autre cavalier. En prenant le galop, mon maréchal des logis chef, assez mauvais cavalier, se laissa emballer et vint se jeter sur ma jument. Les deux hommes et les deux bêtes roulèrent par terre. Les hommes se relevèrent sans aucun mal. Mais ma jument fut tuée raide, et je regrettai ma complaisance. Ce soir-là, nous allâmes camper et enfermer nos prises au petit ksar d'El-Assafia.

Le surlendemain, après un jour de repos, il s'agissait de retourner s'installer à Ras-el-Mâ, au barrage, et nous étions obligés pour y arriver, ayant dépassé l'oasis, de la longer d'assez près, par une marche de flanc qui nous amenait sous les murs des jardins, déjà garnis de défenseurs. Nous marchions en colonne, par pelotons, assez loin de l'infanterie, quand nous fûmes assaillis par les insurgés sortis de la ville. On n'eut que le temps de commander « Pelotons à gauche ». Nous nous trouvâmes en bataille et chargeâmes tout ce monde-là, sur un terrain accidenté et peu propre à nos évolutions. Mais l'infanterie arrivait au pas de course, et tout ce qui avait quitté la place y fut définitivement refoulé. Nous allâmes, sans autre encombre, établir notre bivac à Ras-el-Mâ, où nous devions rester pendant tout le siège.

Cette journée nous coûta quelques morts et d'assez

nombreux blessés, parmi lesquels mon pauvre ami de Stael de Holstein, qui reçut une balle dans le haut de la poitrine, près de l'épaule gauche. On espéra un instant le sauver, mais il partagea le sort de tous les grands blessés et mourut au bout d'un mois, dans mes bras, à l'ambulance.

Une nouvelle reconnaissance sur la porte de l'Est fut accueillie à coups de canon. Un boulet tapa en plein dans notre colonne, sans nous faire grand mal d'ailleurs, puisqu'il n'enleva qu'une jambe de cheval. Nous sûmes que les insurgés disposaient de deux pièces de canon, dont l'une de huit, bonne et montée sur un affût roulant ; l'autre à peu près hors de service. La première tira pendant tout le siège, et nos artilleurs ne devaient pas parvenir à la démonter.

Cela devenait donc tout à fait sérieux. Le chérif était enfermé à Laghouat ; sa présence fanatisait les défenseurs, et le sud des trois provinces : Alger, Oran, Constantine, menaçait de s'enflammer, si on ne venait pas vite à bout de cette insurrection. Il s'agissait de ne pas recommencer les plaisanteries de Zaatcha et de ne pas s'exposer à des échecs, par des efforts successifs et insuffisants. Heureusement cette leçon encore récente avait porté ses fruits. Dans les trois provinces, manœuvraient des colonnes prêtes à se concentrer, et d'Alger même, le Gouverneur général faisait partir des troupes qui, d'ailleurs, ne dépassèrent pas Médéah. La plus rapprochée de nous était celle du général Pélissier, qu'il avait formée avec les meilleures troupes de la division d'Oran, qu'il commandait en personne, et qui était déjà descendue au sud du Djebel-Amour. Aussi arriva-t-elle devant Laghouat, dès que le général Yusuf eut lancé partout des demandes de secours et averti le Gouverneur général de la tournure que prenaient les affaires dans le Sud.

Le général Yusuf et le général Pélissier avaient été

jadis très liés ; mais, je ne sais pour quelle cause, leurs rapports s'étaient refroidis. Le premier exagérait les formes de sa déférence pour son supérieur, et le second y répondait par une familiarité affectée et gouailleuse. Dès que la colonne d'Oran fut signalée, le général Yusuf, suivi de tous ses officiers, se porta à sa rencontre, et crut l'occasion bonne pour placer un petit discours. En abordant le général Pélissier, il commença ainsi : « Mon général, nous sommes tous très heureux de vous voir venir partager nos travaux… » Et le général Pélissier d'interrompre aussitôt : « Comment, partager? C'est diriger que vous voulez dire… » Et comme Yusuf, interloqué, toussotait pour retrouver le fil de sa harangue : « Vous êtes enrhumé, Yusuf? Ah! par exemple, je veux bien partager votre rhume. Comment va madame Yusuf? » Le discours était fini, et l'orateur se mordait les lèvres, pendant que nous nous mordions les moustaches pour ne pas rire.

Cependant le général Pélissier accepta de bonne grâce une invitation à dîner pour le soir même, et fut éblouissant d'entrain, de confiance et de bonne humeur pendant tout le repas, faisant des mots à propos de tout et de rien. Le capitaine Gruard lui expliquait que la ville était fortifiée, qu'elle était entourée d'une chemisette en briques et renforcée par huit tours faisant l'office de bastions. « Huit tours, dit le général. Celui que nous allons leur jouer fera neuf. » Le jeu de mots n'avait rien de bien extraordinaire; mais si loin de Paris, on n'est pas difficile, et il fut accueilli comme un prodige d'esprit. Avant de se retirer, le général Pélissier donna des ordres pour une reconnaissance projetée pour le lendemain. La division d'Oran s'était établie sur la rive droite de l'Oued-Mzi, dont nous occupions la rive gauche. Plus au sud, s'était installée la petite colonne venue la veille de Bouçaada sous les ordres du commandant Pein : deux escadrons de chasseurs d'Afrique et une très forte compagnie de tirailleurs indigènes.

Il est utile, pour bien comprendre l'histoire de ce petit siège, de se rendre un compte sommaire de la position de la ville de Laghouat. Elle est bâtie sur deux rochers qui émergent d'une plaine s'étendant au loin vers le Sud, et sur la rive droite de l'Oued-Mzi. Un canal, dérivé de la rivière, passe entre les deux rochers, et, après avoir arrosé les jardins du nord, va arroser les jardins du sud, séparant ainsi la ville en deux quartiers : le quartier de l'est habité par les Oulad-Serghines, et le quartier de l'ouest habité par les Hallaf, quartiers entre lesquels règne généralement une discorde qui va jusqu'à des rixes, où il y a parfois mort d'hommes. Le rocher de l'est est taillé à pic, et descend brusquement à la rivière. Celui de l'ouest s'étend dans la plaine, par un moutonnement de sommets décroissants et séparés par des cols assez larges. Ces rochers sont d'une aridité absolue. Ils ne portent pas un atome de terre végétale, et leur aspect désolé contraste avec le vert intense de l'oasis qu'ils coupent en deux. Les jardins de cette oasis sont plus beaux et plus nombreux au nord qu'au sud, parce que ceux du nord sont servis les premiers par les eaux du canal, qui arrivent en moins grande quantité au sud.

L'aspect général du pays est d'une tristesse grandiose. En dehors de l'oasis, aussi loin que la vue peut s'étendre, on n'aperçoit pas un brin d'herbe. Partout des pierres calcinées. Partout du sable. Dans les profondeurs du Sud le désert apparaît stérile et nu. Du côté du nord, le regard est arrêté par une ligne de rochers qu'un sable jaune, rutilant, plaqué dans leurs anfractuosités, fait paraître plus noirs et plus brûlés. Dans les grandes chaleurs de l'été, alors que l'air vibre autour de soi, on dirait voir des flammes léchant du charbon. En 1853, lorsque le peintre Fromentin vint en Afrique, il me raconta que ce sable et ces rochers faisaient son désespoir, et qu'il ne pouvait pas rendre ces effets de lumière intense et aveuglante. « Les plus vives couleurs de ma palette me paraissent, disait-il, de la boue sans reflet. »

Le 3 décembre, le général Pélissier, ne laissant au camp que la garde strictement nécessaire, fit prendre les armes à toutes les troupes, pour reconnaître la place et déterminer le point d'attaque. En voyant se former nos colonnes, les Arabes crurent que l'instant de la lutte suprême était arrivé, et sortirent en grand nombre, pour défendre les approches. Embusqués dans les rochers, abrités derrière les murs des jardins, ils commencèrent eux-mêmes le feu. Nous eûmes, pendant cette journée, plus de cent hommes tués ou blessés, et principalement au marabout de Sidi-el-Hadji-Aïssa, petit monument bâti sur un des pitons qui font suite aux rochers de l'ouest. Cette position, qui commandait l'enceinte, fut prise et reprise plusieurs fois, parce que le général, qui ne voulait pas la garder, la faisait abandonner, après chaque prise, et reprendre, dès que les Arabes y revenaient, pour ne pas leur laisser l'apparence d'un succès. C'est là que fut blessé mortellement le capitaine de zouaves Bessières, parent de l'illustre duc d'Istrie, jeune officier promis au plus brillant avenir, et qui mourut, au bout de deux jours, du tétanos et de la résorption purulente.

Pendant que l'infanterie combattait, la cavalerie était en bataille autour de l'oasis, pour en compléter l'investissement. Elle eut affaire avec l'unique pièce de canon de la place. Mais ses pointeurs, au lieu de s'attacher à un point précis et de rectifier leur tir, distribuèrent des boulets à tous les groupes de cavaliers qu'ils découvraient et n'en atteignirent aucun.

Le général Pélissier, sachant ce qu'il voulait savoir, ramena les troupes que l'ennemi fit mine de poursuivre, malgré ses pertes. Il fallut une forte arrière-garde pour le contenir dans ses jardins.

Dans la nuit, le général en chef fit enlever, presque sans coup férir, le marabout sur lequel il voulait placer sa batterie de brèche. Le poste qui le gardait fut surpris et détruit. Aussitôt, les deux pièces de campagne de la colonne d'Oran y furent amenées à bras d'hommes, et on construisit des épaulements avec des sacs à terre. Le marabout, crénelé et garni, lui aussi, de sacs à terre, devint le réduit et le magasin des munitions. Enfin, la position fut fortement gardée et mise en état de défense. C'était de là que devait partir la colonne d'assaut.

Au point du jour, la batterie commença son feu. Derrière elle, protégée par l'inclinaison du rocher, était massée la colonne d'assaut, composée de deux bataillons du 2ᵉ de zouaves, commandés par le lieutenant-colonel Clerc.

En même temps, les troupes du général Yusuf, sous les ordres duquel s'était rangée la petite colonne de Bouçaada, prenaient position vis-à-vis de la porte de l'Est. Elles étaient munies d'échelles et devaient tenter l'escalade, dès que les troupes d'Oran couronneraient, à l'ouest, la brèche ouverte par l'artillerie.

Nous autres, les cavaliers, nous étions comme la veille répandus autour de l'oasis, pour ramasser les fuyards. Du point où j'étais, je voyais parfaitement arriver les boulets sur le mur d'enceinte. Ils commencèrent par faire des trous ronds dans la brique crue. Bientôt, l'ensemble de la construction se désagrégeant, un large pan de mur tomba, ouvrant une brèche et nous découvrant en même temps les défenseurs groupés derrière les murs, à l'abri des tours, et prêts à fondre sur l'assaillant. Le canon de la place avait répondu de son mieux, mais ses boulets se perdaient dans nos sacs à terre. Enfin, dominant toute la scène, assise sur les rochers du quartier des Hallaf, se dressait la maison de commandement de l'ancien khaliffa. On l'appelait Dar-Séfa. C'était pour les Arabes le dernier refuge, la citadelle.

Vers onze heures, le canon se tut. Nous entendîmes de grands cris, aussitôt suivis d'une vive fusillade. La colonne d'assaut apparaissait sur la brèche où les zouaves bondissaient comme des démons. En même temps, la colonne de Médéah opérait son escalade à l'est, s'enfonçait dans la ville et venait se réunir à la colonne d'Oran, au pied de Dar-Séfa. Enfin, à midi, les deux généraux se donnaient la main sur la haute terrasse de la maison de commandement, aux acclamations de leurs soldats, pendant que sur leurs têtes on hissait les trois couleurs victorieuses. La ville était prise d'assaut.

Elle subit toutes les horreurs de la guerre. Elle connut tous les excès que peuvent commettre des soldats livrés un instant à eux-mêmes, enfiévrés par une lutte terrible, furieux des dangers qu'ils viennent de courir, furieux des pertes qu'ils viennent d'éprouver, et exaltés par une victoire vivement disputée et chèrement achetée. Il y eut des scènes affreuses. Il y eut aussi des actes d'humanité vraiment touchants. J'en vais citer un. Les rues et les maisons étaient remplies de cadavres d'hommes, de femmes et même d'enfants que les balles aveugles n'avaient point épargnés. Je vis deux soldats du bataillon d'Afrique, de ceux qu'on appelle des zéphyrs, détacher du cadavre de sa mère éventrée par un coup de baïonnette, un pauvre petit moricaud de trois ans, raidi par la terreur. Ils l'emportèrent dans leurs bras, et le soir même le firent adopter par la compagnie qui l'éleva. Je ne sais pas ce qu'il est devenu. Mais longtemps, à Laghouat, je l'ai vu suivre ses nombreux pères d'adoption et marcher derrière eux, fier et content, le pauvre petit.

Pendant le carnage, les fuyards étaient venus donner dans le filet de cavalerie. On sabrait tous ceux qui résistaient, et on envoyait ceux qui faisaient leur soumission rejoindre le troupeau lamentable formé par toute la population de Laghouat, hommes, femmes, enfants, tout cela prisonniers, à la merci du vainqueur, sans qu'aucune convention protégeât les vies ni les biens.

Et le chérif, le Mohammed-ben-Abdallah, de la chose? Où était-il? Nous espérions bien le pincer au débucher. Mais, pour cela, il eût fallu fouiller sur l'heure tous les jardins, tous les recoins, tous les puits. Ou bien le général Pélissier n'y pensa point, ou bien, ce qui est plus probable, il ne voulut pas exposer à de nouvelles fatigues, à de nouveaux dangers ses troupes exténuées et d'ailleurs débandées. Le chérif se tint caché, avec quelques guerriers, au fond d'un jardin, et pendant la nuit, il gagna au pied et échappa aux patrouilles qui circulaient autour de l'oasis.

Cet illuminé, qui appartenait à la grande tribu des Ouled-Sidi-Cheiks, avait été maître d'école et fabricant d'allumettes. En 1842, il se transforma en marabout, devint l'adversaire d'Abd-el-Kader et se rapprocha de nous. Il devint même notre khaliffa à Tlemcen. Il se rendit insupportable, et pour s'en débarrasser, on lui procura les moyens de faire le pèlerinage de la Mecque. On ne sut pas comment il en revint. Mais, en 1848, il se fixa à Ouargla, où une espèce de voyante le sacra sultan du désert et effroi des chrétiens. En allant le rejoindre, après sa défection, Ben-Chora en fit un personnage puissant. Il fallut le siège et la prise de Laghouat pour diminuer son influence. Échappé de nos mains miraculeusement, il retourna à Ouargla, puis à Touggourt, dont la prise mit fin à son rôle et à son histoire.

Ce ne fut que le lendemain, trop tard par conséquent, qu'on fouilla les jardins de l'oasis. La colère des troupes avait cessé. Le désordre avait pris fin, et toutes les autorités militaires, depuis les généraux jusqu'aux caporaux, avaient passé la nuit et déployé la plus louable activité à remettre tout le monde dans les mailles de la discipline.

Parmi les nombreuses victimes tombées glorieusement sur la brèche de Laghouat, il en est une à qui je dois une mention particulière et que le lecteur, d'ailleurs, a déjà vue passer dans ces Souvenirs : le général Bouscaren, commandant en second la colonne d'Oran, sous les ordres de son ami Pélissier. Au moment où la colonne d'assaut partait de la batterie de brèche, il reçut une balle qui lui brisa la cuisse, au-dessus du genou. On l'emporta au camp, sur un brancard improvisé. Il était très populaire dans l'armée, et les soldats qui étaient restés au camp, en le voyant rapporter, le saluèrent, dans un élan spontané, de ce cri : « Vive le général Bouscaren ! » Alors, lui, se soulevant : Non, mes amis, dit-il, ce n'est pas cela qu'il faut crier, c'est : « Vive la France ! »

Ainsi, au siège de Maëstricht, par le maréchal de Vauban, en 1673, un sergent des gardes françaises, grièvement blessé et rapporté au camp, dit à ceux qui le plaignaient : « Moi, ce n'est rien. Mais le régiment s'est bien montré. »

Admirable esprit de corps qui détachait en quelque sorte l'homme de lui-même et lui faisait oublier ses souffrances, au profit de la collectivité ! Esprit de corps qui fais les héros, esprit de corps qui fais les nations invincibles, plaise à Dieu que tu ne nous aies pas abandonnés !

J'ai déjà dit que Bouscaren, le créole épique, le cœur d'or, l'Africain légendaire, mourut sur mon cœur, après avoir subi l'amputation de la cuisse, qu'on avait cru pouvoir lui épargner.

Il faut aussi consacrer un hommage spécial à une autre mort glorieuse : celle du commandant Morand, qui fut tué en enlevant, sous une grêle de balles, son bataillon de zouaves sur la brèche. Il était le second fils de l'illustre général Morand, le chef de l'une des trois fameuses divisions de Davout, à Auerstaedt, l'auteur de l'*Armée suivant la Charte*. Il avait deux frères qui, comme lui, moururent au feu, dans les grades supérieurs.

Malgré mon horreur pour ce qu'on appelle le document, et quoiqu'il soit bien stipulé, entre le lecteur et moi, que j'écris des Souvenirs et non de l'histoire, je crois devoir transcrire ici le récit officiel de la prise de Laghouat, parce qu'il est signé : PÉLISSIER.

Le voici tel qu'il a paru dans le *Moniteur* du 14 décembre 1852 :

« Le gouvernement a reçu, au sujet de la prise de Laghouat, les deux rapports suivants, qui contiennent des détails du plus haut intérêt :

« Quartier général de Médéah, le 6 décembre, à dix heures du soir.

« MONSIEUR LE MINISTRE,

« L'Empire vient d'être proclamé à Laghouat par une brillante victoire.

« Je vous envoie, sans perdre un seul instant, le rapport émouvant de M. le général Pélissier sur ce brillant fait d'armes. Je n'attendais pas moins de nos braves bataillons, du courage et de l'intrépidité de leurs chefs, de la valeur de nos généraux, enfin de la vigueur et de la haute intelligence de M. le général Pélissier. L'artillerie, le génie, l'infanterie et la cavalerie qui ont eu le bonheur de contribuer à la prise de Laghouat ont bien mérité du pays et de l'Empereur.

« Je m'empresserai de vous communiquer les détails plus circonstanciés de cette belle affaire, dès qu'ils me seront parvenus, et de vous soumettre la proposition de récompenses pour les officiers, les sous-officiers et soldats qui se sont le plus particulièrement distingués.

« Agréez, Monsieur le ministre, l'assurance de mon respectueux dévouement.

« *Le général de division, gouverneur général de l'Algérie,*

« RANDON. »

« Au quartier général de la maison de Ben-Salem, sous Laghouat, le 4 décembre 1852, à midi.

« MONSIEUR LE GOUVERNEUR GÉNÉRAL,

« Je vous ai rendu compte, hier au soir, des dispositions que j'avais prises pour la journée de ce jour. Au lever du soleil, je me suis porté à la batterie de brèche établie au marabout de Sidi-el-Hadji-Aïssa. Les travaux avaient été poussés pendant la nuit avec une parfaite intelligence et une rare vigueur par M. le capitaine Brunon du génie et le lieutenant d'artillerie Caremel, sous les ordres du général Bouscaren. Je trouvai l'établissement de cette batterie assez complet et la disposition du front d'attaque assez favorable pour arriver promptement à une brèche praticable et pouvoir livrer l'assaut. Malheureusement, comme du col jusqu'à la batterie on était obligé de passer sous une pluie de balles, parties des tours et des jardins, et dont il était impossible de « se défiler », le brave général Bouscaren fut blessé grièvement à la jambe pendant le trajet; mais j'espère que cette blessure n'aura pas de conséquences funestes.

« A sept heures, je donnai l'ordre d'ouvrir le feu et de détruire les trois tours et les courtines qu'il fallait renverser pour entrer dans la ville. Ce feu fut admirablement conduit par le lieutenant Caremel, officier dont je ne saurais trop louer le sang-froid, le courage et la bravoure. Les assiégés nous répondirent par une mousqueterie violente et par le tir de leur pièce dont plusieurs boulets se logèrent dans le marabout qui servait de coffre à notre batterie; mais leurs efforts furent inutiles ; les tours et les courtines furent bientôt échancrées par nos boulets et nos obus, et vers dix heures, la brèche se trouvait praticable.

« J'avais prévu ce moment et donné tous mes ordres pour la disposition des colonnes d'assaut. Deux bataillons de zouaves, l'un du 1er régiment, sous le commandement du chef de bataillon Barrois, l'autre du 2e, sous celui de M. le commandant Malafosse, devaient se réunir sur la brèche en passant, le premier sur le versant est du marabout, le second sur le versant ouest. Le commandant Morand, avec son bataillon du 2e de zouaves, devait servir d'appui à l'attaque, et enfin le lieutenant-colonel Gérard, avec deux compagnies d'élite du 50e et les compagnies d'occupation du marabout, devait assurer les derrières et les flancs des colonnes d'assaut. Lorsque mon aide de camp, le capitaine Renson, que j'avais chargé de veiller à cette organisation de l'attaque, vint m'avertir que tout était prêt, et que le capitaine Brunon du génie m'eut confirmé dans mon appréciation que la brèche était praticable, je fis sonner la marche des zouaves et la charge. Les deux premières colonnes s'élancèrent comme l'ouragan et balayèrent les défenseurs de la brèche, malgré la résistance la plus fanatique et la plus opiniâtre; je m'élançai avec mon état-major et M. le colonel Clerc à la tête de la colonne Morand, et quand j'eus franchi la brèche, je compris que la ville était à nous.

« Les trois bataillons de zouaves descendirent comme un fleuve de la position dominante qu'occupaient les tours, et, électrisés par leurs braves commandants, se dirigèrent vers la maison de Ben-Salem, espèce de citadelle qui domine la ville; le lieutenant-colonel Deligny en fit enfoncer la porte, et bientôt l'aigle du 2e de zouaves et mon guidon de commandement flottèrent sur le minaret de cette maison, où le chaouch Ahmoud-ben-Abd-Allah entra le premier; à partir de ce moment, Laghouat était à moi.

« J'étais convenu avec le général Yusuf qu'il commencerait son escalade sur la pointe nord de la ville, dès qu'il apercevrait la fumée d'un feu que je devais faire allumer sur le mamelon dominant de Sidi-el-Hadji-Aïssa. La fumée du canon et de la mousqueterie absorbait celle du signal; mais à la cessation du feu de la batterie de brèche et au bruit de notre sonnerie de la charge, cet officier général enleva les campements qu'il avait devant lui, fit appliquer ses échelles et bientôt franchit les murailles avec un élan irrésistible. Bientôt nous nous donnâmes la main, et son guidon flottait à côté du mien sur la maison de Ben-Salem.

« Cette opération que je ne puis vous décrire que d'une manière très sommaire, afin de ne pas retarder d'un instant la nouvelle d'un succès si honorable et si glorieux pour nos braves troupes, a été brusquée avec une vigueur admirable. C'était un spectacle magnifique, Monsieur le gouverneur général, et qui fit battre toutes les âmes généreuses, que ce double assaut qui rappelle nos meilleurs jours. Je ne saurais vous dire combien j'en suis fier, non pas pour moi, mais pour nos soldats, si beaux quand ils franchissaient les murailles au cri de : *Vive l'Empereur!* et saluaient d'acclamations enthousiastes l'apparition de l'aigle du 2ᵉ de zouaves sur la maison de Ben-Salem.

« Quand j'aurai réuni les rapports des chefs de corps, je vous raconterai le tout en détail et je vous citerai les noms qui méritent le plus de fixer votre attention. En attendant, je dois, dans ma colonne, vous désigner M. le lieutenant-colonel Deligny, qui non seulement a enfoncé la maison de Ben-Salem, mais s'est emparé du canon de la place; le capitaine du génie Brunon, blessé à l'assaut qu'il avait si bien préparé, et le lieutenant d'artillerie Caremel. Je ne saurais trop me louer des services intelligents et de la bravoure de M. le capitaine Renson, mon aide de camp, que je vous recommande d'une manière toute spéciale. Enfin je vous citerai d'une manière toute particulière le commandant Cassaigne, mon premier aide de camp; le commandant Joinville, chef d'état-major de la colonne; les commandants de zouaves Malafosse et Morand qui a été blessé, et dont le frère a eu le même sort, et le commandant Liébert. Le capitaine Manouvrier de Fresne est le premier officier entré dans la place.

« M. le général Yusuf se loue d'une manière particulière de M. le capitaine d'état-major Faure, son aide de camp; du colonel de Linières du 60° de ligne, du commandant Rose, des capitaines Gérard et Beaudoin, des lieutenants Ritter, Entz.

« Je fais occuper régulièrement la ville : la lutte se continue encore dans les jardins; l'infanterie y massacre les derniers défenseurs; la cavalerie sabre tout ce qui tente de s'échapper de l'enceinte des palmiers; pas un de ces fanatiques n'échappera. Je ne sais pas encore le sort du chérif; il faudra le chercher sans doute parmi les cadavres. Les femmes, les enfants ont été respectés, et les soldats auxquels j'avais recommandé la générosité ont montré autant d'humanité que de bravoure. Je ne puis encore vous parler de nos pertes; les précautions prises et l'impétuosité de l'attaque me font espérer qu'il ne se mêlera pas trop de regrets à la joie de la victoire.

« Aux éloges que j'ai donnés à l'infanterie, je dois ajouter surtout celui des armes spéciales : l'artillerie a dignement fêté la Sainte-Barbe, et les sapeurs du capitaine Schœnnagel, qui étaient en tête de l'attaque du général Yusuf, ont été les dignes émules du capitaine Brunon. Le train a rendu de vrais services.

« La cavalerie du colonel Rame du 2° de chasseurs

d'Afrique et celle du lieutenant-colonel Lichtlin du 1ᵉʳ de chasseurs d'Afrique poursuivent les fuyards au moment où je vous écris, et j'aurai sans doute à vous signaler les services de cette arme. On m'apprend à l'instant que le capitaine du Barail a tué le cadi de Laghouat.

« Je vous prie d'excuser la rédaction de cette lettre, écrite au milieu des derniers coups de fusil et sous l'empressement bien naturel de vous apprendre cet important résultat.

« Agréez, etc.

« *Le général de division commandant en chef la colonne du Sud,*

« A. Pélissier. »

Un second rapport, en date du 6, ne faisait que confirmer le premier, en entrant un peu plus dans des détails qui, vus à distance, n'ont plus aucune importance. Le seul point intéressant dans ce second rapport, c'est le passage dans lequel le général Pélissier donne à penser que le chérif a pu échapper par la fuite au sort qui l'attendait.

. . . .

« Malheureusement, dans la nuit du 4 au 5, un groupe d'une vingtaine de chevaux s'approche d'un peloton du 2ᵉ de chasseurs d'Afrique, en criant qu'il était porteur d'une dépêche pressée et qu'il faisait partie de nos goums. L'officier commandant, M. Amilca, fut dupe de cette ruse de guerre. Au moment où il reconnaissait son erreur, les Arabes piquèrent des deux et disparurent dans les ombres de la nuit. On les poursuivit vainement.

« Il m'est impossible de vous dire encore si le chérif d'Ouargla faisait partie de ces fuyards, ou si, comme on le croit généralement, il est au nombre des cadavres. J'ai dû donner l'ordre au colonel Clerc, que j'ai établi provisoirement commandant supérieur de Laghouat, de les faire enterrer précipitamment, afin d'éviter les influences pestilentielles qui rendraient la ville inhabitable. »

Voici enfin la liste des corps de troupes qui ont pris part au siège de Laghouat :

Détachements des 1ᵉʳ, 3ᵉ et 4ᵉ régiments d'artillerie.

Détachements du 3ᵉ du génie.

50ᵉ de ligne, un bataillon, lieutenant-colonel Gérard.

60ᵉ de ligne, deux bataillons, colonel marquis de Linières.

1ᵉʳ régiment de zouaves, un bataillon, commandant Barrois.

2ᵉ régiment de zouaves, deux bataillons, lieutenant-colonel Clerc, commandants Morand et Malafosse.

Le 1ᵉʳ bataillon d'infanterie légère d'Afrique (zéphyrs), commandant Liébert.

Le bataillon de tirailleurs indigènes d'Alger, commandant Roze.

Un détachement (une compagnie) des tirailleurs indigènes de Constantine.

Quatre escadrons du 2ᵉ de chasseurs d'Afrique, colonel Rame.

Deux escadrons du 1ᵉʳ de chasseurs d'Afrique, colonel Lichtlin.

Deux escadrons du 1ᵉʳ de spahis, commandant de Francq.

Deux escadrons du 2ᵉ de spahis, commandant de la Tour-Landon.

Le général Pélissier ne savait réellement que faire de sa conquête. On n'avait jamais songé à placer si avant dans le Sud une garnison française, et, pour entretenir si loin de la côte notre influence, on avait toujours compté sur des complicités indigènes qui venaient de manquer. Le général eut, un instant, l'idée de frapper de terreur la contrée par un grand exemple, et de détruire Laghouat de fond en comble, en rasant les maisons et en arrachant les palmiers, en transportant, enfin, la population entière sur un autre point de l'Algérie, et pendant plusieurs jours, nous vîmes, chaque matin, partir des corvées qui allaient abattre des palmiers et faire tomber les clôtures des jardins. Cependant, à Alger, on recula devant ce vandalisme, et, quand l'ordre arriva d'y renoncer, les vainqueurs, trop peu nombreux d'ailleurs pour ce travail grandiose, n'avaient encore tracé dans l'oasis qu'une vaste tranchée qui devint un beau boulevard, coupant les jardins et conduisant aux portes de la ville. En attendant qu'il fût statué sur l'avenir de la malheureuse oasis, la garde de la ville avait été confiée aux deux bataillons de zouaves du lieutenant-colonel Clerc qui s'étaient établis dans les maisons abandonnées, sans un très grand souci de la conservation de ces édifices.

La population entière, considérée comme prisonnière de guerre, était parquée à côté de notre camp et gardée par deux compagnies d'infanterie. On lui apportait, chaque jour, quelques caisses de biscuit de troupe, et, matin et soir, on la menait boire à la rivière, comme du bétail.

Le général avait décidé que les corps des officiers tués à Laghouat seraient enterrés sur la brèche, en grande cérémonie. L'abbé Suchet, grand vicaire de l'évêque d'Alger, qui venait d'arriver au camp avec le général Rivet, chef d'état-major général de l'armée d'Afrique, devait officier sur un autel dressé en plein vent, et qui formait le côté d'un quadrilatère dont le 2ᵉ de zouaves dessinait les trois autres côtés. Les corps furent déposés sur deux prolonges d'artillerie, et le général en chef, suivi de tous les officiers, prit la tête du cortège.

Pour arriver sur la brèche, on avait établi une voie

en lacet destinée aux deux corbillards improvisés, et, passant par un sentier de piétons, le général ainsi que ses officiers allèrent les attendre sur l'esplanade où étaient rangés les zouaves. Là, il se passa une scène tout à fait pénible. Le général ne pouvait pas sentir le colonel Clerc, grand et superbe officier, à la taille svelte, aux traits fins, à l'abondante chevelure, très soigné, très élégant, très musqué même, qui avait une apparence tout à fait juvénile, et qui devait mourir commandant d'une brigade de grenadiers de la Garde, le jour de Magenta, au pont de Buffalora, sur le Naviglio-Grande.

Pendant que nous attendions tous en silence, le général interpella brusquement le colonel, en lui disant : « Colonel, vous avez enfreint l'ordre formel que j'avais donné. — Et lequel, mon général? — J'avais prescrit de faire porter au quartier général toutes les armes de prix trouvées dans Laghouat. Or, vos zouaves ont vendu des fusils garnis de capucines d'argent et d'incrustations de corail. Vous-même avez acheté une de ces armes. »

Le colonel essaya de se justifier, en alléguant qu'on avait exagéré la valeur de ces armes ; qu'il avait acheté à un zouave un fusil, comme souvenir du combat ; qu'il n'avait pas cru enfreindre les ordres. Ces explications ne firent qu'irriter davantage le général, et nous entendîmes des phrases véritablement disproportionnées avec la faute commise, en admettant qu'il y eût eu faute. — « Vous avez sali nos triomphes. Je vous ferai passer devant un conseil de guerre. » Comme le colonel continuait à se défendre, le général lui dit : « Rendez-vous aux arrêts », et, sa victime ne bougeant pas, il ajouta : « aux arrêts de rigueur », ce qui entraînait la cessation immédiate de tout service.

Alors, le colonel Clerc, débouclant son ceinturon, jeta son sabre aux pieds du général, qui, comprenant qu'il était allé trop loin, dit aussitôt : « Reprenez votre sabre. » L'officier obéit, au milieu d'un silence de mort. Les efforts qu'il faisait pour se contenir lui faisaient venir les larmes aux yeux. — « Vous pleurez, colonel ! dit l'impitoyable Pélissier. — Ce sont les nerfs, mon général. — Eh bien, buvez un verre d'eau, cela les calmera. » — A ce moment, les prolonges chargées de cercueils débouchaient sur la brèche, l'abbé Suchet montait à l'autel. Le service divin fut suivi de la bénédiction dernière, et les corps furent déposés dans les fosses.

Le général laissa tomber sur eux quelques-unes de ces paroles pleines de sensibilité et d'énergie dont il avait le secret, et le colonel Clerc lut un discours fort éloquent. Ce discours se terminait par l'éloge du général et par l'expression des sentiments de respect, de confiance et de dévouement que les troupes nourrissaient pour celui qui venait de les conduire à la victoire.

Le colonel lut ce passage très vite, et sans lever les yeux sur son chef. Et nous nous séparâmes sur la double et triste impression de cette cérémonie funèbre et de la scène pénible qui l'avait accompagnée. Mais, avant de nous éloigner, nous vîmes le commandant Cassaigne, premier aide de camp du général Pélissier, le seul peut-être qui eût quelque influence sur cette âme de fer, et le colonel Deligny qui venait de marcher à la tête de la colonne d'assaut, s'approcher du colonel Clerc et lui serrer ostensiblement la main, pour bien lui marquer qu'il n'avait perdu ni l'estime ni l'affection de ses camarades. En accompagnant son chef au quartier général, Cassaigne affecta de garder le silence et de ne répondre que par des monosyllabes aux efforts que faisait le général pour soutenir la conversation. Ce dernier, n'y tenant plus, finit par lui dire : « Cassaigne, vous me boudez ? — Certainement ; on ne traite pas un brave officier comme vous venez de le faire. — C'est bon ; allez chercher votre ami Clerc et emmenez-le dîner avec nous. » Le colonel Clerc vint, le soir, dîner au quartier général ; et il ne fut plus question de rien.

J'ai parlé tout à l'heure de l'arrivée parmi nous du général Rivet.

C'était un officier tout à fait hors ligne ; il avait passé de l'École polytechnique dans l'artillerie, puis, comme chef d'escadrons, aux spahis, à leur réorganisation en 1845, puis, comme colonel, au 8ᵉ de hussards. Son mérite exceptionnel justifiait son avancement exceptionnel. Bugeaud l'avait pris comme officier d'ordonnance. A son départ pour l'armée de Crimée, le général Pélissier le prit comme chef d'état-major général du premier corps. C'est en cette qualité qu'il reçut une mort glorieuse, dans les tranchées de Sébastopol, le 8 septembre 1855, le jour de la prise de Malakoff. Il fut un de ceux dont j'ai reçu le plus de témoignages de bienveillance et d'amitié. Il est un de ceux dont le souvenir reste vivant dans mon cœur reconnaissant de vieux soldat. Il venait, envoyé par le Gouverneur général, pour étudier le parti qu'on pouvait tirer de Laghouat. Le général Randon répugnait à s'étendre aussi loin, alors qu'aux portes mêmes d'Alger, les populations kabyles habitant le massif montagneux du Djurdjura, stables, laborieuses, industrieuses, dotées de mœurs qui rappellent celles de nos paysans, étaient encore soustraites à notre influence.

Le général Rivet vainquit ses irrésolutions. Il fit suspendre l'œuvre de destruction entreprise par le commandant en chef, et décider l'occupation permanente de Laghouat par une garnison française. Le choix du commandant du nouveau poste fut très laborieux. Le capitaine Gruard, à qui ces fonctions semblaient réservées, s'était rendu impossible, car il était, en définitive, l'auteur principal de la défection des Larbâ, qui avait amené la révolte de Laghouat. C'était lui qui avait excité leur chef, Ben-Chôra, contre notre vieil allié Ben-Salem, qu'il détestait pour une cause des plus futiles. Gruard, qui vivait très à l'écart de ses camarades et qui préludait par des idées sombres à l'attaque de folie à laquelle il devait succomber, avait pour maîtresse une femme arabe, Haïffa. Un des trois fils de Ben-Salem, Taouti, la lui enleva, et, pour se venger, Gruard brouilla les cartes, de sorte qu'en définitive tous les braves officiers que nous venions de perdre, tous les pauvres diables de troupiers qui venaient de laisser leur peau à Laghouat étaient morts pour une femme, comme de simples Grecs et de simples Troyens.

La candidature de Gruard étant écartée, le général Yusuf posa la mienne devant le général Pélissier, qui lui répondit : « Vous savez si j'aime du Barail, mais il est trop jeune de grade pour commander ici ; car je suis forcé de laisser une assez forte garnison, et il y rencontrerait des capitaines plus anciens de grade que lui. Il faut que je mette ici un officier supérieur, chef de bataillon ou lieutenant-colonel. Quant à du Barail, qu'il reste ici comme chef du bureau arabe. Je le proposerai pour le grade de chef d'escadrons, et dès qu'il aura été nommé, il aura le commandement. Aujourd'hui, ce n'est pas possible, ça ferait trop d'histoires ! »

Je ne me doutais pas le moins du monde des discussions dont j'étais l'objet, et je ne songeais pas du tout qu'on pût me confier une aussi lourde tâche. Je souffrais du foie. J'avais demandé et obtenu, pour la fin de la campagne, un congé de convalescence qui me permît d'aller me soigner en France. Pourtant, lorsque le général Yusuf, sans entrer dans tous ces détails, me demanda si je voulais être chef du bureau arabe à Laghouat, avec la perspective d'en avoir le commandement comme chef d'escadrons, plus tard, j'acceptai des deux mains. Je n'étais capitaine que depuis quatre ans et trois mois, et je comprenais parfaitement qu'à la suite d'un avancement aussi rapide, il fallait faire preuve de zèle et intimer à mon foie l'ordre d'attendre. J'avais été, il est vrai, proposé régulièrement, à l'inspection précédente, pour le grade supérieur, et j'avais obtenu le numéro 13. J'aurais été plus favorisé si mon oncle, le général de Chalandar, qui faisait partie de la commission de classement, ne m'avait pas porté le quarante-cinquième sur sa liste, afin de n'être pas accusé de népotisme.

Les choses en étaient là, quand, une semaine après la prise de la ville, le général Yusuf me délégua auprès du général Pélissier. Profitant du désordre de la conquête, les goums d'Oran et les goums d'Alger s'étaient pillés mutuellement, et il s'agissait de demander au commandant en chef l'institution d'une commission arbitrale qui mît fin à leurs réclamations réciproques.

Quand je me présentai au quartier général, le général Pélissier, en bras de chemise et coiffé d'une petite calotte grecque brodée par les doigts d'une certaine fée, était en train de laver la tête à son chef d'état-major, le lieutenant-colonel Joinville, que nous appelions le citoyen Joinville, à cause de son attitude pendant la Révolution de 48. Il lui reprochait la mauvaise tenue du camp.

— Comment voulez-vous, criait-il, que mon camp soit bien tenu, quand c'est mon chef d'état-major qui donne l'exemple de l'ordure et de la malpropreté? Demandez à ce jeune homme, continua-t-il en m'apercevant, si, quand j'avais l'honneur d'être chef d'état major de la division d'Oran, les choses n'étaient pas mieux en ordre. » Il lança encore au malheureux cette injure suprême : « Tenez, votre bivouac est plus sale que celui d'un brigadier du train. »

Puis, se retournant brusquement de mon côté : « Et vous, dit-il, que me voulez-vous? »

Pendant que le pauvre Joinville s'en allait, j'expliquai brièvement mon affaire. Il était en verve : « Vous ne perdrez donc jamais, dit-il, vos habitudes de vol et de déprédation ? — Mon général, répondis-je, sans me laisser démonter et faisant allusion aux fameuses razzias exécutées sous ses yeux pendant la campagne de Mascara, ce sont des habitudes de jeunesse que j'ai prises sous vos ordres. Et, à ce titre, elles me sont trop chères pour que j'y renonce. »

Il fut content de la parade et me dit : « Eh bien, venez déjeuner avec moi. » Puis, s'apercevant que ma croix s'était détachée et qu'il n'en restait plus que la couronne après le ruban rouge, il ajouta : « Tiens ! vous avez perdu votre croix ! Venez, que je vous en donne une qu'on a trouvée à Laghouat. » Et, m'emmenant dans sa tente, il me fit cadeau d'une croix, recueillie dans la ville, et prise probablement par les Arabes à une de leurs victimes. Je l'ai encore.

Le déjeuner, auquel assistaient son aide de camp, le commandant Cassaigne, et son officier d'ordonnance, un peu son souffre-douleur, le capitaine de Rollepot, qui a été retraité comme colonel de pontonniers, fut très gai. Au dessert, il m'annonça qu'il me nommait commandant du poste de Laghouat, et comme je me confondais en remerciements : « C'est bon ! c'est bon ! dit-il, vous n'avez pas besoin de me remercier. Je n'ai pas pu faire autrement. Je n'ai pas trouvé d'officier supérieur qui voulût accepter. Vous allez être gêné par votre peu d'ancienneté, mais on s'arrangera. »

En effet, dans la colonne de Médéah, qui allait fournir la garnison, il n'y avait que deux officiers supérieurs à qui l'emploi aurait convenu, et tous deux s'étaient récusés. Le premier était le lieutenant-colonel Roze, qui a commandé plus tard une brigade d'infanterie de la Garde et a quitté l'armée comme général de division. Il attendait ses épaulettes de colonel à la fin de l'expédition et ne voulait pas compromettre sa santé, déjà éprouvée par un long séjour en Afrique. Le second était mon commandant direct, le chef d'escadrons de Francq. Je l'aurais volontiers accepté pour chef et secondé de mon mieux ; mais il arrivait des dragons, débutait en Afrique, et il n'osait pas accepter une situation dont il s'exagérait sans doute les difficultés. En arrivant au régiment, il avait été prévenu contre moi par son collègue, le commandant Fénis de Lacombe, qui ne m'aimait guère, et qui m'avait représenté comme un officier indépendant. Le portrait était chargé, faux même, car si, comme chef de bureau arabe, j'échappais forcément à l'autorité des officiers supérieurs qui ne me le pardonnaient pas, comme capitaine d'escadron et dans le rang, j'étais, j'ose le dire, le plus discipliné de tous les officiers.

D'ailleurs, je me débarbouillai bien vite à ses yeux, en me mettant, avec empressement, à sa disposition pour lui rendre une foule de petits services. Comme il avait bon caractère, nous nous liâmes étroitement pendant la campagne. Par un singulier hasard de carrière, quelques années plus tard, j'eus de Francq comme lieutenant-colonel, quand je pris le commandement du 3ᵉ de chasseurs d'Afrique. Et jamais il n'a eu à se plaindre de moi.

La garnison de Laghouat, que j'allais avoir à commander et qui était réellement trop importante pour un officier de mon grade, si je n'avais pas dû bientôt passer chef d'escadrons, était ainsi composée : deux compagnies de zouaves, deux compagnies du 60ᵉ de ligne dont une de grenadiers, deux compagnies de tirailleurs indigènes, deux compagnies du 2ᵉ bataillon d'infanterie légère d'Afrique, un escadron de cavalerie commandé par le capitaine de Sezicy, formé par deux pelotons du 1ᵉʳ de chasseurs d'Afrique et deux pelotons de mon escadron de spahis. La difficulté principale était l'impossibilité de trouver des compagnies dont tous les capitaines fussent moins anciens de grade que moi. Le général y pourvut, en permettant aux capitaines de laisser leur compagnie à leur lieutenant, et de rentrer à leur corps.

Les deux capitaines de zouaves, seuls, profitèrent de cette permission. Les autres acceptèrent de bonne grâce cette infraction au règlement, qui ne reconnaît qu'aux généraux le droit d'être appelés à un commandement sans condition d'ancienneté, et l'un d'eux, pourtant, celui qui commandait la compagnie du centre du 60°, avait près de vingt ans de grade. Il reçut, peu de jours après, sa nomination de chef de bataillon, à l'ancienneté, sur toute l'arme. Enfin, la garnison était complétée, en prévision des grands travaux que nous allions avoir à exécuter, par un détachement d'une centaine d'ouvriers de toutes professions, commandés par un lieutenant, et dépendant du service du génie du capitaine Schœnnagel.

Toutes les questions de détail étant réglées, je vins, à la tête de ma garnison, prendre possession de Laghouat, où m'attendait, devant ses zouaves rangés sous les armes, le colonel Clerc qui me remit le commandement, suivant les prescriptions du cérémonial militaire, avant de rentrer lui-même au camp de la division d'Oran. C'était le 14 décembre 1852.

Le 15, le général Yusuf levait son camp de Ras-el-Mâ pour retourner à Médéah. Le commandant Pein partait en même temps, pour ramener sa petite colonne à Bouçaada. Enfin, le 17, à sept heures du matin, le général Pélissier, le général Rivet et la colonne d'Oran quittèrent à leur tour Laghouat. Je reconduisis à cheval le commandant en chef à une assez grande distance de la ville, et je pourrais redire mot pour mot les paroles que nous échangeâmes pendant cette chevauchée.

Le général. — Mon pauvre enfant, je ne vous

laisse pas précisément sur un lit de roses. Mais je suis certain que vous saurez vous débrouiller.

Moi. — Je tâcherai, mon général. Mais je ne vous cache pas que je trouverais la situation plus douce si vous pouviez me laisser un peu d'argent.

Le Général. — De l'argent ! Mais où voulez-vous que j'en prenne ? Je n'ai pas un sou, ni sur moi ni dans mes caisses.

Moi. — A défaut d'argent, je me contenterais d'un peu de viande.

Le Général. — De la viande ! J'en ai à peine assez pour nourrir ma colonne, jusqu'à ce que je puisse la ravitailler.

Moi. — Alors, c'est bien, on essayera de s'en passer. Avez-vous d'autres instructions à me donner ?

Le Général. — Une seule : celle de vous montrer digne de la confiance que j'ai en vous. Je ne sais pas en face de quelles difficultés vous allez vous trouver ; mais, quelles qu'elles soient, rappelez-vous le nom que vous portez.

Il me tendit les bras, et, sans descendre de cheval, nous nous embrassâmes. Je sentis dans ses mains un frémissement. Je vis dans son bel œil dur une crispation attendrie que son ordinaire impassibilité gouailleuse rendait encore plus saisissante. Je saluai, échangeai des poignées de main avec les camarades qui l'entouraient ou marchaient derrière lui, à la tête de leur corps, et je rentrai dans mon petit royaume vert, perdu dans les sables du désert, et encore bouleversé. J'y rentrai plein d'entrain et d'espoir, car il me semblait que je venais de puiser des forces physiques et morales infinies, en touchant de ma poitrine le cœur de ce grand homme de guerre.

Pourtant, quand la colonne d'Oran commença à se perdre à mes yeux, dans la poussière que soulevaient ses pas, et quand, à la tête de la demi-douzaine de camarades qui rentraient avec moi à Laghouat, j'eus repris le chemin du Sud, je me fis un peu l'effet de l'ouvrier, père de famille, qui rentre chez lui, le soir, sans avoir trouvé du travail pendant la journée, et sans avoir pu acheter la miche de pain quotidienne. J'étais à plus de soixante-dix lieues du premier poste français; Boghar. Je venais de le commander et je savais parfaitement qu'il était incapable lui-même de me prêter le moindre secours.

La ville que j'occupais était démantelée, éventrée par la brèche que nous lui avions faite pour la prendre, éventrée par la brèche que ses défenseurs lui avaient faite pour en sortir, et en partie détruite systématiquement. Je n'avais rien à craindre matériellement de sa population, réduite à l'état de troupeau tremblant; mais le sort que nous lui avions fait subir devenait un embarras pour moi, puisqu'il la mettait à ma charge. Quant aux populations environnantes, elles étaient trop terrifiées par cette répression sanglante pour rien entreprendre d'immédiat, mais, dix fois domptées et dix fois insurgées, elles restaient profondément hostiles et prêtes à écouter le premier aventurier dont le souffle rallumerait en elles la haine du chrétien.

Enfin, j'avais sur les bras une garnison de plus de mille hommes, y compris deux cents blessés, parmi lesquels un officier général et dix officiers de différents grades. Et, pour nourrir tout ce monde-là, à part quelques caisses de biscuit et quelques sacs de riz, je n'avais rien; mais littéralement rien! ce qui s'appelle rien; pas un bœuf, pas un mouton, pas un morceau de lard ou de viande salée, pas un centime pour en acheter et pour payer le prêt échu.

Je ruminais mon dénuement, en me laissant aller au pas cadencé de ma monture qui, comme les chevaux d'Hippolyte, « semblait se conformer à ma triste pensée ». Et il faut croire que mon visage la reflétait aussi, car je m'entendis interpeller en arabe par un cavalier, qui était venu se mettre botte à botte avec moi, et qui me disait :

— Du Barail, tu n'as pas l'air content ! Qu'est-ce que tu as ? C'était le second fils du pauvre vieux Ben-Salem ; c'était Cheick-Ali qui était venu avec moi accompagner la colonne du général.

— Ah ! c'est toi ! lui dis-je, eh bien, tu as raison ; je ne puis pas gai. Je suis dans la plus horrible détresse. Je puis bien te le dire : je n'ai ni argent ni vivres. Je ne sais pas avec quoi on fera la soupe, ce soir, non seulement pour la garnison, mais pour les blessés.

Cheick-Ali me dit simplement :

— Combien te faudrait-il d'argent ?

— Quarante mille francs.

— Tu les auras dans une heure. Et de la viande, combien t'en faut-il ?

— Il me faudrait cent bœufs et cinq cents moutons.

— Tu les auras avant midi.

Et il partit en avant à toute bride. Je n'ai jamais su comment il s'y prit. Il est probable qu'il avait trouvé, chez le marabout d'Aïn-Mahdi, un dépôt sûr pour son argent, au début des troubles, tout en en conservant une partie dans quelque cachette, à Laghouat. Quant à ses troupeaux, ils formaient une petite tribu, vivant presque toute l'année entre le M'zab et Laghouat, et confiée à des gens qu'on appelait les Mékalifs-el-Adjérab (les Mékalifs galeux). Je ne sais pas trop pourquoi ils ont mérité ce surnom. Toujours est-il qu'en rentrant à Laghouat, je trouvai ses serviteurs déjà occupés à transporter à mon logis les sacs d'écus et que, quelques minutes avant midi, les cent bœufs et les cinq cents moutons débouchaient devant ma porte, d'où ils partirent pour être confiés à l'Intendance, pendant que l'argent était distribué aux officiers payeurs et aux chefs des différents services, contre des reçus.

C'est donc à Cheick-Ali, à un de ces chefs arabes que nous avons si souvent méconnus et dont, pour ma part, je n'ai jamais eu qu'à me louer, que je dois d'avoir pu me tirer de ce mauvais pas. Sans lui, je ne sais réellement pas ce que j'aurais fait, et le brave cœur me rendit ce service avec une simplicité qui en doublait le prix. On aurait dit qu'il faisait la chose du monde la plus ordinaire et la plus naturelle.

Je note, en passant, ce détail administratif qui a bien son importance : pendant les deux ans et demi que j'ai passés à Laghouat, comme commandant supérieur, pas une seule fois, un agent du Trésor n'y a apporté un sou, et pas une seule fois, l'argent n'y a manqué. Nous nous suffisions à nous-mêmes, grâce à un système que j'avais proposé, qui avait été accepté, et qui consistait à employer sur place la partie qui nous était nécessaire des contributions arabes que nous levions. Je remettais l'argent aux chefs de service, en échange de pièces comptables établies par les conseils d'administration. Et le bureau arabe faisait entrer ces pièces dans ses comptes avec le Trésor. Cette opération fort simple n'a jamais donné lieu à aucune réclamation ni à aucune erreur. Elle satisfaisait à la fois mon horreur de la paperasserie et mon amour de la régularité.

Ayant ainsi paré au plus pressé et à l'indispensable, grâce à la générosité de Cheick-Ali, j'eus le temps de mettre un peu d'ordre partout, et je commençai à voir un peu plus clair dans ma situation.

Mon dénuement ne portait pas seulement sur la viande et l'argent. Il s'étendait à tout.

Ainsi, il ne restait plus à Laghouat un seul de ces cantiniers qui suivent toutes les colonnes et fournissent aux soldats les menus objets dont ils ont besoin, y compris surtout de nombreux petits verres de liqueurs frelatées. Ces industriels, ayant épuisé leur pacotille, étaient tous partis avec la division d'Oran. Mon détachement du génie n'avait ni pelles ni pioches, et en fait d'outils, nous n'avions que ce que les compagnies d'infanterie avaient gardé avec elles, c'est-à-dire presque rien. Et cependant, il fallait pourvoir au logement et à l'installation des troupes, et les grouper par compagnies dans des maisons voisines les unes des autres, pour qu'en cas d'alarme et de prise d'armes, pendant la nuit, il n'y eût ni désordre ni confusion. J'assignai à chaque compagnie son emplacement, et les hommes eurent bien vite fait de trouver dans les décombres les matériaux nécessaires pour se procurer des logements, sinon très confortables, au moins très suffisants.

La maison de commandement bâtie par Ben-Salem, vaste construction qui dominait toute la ville, était, je l'ai déjà dit, la clef du système d'occupation. Les matériaux n'étaient pas de première qualité, et par conséquent elle ne présentait pas une solidité à toute épreuve ; mais elle était spacieuse, aérée, et nous était d'une précieuse ressource pour le logement de nos blessés, à qui nous ne pouvions mesurer ni l'air ni l'espace. Ces malheureux y étaient abrités, mais nous n'avions rien pour les coucher, et les grands blessés eux-mêmes étaient étendus par terre, dans leurs vêtements, et enveloppés dans une couverture. Le plancher des chambres était un simple lit de béton qui n'offrait aucun inconvénient pour les indigènes, car ils circulent toujours pieds nus, dans l'intérieur des appartements. Mais les gros souliers ferrés de clous de nos infirmiers eurent bientôt détaché du béton une couche épaisse de poussière mêlée de chaux, qui faisait souffrir nos malades et envenimait les plaies.

Je commençai par envoyer la cavalerie récolter une grande quantité d'alfa, qui croissait au sud de Laghouat. J'en fis bourrer des sacs de campement, qui devinrent des paillasses. D'autres sacs, décousus, fournirent des draps de lit bien rudes et bien grossiers, mais qui constituaient une amélioration notable. Enfin, avec les planches des caisses à biscuits, vidées, on fit des bois de lit. Il était difficile d'obtenir mieux, car le plancher n'était pas très solide et eût cédé sous un matériel plus lourd. Celui-là dura pendant tout mon séjour à Laghouat. Je dois même ajouter qu'il m'y a survécu pendant plusieurs années.

Le travail le plus urgent peut-être était le nettoyage complet de la ville et de l'oasis, où de nombreux foyers d'infection étaient accumulés. Dans les décombres, dans les maisons, dans les recoins des jardins, pourrissaient encore des cadavres. Certains puits en étaient bondés. On avait jugé commode de s'en débarrasser en les y jetant, au lendemain de la conquête, alors qu'il était question de tout raser et de ne rien laisser derrière soi. Mais, maintenant qu'on s'établissait, il fallait donner à toute cette pourriture humaine une sépulture plus régulière ; car il était impossible de vivre, sans des dangers terribles, au milieu d'un pareil charnier. Je commençai par faire rentrer en ville toute cette population arabe, dépossédée et tremblante pour son sort. Je lui assignai des quartiers provisoires, où elle s'établit tant bien que mal, et j'organisai au milieu d'elle des escouades de travailleurs, dont le salaire me permit de répandre quelque peu d'argent parmi ces pauvres diables, en même temps qu'elles m'aidèrent à faire disparaître toute cette pourriture. Bientôt, nous n'eûmes plus rien à craindre, et on put circuler dans les rues sans se boucher le nez.

Le bruit courut néanmoins jusqu'à Alger que nous avions la peste à Laghouat, et il prit assez de consistance pour que le Gouverneur général, qui ne voyait rien de semblable dans mes rapports, me demandât une communication confidentielle et sincère sur l'état sanitaire de ma garnison. Je lui répondis que la mortalité était certainement au-dessus de la moyenne parmi les indigènes éprouvés par la guerre, mais que la garnison était indemne, et qu'il n'y avait à Laghouat aucune maladie épidémique ou contagieuse.

La destinée de cette population infortunée restait toujours incertaine. Le Gouverneur général, toujours disposé à la frapper d'une punition exemplaire qui dégoûterait à jamais les gens tentés de l'imiter, n'avait pas renoncé à l'idée de la transporter en masse dans le Djebel-Amour. Et j'allais bientôt recevoir ampliation d'un arrêté qui mettait sous séquestre toutes les propriétés immobilières des habitants de Laghouat. Un fonctionnaire supérieur de l'enregistrement et des domaines, M. Sérieyx, allait arriver pour établir le sommier des biens séquestrés. Je ne cache pas qu'au risque de me faire donner sévèrement sur les doigts, je me mis du côté des Arabes. D'abord, autant je comprends qu'on soit inexorable les armes à la main, qu'on casse et qu'on brise tout, y compris les têtes, surtout les têtes, autant je déteste qu'on se montre impitoyable quand la fureur du combat est tombée. Il me semblait que ces exécutions à froid n'étaient pas dignes du caractère français, et que les soldats ne sont pas faits pour être des bourreaux, ni des huissiers, ni des gardes-chiourme.

Je fatiguais donc le Gouverneur général de mes réclamations et de mes protestations. « Oui, disais-je, ces gens-là se sont révoltés ; mais nous les avons sévèrement punis, et la répression est suffisante. En réalité, ils ne sont pas plus coupables que telle tribu qui s'est mise en insurrection, qui, ensuite, a imploré et reçu l'aman, moyennant une modique contribution de guerre, et qui a recommencé dix fois le même manège, sans lasser notre mansuétude. Pourquoi les gens de Laghouat seraient-ils plus punis, parce qu'ils se sont bravement défendus derrière leurs murs, que les autres, qui se défendent en combattant dans leurs montagnes, ou en s'échappant dans les solitudes du Sahara? Et puis, nous-mêmes, avons-nous donc le droit d'être ainsi sans pitié? N'avons-nous donc aucune faute à nous reprocher envers eux? Se seraient-ils révoltés si nous avions été plus habiles? »

Je m'agitai tellement que j'obtins, tout d'abord, que le séquestre ne s'appliquerait ni aux biens de la famille de Ben-Salem, à qui nous devions tant, ni aux biens de ceux qui, notoirement, n'avaient pris aucune part à l'insurrection; et, ensuite, qu'on ne forcerait personne à s'expatrier, excepté les fauteurs avérés de la révolte, et qui seraient nominativement désignés. Mais, la nouvelle de la confiscation avait déjà mis en éveil bien des cupidités, et, comme il arrive toujours, les gens d'affaires étaient venus rôder sur les pas du soldat, pour transformer sa gloire en gros sous, s'il était possible, et faire miroiter leurs combinaisons devant son imagination nécessairement enfantine. On ne saura jamais combien des hommes de guerre, d'une valeur intellectuelle indiscutable, sont accessibles aux projets les plus invraisemblables et les plus irréalisables. C'est ainsi qu'on commençait déjà à discuter sérieusement, dans les hautes sphères militaires, les ressources illimitées qu'allait nous fournir le commerce du Sud, et on s'imaginait bonnement qu'il suffirait d'aventurer quelques milliers d'hommes dans ce Sud embrasé, pour en faire jaillir un trafic rémunérateur.

C'est en flattant cette manie, c'est en représentant notre nouvelle conquête, Laghouat, comme le marché principal et nécessaire de ce fameux commerce du Sud, que le docteur Baudens, médecin principal de l'armée d'Afrique, obtint, presque aussitôt après la prise de Laghouat, l'énorme concession de six mille palmiers, plus du tiers de l'oasis. Je me mis en travers. « Comment! disais-je, vous enlevez, d'un seul trait de plume, à une population le tiers de ses ressources, pour en faire cadeau à un Français qui a rendu des services, je le veux bien, mais qui n'a pas mérité une telle libéralité? Savez-vous seulement la valeur de ce que vous lui donnez? C'est la dotation d'un maréchal de France; soixante mille francs de rente, rien que cela. Les dattes que produit l'oasis ne s'exportent pas, car elles sont d'une qualité inférieure; mais elles constituent la base de l'alimentation des habitants, et chaque palmier se loue en moyenne dix francs par an. Si vous donnez six mille palmiers au docteur, qui se contentera d'en toucher la location, sans venir habiter l'oasis, vous le rendez maître du marché intérieur où il pourra, à son gré, faire régner la disette ou l'abondance. Ce n'est pas raisonnable. »

Grâce à mon opposition, l'affaire traîna plus de deux ans. Elle se termina par un compromis qui enleva au pauvre docteur la moitié de sa concession. Il ne lui resta plus que trois mille palmiers, soit trente mille francs de rente. J'estimai que c'était assez et même trop.

Je m'étais, dès le début, réservé une chambre, en attendant mieux, dans la grande maison qui servait d'ambulance. J'y tenais table ouverte, et, pendant longtemps, je fus le seul aubergiste de Laghouat. Mon auberge n'était pas luxueuse, mais elle avait au moins le mérite d'être absolument gratuite. Et puis, j'étais au milieu de mes chers blessés et, pour les voir à chaque instant, je n'avais qu'à quitter ma table de travail.

Le mois de décembre n'était pas encore écoulé que j'avais dit un éternel adieu aux deux plus aimés d'entre eux : mon camarade de Stael de Holstein, capitaine au 1ᵉʳ de chasseurs d'Afrique, et le général Bouscaren. Je leur fermai les yeux, ainsi que je l'ai indiqué plus haut. Au moment où le pauvre Stael allait mourir, dévoré par la fièvre et consumé par la résorption purulente, je voulus essayer sur son moral l'effet d'un pieux mensonge, et je lui dis : « Je viens de recevoir votre nomination de chef d'escadrons, au 5ᵉ de hussards. » Je vois encore le sourire qui accueillit ma supercherie et que la mort, presque aussitôt, immobilisa sur cette pâle figure. La nomination fut signée cependant, mais après son décès, et ce fut moi qui en profitai.

Le 21 décembre, les médecins vinrent m'annoncer qu'après s'être consultés, ils avaient résolu d'amputer le général Bouscaren, dont la jambe se gangrenait. Comme il avait pris un léger repas, on attendit jusqu'au soir. Le chloroforme dont on se servit était probablement de mauvaise qualité, car on eut toutes les peines du monde à l'endormir ; il parlait, il chantait, il gesticulait, tout en maintenant sa main crispée sur ma manche, car il avait exigé que je fusse là. L'opération dura une heure, sous mes yeux, et l'aspect des chairs, quoique je ne fusse pas médecin, me prouva qu'elle était trop tardive. Quand il fut recouché, dans quel état, grand Dieu ! et réveillé : « Restez là, me dit-il, ne me quittez pas. — Je vais écrire au Gouverneur, pour lui apprendre que vous êtes sauvé, et je reviens. »

En rentrant, je le trouvai râlant et je recueillis son dernier soupir. Il fut enterré dans le nouveau cimetière qu'on venait d'inaugurer et où, chaque matin, on plantait de nouvelles croix. Devant toute la garnison sous les armes, j'adressai l'adieu suprême, au nom de la France, à ce héros que, dans un ordre du jour patriotique et touchant, le général Pélissier traita de preux chevalier. J'attribue d'ailleurs à cette mauvaise qualité du chloroforme employé la mort de presque tous nos grands blessés. Un seul d'entre eux survécut : le capitaine Brunon, du génie, qui refusa de se laisser endormir pour se faire couper le bras. Nous n'avions, pour diriger nos services hospitaliers, qu'un aide-major, qui suppléait de son mieux à son inexpérience par son dévouement.

Enfin, nous commencions à nous débrouiller, et Laghouat renaissait peu à peu du milieu de ses décombres. J'avais dit à mon ami, Cheick-Ali : « Il faut procurer du travail à tous ces pauvres diables ; il faut essayer de faire renaître un peu le commerce. » Et le brave homme, aussitôt, se mit à faire construire, sur la place de Laghouat, une belle maison à arcades. J'obtins qu'on lui louerait à un bon prix l'étage supérieur, afin d'y organiser un mess et un lieu de réunion pour les officiers qui y vinrent combattre l'ennui, par des contacts mutuels, et sous les arcades, on arrangea des boutiques qui furent louées à de petits trafiquants mozabites. Ce n'était pas encore du luxe, car, pour fournir de l'éclairage à tout mon monde, et pour ne pas laisser les blessés dans l'obscurité, il me fallut, pendant les premières semaines, envoyer chercher jusqu'à Aïn-Mahdi un peu de mauvaise huile. Mais c'était un commencement de vie civilisée, régulière.

Je n'avais, d'ailleurs, pas à me plaindre de mes collaborateurs, qui se multipliaient pour me seconder. L'organisateur du cercle des officiers, chargé de tout le détail du service de la place, était un lieutenant du bataillon d'Afrique, M. Laffon, que rien n'arrêtait et qui sautait à pieds joints toutes les difficultés. Le chef du bureau arabe était ce lieutenant Carrus, avec qui nous avons déjà fait connaissance, un arabisant déterminé, mais qui eût été mieux à sa place dans le service actif, et qui me laissait en grande partie la besogne du bureau. Il avait pour adjoint un lieutenant de tirailleurs algériens, servant au titre indigène, quoiqu'il fût Prussien de naissance, M. de Lamertz, qui a été tué, je crois, comme officier supérieur, dans la guerre d'Italie. Bon soldat, très zélé, mais trop brutal. Il y avait, autour de l'oasis, quelques terres incultes qui pouvaient recevoir des céréales, et je lui avais dit de les faire cultiver par nos pauvres indigènes, qui auraient trouvé là quelque maigre ressource.

Or, un jour, en parcourant à cheval les environs de Laghouat, quelle ne fut pas ma stupéfaction de voir ces indigènes attelés, deux par deux, à des charrues, comme des paires de bœufs! C'est ainsi que le lieutenant avait compris mes dispositions bienveillantes.

Le grand vicaire de l'évêque d'Alger, l'abbé Suchet, était resté avec nous, afin d'organiser le service religieux, et j'avais mis à sa disposition la plus belle mosquée de la ville. Il avait un véritable tempérament de missionnaire, avec une rondeur et une jovialité dont raffolaient les soldats. Je me souviens qu'un jour, pour célébrer notre nouvelle conquête par une messe solennelle d'actions de grâces, il avait fait dresser l'autel sur la brèche; et comme un vent violent s'obstinait à renverser le crucifix : « Passe-moi une corde, dit-il au zouave qui l'aidait, nous allons attacher le bon Dieu pour l'empêcher de tomber. » Et tout le monde de rire. Il avait amené avec lui, comme aumônier de la garnison, un jeune secrétaire de l'évêque, envoyé, je m'imagine, parmi nous en pénitence, qui était, d'ailleurs, un prêtre très érudit.

Les deux abbés mangeaient à ma table et s'y rencontrèrent, dans le commencement, avec un membre du Bureau des longitudes que nous avait expédié l'Institut, pour faire des observations astronomiques. Entre le savant et les deux prêtres, les déjeuners et les dîners étaient des controverses perpétuelles où, malgré mon peu de compétence, il me semblait que le savant n'avait pas toujours le beau rôle. Ce savant calcula pendant deux mois auprès de moi. Puis, un matin, il emballa ses instruments, ferma ses cahiers et partit, en oubliant de me remercier. Je me suis laissé dire que ces gens-là étaient, par profession, très distraits.

Placés, comme je l'ai déjà raconté, en flèche à soixante-dix lieues du dernier poste français, nous avions dû nous préoccuper d'établir des relations suivies avec le reste de l'Algérie, ou du moins avec sa capitale. Il n'était pas encore question de télégraphe électrique, et, du côté d'Alger, le télégraphe aérien ne dépassait pas Médéah. Pour rendre nos communications plus fréquentes et plus rapides, le Gouverneur général prescrivit d'établir des postes arabes de correspondance qui devaient, par surcroît, assurer la sécurité de la route, pour les voyageurs isolés. Les tribus devaient entretenir, à des points déterminés, des relais de cinq chevaux destinés aux courriers et, par exception, aux voyageurs munis d'autorisation spéciale. Les tribus de Laghouat fournirent, en partant du nord, les postes du Rocher de sel, de Djelfa, d'Aïn-el-Lebel, de Sidi-Maklouf et de Laghouat; celles de Boghar, les postes de Boghari, d'Aïn-Oussera et de Guel-el-Stel. C'est par là que filaient les rapports que j'envoyais, personnellement et directement, au Gouverneur général, en en laissant une copie à la subdivision de Médéah dont je dépendais directement.

Le Gouverneur, qui, depuis la prise de Laghouat, attachait une certaine importance aux affaires du Sud, tenait à ce que ces rapports fussent aussi complets que possible, et je dois avouer qu'ils m'ont coûté beaucoup de peine et pris beaucoup de temps. Ils étaient divisés en sept chapitres, méthodiquement, et devaient se succéder tous les quinze jours. Pour les deux premiers, je fis tellement bonne mesure que le général Rivet, par bonté d'âme, m'écrivit officieusement de ne pas me ruiner le tempérament et d'attendre, pour rédiger, que j'eusse quelque chose d'important à signaler. J'étais déjà content, lorsque quinze jours après, je reçus une autre lettre du même général qui disait : « J'ai eu tort ; votre premier rapport a été jugé très intéressant à Paris, et le ministre l'a fait insérer en grande partie au *Moniteur*. Il en demande d'autres. Considérez donc ma lettre comme non avenue, et tâchez de trouver, tous les quinze jours, quelque chose d'intéressant à nous dire. »

On pense si je fus flatté de ce rôle inattendu de correspondant du journal officiel de l'Empire et de ce début subit dans le journalisme, métier pour lequel je ne me croyais aucune espèce d'aptitude. J'eus, en effet, bientôt le plaisir de voir mon humble prose reproduite par le *Moniteur* en « Variétés ».

Le Gouverneur m'écrivit encore que je ne devais pas seulement me considérer comme le commandant d'un poste militaire, mais comme un pionnier de la civilisation. Tous les honneurs, alors ! Malheureusement, ce pionnier aimait à se rendre compte du côté pratique des choses. Comme il savait ce qu'on pouvait tirer du soldat, il passait pour optimiste, dès qu'il s'agissait d'une action militaire. Comme il savait aussi que l'homme civilisé ne peut pas attendre grand'chose du désert, ni grand avantage de climats qu'il ne peut supporter, le pionnier en question passait pour pessimiste, dès qu'il avait à traiter quelques-unes des utopies, des fantaisies qui avaient cours, à une époque où, cependant, la conquête du Continent noir ne hantait pas encore les cerveaux.

Ainsi, chaque courrier d'Alger m'apportait, sous des formes différentes, la recommandation d'attirer de mon côté le commerce du Sud. C'était une phrase toute faite. A Alger, et par contre-coup à Paris, on croyait avoir tout dit quand on l'avait prononcée. Et, de mon côté, je m'évertuais à démontrer que le commerce du Sud n'existait pas, par cette excellente raison que nous avions renoncé à la principale denrée que fournissait le

Sud : à l'esclave, au nègre. Sans doute, sous la domination turque, on avait vu les marchés de la Régence fréquentés périodiquement par de grandes caravanes, véritables flots de populations sorties des profondeurs du désert. Mais quelle marchandise amenaient ces caravanes, pour la troquer contre les produits industriels ou naturels du Nord africain cultivé ? L'esclave, le nègre.

Autour de cet article, où même sur l'échine de cet article venaient, il est vrai, s'en grouper d'autres d'importance tout à fait secondaire, des plumes d'autruche, des dents d'éléphant, quelques plantes tinctoriales, du henné, du séné, un peu de poudre d'or, etc., dont l'ensemble ne représentait pas, loin de là, les frais de route de la caravane. Sans doute encore, le centre de l'Afrique contient d'autres objets d'échange et de commerce : de l'huile de palme, des arachides, du caoutchouc, etc. Mais ces objets s'en vont aux comptoirs de la côte de l'Atlantique. Leur transport s'effectue à meilleur compte par les routes fluviales, et, s'ils suivaient la longue route de terre qui mène à la Méditerranée, ils seraient grevés de frais de route qui les rendraient inabordables. Le nègre, l'esclave était donc le seul produit vendable qui arrivât de notre côté, chargé lui-même d'autres produits accessoires.

Du moment qu'en nous installant en Algérie, nous avions détruit l'esclavage et supprimé la traite, nous avions fait dévier les caravanes du Sud, d'un côté sur le Maroc, et de l'autre sur Tripoli, c'est-à-dire sur des régions où le trafic des esclaves se maintenait, et se maintient encore à peu près librement.

Telle est la thèse que j'ai soutenue, sans me lasser, pendant tout mon séjour dans le Sud. Je n'y ajoutais pas, cela va de soi, le moindre vœu pour le rétablissement de l'esclavage et de la traite, quoique chez un maître musulman, l'esclave, considéré comme un membre de la famille, l'esclave qui n'est jamais abandonné à la misère ou à la maladie, soit mille fois plus heureux que dans les anciennes plantations américaines, sous le fouet du commandeur, et souvent même plus heureux que les travailleurs invalides des sociétés modernes les plus avancées.

Mais je disais ceci : Pourquoi n'ouvririons-nous pas les portes de l'Algérie à tant de malheureux noirs qui sont voués à la mort, lorsqu'ils sont faits prisonniers dans ces razzias perpétuelles que les populations du centre de l'Afrique exécutent les unes sur les autres? Pourquoi ne les accepterions-nous pas? Pourquoi ne les achèterions-nous pas sous le nom d'engagés libres? Nous fournirions ainsi à nos exploitations agricoles les bras dont elles manquent. J'allais plus loin. Je rappelais les superbes bataillons nègres avec lesquels les pachas d'Égypte, et en particulier Mehemet-Ali, avaient jadis recruté leurs armées. Je me demandais si nous n'aurions pas pu, nous aussi, organiser des contingents noirs, qui auraient économisé les contingents français que nous entretenions à grands frais en Afrique. Voilà comment je comprenais le commerce du Sud. Je n'ai pas besoin d'ajouter que mes théories n'ont jamais prévalu auprès de gens dont le rêve commercial consistait simplement à installer, dans le Sahara, quelque chose comme des succursales du *Bon Marché*, de la *Ménagère*, de la *Belle Jardinière* ou du *Bazar de l'Hôtel de ville*.

Je me souviens qu'un jour, je vis arriver chez moi, à Laghouat, un employé supérieur du ministère de la guerre qui s'appelait Bellemare, si j'ai bonne mémoire. Son projet était fort simple. Il consistait à organiser une caravane de cinq cents chameaux, à les charger d'une pacotille d'objets divers à l'usage des Sahariens, et à s'en aller chez les Touareg, faire le métier de colporteur : « Vous comprenez, me disait-il, j'achèterai mes marchandises très bon marché en France, et je les revendrai très cher dans le Sahara. L'opération est magnifique. — Mais, mon bon monsieur, lui répliquai-je, songez donc que, si vous arrivez là-bas avec un stock aussi considérable d'articles, d'abord, vous ferez baisser les prix et vous aurez des mécomptes, et puis les chameaux, ça se loue et ça mange. Le prix de la location et de la nourriture dépassera probablement vos bénéfices, d'autant plus que vous n'êtes pas assuré du tout de trouver, dans le centre de l'Afrique, un fret suffisant pour ramener vos chameaux chargés ; sans compter qu'en l'absence de sergents de ville et de juges de paix, si vous ne faites pas protéger votre convoi par quelques bataillons et par quelques escadrons, vos clients sont dans le cas de vous prendre pour rien votre pacotille, avec vos chameaux par-dessus le marché. » Ce singulier commerçant fut un peu désappointé. Il s'était imaginé, dans la candeur de son âme, que l'administration, pour encourager ses efforts, mettrait à sa disposition cinq cents chameaux, gratis, comme on prête une voiture à bras. Il rentra désillusionné dans ses bureaux.

A propos de chameaux, le Gouverneur général avait ajouté à ses instructions une clause qui compliquait notablement nos embarras, et qui m'aurait probablement fait reculer, si je n'avais pas appelé à mon aide le précepte déjà cité du général de Martimprey.

On comptait que les tribus rebelles, terrorisées, qui s'étaient enfoncées dans le Sud, nous voyant solidement établis et prêts à leur barrer tout retour périodique, finiraient par comprendre qu'elles n'avaient qu'une chose à faire : se soumettre. Et, dans cette prévision, j'avais reçu un devis des conditions à leur imposer et des sommes à en tirer, lorsqu'elles viendraient demander l'aman. Mais, pour assurer leur soumission, le général Randon avait imaginé une combinaison qui devait rendre toute répression future plus efficace, en rendant nos colonnes plus mobiles. Il s'agissait de faire payer aux insurgés une partie du tribut de guerre en nature, et de former un équipage de dix-huit cents chameaux, tout harnachés, et de quatre mille moutons de choix. Les moutons devaient servir de réserve vivante pour la nourriture. Quant aux chameaux, ils étaient destinés à permettre une sortie rapide et inopinée, en temps de guerre, et le ravitaillement régulier de Laghouat, en temps de paix. C'était charmant sur le papier. On me disait : Réunissez quatre mille moutons et dix-huit cents chameaux que vous tiendrez à notre disposition. On ne me disait pas où je les placerais, comment et sur quel budget je les nourrirais, ni comment et sur quel budget je recruterais et solderais des chameliers et des bergers.

Quand les tribus des Larba et des Oulad-Nayl commencèrent à demander le passage et le pardon, je prélevai mon lot de chameaux et de brebis, en m'entourant de toutes les garanties d'examen nécessaires, afin de ne choisir que des animaux vigoureux et jeunes. Puis, je leur cherchai un chef. Un de mes maréchaux des logis, nommé Bou-Afia (le père du feu), me sembla désigné pour cet emploi. C'était un sans-famille, venu de l'Ouest, beau soldat, suffisamment intelligent, esclave de la consigne, toujours prêt à toutes les corvées. Je lui avais donné ses galons de brigadier, et l'avais désigné pour faire partie du petit détachement qui était allé, en 1852, assister, à Paris, à la distribution des drapeaux ; il m'était revenu avec la médaille militaire qu'on venait de créer. Je lui donnai pour adjoint un brigadier nommé Kouider-Ben-Ahmed, que j'avais engagé jadis à Blidah, sur une prouesse d'équitation, en lui voyant arrêter son cheval, emporté à travers la cour du quartier, et qu'il avait saisi à pleines mains par la gorge jusqu'à l'étouffer. Je détachai avec eux trois spahis et autant de tirailleurs algériens, qui devaient surveiller et diriger le personnel strictement nécessaire à la smala, recruté dans les tribus. J'établis le tout au nord de Laghouat, dans un endroit appelé Tadmid, où il y avait de l'eau et de l'herbe, et où bêtes et gens étaient, à la fois, sous ma main et à l'abri d'une surprise. Les spahis et les tirailleurs ne me coûtaient rien, puisqu'ils avaient leur solde et leur nourriture payées par l'État. Quant au matériel et au reste du personnel, je pourvus à son entretien en louant les chameaux au commerce, quand je n'en avais pas besoin, et en devenant ainsi entrepreneur de transports pour le compte du gouvernement. Cette organisation a fonctionné pendant tout mon séjour à Laghouat. Depuis, on l'a perfectionnée. On a créé une compagnie de chameliers, régulièrement soldée. On a mis les moutons sous la direction d'un vétérinaire militaire qui en a fait un troupeau modèle. On leur a bâti des bergeries qui étaient bien nécessaires. A la première tonte des brebis, j'avais envoyé, d'après les instructions du Gouverneur général, des échantillons de leur laine à la chambre de commerce de Sedan, qui, tout en reconnaissant la belle qualité de cette laine, la déclara impropre à la confection du drap, parce qu'elle contenait une trop grande quantité de jarres (sorte de poils rudes), qui ne prenaient pas la teinture et qui provenaient de ce que ces bêtes vivaient continuellement en plein air. On acheta à M. du Pré de Saint-Maur, riche propriétaire de la province d'Oran, quelques-uns de ses béliers de mérinos, provenant de l'Espagne. Il fallut, néanmoins, attendre la construction des bergeries pour faire disparaître l'inconvénient signalé par la chambre de commerce de Sedan.

Et maintenant, pour terminer ce chapitre, un trait de mœurs arabes.

Quand je fus bien installé à Laghouat, on m'amena la belle Juive qui avait été la cause du siège. On m'en fit cadeau. Je la respectai. Et ce ne fut pas, ô Scipion! pour imiter ta continence. L'histoire ne m'en aurait pas tenu, comme à toi, un compte exagéré. Ce fut tout simplement parce qu'elle me parut suspecte, et parce que je n'avais pas le moyen ni le droit, de m'abîmer le tempérament.

III

D'AIN-MAHDY A SAINT-CLOUD.

Chef d'escadrons. — Chez le Marabout. — Une mort subite. — Tranquillité. — Caravansérails. — Un petit congé. — Le colonel des Guides. — En frac. — A la table de l'Empereur. — Retour au désert. — Un coup d'épervier. — La bride sur le cou.

Vers la fin de janvier, nous eûmes la joie de voir arriver un convoi de ravitaillement, qui mettait fin à notre extrême pénurie et amenait certains changements dans le personnel. Le chef du génie, le capitaine Schœnnagel, était un très bon officier, mais il n'avait jamais pu comprendre que, dans certaines circonstances exceptionnelles, on doit laisser sommeiller les règlements. Depuis six semaines, il levait des plans, dressait des projets, lavait des épures, alignait des chiffres et rédigeait des mémoires ; et, quand je lui demandais où nous en étions, il me répondait tranquillement : « J'enverrai tout cela à la direction supérieure du génie, à Alger, qui l'enverra à la direction du génie, à Paris. On discutera, on rejettera, on approuvera, on amendera. Et puis, quand ces papiers seront revenus avec le visa nécessaire, nous commencerons les travaux. — Mais, puisque le Gouverneur m'a autorisé à prélever sur les contributions de guerre de quoi exécuter les travaux indispensables ! — Ça ne fait rien ; c'est le règlement. — Allez vous promener, avec votre règlement », m'écriais-je furieux, en allant moi-même me promener. Aussi le vis-je remplacer avec plaisir par le capitaine Marin, qui me parut plus malléable et moins à cheval sur le règlement.

Ce capitaine Marin entra dans mes vues et me proposa la construction immédiate de deux ouvrages, qui fermaient les brèches et mettaient la place à l'abri de toute attaque : le fort Morand à l'est, sur le rocher des Ouled-Serghines, et à l'ouest, un fort plus important destiné à contenir plus tard tous nos établissements militaires, le fort Bouscaren, sur le rocher des Hallafs. On n'envoya aucun papier à Alger, mais on se mit immédiatement à remuer la terre, à construire des fours à chaux, à aller chercher au loin du bois pour les chauffer, à fabriquer des briques, à transporter et à tailler des pierres. C'était charmant, et la population ruinée travaillait avec ravissement. L'argent des Arabes faisait vivre les Arabes, tout en protégeant les Français.

Dans la naïveté de mon âme, j'attendis, pour raconter tout cela au Gouverneur, que les travaux eussent déjà pris bonne tournure. Le général m'apprit, avec bienveillance, du reste, que je venais de faire une chose énorme, et qu'il était sans exemple qu'on commençât des fortifications, sans en avoir, auparavant, soumis les plans et devis à la direction du génie, au ministère de la guerre. « Enfin, écrivait-il en terminant, continuez, mais envoyez-nous au moins, après, ce que vous auriez dû nous envoyer, avant. »

Nous profitâmes de la permission pour rectifier les murs d'enceinte, et les combiner avec une espèce de boulevard que les dévastations des premiers jours avaient ouvert dans l'oasis.

Le convoi m'avait amené, également, un sous-intendant militaire, M. Lucas de Missy, qui venait organiser mes services administratifs et qui, en partant, les laissa à un officier venu avec lui, le capitaine d'artillerie Geynet, qui cumula les fonctions de commandant de place avec celles de sous-intendant. Il est arrivé au grade de colonel d'artillerie. Je le croyais réservé à mieux que cela.

J'avais demandé qu'on m'expédiât aussi un bon interprète du bureau arabe, parce que nous avions à correspondre journellement avec les chefs indigènes, et à traiter avec eux des affaires dans lesquelles un mot mal employé ou impropre peut amener toutes sortes de complications et d'erreurs. Comme le poste de Laghouat n'était ni envié ni enviable, je m'attendais à voir arriver un novice. Je reçus une perle. M. Ismaël-Bouderbah était le fils d'un Maure d'Alger qui avait, avant 1830, représenté le bey Hussein à Paris, et qui avait épousé une Française. Mon nouvel interprète avait fait toutes ses études dans un lycée, et en outre, il écrivait et parlait l'arabe comme le français. Tact, convenance, éducation, probité, il avait tout pour lui.

Enfin, ce bienheureux convoi m'apporta l'avis de ma nomination, comme chef d'escadrons, au 5ᵉ régiment de hussards, après quatre ans et demi de grade de capitaine. Je remplaçais, je l'ai déjà dit, mon camarade de Stael de Holstein, dont la nomination avait été annulée par la mort, et, quoique inscrit au tableau d'avancement sous le numéro treize, j'étais nommé le premier. J'étais désormais l'officier le plus élevé en grade de Laghouat, et les règlements confirmaient une prépondérance que, d'ailleurs, la bonne volonté de mes camarades ne m'avait pas disputée. La prise de Laghouat avait été suivie de plusieurs autres récompenses. Le général Pélissier était fait grand-croix de la Légion d'honneur. Le général Yusuf, qui espérait mieux, était fait grand officier. Le colonel marquis de Linières était nommé général de brigade, et remplacé au 60ᵉ de ligne par le jeune et brillant directeur des affaires arabes de la province d'Oran : le colonel Deligny, qui était lieutenant-colonel depuis moins d'un an.

Pour comble de bonheur, je recevais une de ces missions qui m'ont toujours plu. Car, maintenant que notre conquête était à peu près organisée, on m'envoyait visiter les principaux ksour de la contrée, à la tête d'une petite colonne mobile de cinq cents hommes d'infanterie et d'un escadron de cavalerie, pour promener le drapeau, et montrer aux insurgés d'Ouargla que nous étions en mesure de protéger nos tribus soumises. Je devais aller jusqu'à Aïn-Mahdy, la ville fortifiée du marabout Tidjeni, qui soutint, en 1838, un siège mémorable contre toutes les forces d'Abd-el-Kader. Pendant les troubles récents du Sud, le marabout était resté à l'abri de ses murailles, entretenues soigneusement, sans se mêler aux querelles et aux intrigues. Il était là, comme un ancien baron féodal, retiré dans son château fort, au milieu du désert, exerçant sur les populations voisines une autorité à la fois militaire et religieuse.

Je devais aller camper sous les murs de sa ville ; mais le Gouverneur m'avait bien recommandé d'agir avec une prudence extrême, afin de ne pas soulever un conflit qui eût rendu une nouvelle expédition nécessaire.

Le marabout avait un homme de confiance nommé Riane, qui venait parfois à Laghouat et que je connaissais. Je le sondai pour savoir quel accueil je recevrais à Aïn-Mahdy et, sur l'assurance formelle qu'il me donna que nous serions les bienvenus, je me mis en route.

En arrivant, je fis occuper la porte principale de la ville par les zouaves, non seulement pour indiquer une prise de possession, mais pour empêcher les soldats d'entrer dans le ksar, où un conflit aurait pu naître entre eux et la population. Puis, à la tête des officiers, j'allai rendre visite au marabout, qui nous reçut à merveille. Il habitait une maison mauresque de fort belle apparence dont nous ne vîmes pas l'intérieur, car, selon l'usage, la salle de réception était une sorte de dépendance extérieure. Elle ne contenait guère, en fait de meubles, que ces beaux tapis de laine très fine que confectionnent les femmes du pays.

Tidjeni m'apparut comme un homme d'une soixantaine d'années, très gros, de couleur foncée, presque mulâtre, avec une face bouffie, percée de deux petits yeux bruns, bridés par la paupière ; il me fit l'effet d'un vieil ecclésiastique, timide et amoureux avant tout de son repos.

Je rentrai à Laghouat, après cette courte expédition, qui m'avait permis de faire un premier essai de notre équipage de chameaux, dont l'organisation était d'ailleurs loin d'être terminée. Satisfait de ce premier résultat, le Gouverneur voulut immédiatement en obtenir un autre auquel il attachait une importance toute spéciale. Il désirait que le marabout vînt de sa personne à Alger apporter son hommage au gouvernement français. Il était convaincu qu'une pareille démarche d'un homme qui jouissait d'un prestige et d'une influence considérables aurait un immense retentissement, dont nous profiterions. Je dus donc repartir pour Aïn-Mahdy, après avoir fait avertir le marabout, par Riane, de ma prochaine visite. Je n'avais pas grand espoir de réussir dans ma mission diplomatique, car je savais que le brave homme était indolent, casanier, et n'était jamais sorti de chez lui, qu'une ou deux fois dans sa jeunesse, pour aller jusqu'à Temacin, qui était considéré comme une dépendance de son domaine religieux. Cette fois-là, je n'emmenai avec moi que mon interprète, M. Bouderbah et quelques spahis, afin de bien marquer le caractère pacifique de ma démarche.

Tidjeni m'accueillit aussi gracieusement qu'à mon premier voyage. Je lui proposai de se rendre à Alger.

Je fis valoir tous les avantages qu'il retirerait de ce déplacement. Je lui dis qu'il serait libre de choisir la date de son départ et celle de son retour, qu'il serait entouré d'égards, et que les honneurs qu'il recevrait, dans nos possessions, indiqueraient à ses compatriotes en quelle estime nous le tenions. A ma grande surprise, je trouvai mon homme résigné à un déplacement qui, après tout, pouvait le compromettre.

— Oui, oui, dit-il, j'ai moi-même le grand désir de voir le Gouverneur; de notre entrevue, il ne peut résulter que du bien. J'irai à Alger, je vous le promets, mais au printemps prochain, parce qu'en ce moment-ci, je suis très enrhumé, vous le voyez, et il faut que je me guérisse.

Et moi de repartir aussitôt, pour faire porter cette bonne nouvelle au Gouverneur. Mais voilà que, quelques jours après, un beau soir, je vois arriver, sur un cheval blanc d'écume, un cavalier venant d'Aïn-Mahdy en toute hâte, pour m'apporter ces simples mots de Riane : « Le marabout vient de mourir. » Pas d'autre explication. Je fus incrédule et je fis part de mon incrédulité au Gouverneur.

« Je suppose, lui écrivais-je, que c'est une ruse du marabout qui veut échapper au voyage d'Alger, et qui sera sans doute parti pour Temacin. Mais j'expédie, à l'instant, M. Carrus, qui devra s'assurer par ses propres yeux qu'il est bien mort, dût-il, pour cela, faire déterrer son corps. »

Le lendemain, Carrus m'envoyait un mot, pour me dire que la mort était tout à fait réelle, qu'il était arrivé au moment des obsèques et que Riane lui avait fait voir le cadavre, à visage découvert. Naturellement, il n'y eut pas d'autopsie. L'idée d'un empoisonnement était d'ailleurs incompatible avec le respect universel dont le marabout était entouré. Et on ne saura jamais s'il est mort de la révolution que lui causa ma proposition d'aller à Alger, de son rhume ou bien de certaines pratiques auxquelles il se livrait, disait-on, pour mettre ses forces à la hauteur de passions que l'âge n'avait pas amorties, et pour goûter par anticipation les joies que Mahomet promet à ses élus. Il avait pour héritier un gamin de sept ou huit ans, encore plus foncé que lui, et qui vécut jusqu'à sa majorité, auprès de son tuteur, le cheick de Temacin.

Aussitôt que cette nouvelle parvint à Alger, le général Randon m'écrivit une longue lettre que je cite de mémoire, car elle est aux archives de Laghouat, et dans laquelle il me disait :

« Nous sommes appelés à recueillir l'héritage politique de Tidjeni, car, de longtemps, son fils ne sera en état de jouer un rôle. Vous êtes sur les lieux. J'ai confiance en vous. Je ne vous donne pas d'ordres, et vous laisse libre de prendre le parti qui vous semblera le meilleur. Mais à votre place, voici ce que je ferais : j'enverrais immédiatement trois cents zouaves tenir garnison à Aïn-Mahdy, sous les ordres d'un officier prudent et énergique. Je ferais prévenir le colonel Durrieu qui a remplacé, à Mascara, le général Bouscaren et qui vient de recevoir l'ordre de se porter sur le Djebel-Amour, pour le cas où vous suivriez mon conseil. Dès que je serais à portée de la colonne de Mascara, je l'appellerais à Aïn-Mahdy, que je lui remettrais et dont elle raserait les remparts. Ceci est tout à fait confidentiel. Je fais partir pour Laghouat un convoi de ravitaillement, escorté par des troupes qui relèveront la garnison. Vous êtes autorisé à retenir tout le monde qui vous sera nécessaire pour parer à toutes les éventualités. »

Je répondis très vite au Gouverneur que j'étais tout prêt à suivre ses conseils, mais que je profitais de la latitude qu'il me laissait pour ne m'y pas conformer entièrement, et qu'il n'y avait pas besoin d'établir une garnison à Aïn-Mahdy, que je me chargeais de remettre au colonel Durrieu, dès qu'il se présenterait. Quant à la destruction des fortifications, j'en contestais la nécessité et même l'opportunité.

D'abord, le sac de Laghouat était trop récent pour ne pas inspirer la prudence aux Arabes. Tous les ksour, y compris Aïn-Mahdy, étaient sous l'empire de la terreur la plus profonde. Et puis, l'étude comparative du siège de Zaatcha, qui avait duré deux mois, et du siège de Laghouat, qui avait duré deux jours, prouvait que les centres sahariens étaient bien mieux défendus par les palmiers et les labyrinthes de jardins enchevêtrés que par des murailles qui tombent au premier coup de canon. Aïn-Mahdy n'avait pas envie de se révolter. Pour plus de sûreté, je venais d'y prendre des otages qui me répondaient de sa tranquillité. Les abords sont complètement dénudés, les habitants n'ont pas de canons, à peine quelques mauvais fusils, et, s'ils veulent faire les méchants, ils seront tous pris dans leurs murailles, comme dans une souricière. Tout ce qui est sédentaire est à nous, et la seule force des insurgés, c'est l'espace. Je prévenais toutefois le Gouverneur que, pour me conformer à ses ordres et être prêt à les exécuter, j'allais retenir une partie des troupes qui devaient m'arriver.

Je ne me flatte pas d'avoir converti le général Randon à ma manière de voir, cependant il renonça à raser les remparts qui avaient résisté à Abd-el-Kader. Il m'écrivit qu'il s'était borné à me donner un conseil, mais que, puisque je jugeais à propos de ne pas le suivre, il donnait une autre destination à la colonne du colonel Durrieu; que, d'ailleurs, il se préparait à faire l'expédition des Babors, que, pendant qu'il serait occupé en Kabylie, il ne voulait pas avoir à s'inquiéter du Sud, qu'enfin, il me rendait responsable de tout ce qui arrivait de mon côté. J'aurais pu protester contre cette façon un peu judaïque de commenter ma correspondance. Mais à quoi bon entamer une discussion ? J'étais sûr que l'été se passerait tranquille.

Et, en effet, le Sud fut paisible pendant toute l'expédition des Babors.

Si j'ai rapporté cet incident, c'est pour montrer le danger des instructions confidentielles envoyées en dehors de l'échelle hiérarchique.

Lorsque les détachements qui devaient remplacer la garnison de Laghouat arrivèrent, leur effectif était dérisoire, parce que les chefs de corps l'avaient diminué le plus possible, pour conserver leurs bataillons au grand complet, en vue de l'expédition de Kabylie. Fort des instructions confidentielles du Gouverneur, je me crus autorisé à garder une partie de l'ancienne garnison, et entre autres, la compagnie de grenadiers du 60° de ligne, que le colonel Deligny attendait pour entrer en campagne. Cet officier se plaignit, monta la tête au colonel Laüer, mon ancien chef aux spahis, qui faisait l'intérim du général Yusuf en congé, et qui m'écrivit une lettre à cheval, comme on dit, me reprochant sévèrement d'avoir pris sur moi une pareille responsabilité, m'intimant l'ordre formel de renvoyer la compagnie, et mettant à ma charge les frais de ce déplacement de troupes, nécessité par ma désobéissance. C'était un abatage en règle. Je déposai religieusement cette lettre à côté de celle du général Randon ; mais deux jours après, le signataire me la faisait redemander, regrettant, disait-il, de n'avoir pas connu les instructions du Gouverneur, retirant tous ses reproches, et désirant qu'ils ne restassent point aux archives. Du reste, je renvoyai bientôt tout ce qui m'était inutile, et je passai dans un calme profond le printemps, au milieu d'un effectif réduit.

Je l'employai, ce printemps, à fortifier ma ligne de communication avec Boghar, en substituant des caravansérails aux postes provisoires que j'ai déjà indiqués. Mais de ces caravansérails, l'un allait devenir, par la force des choses, un établissement militaire assez considérable. C'était Djelfa, l'endroit où le vieux bachaga des Oulad-Nayl avait fait construire une maison de commandement qu'il habitait, et autour de laquelle étaient venues se grouper toutes les portions de la grande tribu qui avaient fait leur soumission entre mes mains, après la prise de Laghouat.

J'avais choisi, pour me servir d'intermédiaire et de factotum auprès des Oulad-Nayl, un jeune sous-officier de mon ancien escadron, infatigable, d'une santé de fer, plein de bonne volonté et du désir de parvenir, parlant suffisamment l'arabe et très aimé des indigènes, quoiqu'il se montrât parfois brutal avec eux. Ce sous-officier s'appelait de Négroni. Il a pris récemment sa retraite comme général de brigade. Il me rendit de très utiles services, jusqu'à ce que Djelfa devînt un poste officiel, pourvu d'un commandant qui fut M. Colonna d'Ornano, lieutenant au 2ᵉ bataillon d'Afrique.

Ce n'était pas un inconnu pour moi.

Lorsque je faisais partie des conseils de guerre, comme capitaine adjudant-major au 1ᵉʳ de spahis, j'avais remarqué souvent un jeune sous-lieutenant qui commandait le dépôt du 2ᵉ bataillon d'Afrique et qui faisait passer devant nous quelques-uns de ses soldats. Sa figure calme, grave, énergique, était en concordance parfaite avec son style sobre et sa dialectique irréfutable. Quand il avait fait un rapport, les délits ou les crimes étaient établis avec une telle évidence qu'il ne restait plus rien à dire au capitaine rapporteur, ni au commissaire du gouvernement. A ces qualités, il joignait une intelligence très vive, un esprit très orné, une probité à toute épreuve. Mais, comme revers de médaille, il était d'une rigidité de fer. Il traitait les tribus sahariennes comme des disciplinaires, et il nous attira de nombreux désagréments par une inflexibilité exagérée. Sans compter qu'il fallait, pour le manier, que ses supérieurs employassent toutes les précautions, tous les ménagements, toute la bienveillance dont il s'affranchissait lui-même envers ses subordonnés. Malgré cela, peut-être à cause de cela, je l'aimais beaucoup et je suis resté son ami jusqu'à son dernier jour, c'est-à-dire jusqu'à l'heure où il mourut en débarquant à Oran, à son retour du Mexique, comme lieutenant-colonel de la légion étrangère.

Les autres caravansérails furent moins importants. Pour la construction de deux d'entre eux, le Gouverneur eut l'idée originale de mettre en rivalité Arabes et Français. L'un fut construit par les soldats des bataillons d'Afrique, sur les plans du génie; il coûta fort cher. L'autre fut bâti par des travailleurs indigènes, avec les matériaux du cru; il ne coûta presque rien. Tous les deux rendirent les mêmes services. Enfin tous ces caravansérails furent reliés par une route, qu'on se borna à tracer en enlevant des touffes d'alfa, et qui ne fut jamais le théâtre d'un roulage bien intense.

J'en aurai fini avec ces détails techniques, quand j'aurai dit que, dans chacun de ces caravansérails, on installa un gardien dont le rôle ici-bas consista principalement à nourrir les rares passants, moyennant rétribution, c'est-à-dire à les empoisonner d'abord, pour les écorcher ensuite.

Enfin, il fallait, à Laghouat, de la cavalerie, et on ne savait comment en former, car le 1ᵉʳ régiment de spahis avait ses six escadrons, dont cinq en Algérie et le 6ᵉ au Sénégal. On ne voulait pas faire venir, de Boghar à Laghouat, mon ancien escadron, parce que cette enjambée de soixante-dix lieues parut un peu forte, et aussi parce que cet escadron ne devait pas être dérangé dans l'expérience qu'il faisait du système des smalas. On tourna la difficulté, en formant à Laghouat un détachement qui comptait pour mémoire à l'escadron du Sénégal, mais qui avait un effectif aussi considérable qu'un escadron ordinaire. Les Larba lui fournirent de superbes cavaliers montés sur leurs infatigables juments, dont quelques-unes atteignaient des prix presque fantastiques. C'était la seule troupe de cavalerie montée en juments arabes. En outre, comme cavalerie auxiliaire, j'obtins l'autorisation d'organiser un Maghzen, à la tête duquel je mis deux hommes appartenant à une famille considérée et faisant partie de la tribu noble des Oulad-Chaïb. Internés en France par mesure administrative, ils avaient été délivrés sur la proposition d'Yusuf, et étaient venus vivre en grands seigneurs à Boghar, où je les connus. L'un, Ben-Aouda, nous resta toujours fidèle; l'autre, Boudissah, chevalier de la Légion d'honneur, fit défection et fut tué, dans un des premiers combats de l'insurrection de 1864.

Le général Randon n'avait pas tout d'abord confirmé ma nomination provisoire de commandant à Laghouat. Il faut croire qu'il ne fut pas trop mécontent de moi, car il m'envoya ma lettre de service, avec des éloges que, devenu maréchal, il a reproduits dans ses « Mémoires ».

« Le commandement du cercle dont Laghouat devait être le centre exigeait de la part de l'officier qui en serait chargé la réunion de qualités diverses. A un caractère prompt et décidé, il devait joindre la prudence que commandait cette position éloignée. Ses préoccupations devaient aussi bien s'appliquer aux questions militaires qu'à celles qui touchent à la politique et au commerce.

« Le choix se porta sur le capitaine du Barail, du 1ᵉʳ de spahis, apprécié déjà pour sa bravoure aussi bien que pour la connaissance qu'il avait des affaires arabes, et la confiance mise en lui fut pleinement justifiée. » (*Mémoires du maréchal Randon*, t. I, p. 120.)

En même temps, il m'écrivait qu'il savait ma santé fort ébranlée par un long séjour en Afrique, mais qu'il faisait « appel à mon dévouement et qu'il me demandait de ne pas m'absenter dans un moment où il croyait ma présence nécessaire ». En revanche, disait-il, il serait le premier, dès que les circonstances le permettraient, à se souvenir qu'il me promettait trois mois de repos bien gagnés.

Effectivement, vers le 15 juin, sa campagne des Babors heureusement et rapidement terminée, il me fit savoir que je pouvais partir, mais à une condition : c'est que je m'engagerais formellement à revenir à mon poste. Je n'avais plus à attendre, pour aller m'embarquer, que l'arrivée de mon intérimaire, le commandant Pein. Cet officier, commandant supérieur du cercle de Bouçaâda, était peu flatté d'avoir à remplacer provisoirement un camarade moins ancien. En arrivant, il vint très loyalement m'exposer son dépit, et je lui promis de faire tout au monde pour lui épargner ce désagrément, tout, dussé-je renoncer à mon congé. En arrivant à Alger, j'allai trouver le Gouverneur, qui me reçut d'une façon charmante et qui, sur mes instances, renvoya Pein à Bouçaâda, et confia mon intérim à son aide de camp, le capitaine Galinier, qui s'en chargea avec plaisir.

Je dus renouveler au grand chef la promesse de rejoindre mon poste, et, par faveur spéciale, le général Randon me fit embarquer, le 2 juillet, sur une frégate à vapeur de l'État en partance pour Toulon. J'y trouvai, coïncidence singulière ! cet ancien lieutenant de vaisseau, commandant l'aviso *la Chimère*, qui transporta toute ma famille de Toulon à Oran, en 1835, lorsque mon père y vint prendre le commandement de la place : le commandant Dispans. Lui aussi avait avancé depuis cette époque, mais pas de beaucoup, d'un seul grade. Il n'était que capitaine de frégate, et il allait, comme passager, rejoindre son port d'attache. La traversée fut charmante.

Je comptais aller passer mon congé près de ma mère qui s'était retirée à Nancy, mais je ne pouvais pas traverser Paris sans y prendre langue, sans voir un peu ce qu'était devenue la capitale sous le régime nouveau dont jouissait la France, pour lequel j'avais voté et pour lequel je nourrissais déjà des sympathies que ni le temps, ni ses malheurs, ni ses fautes n'ont, d'ailleurs, altérées. J'avais même l'ambition d'être reçu par l'Empereur.

J'allai tout d'abord voir, au ministère de la Guerre, le colonel Trochu, qui y occupait une situation importante. Il était directeur adjoint du personnel, aux côtés du général Peyssard qui, toujours malade, lui laissait toute la responsabilité, et aussi tout le prestige, de ces hautes fonctions. Depuis notre campagne de Mascara, j'avais conservé avec lui des rapports dont sa supériorité de grade et d'âge n'atténuait pas la cordialité. Il me reçut à bras ouverts, et voulait absolument me faire rentrer en France, en me laissant le choix de mon régiment. Mais j'avais engagé ma parole au Gouverneur général et je dus résister à ses amicales instances. Le ministre de la Guerre, le maréchal de Saint-Arnaud, m'accueillit, lui aussi, comme un ancien compagnon d'armes d'Afrique. Il me retint à déjeuner et me présenta à la maréchale, que je ne devais plus revoir que quarante ans après ce jour-là.

Enfin, j'allai voir le camarade Fleury, alors au comble des honneurs et de la fortune. Colonel des Guides, dont le magnifique régiment constituait encore la seule garde personnelle du Souverain, aide de camp de l'Empereur, premier écuyer, et remplissant par le fait déjà les fonctions de la grande charge de la Couronne de Grand Écuyer, qu'il conserva jusqu'à la fin de l'Empire, il était, par-dessus tout et avant tout, l'ami personnel de l'Empereur. La Cour habitait Saint-Cloud. Les Guides étaient casernés à côté du Château, et leur colonel occupait un pavillon qui dépendait du palais, de façon à se trouver toujours sous la main de l'Empereur.

L'ancien sous-officier de spahis était devenu un tout à fait grand seigneur, qui portait la tête très haut sur la cravate, regardait les gens un peu au-dessus de leurs cheveux et les tenait à distance par une politesse un peu hautaine. Ce n'était plus le bon enfant d'autrefois, mais c'était pourtant toujours un très aimable homme avec qui, d'ailleurs, je conservais les distances si démesurément accrues. Il était pour moi, sans jeu de mots, un guide tout trouvé, pour mes premiers pas dans ce monde brillant, où ma sauvagerie africaine était tout à fait dépaysée et dont j'ignorais les usages et l'étiquette. Je lui témoignai mon désir de présenter mes hommages à l'Empereur, et le priai de me dire si je devais adresser une demande d'audience, qui me paraissait un peu bien solennelle.

— C'est bien, me répondit Fleury ; tenez-vous tranquille ; je parlerai de vous à l'Empereur et je vous ferai connaître ses ordres. Ne partez pas avant d'avoir reçu un mot de moi.

Ce mot, j'allai l'attendre à Paris.

La grande ville, à cette époque, était bien différente, hélas ! de celle que nous voyons aujourd'hui. Elle savourait le calme qui avait succédé à tant de troubles, le silence qui avait succédé à tant de discussions passionnées, la sécurité qui avait succédé à tant d'émeutes, la richesse qui avait succédé à tant de misères. Paris semblait ne faire qu'un avec la France, heureuse d'être sortie des incertitudes du lendemain, pour acclamer le régime qui la rassurait sur l'avenir. Les esprits paraissaient sages, rassis. Les gens paraissaient contents et riches. Que d'entrain ! Que de gaieté ! Quelle impulsion donnée au commerce, à l'industrie, au travail ! On était au commencement des grandes entreprises de chemins de fer, des grands travaux d'édilité, et dans la rue, on ne rencontrait que des gens à la veille de faire fortune. Peut-être voyais-je tout cela un peu subjectivement, et peut-être transportais-je sur les choses extérieures le rose qui était dans ma vie. Mais mon pays, à ce moment, me parut arrivé au comble de la grâce et de la force.

Enfin, je reçus à mon hôtel, non pas le mot promis par Fleury, mais bel et bien une invitation à dîner au château de Saint-Cloud, pour le jeudi de la semaine suivante. Au bas de la carte, se trouvaient deux mots qui m'intriguèrent singulièrement : « EN FRAC. »

Arrivant du fin fond du désert, ignorant les habitudes de la Cour et même du grand monde parisien, éloigné de France depuis mon enfance, je m'imaginais que le « frac » était un costume spécial pour les cérémonies officielles. On me détrompa bien vite en m'apprenant que ces mots « en frac » voulaient simplement dire « en habit noir ». Je n'avais pas d'habit noir ; qu'en aurais-je fait à Boghar ou à Laghouat et même en Algérie, où la tenue militaire était de rigueur ? Et puis, je pensais jusque-là que mon uniforme de chef d'escadrons de spahis, que je continuais à porter, quoique je comptasse au 5ᵉ de hussards, était à la hauteur de toutes les circonstances de ma vie.

Il me restait cependant le temps de me faire faire un habillement de soirée tout à fait irréprochable. Le fameux jeudi arrivé, je le revêtis. Résigné à tous les luxes, j'avais frété un coupé de louage qui devait m'emmener, m'attendre et me ramener. Enfin, comme il faut être prêt à toutes les éventualités, comme on ne sait ce qui peut arriver, j'avais inséré dans la poche gauche de mon gilet la forte somme de 40 francs, deux louis. Il ne fallait pas moins, pensais-je, pour aller chez l'Empereur.

J'arrive à Saint-Cloud. Je vais chez Fleury qui, dès qu'il m'aperçoit, me fait cette observation :

— Pourquoi venez-vous ici en bourgeois?

— Mais, mon colonel, c'est pour me conformer à l'invitation. Il y avait « en frac » sur la carte.

— C'est une formule dont il ne fallait pas tenir compte. Ici, rien n'est mieux porté que l'uniforme.

— Si je l'avais su, j'aurais fait l'économie de mon habit, par exemple.

L'opulent Fleury sourit avec condescendance et me conduisit dans le salon d'attente où les invités étaient reçus par le service, c'est-à-dire l'aide de camp, l'officier d'ordonnance, le chambellan, l'écuyer et la dame d'honneur qui étaient en fonction auprès des Souverains. C'était la première fois que j'approchais l'Empereur. Je l'avais vu de très loin, en 1849, lorsqu'il n'était encore que président, passant à cheval sous l'uniforme assez bizarre de général de la garde nationale, portant sur son chapeau une sorte de plumet de tambour-major composé de plumes bleues, rouges et blanches. Je l'avais vu d'un peu plus près, mais encore confondu dans la foule, à une de ses réceptions de l'Élysée, où m'avait mené la même année mon excellent chef, le colonel Baville. Mais ici, c'était plus sérieux. J'allais lui être présenté. Il allait savoir mon nom, m'adresser la parole, et sincèrement, j'étais plus gêné dans ce salon de Saint-Cloud que devant un gros de cavalerie arabe à charger.

Quelques minutes avant sept heures, un huissier, ouvrant la porte à deux battants, cria : L'Empereur ! Et Napoléon III apparut, donnant le bras à l'Impératrice. Le chambellan de service nomma les invités à Leurs Majestés. Ces invités n'étaient pas nombreux. Il n'y avait que le comte Bresson, préfet du Nord, et moi. L'Empereur m'adressa une phrase qui évidemment devait être très aimable, mais que je n'entendis pas. Je bredouillai quelques mots qui ne signifiaient absolument rien. Et tout le monde suivit les Souverains dans la salle à manger. Dans les grands dîners, quand l'Empereur et l'Impératrice se plaçaient l'un vis-à-vis de l'autre, on se contentait généralement d'indiquer quatre places, deux à droite et à gauche de l'Empereur et deux à droite et à gauche de l'Impératrice. Les autres convives se plaçaient à leur convenance. Cette fois-là, c'était un dîner d'intimité. L'Impératrice s'assit à côté de l'Empeur, à sa droite. Le comte Bresson prit place à la gauche de l'Empereur, et moi à la droite de l'Impératrice.

En face de l'Empereur, jouant, par conséquent, le rôle de maîtresse de maison, était placé le maréchal Vaillant, grand maréchal du palais. C'était un homme d'infiniment d'esprit, qui tournait des petits billets avec beaucoup d'humour et de saillie, mais qui, pour se donner l'apparence d'un vieux grognard, affectait des manières brusques, un ton sec, et au fond, se rendait ainsi parfaitement désagréable. Il était bien autrement intimidant que l'Empereur qui, lui, au contraire, était rempli de bonhomie et de simplicité, respirait la bonté et s'appliquait manifestement à mettre tout le monde à l'aise autour de lui. L'Impératrice était alors dans toute la splendeur de son éblouissante beauté, et l'Empereur ne cherchait pas à dissimuler, même en public, les sentiments très passionnés qu'elle lui inspirait.

La conversation ne pouvait pas être intéressante. L'Empereur et l'Impératrice interrogeaient ; les convives répondaient. Le maréchal Vaillant, cependant, m'adressa quelques questions sur l'Algérie, où il était resté assez longtemps comme commandant supérieur du génie. Je ne me doutais guère que, quelques années plus tard, cet excellent maréchal retarderait, de plusieurs mois, ma nomination de colonel. Je répondis de mon mieux, mais je voyais bien que l'Algérie, en général, et le Sud, en particulier, n'étaient pas un objet de préoccupation quotidienne pour l'Empereur. Sa pensée était ailleurs. Déjà, avaient surgi les difficultés orientales qui devaient aboutir à la guerre de Crimée, et en prévision des complications futures, on tenait l'armée en haleine. « Eh bien, Fleury, demanda Napoléon III, êtes-vous allé aujourd'hui à Satory, comme vous l'annonciez hier, afin de voir manœuvrer la division Renault? » Ce nom de Renault évoquait en moi les souvenirs de Mascara, car il s'agissait d'un des héros de la campagne, le fameux Renault l'arrière-garde. « Oui, Sire, répondit Fleury. Les troupes sont superbes; quant à leur général, il est extraordinaire, il croit absolument que c'est arrivé. Ce matin, il avait un ordre à faire porter à l'un de ses colonels. L'aide de camp qu'il en avait chargé partit au galop, pour joindre le colonel par le chemin le plus court. Il n'avait pas fait vingt-cinq mètres que le général s'élançait derrière lui, en lui criant, avec les signes de l'émotion la plus vive : « Ca« pitaine, où allez-vous par là? Vous allez vous faire « tuer. Vous ne voyez donc pas que vous êtes sous le « feu de ce bataillon? Prenez par ici, et filez prudem« ment à l'abri de ce petit bois. » L'émoi de Renault l'arrière-garde amusa tout le monde.

Après le dîner, on passa dans le salon, où le café fut servi et où les groupes se formèrent d'après les affinités particulières. La tête encore pleine des souvenirs racontés sur la rigidité du cérémonial qui régnait à la cour de Napoléon Ier, j'étais à la fois surpris et charmé de l'aisance et du laisser-aller de bon ton que je rencontrais dans ce milieu si nouveau pour moi. Mais comme je n'avais d'affinité particulière pour aucun des groupes, je restais seul, assez embarrassé de ma personne, appuyé contre une porte et regardant, d'ailleurs, de tous mes yeux. Le colonel Fleury était allé, avec d'autres personnes de la Cour, faire un tour au fumoir, car dans le salon, devant l'Impératrice, l'Empereur seul avait le droit de fumer son éternelle cigarette.

En rentrant, me voyant seul dans mon embrasure, mon ancien camarade me demanda si je voulais faire une partie d'écarté. Machinalement, je remerciai, sans savoir pourquoi, car, avec mes deux napoléons dans ma poche, je croyais pouvoir tout me permettre. Je fus bien inspiré, car, en se mettant à la table de jeu, Fleury poussa devant lui dix louis, et son partenaire en fit autant. Cela ne dura pas longtemps. Au bout de trois ou quatre parties, le colonel des Guides se levait, allégé de six cents francs.

Par les fenêtres ouvertes, nous arrivaient l'air frais du soir et la bonne odeur des bois. Il nous arriva encore autre chose, car, vers dix heures, un ballon d'enfant, parti je ne sais d'où, pénétra dans le salon et vint rouler aux pieds de l'Impératrice qui, assise sur un siège fort bas, le renvoya d'un grand coup de pied, avec une gaminerie tout à fait charmante. Le ballon bondit et alla éteindre une bougie. Ce fut pour ainsi dire le signal d'un jeu tout nouveau auquel les familiers, et l'Empereur lui-même, prirent part. Il s'agissait de lancer, avec le pied, le ballon sur les lustres et les candélabres, de façon à éteindre les bougies allumées. Le jeu cessa pourtant avant l'extinction générale, car c'eût été manquer par trop de décorum, sinon d'originalité, que de nous réduire à nous retirer à tâtons et d'être obligés de demander notre chemin à nos boîtes d'allumettes. Je pris congé de l'Empereur et de l'Impératrice, qui répondirent très gracieusement à mes témoignages de respect. Je repris mon coupé. J'enfermai dans ma cantine le malencontreux habit qui devait devenir la proie des mites, et, le lendemain, je roulais en chemin de fer vers Nancy, où j'étais impatiemment attendu, tout surpris de faire, en moins de huit heures, un trajet qui m'en avait demandé quarante-huit, à mon dernier voyage.

Au retour, j'allai m'embarquer au port de Cette, et j'eus pour compagnons de voyage deux jeunes officiers à qui l'avenir réservait une belle carrière militaire. L'un était un sous-lieutenant de grenadiers qui devait mourir encore jeune, après avoir exercé tous les pouvoirs civils et militaires, au Tonkin. C'était déjà un brillant soldat plein du sentiment de sa valeur et de confiance en soi-même. Il s'appelait de Courcy. L'autre était un capitaine d'état-major qui allait rejoindre, à Sétif, le général Maissiat, dont il venait d'être nommé l'aide de camp. Il devait se faire une grande réputation en Algérie, dans le gouvernement des indigènes, et acquérir, par la conquête de la Tunisie à laquelle il prit une part capitale, le privilège si envié d'être maintenu sans limite d'âge en activité de service, c'est-à-dire dans la première section du cadre de l'état-major général. Il s'appelait Forgemol.

En arrivant à Alger, je me rendis chez le Gouverneur général pour prendre ses instructions, avant de retourner à mon poste. Je le trouvai inquiet et fort impatient d'en finir avec une agitation nouvelle, entretenue dans nos tribus sahariennes par la présence, à Ouargla, de notre agaçant vaincu de Laghouat, le chérif Mohammed-ben-Abdallah. « Enfin, s'écriait-il, il est inconcevable de penser que nos tribus soumises sont sans cesse exposées aux razzias de l'ennemi, et que nous sommes dans l'impuissance de le razzier à son tour.

— Mon général, répondis-je, c'est cependant bien simple. Admettons, en principe, que les partisans de tout chef indigène qui lève l'étendard de la révolte ont pour eux les sympathies secrètes ou déclarées de la plus grande partie de la population, parce qu'ils représentent à ses yeux, sinon l'indépendance, du moins la haine de l'étranger et le sentiment religieux. Nous ne pouvons pas lancer sur eux les contingents auxiliaires de nos tribus, tout seuls, et sans les accompagner pour les forcer à se battre, car, autrement, placés entre l'obéissance qu'ils nous doivent et les répugnances que leur inspire une lutte en somme fratricide, ils se contentent d'un simulacre de guerre et ne s'engagent jamais à fond, ainsi que l'a prouvé l'exemple de Si-Chérif-Bel-Arch, un guerrier renommé pourtant, un ancien lieutenant d'Abd-el-Kader, envoyé à la tête de ses Oulad-Nayl contre les Larba révoltés, et se laissant battre, ou plutôt ne voulant pas forcer de fidèles musulmans à s'exterminer entre eux, au profit du chrétien. Eh, mon Dieu ! il ne faut pas leur en vouloir. Mettons-nous à leur place ; nous ferions comme eux. Dans ces conditions, voici ce qui arrive : cinq cents insurgés partent à fond de train d'Ouargla contre une de nos tribus, montés sur leurs rapides méharis. Il n'en arrive que deux cents, je suppose. C'est suffisant pour saccager la tribu surprise par cette attaque soudaine. Les trois cents guerriers qui sont restés en route sur leurs bêtes épuisées n'ont rien à craindre ; ils se reposent et rappliquent tranquillement l'un après l'autre. Pour nous, c'est une autre chanson. Il nous faut faire soutenir, par une colonne française, nos auxiliaires, parmi lesquels il y a toujours des faux frères décidés à prévenir l'ennemi. Puis, nous ne pouvons pas dévorer l'espace, comme le font sans danger les insurgés, parce qu'il nous est interdit de laisser en arrière tous ceux des nôtres qu'épuiserait une marche trop rapide. Si nous partons cinq cents, il faut que nous arrivions cinq cents, car tous les traînards courront risque de la vie, et leurs têtes coupées, transportées comme des trophées de victoire, transformeront moralement nos succès en désastres. Nous ne pouvons donc obtenir ni le secret, ni la rapidité. Or, sans le secret et la rapidité, une razzia sur les insurgés est impossible.

— Alors vous pensez, me dit le général, que nous devons rester inactifs dans nos postes-frontières et avouer ainsi notre impuissance ?

— C'est parce que je ne le pense pas que je ne cesse depuis si longtemps, monsieur le Gouverneur, d'insister auprès de vous pour obtenir l'autorisation de faire un nouveau pas dans le Sud.

— Eh bien, oui. Dites-moi comment vous comprendriez une nouvelle expédition.

— Il s'agirait, pour me servir d'une image qui rendrait bien ma pensée, de jeter dans le Sud un grand coup d'épervier, en faisant sortir simultanément de tous nos postes-frontières de petites colonnes mobiles, qui soutiendraient et surtout surveilleraient nos goums lancés au loin, en avant, et forcés d'agir réellement. Les points où l'on peut rencontrer les insurgés sont connus et pas très nombreux : ce sont ceux où se trouve de l'eau. Il est possible, probable même, que les insurgés, en voulant éviter une de nos colonnes, tomberont sur une autre et éprouveront ainsi quelques gros échecs qui les rendront plus sages. En tout cas, on leur prouverait qu'on peut aller les chercher aussi loin qu'ils voudront. Et puis, il faut compter avec les passions humaines, avec les intérêts. Pour tout Arabe intelligent, Mohammed-ben-Abdallah n'est qu'un charlatan. Pour d'autres, il n'est qu'un fléau qui a attiré sur eux la guerre et la ruine. Je suis convaincu que si, après la prise de Laghouat, on eût fouillé immédiatement les jardins de l'oasis, il nous eût été livré mort ou vivant. Qui sait si le hasard ne le jettera pas entre nos mains ? »

Le général Randon resta songeur, et je respectai son silence. Nos pensées s'envolaient, pour ainsi dire, côte à côte vers les mystères du Sud, vers Touggourt, Ouargla, El-Goléah, vers ces contrées qui nous semblaient plus éloignées, plus inaccessibles que nous le paraissent aujourd'hui Figuig, le Tafileck, le Touat. Enfin, comme sortant d'un songe, il m'envoya chez son directeur des affaires politiques, le colonel de Fénelon, pour compléter les renseignements que j'avais à fournir.

Et bientôt, je repris la route de Laghouat où j'avais hâte d'arriver. Je fis escale cependant un jour à Boghar, afin de décider le capitaine Vincent à accepter le poste de chef du génie à Laghouat qu'on lui avait offert. Les deux forts Bouscaren et Morand allaient être terminés, mais il restait encore là-bas, après le départ du capitaine Marin, leur constructeur, de quoi occuper l'activité et l'ingéniosité d'un officier que j'avais vu à l'œuvre et qui savait tirer quelque chose de presque rien.

La fibre paternelle me fixa aussi quelques instants à Moudgebeur, auprès de mon cher ancien escadron, que j'eus la joie de voir installé, sinon somptueusement, au moins commodément dans la smala de mon invention, qui n'avait rien coûté à personne. Tout le monde dans l'escadron était enchanté, sauf toutefois les officiers français, qui s'ennuyaient ferme dans cette vie solitaire et inoccupée. Si on a renoncé plus tard à ce système, c'est que les officiers des smalas, dans cette existence pénible, se livraient à des excès et contractaient des goûts déplorables. On aurait pu remédier à cet inconvénient en choisissant intelligemment ces officiers, au lieu de les désigner aux hasards de l'avancement.

Je fis le voyage de Boghar à Laghouat avec un jeune seigneur anglais qui s'appelait, je crois, lord Landborough. C'était un des premiers touristes qui s'aventurassent dans l'extrême Sud. C'était un sportsman très aimable et très vigoureux, un compagnon charmant, toujours gai et content de tout. Il s'était imaginé, probablement, qu'il trouverait sur la route bon souper, bon gîte et le reste, car il était parti à cheval, suivi de son domestique, sans se prémunir d'aucune espèce de provision. J'y pourvus, et je m'arrangeai pour qu'il pût aller de Laghouat à Biskra, par une route que n'avait encore foulée aucun amateur. En me quittant, il me fit cadeau, comme souvenir, d'un revolver américain que j'ai encore, et qui était un des premiers modèles de cette arme, d'invention alors récente.

En arrivant à mon poste, j'y trouvai toutes choses dans l'état où je les avais laissées, sauf cette aggravation pourtant, que le capitaine Galinier avait été forcé de prendre, avec la colonne mobile, position à une quinzaine de lieues au sud-est, aux puits d'Oglat-el-Médaguin, afin de couvrir, bien imparfaitement d'ailleurs, nos tribus sahariennes pour qui le moment de prendre leurs campements d'hiver était arrivé. Ce mouvement et les rapports du capitaine me confirmèrent dans l'idée qu'il fallait passer de la défensive timide à une vigoureuse offensive, si nous ne voulions pas perdre notre prestige et les fruits de nos succès.

D'ailleurs, ma conversation récente avec le Gouverneur général me donnait à penser qu'il allait bientôt me lâcher la bride, et j'attendais avec impatience qu'il m'envoyât des instructions.

Elles arrivèrent en effet, mais fort vagues. Le général Randon se bornait à informer le général Camou qu'il avait ordonné, dans la province de Constantine et dans celle d'Oran, de faire sortir trois petites colonnes mobiles destinées à appuyer un mouvement en avant des nombreux goums de leurs cercles. Une colonne devait s'avancer de Biskra jusqu'en vue des premières oasis de l'Oued-R'ir; une seconde, de Bouçaâda jusqu'à un point nommé Lekaz, où l'on était certain de trouver de l'eau, et une troisième, de Tiaret jusqu'aux ksour qui environnent Géryville.

Le général ajoutait, j'appuie sur ce texte : « Je comprendrais que la colonne de Laghouat fît quelque chose d'analogue. »

Je pris mes cartes et je cherchai l'analogie. Je constatai bien vite que chacune des trois colonnes mobiles faisait entre quarante et cinquante lieues, dans la direction du Sud, et je me dis : « C'est très bien ; j'en ferai autant. »

Ma colonne mobile fut prête en un tour de main. Elle se composait de cinq cents hommes d'infanterie (zouaves, 60ᵉ de ligne, bataillons d'Afrique, tirailleurs indigènes) et de cent vingt chevaux (chasseurs d'Afrique et spahis). J'assignai comme point de rassemblement aux goums peu nombreux, mais bien choisis et bien commandés, des Larba et au Maghzen de Ben-Aouda et de Boudissah les puits d'Oglat-el-Médaguin. Je n'oubliai pas, bien entendu, mes bons chameaux que je m'applaudissais d'avoir tant soignés, car je leur destinais un rôle qui, dans ma pensée, était capital : le transport de l'eau à boire. Cette eau était enfermée, non dans des outres qui se prêtent trop à l'évaporation, mais dans des tonnelets que j'avais fait acheter, en nombre considérable, et qui faisaient partie du matériel de l'équipage. Je quittai Laghouat, plein d'un entrain que je croyais voir se refléter dans les yeux brillants de mes soldats. J'y laissais une garnison de trois cents hommes, deux forts imprenables pour les Arabes. J'étais donc bien tranquille de ce côté.

Quand la colonne fut sortie de l'oasis et arrivée au bord du désert qui paraissait sans limites, j'étais encore le seul à connaître le but que je m'étais assigné. Je fis faire halte. Je massai tout mon monde.

« Mes enfants, criai-je de toute la force de mes poumons, nous allons au M'zab. En avant ! »

Et nous partîmes en chantant.

IV

AU M'ZAB

Les Mozabites. — Mes tonnelets. — Marche joyeuse. — Un coup de caveçon. — Fausse manœuvre. — Un autographe. — Histoires de femmes. — Singulier candidat. — Les puits artésiens. — Amende honorable. — Les zéphyrs. — Deux meurtres. — Un dispensaire. — Officier de la Légion d'honneur.

Prenons, si vous le voulez bien, une carte de la géographie de l'Afrique; non pas une de celles de mon temps, où cette espèce de cœur immense que dessine le continent africain ne portait des noms que sur sa bordure, alors que tout l'intérieur était en blanc; mais une planche des excellents atlas édités par Hachette ou par Colin, où les résultats de toutes les explorations sont mis à jour. A environ quarante-cinq lieues au sud de Laghouat, en obliquant un peu vers l'est, on peut lire ce mot : M'zab. Qu'est-ce que c'est que le M'zab? C'est une sorte de dépression, de large vallée de sable, vallée sans rivière, mais non tout à fait sans eau. Dans cette région du Sahara, les rivières à courant continu n'existent pas. Cependant, il faut bien que les eaux s'écoulent, après des pluies quelquefois abondantes, mais le lit qu'elles se sont creusé ne les retient pas longtemps. Une partie disparaît par l'évaporation, une autre partie s'enfonce dans le sable et se répand en nappes souterraines, laissant çà et là des flaques plus ou moins profondes et très souvent trompeuses, que les Arabes appellent des R'dir. Ils ont même un proverbe pour indiquer les déceptions que causent souvent ces mares, sans lesquelles on ne pourrait pas voyager. Ils disent : « R'dir, R'daïn », ce qui signifie que le R'dir est traître, parce qu'il ne tient pas toujours ce qu'il promet.

Donc, dans cette dépression où vient se perdre la rivière qu'on appelle l'« Oued M'zab », il y a à la fois des flaques superficielles et des nappes souterraines. Dans sept endroits, ces nappes ont été atteintes par des puits multipliés, que les habitants savent creuser avec une adresse tout à fait extraordinaire. Et chacune de ces agglomérations de puits a donné naissance à une oasis qui contient une ville. Ces sept oasis sont très rapprochées l'une de l'autre, tellement rapprochées que, d'après la légende, le muezzin, quand il appelle à la prière du haut des minarets de Melika, la ville sainte, peut faire entendre sa voix dans cinq des villes confédérées. Les sept villes, d'ailleurs, ne couvrent pas, avec leurs maisons et leurs palmiers, à elles toutes, plus de mille hectares.

Le dernier recensement des habitants et des palmiers a été fait en 1884, et, comme les mouvements de population ne sont pas étendus dans ces régions, il doit donner à peu près exactement l'évaluation de ce qu'était le M'zab de mon temps.

Les sept villes s'appellent : Ghardaïa, Melika, Beni-Isguen, Bou-Noura, El Ateuf, Berryan, Guerrara.

Deux d'entre elles, Berryan et Guerrara, sont détachées du groupe principal, comme deux sentinelles avancées, regardant l'une au nord-ouest, l'autre au nord-est.

Elles contiennent une population totale de 23,051 habitants et 183,242 palmiers. Ces palmiers produisent des dattes exquises, aussi bonnes que celles de la

Tunisie et du Souf, et bien supérieures à celles de Laghouat. Aussi, le rendement annuel de chaque palmier doit-il approcher de 20 francs, ce qui constituerait un revenu relativement considérable de 3,664,840 francs.

Les habitants, les Beni-M'zab ou Mozabites, appartiennent au plus ancien schisme musulman. Ils sont de pure race berbère, et établis depuis le onzième siècle dans cette sorte de cirque, long d'environ dix-huit kilomètres et large de deux.

Ils ont un dialecte qui se rapproche de la langue parlée par les Kabyles et les Touareg. Mais tous, au moins les hommes, parlent l'arabe. A cette époque, c'est-à-dire bien avant l'annexion, qui n'a eu lieu qu'en 1882, chacune des sept villes formait une petite république théocratique indépendante, gouvernée par ses marabouts, déléguant, quand besoin était, des représentants à une assemblée générale du M'zab.

Les Mozabites n'étaient pas seulement de prodigieux organisateurs d'oasis, ils étaient, et ils sont encore, des commerçants de premier ordre. Ils ont réussi à faire de leur pays un grand entrepôt de céréales, où viennent puiser les nomades et qu'alimentent les cultivateurs du Nord, dont ils se font parfois les commanditaires. De là, un va-et-vient perpétuel de caravanes qui les mettait sous notre dépendance, puisque nous pouvions tarir leur trafic en barrant le passage des convois. Enfin, les Mozabites sont en quelque sorte les Auvergnats de l'Afrique; ils ont essaimé dans le Tell et sur les côtes où ils se livrent au commerce. Et, pour évaluer leur population totale, il faudrait ajouter au chiffre précédemment donné une dizaine de milliers de trafiquants, installés dans toute l'Algérie et nourrissant d'ailleurs l'espoir, qu'ils réalisent, de revenir au pays après fortune faite.

Ces rusés négociants désiraient pouvoir circuler dans

nos possessions, tout en nous empêchant d'aller chez eux attenter à leur indépendance et imposer des taxes. Ils avaient réussi à entretenir des illusions à peu près générales, non seulement sur leur nombre qu'on disait très considérable, mais encore sur leurs mœurs qu'on disait très belliqueuses. Dans les réjouissances publiques auxquelles ils prenaient part, nous les voyions apporter une ardeur extrême, courant, comme pour charger un ennemi imaginaire, faisant feu sur lui avec des fusils, des tromblons et des espingoles, se lançant en arrière pour recharger leurs armes, et revenant avec une furie nouvelle. Et, en les voyant si animés, on était arrivé à penser que de pareils gaillards ne seraient pas faciles à dompter. Ces gambades, je dois l'avouer, ne m'imposaient guère, parce que je les jugeais tout à fait inoffensives pour une troupe habituée à combattre en ordre et à ne pas se laisser effrayer par un vain bruit.

D'ailleurs mon ami Cheick-Ali, mon bienfaiteur de Laghouat, me tenait minutieusement au courant de tout ce qui se passait chez eux, car il avait des intérêts au M'zab. Par lui, je savais qu'ils se soumettraient à tout plutôt que de voir saccager leurs beaux palmiers et leurs entrepôts de céréales. Par lui, je savais également les intrigues qui se tramaient dans les sept villes, et que, dans ce pays républicain, il y avait deux partis : celui qui détenait le pouvoir et celui qui aspirait à s'en emparer. Ce dernier, suivant une habitude, hélas ! trop générale, était toujours disposé à appeler l'étranger, pour atteindre, grâce à son appui, le but de son ambition. Aussi, convaincu que nous étions contraints, par le souci de notre propre sécurité, d'aller de l'avant, je fatiguais presque continuellement, depuis des mois, le Gouverneur général, par des lettres terminées par mon « delenda Carthago » : il faut soumettre le M'zab.

« Il n'y a pas de guerriers dans le M'zab, il n'y a

que de la garde nationale. Permettez-moi de retenir à Laghouat les caravanes qui en sortent et celles qui y entrent, et vous verrez les Mozabites demander eux-mêmes la permission de payer un tribut et de devenir les fidèles sujets de l'Empire français. »

Le Gouverneur répondait tantôt par des refus, tantôt par des atermoiements, tantôt par le silence. Mais, quand je lus ses instructions au général Camou, quand je vis qu'il ordonnait de faire sortir des colonnes et qu'il écrivait : « Je comprendrais que la colonne de Laghouat fît quelque chose d'analogue », je ne doutai pas un seul instant qu'il voulût me mettre la bride sur le cou et qu'il m'autorisât à tenter l'expédition si souvent proposée. J'en étais tellement convaincu que j'avais pris la précaution de retenir à Laghouat les dernières caravanes venues du M'zab, et les notables de ce pays, un peu inquiets sur le sort des marchandises dont ils étaient propriétaires, consentaient volontiers à me servir de guides et, au besoin, de parlementaires.

Je me lançais donc sans la moindre arrière-pensée, et même sans grand mérite, puisque j'étais tout à fait sûr du succès, dans ces contrées inexplorées qui éveillaient encore dans tant d'imaginations l'inquiétude du mystère. J'avais calculé que la seule difficulté sérieuse contre laquelle j'aurais à lutter serait l'absence d'eau. Et c'est pourquoi j'avais visité, l'un après l'autre, tous les tonnelets que devaient transporter mes chameaux, pour m'assurer qu'ils étaient bien solides et bien étanches.

C'est pourquoi aussi j'allai inspecter tous les chameaux, l'un après l'autre, pour voir s'ils étaient bien chargés et solidement harnachés, car, dans ces circonstances-là, tout peut dépendre d'un clou dans un bât ou d'une corde qui casse. Dans les convois de chameaux, quand la surveillance n'est pas très minutieuse, il arrive parfois qu'un animal pris de folie, de révolte contre la résignation séculaire de sa race, ou simplement du besoin de gigoter, s'échappe en gambadant. Le premier désir du récalcitrant est de se débarrasser de son fardeau, et quand ce fardeau tombe, d'abord les tonnelets se brisent généralement, ensuite le bruit qu'ils font augmente l'affolement de l'animal. Il peut aussi briser les tonnelets des autres en les heurtant, et enfin, comme la peur n'est pas contagieuse que chez les hommes, il peut mettre tout le convoi en déroute. Alors, je me voyais mal tout seul avec mes hommes au milieu du désert, contemplant mes chameaux qui gagneraient au triple galop tous les points de l'horizon. C'eût été la fable de *Perrette et du Pot au lait* poussée au drame.

Adieu, veau, vache, cochon, couvée!

Or ma couvée, à moi, c'étaient cinq cents soldats français. Aussi, je m'étais installé au milieu du convoi, et quand je voyais, par hasard, un chameau qui cessait de s'avancer avec la majesté d'un recteur d'académie, je me coulais près de lui, afin de l'encourager par quelques bonnes paroles, appuyées, au besoin, par quelques bons coups de matraque.

J'arrivai, en deux étapes, au puits d'Oglat-el-Médaguin où m'attendaient mes auxiliaires arabes, et j'y séjournai vingt-quatre heures, pour donner un peu de repos aux hommes et aussi pour réparer, dans le convoi, quelques défectuosités que les premières marches avaient révélées. J'en repartis le surlendemain, avec l'infanterie, laissant derrière moi, pour un jour encore, la cavalerie régulière et irrégulière qui devait nous rattraper en doublant l'étape, afin d'économiser l'eau. Je présidai moi-même à la distribution du précieux liquide, réduisant tout le monde au strict nécessaire, et j'eus la joie de constater que le déchet de la route était assez insignifiant pour me permettre de marcher sans crainte. La troupe, bien entraînée, cheminait allégrement et faisait facilement des étapes de dix lieues. C'était beaucoup, car la nature du sol rendait la marche pénible. Le grand plateau qui sépare Laghouat du M'zab est une espèce de poudingue, de conglomérat de pierres dures et tranchantes, et quand, par hasard, on rencontre une petite dépression de terrain où une herbe rare a poussé sur un peu de terre végétale, on est véritablement soulagé de ne plus fouler ce plancher rocailleux auquel les semelles les plus épaisses ne résistent pas longtemps.

J'avais attribué à chaque compagnie un certain nombre de chameaux sur lesquels montaient les hommes trop fatigués ou éclopés, et, quand on déposait sur leur dos le contenu de quelques sacs, je fermais les yeux. Pour le principe, j'avais exigé que les fantassins marchassent sac au dos, mais je n'allais pas voir si les as de carreau, comme disent les soldats, contenaient tous les objets d'ordonnance. Je regardais seulement si les petits bidons étaient remplis.

Le troisième jour, je vis arriver une députation de Berryan qui venait souhaiter la bienvenue à la colonne, au nom des habitants de cette ville de la confédération de M'zab, placée la première sur notre chemin. Nous y arrivâmes le lendemain, et l'accueil que nous reçûmes nous prouva que les Mozabites n'avaient pas la moindre velléité de résistance. Le soir, les habitants nous apportèrent une abondante diffa, composée de couscoussou et de dattes exquises. Ce fut un vrai festin. Le troupier se régala. Pas un malade à l'ambulance, et tout mon monde ravi du spectacle nouveau qu'il avait sous les yeux, fier d'avoir porté le drapeau de la patrie dans une région réputée jusqu'alors inaccessible.

Je restai là quelques jours, pour faire venir de Laghouat un petit approvisionnement de chaussures et de fers à cheval, et je me remis en route pour Guerrara, m'établissant ainsi sur le chemin que suivaient les gens du faux chérif, quand ils partaient d'Ouargla pour aller razzier nos tribus dont je couvrais les campements. Du reste, pendant que j'évoluais ainsi, plein de confiance, mais me croyant isolé en face des insoumis d'Ouargla, à quelques lieues de moi, un rassemblement arabe, dont j'ignorais la présence, coopérait à mes mouvements et s'apprêtait à fondre de son côté sur le nid des rebelles. Il était commandé par Si-Hamza.

Si-Hamza, de la tribu des Oulad-Sidi-Cheik, issu d'une des plus illustres familles de marabouts du Sahara, chef tout-puissant du Sud-Oranais, nous avait combattus longtemps, et plus d'une fois s'était mesuré avec Mohammed-ben-Abdallah, quand ce dernier, avant sa rébellion, nous servait en qualité de khalifa à Tlemcen. Il avait fait sa soumission, et le général Pélissier, qui jugeait cette soumission de trop fraîche date, l'avait attiré à Oran où il paraissait se plaire. C'était une nature inconstante, mais chevaleresque. Il avait conservé contre Mohammed, devenu notre ennemi, la haine qu'il nourrissait contre Mohammed quand il était notre allié, et mettant cette haine à profit, le général Pélissier venait de lancer notre nouvel ami contre notre ancien ami. Si-Hamza, à la tête d'un gros de cavalerie, était donc venu se mettre en observation, à l'ouest d'Ouargla que je semblais moi-même vouloir attaquer par le nord, en opérant dans le M'zab. Particularité curieuse, ses deux frères cadets, qui s'appelaient Si-Naïmi et Si-Zoubir, servaient auprès de l'agitateur. Mais il était parvenu à nouer des intelligences avec eux, et il comptait sur la défection des principaux lieutenants de Mohammed pour s'emparer de la ville. Lorsqu'il apprit mon arrivée à Guerrara, il crut que j'avais été envoyé pour le soutenir et il m'écrivit afin de me prévenir qu'il allait attaquer le faux chérif. Quand l'Arabe qui portait ce message parvint à Guerrara, je venais d'en partir précipitamment pour retourner à Laghouat, à peu près démoralisé. Voici pourquoi :

Au moment où mes goums, revenus d'une grande reconnaissance, m'annonçaient, d'une manière confuse, la présence, dans les environs, d'une cavalerie auxiliaire avec laquelle ils n'avaient pas pris contact, mais dont ils avaient relevé le passage; au moment où j'allais me porter en avant, j'avais reçu un courrier du général Camou qui contenait les reproches du Gouverneur général. Le général Randon me manifestait sévèrement le mécontentement que lui inspirait ma marche imprudente, et me donnait l'ordre catégorique de rentrer immédiatement à Laghouat. Je reçus ce message comme on reçoit une douche d'eau glacée. J'obéis, bien entendu, sans récriminer, et la joyeuse colonne, laissant sa gaieté dans le M'zab, revint sans entrain et en traînant un peu la jambe à son point de départ. Les soldats disaient : « Il paraît qu'on n'avait pas le droit de s'en aller si loin. » Et moi, je méditais un aphorisme, une parabole du général de Lamoricière : « Quand le mulet qui porte votre bagage s'est embourbé dans un marais, il ne faut pas le punir en le frappant à la tête; il faut l'encourager, l'aider à sortir du mauvais pas où il s'est engagé, quitte à le changer, après, contre un meilleur. » M'attribuant modestement le rôle du mulet, je pensais qu'on aurait pu me rappeler, sans m'adresser des reproches de nature à me faire perdre le sang-froid, dont j'avais besoin pour me tirer d'une manœuvre qu'on jugeait dangereuse, quitte à me blâmer et même à me punir, une fois que je serais loin de ce danger.

Je rentrai sans encombre à Laghouat, où m'attendait une autre surprise désagréable. Le colonel de Cissey, le futur ministre de la guerre, alors sous-chef d'état-major général de l'armée d'Afrique, était tranquillement installé chez moi. Nous nous connaissions, d'ailleurs, depuis longtemps, et il m'avait toujours témoigné une affectueuse bienveillance à laquelle ses allures froides et silencieuses donnaient encore plus de prix :

— Je viens, dit-il, procéder à une enquête. Le Gouverneur ne peut croire que vous ayez pris sur vous de tenter une opération aussi aventureuse, et je dois m'informer en vertu de quels ordres vous avez agi.

Je répondis :

— D'abord, mon colonel, ce que vous appelez une opération aventureuse s'est accompli sans qu'un seul coup de feu ait été tiré. Ensuite, je vous ouvre mes archives, mes registres de correspondance. Vous y verrez que, depuis des mois, je ne cesse de proposer une expédition dans le M'zab, comme la chose la plus simple, la plus facile et la moins dangereuse, surtout avec les précautions de toutes sortes que j'ai prises. En outre, on m'a envoyé deux officiers : le capitaine Saget, de l'état-major, et le capitaine Minot, de l'infanterie, pour faire le relevé topographique des pays nouveaux que je désirais parcourir. (Ces capitaines sont tous deux en retraite, comme généraux de brigade; c'est à eux qu'on doit la carte du M'zab et celle des Chambâ.) Dans ces conditions, quand j'ai su que le Gouverneur lançait des colonnes de Biskra, de Bouçaâda et de Tiaret, et qu'il désirait que je fisse quelque chose d'analogue au mouvement qu'il leur prescrivait, je n'ai pas eu un instant de doute et je suis parti, croyant obéir à l'esprit des instructions ; car si j'avais dû me régler sur l'alignement des trois colonnes, je n'avais qu'à ne pas bouger d'ici, puisqu'elles sont à peine arrivées à ma hauteur.

Le colonel fut un peu embarrassé par ces arguments que je jugeais sans réplique. D'ailleurs, le soir même de ma rentrée à Laghouat, le colonel de Cissey recevait d'Alger les graves et intéressantes nouvelles que Si-

Hamza y avait expédiées de son côté. Le bach-aga des Ouled-Sidi-Cheik informait le Gouverneur que, se croyant appuyé par une colonne manœuvrant dans le M'zab, il avait attaqué et pris Ouargla. Malheureusement, le chérif avait pu s'échapper par les dunes de sable qui entourent la ville et qui sont impraticables pour la cavalerie. On l'aurait certainement capturé si l'on avait eu de l'infanterie, et Si-Hamza ne s'expliquait pas la retraite subite de la colonne que rien ne justifiait et qui l'eût compromis, si sa victoire avait été moins complète. Le Gouverneur, le général Randon, ajoutait : « Je ne doute pas qu'en apprenant ces nouvelles, le commandant du Barail ne se soit reporté dans le Sud. » C'était tout. Je profitai aussitôt de ma liberté reconquise, et, après vingt-quatre heures de repos, je repartais avec tout mon monde.

La route n'avait plus de mystères pour nous. Les soldats faisaient, de gais refrains aux lèvres, leur étape quotidienne de dix lieues, et trouvaient encore la force de danser en rond autour des mares d'eau bourbeuse qu'ils rencontraient. Cette fois, j'allai à Ghardaïa, qui est la ville la plus importante de la confédération. Cette ville obéissait alors à un vieillard nommé Omar-ben-Baloulou, qui ne nous portait pas précisément dans son cœur, mais qui, connaissant l'esprit peu guerrier de ses compatriotes, d'ailleurs démoralisés par la prise d'Ouargla, et ne voulant pas s'attirer de désagréments, nous accueillit fort convenablement. Je répondis à son accueil en maintenant une exacte discipline parmi les troupes.

Il fallait, maintenant, songer au côté pratique des choses. Je réunis à Ghardaïa les notables des sept villes de la confédération, et, en vertu des instructions que j'avais reçues, je leur exposai que, venant faire chez nous un trafic très avantageux pour eux, il était juste qu'ils reconnussent par un tribut les avantages que nous leur accordions, la sécurité qu'ils trouvaient sur nos routes et dans nos villes, et je fixai ce tribut à près de cinquante mille francs par an, leur promettant, en échange, que les Français ne s'immisceraient pas dans leurs affaires intérieures et les laisseraient se gouverner selon leurs usages. Après avoir discuté pour la forme, ils adhérèrent à ma proposition, et la première annuité fut presque immédiatement portée à Laghouat. Tout en m'occupant de ces négociations et de cette organisation qui a duré jusqu'à 1882, époque où un bureau arabe a été établi à Ghardaïa et où le M'zab a été annexé, j'entretenais avec Alger une correspondance assez active, car je tenais avant tout à me disculper de la faute qu'on m'avait reprochée, lorsque j'étais parti la première fois pour le M'zab. Le bon général Rivet m'avait écrit tout d'abord, pour enlever à la mission du colonel Cissey ce qu'elle avait de blessant et de comminatoire, et aussi pour justifier le mécontentement du Gouverneur. Je me défendais comme un beau diable, et, chacun restant dans son opinion, répétant les mêmes arguments, il n'y avait pas de raison pour que cette correspondance prît fin. Elle se termina pourtant de la façon suivante. Le général Rivet m'écrivit : « Voyez-vous, mon cher ami, quand le Gouverneur général vous dit que vous avez tort, vous n'avez qu'une chose à faire : reconnaître que vous avez tort. »

Je répondis : « Vous avez raison, mon général, du moment que c'est une affaire de discipline, je ne puis faire autrement que de reconnaître que j'ai eu tort. »

Enfin, le général Randon, lui-même, eut la bonne grâce de mettre un *post-scriptum* définitif à cet échange de correspondances, en m'adressant la lettre suivante, écrite tout entière de sa main :

GOUVERNEMENT GÉNÉRAL
DE L'ALGÉRIE
—
CABINET

Le général Randon, gouverneur général de l'Algérie, au chef d'escadrons du Barail, commandant supérieur du cercle de Laghouat.

« Alger, le 2 janvier 1854.

« Mon cher Commandant,

« Je ne veux pas que cette année commence en vous laissant une pensée exagérée sur les impressions que vous pourriez croire avoir été gravées dans mon esprit, à la suite des premiers mouvements que vous avez dirigés dans le Sud.

« Vous avez un instant oublié que, dans un mouvement aussi général, et alors même que chaque colonne agissante avait devant elle un horizon qui lui était propre, il était néanmoins indispensable, pour arriver à un résultat, qu'une certaine harmonie régnât et que dans cette grande marche en bataille, les principes généraux de l'alignement ne fussent pas négligés. J'ai dû vous rappeler à l'ordonnance. Je l'ai fait très nettement et très promptement, parce que vous preniez les allures vives, et après que la poussière, en s'abattant, vous a permis de voir que vous étiez trop avancé comparativement à vos ailes, vous avez dû reconnaître l'à-propos de la manœuvre.

« Je ne vois rien au delà, rien qui puisse diminuer la confiance que j'ai en votre sagesse habituelle et en votre ardent désir de bien faire.

« Dans la position que vous occupez, il se présente deux écueils : le premier, celui qui est le plus général, c'est de voir les choses en noir. L'autre, beaucoup plus rare, et que j'oserais à peine blâmer tant l'origine en est honorable, c'est de peindre sous des couleurs trop riantes ce qui nous entoure.

« Dans l'un et l'autre cas, l'autorité supérieure, qui ne peut voir par ses propres yeux, est bien forcée de se faire une opinion qui sert de règle à ses actions, et elle court le risque de croire que tout est au plus mal, ou que tout est pour le mieux dans le meilleur des mondes. C'est un danger qu'il faut éviter, quel que soit le côté par où il se présente.

« Je vous parle peu de la conduite que vous avez à tenir dans le Sud dans les circonstances actuelles, parce que vous avez reçu des instructions du général Camou, complétées par la correspondance particulière du général Rivet.

« Je ne saurais vous prescrire rien d'autre en ce qui concerne vos rapports avec les villes de l'Oued (M'zab). C'est un grand protectorat que vous avez à exercer, sans songer à entrer trop intimement dans les affaires particulières des sept villes. Je vous ai depuis longtemps laissé libre d'entamer et de suivre des relations avec elles. Ce sera maintenant chose facile.

« Je lis toujours avec attention et intérêt tout ce qui arrive de Laghouat, et je sens trop bien qu'il manque encore beaucoup dans votre capitale, pour que je n'aie pas un désir très naturel de pouvoir y remédier avec parfaite connaissance de cause.

« J'ai pensé, mon cher commandant, qu'après ce qui s'était passé à la fin de l'année dernière, vous seriez bien aise de recevoir l'assurance directe que la bienveillance du Gouverneur général était persistante, et c'est pour cela que j'ai voulu vous adresser l'expression de mes sentiments d'attachement sincère.

« Général RANDON. »

Il n'arrive pas souvent qu'un général de division, pourvu d'un commandement pareil à celui du général Randon, adresse une semblable lettre à un de ses subordonnés d'un grade relativement aussi infime que le mien. J'en fus très touché et j'exprimai vivement ma reconnaissance.

Mais j'aurais pu discuter les fameux « principes généraux de l'alignement », invoqués par le Gouverneur pour colorer, en somme, un accès de mauvaise humeur dont j'appris plus tard le véritable motif. Au fond, tout cela, c'était des histoires de femmes, comme on dit dans une opérette célèbre. On avait raconté au Gouverneur que le général Yusuf était allé se plaindre à son ami, le général de Saint-Arnaud, ministre de la guerre, de n'avoir obtenu que la plaque de grand officier, à la suite de la prise de Laghouat, alors qu'il était déjà général de brigade depuis sept ans et qu'il pouvait raisonnablement prétendre à la troisième étoile. Le ministre lui aurait répondu : « Je n'ai pas pu mieux faire. Mais obtenez encore un succès du même genre dans le Sud, et je vous nomme divisionnaire. » Alors, le général Yusuf aurait usé de son influence sur moi pour me pousser dans le M'zab, afin de troubler le pays et de lui donner l'occasion de gagner un nouveau grade. Précisément, comme pour donner du poids à ce racontar, le général Yusuf était allé visiter le sud de son commandement, pendant ma marche sur Berryan, ayant l'air de se mettre ainsi à portée de mon appel. Cette histoire ne tenait pas debout, car si le Gouverneur général avait voulu se donner la peine de réfléchir, il aurait compris que, si ma présence dans le M'zab devait amener des troubles suffisants pour justifier une nouvelle expédition, j'aurais eu dix fois le temps d'être massacré avant d'être secouru. Et, franchement, mon dévouement pour Yusuf n'allait pas jusqu'à vendre ma peau afin de lui acheter une troisième étoile qu'il allait, d'ailleurs, bientôt recevoir. Mais le général Randon était jaloux d'Yusuf. En outre, il ne voulait pas avoir d'affaire dans le Sud, pendant qu'on commençait à se préoccuper en France de la question d'Orient, qui allait amener la fatale guerre de Crimée. Et voilà pourquoi il déchargea sur un pauvre innocent le poids de sa colère. Elle ne dura pas, comme on vient de le voir, puisqu'il m'adressa une lettre qui vaut presque des excuses, et puisque, en outre, il a consacré dans ses *Mémoires* (t. I, p. 179) l'alinéa suivant à cet incident :

« Le commandant du Barail s'était montré aussi intelligent et actif pour les affaires de la confédération du M'zab. En quelques mois il avait réussi à décider les sept villes qui la composent à envoyer des députés à Alger, afin de traiter des conditions de leur soumission, malgré les efforts secrets de Mohammed-ben-Abdallah pour détourner les Beni-M'zab de faire partir cette députation. »

Ce fut au milieu de toutes ces occupations qui, à cette époque, présentaient un intérêt considérable pour ceux d'entre nous qu'on appelait les « Africains », que je reçus l'avis officiel de l'arrivée du colonel Durrieu, commandant la subdivision de Mascara et mis à la tête de toutes nos petites colonnes du Sud.

Je recevais, en même temps, l'ordre de me porter encore plus au Sud, mais en inclinant vers l'Ouest, chez les Chambâ, ces convoyeurs du désert qui louent des chameaux et font l'industrie des caravanes. A un ksar nommé Mitlili, je devais rallier la colonne de Tiaret qui s'y dirigeait de son côté, conduite par le commandant Niqueux, chef d'escadron d'artillerie.

Le commandant Niqueux était une vieille connaissance pour moi. En 1836, quand on créa les spahis, étant déjà capitaine d'artillerie, il avait demandé à y entrer avec son grade et y avait même figuré, pendant près d'un an, comme capitaine commandant le troisième escadron. Mais, le ministre n'ayant pas ratifié son changement, il avait dû rentrer dans l'artillerie. C'était un officier de très grande valeur. Camarade de promotion du maréchal Bosquet à l'École polytechnique, il serait arrivé certainement plus haut que le grade de colonel dans lequel il devait mourir plus tard, sans une incursion dans la politique qui gâta sa carrière. Il était né pauvre. Il s'était fait lui-même, et de ces débuts difficiles il avait gardé un caractère entier, caustique, presque envieux, malgré une très grande bonté de cœur. Il était surtout révolté par les inégalités sociales, et en 1848, il avait cru, avec bien d'autres, à l'avènement définitif de la démocratie égalitaire. Il voulut lui apporter son concours et il eut l'idée biscornue de se présenter comme député. Il terminait ainsi sa profession de foi, qui resta célèbre dans l'armée d'Afrique :

« Citoyens,

« Si vous voulez envoyer à l'Assemblée un député pénétré de vos droits, résolu à les défendre et à combattre les abus et les privilèges sous lesquels nous n'avons que trop longtemps vécu, donnez vos voix à un citoyen qui n'a ni feu ni lieu.

« *Signé :* NIQUEUX. »

Cet atroce jeu de mots n'avait pas séduit les électeurs, et ils lui avaient préféré un de ces représentants des classes privilégiées contre lesquelles se sont faites toutes les révolutions. Le brave Niqueux s'en consola en disant : « J'avais cru le peuple démocrate ; je me trompais ; voilà tout. N'en parlons plus. » Et il rentra en Afrique, où on lui tint rigueur jusqu'à ce qu'il y eût trouvé, dans son commandement de Tiaret, l'occasion de montrer ses grandes qualités.

Nos deux colonnes se joignirent au jour dit, et je fus

touché de l'affabilité et des égards d'un camarade qui m'avait connu simple soldat, alors qu'il était lui-même capitaine depuis deux ans, et qui me retrouvait son égal. Le colonel Durrieu profita de la réunion de nos deux colonnes pour régler la situation des Chambâ, qui durent acquitter les indemnités de guerre en retard, et pour pourvoir au commandement d'Ouargla, qu'il confia à Si-Zoubir, sous la haute juridiction de son frère Si-Hamza. Ce pauvre Si-Hamza devait partager le triste sort de la plupart des grands seigneurs arabes, devenus nos alliés, et qui n'ont pas trouvé auprès de nous les égards que méritaient leur position et leur dévouement. Il devait mourir plus tard, mécontent de nous, à Alger où il fut interné, dans une position précaire, et ce fut sa famille qui fomenta la dernière insurrection que nous dûmes réprimer en Algérie, il y a quelques années.

Ouargla est la tête de l'Oued-R'rir, vaste contrée semée d'oasis, arrosée par de nombreux puits à eau jaillissante. Dans ces immenses contrées sablonneuses qui forment le Sud algérien, l'eau, c'est la vie. Partout où on la voit sourdre, on voit bientôt naître une oasis et s'élancer des palmiers, et quand les puits se comblent ou se tarissent, les oasis, envahies par le sable, ne tardent pas à disparaître. Aussi l'habitant de ces contrées, sous le soleil implacable qui suffit à cuire les briques, n'a-t-il d'autre préoccupation que la conquête et la conservation de l'eau. Dans le M'zab, à certaines époques, hommes, femmes, enfants, vieillards, sont uniquement occupés à tirer de l'eau de leur puits, pour arroser les palmiers, les grenadiers de leurs jardins. Sous l'Oued-R'rir, règne une nappe d'eau souterraine, très profonde et qui semble inépuisable. De temps immémorial, les Arabes ont eu le secret de ce que nous appelons, nous, les puits artésiens et de ce qu'ils appellent, eux, les puits jaillissants. Et toute la contrée est très largement arrosée par ces puits jaillissants.

Aussi est-elle d'une fertilité extraordinaire, et sa végétation luxuriante contraste d'une façon saisissante avec le Souf qui l'avoisine et qui, lui, ne présente que l'aspect désolé de grandes dunes de sable semblables aux lames de l'Océan courroucé et que le vent déplace sans cesse. On peut penser que le métier de puisatier est honoré, en raison de son utilité et en raison, aussi, des dangers qu'il présente. Il est dangereux parce que ceux qui l'exercent n'emploient que des moyens primitifs et imparfaits. Le puits est creusé par un seul homme, qui s'enfonce dans la terre sans autre outil qu'une petite plate-forme de planches pour poser ses pieds et une pioche. Il creuse quelquefois pendant des mois, et entasse la terre dans des paniers qu'on monte avec des cordes jusqu'à la surface du sol.

Quand son expérience lui apprend qu'il approche de l'eau, il se fait attacher sous les bras par une corde et se bouche les narines et les oreilles avec de la cire. Tout à coup, l'eau soulève en jaillissant la dernière et mince couche de terre sur laquelle il travaillait, emportant le puisatier et sa plate-forme, et si le malheureux n'est pas retiré à temps, il est noyé, asphyxié, avant d'être arrivé à la bouche de cette espèce de canon humide. Les eaux de ces puits sont ensuite répandues par des multitudes de canaux sur la surface aride qui va, grâce à elles, devenir un jardin et un verger. Tout le monde sait d'ailleurs que nous avons perfectionné le forage des puits artésiens, et que l'installation des oasis est devenue une industrie très prospère.

Lorsque le colonel Durrieu eut tout réglé, nos deux colonnes se replièrent sur Laghouat, d'où celle du commandant Niqueux devait regagner Tiaret. En y arrivant, nous devions éprouver l'orgueil de constater que le Gouverneur général lui-même avait tenu à venir au-devant de nous, pour nous apporter ses félicitations. Le général Randon était arrivé, le 8 février, à Laghouat, où entrait, en même temps que lui, le colonel Durrieu qui nous avait précédés, nous laissant campés à quelques kilomètres de l'oasis. Dans ses *Mémoires* le maréchal Randon affirme que cette coïncidence n'était pas l'effet du hasard, et il ajoute :

« Tant que dura cette expédition, les mouvements de nos colonnes s'accomplirent avec une rapidité et une régularité mathématiques. » Or, ce que je viens de raconter prouve que le hasard, Sa Sacrée Majesté le hasard, comme disait Frédéric II, avait bien un peu aidé les mathématiques.

Le lendemain, 9 février, nos troupes, en parfait état et alignées dans un ordre irréprochable, attendaient, sous les armes, le Gouverneur général, qui leur adressa l'ordre du jour suivant :

« Soldats des colonnes du Sud !

« Je suis venu à votre rencontre afin de vous donner plus tôt un témoignage de satisfaction pour le zèle, la persévérance et l'ardeur que vous avez déployés dans cette dernière campagne.

« Si vous n'avez pas eu de combats à livrer, vous avez supporté de rudes fatigues, et votre présence au milieu de l'Oued-M'zab et d'Ouargla a été une véritable victoire.

« Vous avez montré le drapeau de la France dans des régions où naguère on ne supposait pas que vous pussiez pénétrer. Vous avez franchi ces solitudes sans eau du désert, ces barrières de sable au delà desquelles nos ennemis se croyaient invulnérables.

« Les populations du Sud n'ont plus de mystères pour vous.

« Ces populations qui viennent des points les plus éloignés faire acte de soumission à la France, sont les résultats heureux de cette campagne. Vous devez en être fiers, car c'est sous la protection morale de vos baïonnettes que nos chefs indigènes ont glorieusement accompli la mission que je leur avais donnée.

« Nos goums de l'Est et de l'Ouest ont rivalisé d'élan et de bravoure pour la cause de la France. Ils sont dignes de partager les éloges que je vous donne.

« Je signale avec bonheur cette communauté de bons services, car elle est la preuve de notre puissance en Algérie.

« Soldats, vous avez bien mérité de la patrie et acquis de nouveaux titres à la bienveillance de l'Empereur. »

Cet ordre du jour fut accueilli aux cris de : « Vive l'Empereur ! »

Quelle émotion, quelle joie, quelle fierté nous ressentions et nous lisions dans les yeux de ceux qui nous entouraient ! Nous rentrâmes derrière le général Randon à Laghouat.

Le surlendemain, sur la place d'Armes, au milieu du carré formé par les troupes, eut lieu la cérémonie de l'investiture. Tous les députés, tous les caïds, tous les chefs des goums, les Chambâ, avec leurs méharis, étaient massés dans le carré. Laghouat regorgeait de visiteurs, et chacune de ses terrasses ressemblait à une tribune de champ de courses. Le gouverneur se plaça dans le carré, et adressa aux Arabes ces paroles :

« Députations de l'Oued-M'zab, de N'Goussa et d'Ouargla.

« Vous venez de faire acte de soumission à la France. Je vous reçois au nom de l'Empereur. Des temps nouveaux commencent pour vous. Au désordre succédera la paix, au pillage succédera la sécurité, et votre commerce s'accroîtra.

« Voilà ce que vous procurera votre soumission à la France.

« Si vous oubliiez vos promesses, si vous faisiez cause commune avec nos ennemis, l'histoire de cette ville deviendrait la vôtre. Les troupes que vous avez vues arriver en amies au milieu de vos ksour, y reparaîtraient pour venger la trahison.

« Puisse Dieu éloigner de vous ces malheurs et vous faire jouir en paix des bienfaits qui accompagnent la protection de la France ! »

On traduisit, bien entendu, par la parole et l'écriture cette proclamation, car les bons Mozabites et les bons Chambâ ne comprenaient pas un traître mot à cette prose un peu menaçante. Puis, le défilé commença, mené par Si-Hamza, qui portait son burnous déchiré par les balles. Derrière lui les goums, puis les méharis, puis les spahis qui marchaient en escadrons, puis les chasseurs, etc. Ce fut une très belle fête.

Le général resta plusieurs jours à Laghouat, voyant tout par lui-même et me prodiguant, à chaque instant, des éloges qui me rendaient confus. A Alger, le Gouverneur général était toujours opposé aux expéditions. A Laghouat, on eût dit qu'il y prenait goût, au milieu des gens dont c'était l'occupation favorite. Il comprit très vite que nous serions bientôt contraints de mettre la main sur Touggourt, qui, depuis la chute d'Ouargla, était devenu un centre d'attraction pour tous les mécontents, et où dominait un nommé Si-Selman, qui venait de remplacer Ben-Djellab, pompeusement appelé le Sultan de Touggourt. Ce Si-Selman avait non seulement le physique, mais encore la philosophie de Sancho-Pança, peu ami des coups. Près de lui, s'était réfugié l'éternel Mohammed-ben-Abdallah, chassé d'Ouargla. Et les circonstances allaient transformer ce fantoche en épouvantail. Touggourt est situé au milieu de l'Oued-R'rir, dont Ouargla est la tête. La ville passait pour très forte. Elle était protégée par des murailles assez épaisses et entourée d'un large fossé que les Arabes, dans leur style imagé, appelaient la mer, mais qui, en réalité, ne contenait qu'un peu d'eau croupissante. On croyait volontiers qu'il faudrait du canon pour en venir à bout, et je fus chargé d'étudier les chemins par où passerait l'artillerie partant de Laghouat.

Je fis la conduite au Gouverneur jusqu'à Djelfa, dont il reconnut l'importance militaire et politique. Ce petit voyage ne fut pas précisément gai, car nous fûmes pris en route par une tourmente de neige fondue qui fit tomber le thermomètre à zéro. Il nous arriva même un accident qui semblerait incroyable, dans ces régions où l'on s'imagine n'avoir jamais à se défendre que contre le soleil.

Un soldat du bataillon d'Afrique, nommé Toupois, dont la compagnie travaillait à construire le caravansérail d'Aïn-el-Lebel, s'étant absenté pour « tirer une bordée », comme disent les zéphyrs, s'égara et dut passer la nuit en plein champ. Le lendemain, il ne pouvait plus marcher. Deux Arabes compatissants le rencontrèrent, le hissèrent sur un mulet et me l'amenèrent à Laghouat où je venais moi-même de rentrer, à moitié gelé. On le porta à l'hôpital, et le médecin en chef reconnut qu'il avait les deux pieds gelés, comme s'il avait fait la retraite de Russie, et que l'amputation des deux jambes au-dessous du genou s'imposait.

Comme il n'osait pas prendre la responsabilité de cette opération, il vint me chercher pour constater l'état de Toupois. Il était pitoyable, cet état. La gangrène commençait, et les deux pieds semblaient prêts à se détacher des jambes. L'amputation eut lieu et réussit parfaitement. Le chirurgien en fit une notice qui fut communiquée à l'Académie de médecine. Quant à Toupois, je parvins à le faire admettre aux Invalides, où il a eu tout le temps de méditer sur les inconvénients des bordées.

D'ailleurs, j'ai remarqué que ces « zéphyrs » sont d'une endurance extraordinaire. Dans les premiers temps, nous n'avions pas à Laghouat de locaux de discipline, et nous avions autre chose à faire que d'en installer. Cependant il fallait, coûte que coûte, maintenir l'obéissance parmi ces hommes du bataillon d'Afrique, qui avaient tous déjà passé devant un conseil de guerre, et qui nous auraient positivement écharpés, si on n'avait eu à leur opposer que de bonnes paroles.

Faute de prison, on descendait le mauvais sujet incorrigible dans un silo. C'est une sorte de cave dont les Arabes se servent pour enfermer leurs provisions. On creuse le silo, autant que possible, dans un terrain sec et assez compact pour ne pas se prêter aux infiltrations. Il est très étroit à son orifice, très évasé dans sa partie médiane et assez resserré au fond. Je ne puis mieux le comparer qu'à une gourde, ou plus exactement encore à ces bouteilles instables que les Anglais remplissent de soda-water. Chacun d'eux peut contenir un certain nombre d'hommes qui n'y sont pas précisément à leur aise, car ils n'ont pour tout meuble qu'une cruche d'eau et un baquet de nécessité. Ils n'ont même pas assez de place pour s'étendre et dormir. J'avais fait creuser, à Laghouat et à Djelfa, quelques-uns de ces silos par les zéphyrs, et je les encourageais à la besogne en leur disant : « Travaillez en conscience ; faites cela comme pour vous. » Eh bien ! il y en avait qui supportaient ce régime pendant quinze jours, sans faiblir et sans consentir à s'amender. Il y en eut un, cependant, qui y mourut. C'était un détestable sujet au moral, mais de petite complexion au physique. Il échappa ainsi à une condamnation à mort qu'il aurait certainement subie, car il avait tué un Arabe, dans des circonstances particulièrement odieuses.

Comme nous avions plusieurs compagnies de discipline échelonnées entre Laghouat et Djelfa pour nos travaux, afin de prévenir les désertions, j'avais donné l'ordre aux caïds d'arrêter tout soldat voyageant isolément et sans permission écrite. Un zéphyr s'échappe pour aller passer quelques jours à Médéah, sans permission. Il est arrêté par un caïd qui réquisitionne un Arabe et son mulet pour le conduire à Djelfa. Le zéphyr monte sur le mulet, que l'Arabe conduit par la bride, prend son fusil et casse la tête du malheureux conducteur, pour rien, pour se distraire. D'autres Arabes, au bruit du coup de feu, accourent, s'emparent du meurtrier et l'emmènent à Djelfa où d'Ornano le mit dans un silo. Il y contracta une fluxion de poitrine qui l'emporta.

Ce fut là l'un des deux seuls crimes contre les personnes qui furent commis pendant les deux ans et demi que je commandai à Laghouat. Le second est aussi inexplicable que le premier.

Un zéphyr en « bordée » comme l'autre vient à Laghouat. Il rencontre dans une ruelle un habitant qui allait arroser son jardin. Sans provocation, sans même avoir échangé un mot avec l'indigène, il l'ajuste et le tue. Il était trois heures de l'après-midi, et les jardins étaient remplis de monde. Le zéphyr est arrêté. Celui-là passa devant un conseil de guerre et fut condamné à mort. J'insistai pour qu'on l'exécutât, et je fis valoir que si on se laissait aller à la moindre indulgence, les bons payeraient pour les mauvais ; car les indigènes, dont la vie ne serait plus sauvegardée, useraient légitimement de représailles.

Depuis quinze mois, je gouvernais Laghouat. La défense de la ville était complète. La vie régulière y avait repris. Les boutiques commençaient à s'ouvrir où l'on pouvait trouver tous les objets de nécessité. Je ne désespérais pas d'y créer un marché pour les laines et les céréales de la contrée. Je faisais de mon mieux pour le relèvement matériel et moral de la malheureuse population dont je m'étais constitué l'avocat. Déjà, quelques jardins avaient été rendus à leurs propriétaires non compromis, mais je luttais encore contre le ministère de la Guerre, dans l'affaire du docteur Baudens qui avait obtenu, comme je l'ai raconté, une concession de six mille palmiers et qui était déjà possesseur, en Algérie, de plusieurs propriétés obtenues de la même façon, entre autres d'une magnifique orangerie à Blidah.

Le docteur poussa jusqu'à Laghouat pour essayer de me convaincre. C'était un charmant compagnon, un inépuisable causeur dont la mémoire était meublée d'anecdotes intéressantes et amusantes. Il descendit chez moi. Je jouis avec délices de sa société, mais il ne me convertit pas. Et puis, il se passa entre nous un petit fait qui me déplut. Mon pauvre ami Gruard, atteint du délire de la persécution et qui allait en mourir, était à l'hôpital, ne dormant plus, ne mangeant plus. Je suppliai le docteur Baudens, qui jouissait d'une grande réputation méritée, de le voir. Il n'y consentit jamais, et à toutes mes instances il répondait qu'il n'était pas venu en médecin et qu'il ne voulait pas se mêler de ce qui ne le regardait pas. Je crois bien! Il était venu en négociant.

J'avais trouvé heureusement dans ma garnison un autre médecin, le docteur Reboul, qui ne ressemblait guère à celui-là. C'était un savant modeste, passionné pour la botanique et les sciences naturelles. Il me demanda d'être détaché à Djelfa, qui lui offrait plus d'éléments pour ses recherches. J'y consentis, mais à condition qu'il créerait là, pour les indigènes, une sorte de dispensaire, dont j'avais depuis longtemps l'idée, et dans lequel les Arabes trouveraient des consultations gratuites et des distributions de médicaments également gratuits. Je savais que l'Arabe préfère généralement mourir plutôt que de venir dans nos hôpitaux, qui lui font l'effet de prisons. Je pensais que les secours médicaux donnés sur la place étaient un moyen de rapprochement entre la race conquérante et la race conquise. Car pour moi, il y a trois bases solides d'influence coloniale et civilisatrice : le soldat, le prêtre et le médecin. J'ajoute, avec rougeur et confusion, que je ne pensais pas le moins du monde à l'instituteur, parce que, dans mon idée, le premier instituteur, le seul dont le cerveau primitif des peuples nouveaux puisse supporter le contact, c'est le prêtre, avec ses auxiliaires naturels : le Frère et la Sœur.

J'aurais donc voulu faire appliquer mon système dans le plus grand nombre d'endroits possible, et je commençai par celui où j'étais le maître. La nouvelle institution reçut tous les sacrements administratifs, puisqu'elle fut approuvée par le commandant de la subdivision et par le Gouverneur général. Les frais, d'ailleurs modiques, qu'elle entraîna furent pris sur les fonds arabes et prélevés au moment de la perception des impôts. Le docteur Reboul établit son cabinet de consultation au milieu des Ouled-Nayl, et il ne manqua pas de clients. Les plus malades étaient gardés dans une espèce de grande baraque disposée en infirmerie ; les autres consommaient sur place les médicaments dont ils avaient besoin, et qu'ils venaient chercher chaque matin.

Le praticien avait, d'ailleurs, un cahier d'observations, — je crois que c'est ainsi que cela s'appelle, — sur lequel il notait l'état quotidien de chaque malade. Et il put ainsi se rendre compte d'un phénomène qui m'intéressa énormément. C'est que nos médicaments avaient sur ces natures neuves et primitives des effets tout à fait surprenants, et amenaient parfois des guérisons aussi promptes qu'inespérées. Du reste, le diagnostic du docteur Reboul était rarement mis à une épreuve bien extraordinaire. Presque tous ses malades avaient la même maladie, celle que le commandant Richard a indiquée dans son livre comme une plaie des Arabes ; celle dont toutes les nations se rejettent l'une sur l'autre la paternité; celle qu'on appelle le « mal italien » en France et le « mal français » en Italie ; celle qui fait à la fois rire tant de gens et pleurer tant d'autres.

Enfin, mon collaborateur Colonna d'Ornano, dont j'avais plutôt à modérer qu'à stimuler le zèle, avait concédé une chute d'eau, qui se trouvait à Djelfa, à un industriel intelligent qui y avait installé une turbine; la turbine actionnait un moulin, et les Arabes commençaient à apporter leur farine. C'était tout bénéfice pour les malheureuses femmes arabes, qui n'étaient plus obligées de passer leur journée à tourner leurs petits moulins à bras, ces fameux petits moulins qui composaient le chargement du convoi d'ânes mené par le capitaine Trochu, à l'expédition de Mascara.

Au point de vue administratif militaire, nous n'étions pas encore très brillants. Nos malades étaient toujours dans leurs caisses à biscuits, et dans leurs draps de sacs de campement, et sur leurs paillasses d'alfa. Les casernes de la troupe n'avaient d'autres mobiliers que ceux que les soldats s'étaient créés eux-mêmes. Nos magasins étaient simplement des maisons arabes mal aménagées. Ils n'étaient jamais bien pourvus. Personne n'avait qualité pour passer des marchés réguliers et profiter ainsi des ressources arabes. Pour avoir du bois de chauffage, nous étions obligés de saccager les alentours de la place. Bref, nous vivions d'expédients, et nos services administratifs étaient réglés à distance par le sous-intendant militaire de Médéah. Mais personne ne se plaignait, et, faut-il le dire? nos difficultés ne commencèrent que lorsqu'on nous expédia un sous-intendant, qui se mit à vouloir faire du zèle, à vouloir appliquer les règlements, à rendre la vie impossible à tout le monde et à doubler nos occupations par des réclamations perpétuelles. De sorte que je regrettai ma situation d'enfant perdu.

D'ailleurs, je me trouvais encore une fois à un de ces moments, déjà nombreux dans ma carrière, où les ennuis de l'existence sont contre-balancés par ses joies. En rentrant à Alger, le Gouverneur général m'avait expédié la croix d'officier de la Légion d'honneur. J'avais déjà onze ans de grade de chevalier et pas encore trente-quatre ans d'âge. C'était ma récompense pour la campagne du M'zab. C'était aussi mon pardon d'avoir attenté aux fameux « principes généraux de l'alignement ».

V

TOUGGOURT ET ALGER.

Les bachi-bouzoucks. — Guet-apens. — A travers les défilés. — Nuit agitée. — Le général Gastu. — Prise de Touggourt. — Le colonel Desvaux. — Chaude affaire. — N'abîmez pas mes chameaux. — Lieutenant-colonel. — A l'état-major. — Retour vers le passé. — Le capitaine Doineau. — Au bal. — A franc étrier. — Partie de plaisir. — Major récalcitrant. — Le comte de Kératry. — L'ordonnance de 1829. — Un hiver à Alger. — Un deuil.

Ce fut au milieu d'une tranquillité profonde et générale que nous apprîmes, en Algérie, la déclaration de guerre entre la France, l'Angleterre, d'un côté, et la Russie, de l'autre. La patrie avait besoin de son armée d'Afrique. Elle demandait à ses régiments, bronzés par le soleil et la guerre, leurs meilleurs éléments, et bientôt, zouaves infatigables, tirailleurs indigènes agiles, chasseurs d'Afrique rapides devaient s'embarquer pour aller défendre, au milieu des dangers, des fatigues et des souffrances, cet étendard du Prophète qu'ils avaient combattu pendant de si longues années.

Il s'en fallut de peu que je figurasse parmi les premiers Français transportés à Gallipoli. Le maréchal de Saint-Arnaud avait destiné au général Yusuf le commandement des troupes irrégulières turques, qu'on désignait sous le nom de bachi-bouzoucks, et il l'avait autorisé à choisir deux officiers pour le seconder dans sa tâche.

Le général Yusuf me désigna et me manda auprès de lui, à Médéah, d'où il comptait partir, sous peu de jours, pour s'embarquer. Mes préparatifs ne furent pas longs. Quinze années de déplacements perpétuels m'avaient inspiré l'horreur du superflu et cette conviction que le voyageur le plus pratique est encore le conscrit, dont tout le matériel tient dans un mouchoir bleu suspendu au bout d'un bâton, et d'ailleurs aujourd'hui remplacé pour tout le monde par la luxueuse valise. Je fis à franc étrier, et en trois jours, les cent et quelques lieues qui me séparaient de Médéah.

Là, déception. Le général Yusuf voulait bien toujours m'emmener, mais le Gouverneur général refusait péremptoirement mon départ et m'appelait à Alger, où il me signifia son désir formel de me conserver à Laghouat.

« Êtes-vous fou, me dit-il, de vouloir aller commander des bachi-bouzoucks dont vous ne connaissez ni la langue, ni les habitudes, ni la valeur militaire, et qui, j'en ai peur, ne feront pas de la bien bonne besogne? (Sa prévision était d'ailleurs fort juste.) C'est précisément parce qu'on me désarticule toutes mes garnisons, que j'ai besoin plus que jamais d'officiers habitués à l'Afrique. Faites-moi le plaisir de retourner tout de suite à Laghouat, d'y redoubler de vigilance et de réprimer sans pitié la moindre velléité de rébellion. »

Je rentrai, sans mot dire, dans ma fournaise, et jamais Laghouat ne mérita mieux ce nom que dans l'été de 1854, qui fut particulièrement chaud et sec, en Algérie. Jamais je n'avais autant souffert de la chaleur. A l'intérieur des maisons, pendant la nuit, le thermomètre marquait régulièrement trente-deux ou trente-trois degrés, et, pour trouver le sommeil, nous couchions tous sur les terrasses des habitations, où passaient de temps en temps quelques bouffées d'air respirable. L'aube en naissant éclairait toute une population de blancs fantômes, guerriers en chemise qui se hâtaient de se soustraire à la vue les uns des autres.

Nos nomades cuisaient littéralement sur leurs pâturages du Tell, brûlés par le soleil. Aussi, aux premières pluies d'automne, les Oulad-Nayl, particulièrement, se montrèrent-ils empressés de retourner dans le Sud, pour y prendre leurs campements d'hiver. Cette marche les rapprochait de Touggourt où le faux chérif, chassé d'Ouargla, s'était réfugié auprès de Si-Selman. Et Colonna d'Ornano, qui commandait à Djelfa, s'exagérant peut-être la gravité de l'agitation entretenue dans nos tribus sahariennes par le voisinage du fugitif, refusait obstinément de les laisser passer. Cet excellent officier, trop autoritaire, trop cassant, voulait appliquer aux populations nomades la même rudesse de commandement qu'à ses zéphyrs, et ne tenait pas un compte suffisant de leurs habitudes séculaires et des nécessités de leur existence. Je faisais de mon mieux pour l'adoucir, et nous échangions d'interminables correspondances. « N'écoutez pas ces gens-là, m'écrivait-il; ils n'ont qu'un but : se soustraire à notre surveillance en allant dans le Sud rejoindre Telli (le rival de notre bach-agha Sidi-Chérif-Bel-Arch, et qui, lui aussi, était à Touggourt avec de nombreux dissidents). » A quoi je répondais : « Je ne me fais pas d'illusion sur leur fidélité; mais ils ont besoin de retourner à leurs pâturages d'hiver, et il ne faut pas trop tendre la corde, sous peine de la voir casser entre nos mains. » D'ailleurs, le fidèle Bel-Arch insistait, tout le premier, pour qu'on ouvrît devant ses gens les barrières du Sud.

Colonna, forcé de les laisser passer, voulut au moins surveiller lui-même leur déplacement, et je lui confiai, pour cette opération, une quinzaine de spahis commandés par le maréchal des logis de Boisguilbert, vingt tirailleurs indigènes commandés par un sergent et montés sur des dromadaires de l'équipage, plus quelques cavaliers du Maghzen qu'il réunit à trois ou quatre cents cavaliers des goums de son arrondissement. Il partit de Djelfa, le 11 octobre, à la tête de cette petite troupe pour surveiller l'émigration, bivouaqua à Aïn-Naya (source de la Chamelle) et en partit, le 12, pour se rendre à Messad.

Pendant cette marche, la queue de sa colonne fut rejointe par trois cents fantassins appartenant à la tribu des Oulad-Amelakouas, de la confédération des Oulad-Nayl, et subitement attaquée par eux. A la première décharge, le malheureux de Boisguilbert tomba foudroyé, avec cinq de ses spahis. D'Ornano réunit les spahis survivants, le Maghzen et les tirailleurs, et chargea deux fois, à leur tête, les Oulad-Amelakouas. Il leur tua une vingtaine d'hommes, mais faillit y rester lui-même, car il eut un cheval blessé et un autre tué sous lui. Il ne dut la vie qu'au dévouement d'un de mes spahis, nommé Lackdar-Bel-Cassem, qui le dégagea, lui donna son cheval, fut lui-même grièvement blessé et mérita, par ce fait d'armes, la médaille militaire. D'Ornano comprit que ce serait folie de chercher à résister au torrent des Oulad-Amelakouas qui, tous, s'étaient mis en insurrection, après ce premier engagement. Il rallia tout son monde à Messad, d'où il m'expédia un cavalier pour me prévenir et un autre pour avertir, à Bouçâada, le commandant Pein, notre voisin de cercle, avec qui nous étions convenus de nous prêter un mutuel appui. Sa lettre, que je vois encore, commençait, en un style de proclamation, par ces mots : « Mon commandant, la poudre a parlé. »

En ce moment, j'avais toujours sous la main une petite colonne prête au départ, et ma correspondance avec d'Ornano m'avait inspiré assez d'inquiétude pour que je la tinsse toujours en haleine. J'envoyai chercher les dromadaires destinés à la transporter et qui broutaient à proximité de l'oasis, de sorte que, prévenu le matin, je pus me mettre en route avant le soir, avec trois cent quarante fantassins montés sur des chameaux, trente-cinq spahis, quinze cavaliers du Maghzen et cent cavaliers du goum des Larbâ. Les hommes emportaient huit jours de vivres en biscuit, riz, sucre et café.

Le 15, je ralliai d'Ornano à Messad. Les insurgés, embarrassés par leur nombre et par leurs immenses troupeaux, n'avaient pu s'échapper vers le Sud. Ils s'étaient arrêtés dans un terrain semé de rochers, creusé de profonds ravins, sur les dernières pentes méridionales du Boukhaïl. En me hâtant, je pouvais, à la rigueur, m'interposer entre eux et les espaces libres du Sud, leur en couper la route, et les prendre à revers. Je me remis aussitôt en chemin et, grâce à mes dromadaires, qui me permettaient d'exécuter des marches forcées, le jour suivant, vers midi, j'arrivai au puits de Lefta. C'était là que j'avais donné rendez-vous au commandant Pein, parti de Bouçâada avec une compagnie de tirailleurs, la seule dont il pût disposer. Mes éclaireurs et les siens, nos Chouafs, nous avaient renseignés, tous deux, sur notre double marche, et mon camarade arriva exactement au point indiqué. Là, nous reçûmes des avis certains sur la position des insurgés. La tribu tout entière était campée près de nous, dans une profonde vallée dont nous étions séparés par une ligne de rochers escarpés. Nous ne pouvions les joindre que par deux défilés, très sinueux, très étroits, dont les parois taillées à pic offraient la plus facile de toutes les défenses. S'ils étaient occupés, ils devenaient infranchissables, car il suffisait de faire rouler quelques rochers pour écraser toute troupe qui aurait tenté le passage.

Pein et moi nous tînmes, sur le terrain, un petit conseil de guerre et nous décidâmes d'attaquer l'ennemi, sans lui donner le temps de se reconnaître. Nous ne pouvions agir qu'avec l'infanterie, car, dans de pareils endroits, la cavalerie ne nous était d'aucune utilité. Pein n'avait qu'une compagnie ; je partageai fraternellement avec lui, et mis sous ses ordres une des trois miennes. Je lui laissai le défilé qui était le plus près de nous et je m'en allai, à trois ou quatre kilomètres de là, rejoindre le plus éloigné qui aboutit aussi à un puits : le puits de Nékla. Pein, arrivé au pied des rochers qu'il devait franchir, procéda méthodiquement et, négligeant le passage par le défilé qui lui semblait dangereux, fit escalader les crêtes par ses hommes. Cela me permit de le devancer, malgré le détour que j'avais dû faire, parce que, résolu à risquer le tout pour le tout, et confiant dans l'ignorance tactique de l'ennemi, je me contentai d'envoyer quelques éclaireurs sur les sommets. Puis, quand avec leurs burnous ils nous eurent fait signe qu'il n'y avait personne là-haut, nous nous élançâmes à corps perdu dans cette espèce de couloir.

En débouchant par sa partie supérieure dans la vallée, je vis à mes pieds toute la tribu rebelle, campée dans le lit d'un torrent à sec, les tentes dressées et les troupeaux pâturant sur les pentes. Je me souvins de la Smala et je brusquai l'attaque. Ma première compagnie partit à fond de train, soutenue par la seconde qui marchait en bataille.

Ce fut une panique épouvantable. Les insurgés, ne s'imaginant pas qu'ils pussent être attaqués, n'avaient pris aucunes dispositions de défense, et ils eurent d'autant moins l'idée de résister que, peu d'instants après mes hommes, ils virent arriver par l'autre bout de la vallée ceux du commandant Pein, qui accouraient au pas de course pour soutenir notre attaque. En même temps, par le passage libre, débouchait la cavalerie qui se mit à poursuivre les fuyards et à les sabrer. Beaucoup s'échappèrent, naturellement, mais tout le campement fut pris et tous les troupeaux restèrent en notre pouvoir. Dans une des tentes, nous retrouvâmes les vêtements des soldats d'Ornano, premières victimes de la rébellion, et, entre autres, la veste galonnée du pauvre Boisguilbert, dont nous venions de venger le trépas.

Pendant que nous ramassions et réunissions nos prises, la nuit tombait et je la voyais venir avec une certaine appréhension, car il fallait prendre un parti sur la question de savoir où nous la passerions. Pein, plus ancien que moi, aurait dû, à ce titre, avoir le commandement; mais, comme il opérait sur mon territoire, comme la majeure partie des troupes m'appartenait, il me laissa l'honneur et la responsabilité de toutes les décisions. Fallait-il passer la nuit sur place ou revenir en arrière, pour chercher un bon bivouac à l'abri de toute surprise ? Coucher où nous nous trouvions n'était pas sans danger, car la position se prêtait à toutes les attaques. Nous y avions pris les Oulad-Amelakouas, comme dans une souricière, mais nous étions, à notre tour, dans cette souricière et exposés à une agression semblable à la nôtre. Et puis, dans ce ravin et dans ce lit de torrent, il n'y avait pas une goutte d'eau. D'autre part, revenir en arrière, c'était imposer un effort bien pénible à des soldats exténués par de longues marches et par un engagement où ils ne s'étaient pas ménagés. En outre, il fallait repasser de nuit par un défilé où une poignée d'hommes déterminés aurait pu jeter le trouble dans la colonne fatiguée, et changer notre triomphe en désastre. Enfin, et c'était là le grand inconvénient, je m'exposais à perdre la plus grande partie de mon butin, en engageant nuitamment cette masse énorme de bétail au milieu des rochers. Je connaissais assez nos goums auxiliaires pour savoir que, profitant des ténèbres, ils auraient fait main basse sur ce bétail, et je voyais déjà quelques cavaliers occupés à dissimuler des chameaux et des moutons, pour les faire filer dans l'obscurité et se les approprier.

Tout bien pesé, je me décidai à rester où j'étais. Je mis un poste solide au débouché de chaque couloir, avec consigne expresse de ne laisser passer personne, à l'exception de Bou-Hafia, le chef de l'équipage de chameaux, que j'envoyai, avec un détachement, chercher de l'eau au puits de Nékla. J'installai tout mon monde au bivouac, en me faisant couvrir par des avant-postes bien placés et bien commandés.

La nuit fut assez agitée. Elle se passa tout entière en tirailleries qui firent plus de bruit que de mal et qui eurent l'avantage de tenir les hommes éveillés. Vers minuit, je m'étais assoupi, quand je fus réveillé par ces mots : « Mon commandant, l'ennemi est dans le camp! » Ce n'était heureusement qu'une fausse alerte, et nous n'eûmes à déplorer que la blessure d'un sergent de tirailleurs qui eut la cuisse brisée par une balle. Tout se passa sans autre encombre et bien mieux que je ne l'espérais. Les hommes ne souffrirent même pas trop de la soif. Les uns, les plus ingénieux, trouvèrent moyen de se désaltérer en recueillant dans leur gamelle le lait des brebis et des chamelles. Les autres attendirent patiemment le retour de Bou-Hafia qui, vers quatre heures du matin, revint avec ses tonnelets pleins d'eau. Au point du jour, je repassai le défilé avec tout mon monde et toutes mes bêtes, en confiant l'arrière-garde à d'Ornano qui se tira fort bien de sa mission, et je vins m'installer autour du puits de Nékla. Là, mon ami Pein me fit ses adieux avant de rentrer chez lui. Je ne pouvais songer à ramener à Laghouat tout mon bétail, car j'en aurais laissé la moitié en route. Je jugeai plus expédient de le faire vendre, sur place, aux Arabes accourus en foule autour de nous. Je prélevai d'abord quatre cents brebis, pour renforcer le troupeau de l'État. Je remplaçai tous mes chameaux malingres ou éclopés par les plus belles bêtes capturées. Quant au reste, une commission d'officiers présidée par d'Ornano m'en débarrassa en une seule séance. La vente produisit 350,000 francs, qui furent intégralement versés au Trésor. Et cette opération de commissaires-priseurs ne manquait pas de piquant, au milieu d'une pareille solitude. Puis, je repris à petites journées le chemin de ma résidence.

En route, je rencontrai le général Gastu qui venait de remplacer à Médéah le général Yusuf, parti pour l'Orient, et qui, procédant à une première tournée d'inspection dans son commandement, avait été attiré, en premier lieu, par le cercle de Laghouat. Nous étions, le général et moi, de vieilles connaissances, car il avait été nommé major aux spahis par la même ordonnance royale qui me conférait le grade de sous-lieutenant. Il comptait de beaux services de guerre. Il était venu en Afrique, au début de l'occupation, comme officier comptable dans les hôpitaux. En 1831, dans un combat autour de Blidah, une pièce de canon, dont tous les servants venaient d'être tués, tomba aux mains des Arabes. Gastu, entraînant derrière lui quelques braves, la reprit par un vigoureux retour offensif, la retourna contre la masse des Arabes et y mit le feu lui-même. Elle était chargée à mitraille, et sa décharge produisit un tel effet que l'ennemi s'enfuit en désordre.

Le maréchal Clauzel, à qui ce fait d'armes fut rapporté, demanda à l'intrépide officier d'administration quelle récompense il désirait : « L'épaulette de sous-lieutenant », répondit Gastu. Il était déjà assimilé à ce grade dans les services administratifs, et le maréchal obtint facilement pour lui une sous-lieutenance au 1ᵉʳ de chasseurs d'Afrique, alors en formation.

En 1836, au combat de l'Affroun, une balle lui brisa la pommette de la joue et lui fracassa la voûte palatine.

Il souffrit toute sa vie de cette blessure. En 1851, il fut nommé colonel de la garde républicaine. Il m'a raconté plusieurs fois que, dans la nuit du 1ᵉʳ au 2 décembre, bien qu'exerçant des fonctions importantes dans Paris, il ne savait pas un traître mot de ce qui se préparait. A minuit, il fut mandé chez le préfet de police, M. de Maupas, qui lui donna des ordres à exécuter sur-le-champ, et il resta plus de quarante-huit heures sans pouvoir rentrer chez lui, pour calmer les inquiétudes d'une belle personne qu'il y avait laissée, et qui ne sut ce qu'il était devenu que lorsque les indiscrétions ne furent plus dangereuses.

Le général resta quelques jours chez moi, à Laghouat, me traitant toujours sur le pied de la plus parfaite camaraderie. C'était la tradition d'alors dans l'armée d'Afrique, où régnait entre tous les officiers une confraternité exquise, et où les degrés de la hiérarchie étaient moins marqués par la différence des grades que par l'estime et la confiance que le supérieur témoignait à ses subordonnés.

J'eus alors à préparer le rôle qui m'était dévolu dans la campagne d'hiver dont l'objectif était Touggourt, où le faux chérif séjournait à côté de Si-Selman. Mais, cette fois, nous ne devions plus marcher à l'aventure. Nous connaissions le but à atteindre et le chemin qui y menait. Le colonel Desvaux, commandant de la subdivision de Batna, devait diriger les opérations contre Touggourt, et j'avais l'ordre, après avoir visité les sept villes de la confédération du M'zab et reçu leur tribut annuel de cinquante mille francs, de me rabattre vers l'est pour me mettre à sa disposition.

La guerre d'Orient, qui nous avait enlevé les régiments les plus entraînés de l'armée d'Afrique, avait obligé le Gouverneur général à modifier son plan primitif. Il ne s'agissait plus d'un siège régulier. On se bornait à faire converger vers l'Oued-R'rir les colonnes du Sud, et le général Randon avait la pensée, le pressentiment, que quelque heureux hasard nous mettrait Touggourt dans les mains. Je reçus l'ordre de commencer mon mouvement vers le 15 novembre, et ma colonne mobile, formée des meilleurs éléments de la garnison, comprit deux compagnies du 100ᵉ de ligne, deux du bataillon d'Afrique, deux des tirailleurs indigènes, l'escadron de spahis et un goum de deux cents chevaux des Larbâ. D'Ornano, avec le goum des Ouled-Nayl, devait me rejoindre, si dans le cours de la campagne j'avais besoin de lui. Mais, comme le Gouverneur ne voulait point laisser Laghouat dégarni de ses meilleures troupes, il y envoya une colonne dite de réserve, commandée par un chef d'escadrons de spahis, M. Hue de Mathan. J'avais servi sous ses ordres comme capitaine, et il voulut se prévaloir de son ancienneté pour prendre la haute main sur tout le cercle, pendant qu'il y résiderait. Le règlement avait prévu le cas, et mon collègue, devant être considéré comme le commandant d'une troupe de passage, ne pouvait, par conséquent, m'enlever aucune de mes prérogatives. Ce petit conflit d'autorité, qui fut tranché en ma faveur, nous laissait fort bons amis. Du reste, j'allais bientôt revenir chez moi lieutenant-colonel, et mon ancien camarade ne devait plus avoir rien à réclamer.

Les débuts de la campagne furent assez insignifiants. J'allai accomplir ma mission de caissier dans le M'zab, où je fus parfaitement reçu. Puis, suivant le lit desséché de l'Oued-N'neça, j'allai établir mon camp d'abord à Taïbet, ensuite à El-Hadjira, en un pays désolé dont les rares habitants s'épuisent dans une lutte perpétuelle, pour défendre contre les sables envahissants leur maigre oasis. El-Hadjira, misérable ksar de briques cuites au soleil et à moitié en ruine, contenait un marabout, entouré d'un tel respect que je me confondis en égards envers lui, jusqu'à ce que je susse par mes officiers qu'il acceptait à dîner à toutes les tables, et s'y grisait abominablement. Je n'étais plus qu'à deux jours de marche de Touggourt. J'écrivis donc au colonel Desvaux, pour me mettre à sa disposition, dans le cas où il aurait besoin de mon concours. Le colonel me répondit qu'il venait de visiter l'Oued-R'rir, mais qu'arrivé à l'oasis de Meggarine, il était forcé de renvoyer une partie de son infanterie qu'on lui réclamait d'urgence, afin de l'embarquer pour l'Orient avec les régiments auxquels elle appartenait ; que le chérif et Si-Selman se tenant prudemment renfermés dans Touggourt, il n'avait aucun moyen de les y forcer ; qu'il me rendait par conséquent ma liberté de manœuvres ; que, quant à lui, il allait remonter vers le Nord et qu'il m'engageait à l'imiter, car il ne voyait pour le moment rien à faire dans ces parages.

Au reçu de cette lettre, je donnai l'ordre du départ pour le lendemain matin. Mais pendant la nuit, je fus réveillé par les chefs des Larbâ, venus pour me prévenir que, d'après les bruits qu'ils avaient recueillis auprès des gens du pays, Touggourt avait dû tomber au pouvoir du colonel Desvaux. Je donnai aussitôt contre-ordre et j'écrivis au colonel, pour l'aviser de cette rumeur et lui demander s'il avait besoin de moi. Le colonel me répondit que le fait était vrai et m'engagea à le rejoindre aussi rapidement que possible. Je partis sur l'heure, à marches forcées. Avant d'arriver à Témacin, nous fûmes surpris par un simoun épouvantable qui nous obligea à bivouaquer sur place. J'avais heureusement, sur mes chameaux, assez d'eau pour braver les tourbillons d'un sable brûlant qui s'introduisait partout et rendait notre repas immangeable. Le lendemain, à la tombée de la nuit, j'arrivais à Touggourt et j'avais la satisfaction de présenter aux camarades de la province de Constantine une troupe qui, après une étape de plus de douze lieues, marchait sac au dos, au son du clairon, non seulement sans traînards, mais encore sans avoir rompu l'alignement. On eût dit qu'elle rentrait à la caserne, après avoir défilé à la parade.

Les rapports officiels attribuent la prise de Touggourt à un ensemble de manœuvres compliquées, qui auraient eu pour but et pour résultat d'attirer hors des murs le chérif, le cheikh Si-Selman, leurs adhérents, afin de les battre en pleine campagne, et de profiter de leur défaite pour s'emparer de la place abandonnée par eux. Ces rapports sont démentis par ce simple petit fait, que le colonel Desvaux venait d'abandonner la partie et de me rendre ma liberté, au moment où la chance allait se mettre de son côté. Touggourt, entouré de son fossé et de ses murailles, semblait, en effet, imprenable pour des colonnes volantes dépourvues d'artillerie, et amoindries par le départ des contingents de l'armée d'Orient. Aussi le Gouverneur avait-il prescrit plutôt des démonstrations que des opérations contre ce dernier boulevard de la rébellion. Le cheikh Si-Selman, qui en était le maître, après avoir assassiné Ben-Djellab, le sultan de Touggourt, avait, il est vrai, réclamé notre protection; mais nous avions repoussé ses avances, pour ne pas avoir l'air de sanctionner son crime. Alors, il s'était retourné du côté du faux chérif, battu, l'année précédente, à Ouargla, et, à eux deux, ils entretenaient dans les tribus sahariennes une agitation dont la révolte des Oulad-Amelakaouas, que je viens de raconter, avait été le résultat. Comme nous désespérions de les prendre dans leur place forte, nous nous étions bornés à montrer nos soldats aux gens de l'Oued-R'rir et du Souf, pour les rendre prudents et leur prouver que leur éloignement ne les mettait pas à l'abri de nos atteintes.

Le colonel Desvaux, officier d'un rare mérite, était digne par ses qualités exceptionnelles d'un sourire inattendu de la fortune. Il était entré irrégulièrement dans l'armée, et par une porte que personne n'avait franchie, sans s'attirer l'animadversion des officiers de carrière. Il avait reçu le brevet de sous-lieutenant, comme récompense nationale, à la suite des « trois glorieuses », et il a été le seul des officiers de cette origine, avec le général Feray, gendre du maréchal Bugeaud, qui soit arrivé aux honneurs des hauts grades. Ce qu'il y a de tout à fait particulier dans son histoire, c'est qu'il était absent de Paris pendant les trois jours de la révolution de Juillet. Quand on présenta à la Chambre la liste des candidats officiers qui devaient être récompensés par l'épaulette de leur participation à l'insurrection, un de ses amis intimes, M. Delannoy, élève à l'École polytechnique, un des vainqueurs des Tuileries, l'y inscrivit d'office, et, plus tard, le général Desvaux devait le retrouver ingénieur en chef des Ponts et Chaussées, dans la province de Constantine, quand il en prit le commandement. Son ancien aide de camp, le colonel Robert, m'a assuré que le général Desvaux, en 1830, était le secrétaire particulier de M. Jacques Laffitte, et que cette position avait été son principal titre à son admission dans l'armée, comme sous-lieutenant.

A peine entré au service, il travailla et réussit à faire oublier ses origines. Sorti le premier de l'École de cavalerie, il avait servi comme lieutenant au 4ᵉ de hussards, commandé par le fameux colonel de Brack. Il passa, encore très jeune, comme capitaine instructeur, au 3ᵉ de chasseurs d'Afrique, et entra bientôt dans les affaires arabes, où il acquit une supériorité que ses rivaux étaient les premiers à reconnaître. A ce moment, il était colonel du 3ᵉ de spahis et commandait la subdivision de Batna. Le colonel Desvaux était un exemple vivant du triomphe qu'un homme peut remporter avec sa volonté sur sa nature : violent, irascible, artiste, fantaisiste, il avait réussi à se transformer en un militaire froid, méthodique, rigide, observant la règle avec une exactitude chronométrique. Plus tard, me rappelant les souvenirs de notre existence commune à Constantine, il me disait en riant que les gens de l'endroit réglaient ostensiblement, devant lui, leurs montres, quand ils le voyaient traverser à cheval les rues et la place d'Armes.

La colonne qu'il venait de réunir à Biskra comprenait 650 hommes du 68ᵉ de ligne et du 3ᵉ de tirailleurs ; 600 chevaux du 3ᵉ de chasseurs d'Afrique et du 3ᵉ de spahis ; 1,400 fantassins et 1,000 cavaliers arabes, et une section d'artillerie de deux obusiers de montagne. Arrivé à Mraïer, il lança en avant une avant-garde, composée de deux escadrons de spahis, d'une compagnie de tirailleurs, des cavaliers du goum et d'un détachement de fantassins arabes, et commandée par un chef d'escadrons de son régiment, le commandant Marmier, qui poussa jusqu'à l'oasis de Meggarine, située à quelques lieues de Touggourt, où il apprit que les deux chefs rebelles étaient allés soulever les populations du Souf. Le commandant Marmier se mit à leur poursuite. Mais il fut bientôt informé que ses adversaires étaient solidement postés à une oasis appelée Taïbet-el-Guéblia, et lui barraient la route. Comme cette oasis est entourée d'une zone de sable de trois lieues de large, sur laquelle la cavalerie ne peut combattre, le commandant Marmier, qui ne comptait pas beaucoup sur son infanterie arabe, rebroussa chemin, et, le 28 novembre, il revenait coucher près de Meggarine, à un endroit nommé Bou-Beghis. Il était là, dans une excellente position défensive, appuyé sur des jardins de palmiers entourés de murs, ayant devant lui la plaine nue. Mais sa retraite avait enhardi l'ennemi, et, le 29 novembre au matin, 500 cavaliers et 2,000 fantassins arabes, dirigés par le chérif et par Si-Selman en personne, s'avançaient hardiment pour le surprendre. La lutte allait avoir lieu entre Arabes, puisque le commandant n'avait en main à peu près que des forces indigènes. Mais ces forces étaient encadrées par des Français et disciplinées à l'européenne. Le plan d'attaque était d'ailleurs assez bien conçu. Il consistait à aborder le camp par la plaine avec la cavalerie et à le prendre à revers, au moyen des fantassins qui filaient le long des lignes de palmiers étendues de Touggourt à Meggarine, avec l'espoir de s'emparer de ce dernier village. On croyait si peu à tant d'audace que les tirailleurs avaient démonté leurs fusils pour les nettoyer. Mais ils étaient commandés par un vieux capitaine nommé Vindrios, que rien ne troublait et qui, à la vue des Arabes en marche, au lieu d'affoler ses hommes par des commandements précipités, leur répétait lentement : « Mes enfants, ne vous pressez pas ; vous avez plus de temps qu'il ne vous en faut. »

La cavalerie était montée à cheval par alerte, au premier signal, afin de retarder l'attaque, pour donner à l'infanterie le temps de se mettre en défense. Les goums chargèrent les premiers, et ils furent ramenés. Derrière eux, les deux escadrons de spahis, commandés par les capitaines de Courtivron et Clavel, partirent en quatre échelons. Les deux premiers échelons échouèrent, mais le troisième parvint à enfoncer la ligne ennemie. A ce moment les hommes du capitaine Vindrios avaient remonté leurs armes, et, intelligemment postés derrière les murs des jardins, ils accueillirent à coups de fusil l'infanterie arabe qui les assaillait.

L'affaire fut chaude. Au premier rang des combattants se distingua, du côté des Arabes, un mokadem (chef religieux) qui se fit tuer sur place plutôt que de reculer d'une semelle. Cependant, l'ennemi ne tint pas. Quand il le vit ébranlé, le commandant Marmier ramena toute sa cavalerie à la charge derrière l'escadron du capitaine de Courtivron. Ce fut une déroute. Les

Arabes laissèrent sur le terrain 500 morts et quantité d'armes qui, avec cinq étendards, furent les trophées de la journée. Le 1ᵉʳ décembre, à dix heures du soir, le chérif et Si-Selman, qui s'étaient réfugiés à Touggourt, s'échappaient de la ville où le lieutenant Roze, de la légion étrangère, Prussien d'origine, entrait le lendemain matin, à la première heure, bientôt suivi par le commandant Marmier, les spahis et les tirailleurs. Le 5, le gros de la colonne Desvaux arriva en même temps que le commandant Pein, avec la colonne de Bouçaâda. Enfin, le 7, j'arrivai moi-même avec ma colonne, qui passa immédiatement sous les ordres du colonel.

Il m'accueillit avec une joie sans mélange, car je ne lui apportais pas seulement les approvisionnements relativement considérables, véhiculés par mon convoi de chameaux; je lui procurais, en outre, un appoint de forces indispensable pour qu'il pût continuer dans le Souf les opérations jugées nécessaires. Il venait de recevoir l'ordre de faire rétrograder toute son infanterie, réclamée par les régiments en partance pour la Crimée.

Aussi, il me demanda tout de suite si j'avais reçu un ordre semblable. L'ordre devait être en route, mais le courrier qui le portait n'avait pu me rejoindre, et il me fut possible de mettre tout mon monde à la disposition du colonel, qui, enchanté, ordonna le soir même le départ pour le lendemain matin.

Encore très jeune, à cette époque-là, et un peu vaniteux des succès que je venais de remporter, j'avais la naïveté de croire que le colonel respecterait l'autonomie de la colonne de Laghouat, et la laisserait sous mon commandement. Il n'en fut rien. Le colonel fondit ma colonne dans la sienne, me prit mes approvisionnements, tout, jusqu'à mes pauvres chameaux qu'il confia à son chef des services administratifs. Il réunit mes goums aux siens, et mon escadron de spahis aux chasseurs d'Afrique amenés par Pein. De sorte qu'il ne me resta plus que des fantassins à commander, et, tandis que Péin, chef de bataillon d'infanterie, exerçait un commandement d'officier supérieur de cavalerie, moi, chef d'escadrons, je devenais chef de bataillon d'infanterie; et pas moyen de réclamer, car ce diable de colonel n'aimait pas du tout les réclamations. Je me soumis d'aussi bonne grâce que possible, mais il ne put m'empêcher pendant cette courte campagne de jouer, avec son officier d'administration, le rôle du monsieur qui a prêté son habit à un autre, dans un bal, et qui le surveille, pour éviter les taches. J'étais perpétuellement sur les talons de cet officier pour lui dire : « Surtout ne m'abîmez pas mes chameaux! » C'est que je savais par expérience quelle effrayante consommation on fait de ces animaux précieux, dans ce genre d'expéditions, quand on ne les soigne pas, et j'avais pour eux les soins égoïstes, la tendresse intéressée du cavalier pour son cheval. Tous les soirs, j'allais leur faire une petite visite, et quand je voyais ces pauvres bêtes affalées sur le sable, sans un brin d'herbe à se mettre sous la dent, j'avais positivement faim pour elles. Je pris sur moi de leur faire donner à tous une ration d'orge, comme aux chevaux. Aussi, quand je les recouvrai plus tard, malgré les fatigues de la campagne, étaient-ils tous en bon état.

En quittant Touggourt, nous fûmes arrêtés par un obstacle singulier : une multitude de petits canaux destinés à l'irrigation et dont les chameaux ne parvenaient pas à se dépêtrer. Il fallut employer toute la journée à établir des ponceaux pour faire passer le convoi, et nous n'atteignîmes que le lendemain Taïbet, oasis de quatre cents maisons perdues dans le sable. Les habitants avaient l'air misérable; ils étaient minés par la fièvre. Au reste, à l'époque dont je parle, l'Oued-R'rir n'offrait pas un séjour très sain. Toute cette humidité, combinée avec les chaleurs torrides de l'été, engendre des maladies paludéennes dont souffrent les indigènes eux-mêmes; et à Touggourt, on disait que la peste régnait tous les automnes. L'eau chargée de magnésie est désagréable et purgative. Je dois avouer que je n'en ai jamais bu. Je m'offrais le luxe de faire venir mon eau de table du M'zab, où elle est excellente, et j'employais à ce service de sybarite deux chameaux.

Au Souf, où nous arrivâmes le surlendemain, le spectacle change. Le pays est sain, mais désolé. La population des cinq villages qui composent la confédération est de sang arabe, par conséquent, de race caucasique. Sa principale, sinon son unique maladie, est l'ophtalmie, causée et entretenue non seulement par un excès de malpropreté, mais par une poussière perpétuelle et aveuglante. On est, pour ainsi dire, enterré dans le sable, et chaque palmier est planté dans un trou tellement profond que, lorsqu'il a atteint toute sa hauteur, ses dernières branches dépassent à peine le niveau du sol. La capitale du pays s'appelle l'Oued. C'est une misérable bourgade dont les maisons sont tellement basses qu'en se promenant à cheval, dans les rues, on peut voir, par-dessus les terrasses, tout ce qui se passe dans les cours intérieures. La seule production du Souf, son seul objet d'exportation est la datte, qui est exquise, juteuse et sucrée. Il y a bien encore, au milieu de ce sable, des petits renards blancs appelés fenecks, très sauvages, mais charmants, des lévriers très estimés et des petits ânes d'un gris pâle qui passent pour être d'une race excessivement pure. Mais ce n'est réellement pas là de quoi organiser des transactions bien fructueuses avec le Centre africain. Je me souviens qu'un jour, le marquis de la Rochejaquelein m'écrivit pour me demander une paire de ces bourriquots. Je lui en envoyai un choisi parmi les plus beaux. Il n'eut à payer que les frais de transport. La bête était par-dessus le marché.

Rendue à Paris, elle lui revint à cent cinquante francs. Il renonça à l'appareiller et la revendit vingt et un francs. C'est un exemple de ces produits exotiques auxquels on prête, quand on les voit de loin, un attrait particulier, quitte à découvrir, quand on les possède, qu'ils ne valent pas l'argent qu'ils ont coûté.

Nous ne restâmes dans le Souf que le temps de recevoir la soumission des cinq villages et d'asseoir notre autorité, en organisant les pouvoirs publics. Le gouvernement de Touggourt était réservé à un beau garçon qu'on appelait Ali-Bey-Ben-Ferhat, pour qui on réparait la citadelle, et à qui on devait laisser une compagnie de volontaires, pris parmi les tirailleurs, et un maghzen de trente cavaliers soldés. Cet Ali-Bey, encore très jeune, était venu déjà, cependant, chercher et acquérir dans la société française des manières distinguées. Dans les commencements, on se déclara enchanté de lui, puis il cessa de plaire à un Gouverneur général quelconque et fut mis au rancart, comme la plupart de ses camarades, les chefs indigènes.

Notre retour du Souf ne fut pas précisément gai; il s'accomplit au milieu de souffrances extrêmes, causées par d'invraisemblables variations de température. On partait avant le jour, alors que le thermomètre marquait jusqu'à deux ou trois degrés au-dessous de zéro. Puis, vers le milieu de la journée, le mercure s'élevait dans l'instrument jusqu'à vingt-huit et trente degrés. A Touggourt, m'attendait l'ordre de renvoyer au plus vite mon infanterie dans les ports d'embarquement. Je pris congé du colonel Desvaux et repartis, avec ma petite colonne reconstituée, pour Laghouat où devait s'effectuer sa dislocation.

Le premier soir, j'allai coucher à Témacin, où vivait, on ne l'a pas oublié, le fils du marabout d'Aïn-Mahdi, auprès de son tuteur, et en attendant qu'il fût en âge de recueillir l'héritage paternel. Là, j'eus une grande surprise et une grande joie, car je trouvai mon brevet de lieutenant-colonel du 9ᵉ de hussards, que je ne m'attendais pas à recevoir sitôt, et que je devais aux instances du général Randon, en ce moment à Paris pour les travaux du Sénat.

Mes hommes partageaient ma joie, en bons diables qu'ils étaient. Or, voilà que pendant la nuit, des coups de fusil éclatent au milieu du bivouac. En un instant tout le monde est debout, car lorsqu'on est si loin de chez soi, et pendant la nuit, le moindre incident prend des proportions démesurées. C'était mon animal de Belkrer, mon nègre de la Smala, dont j'ai conté l'histoire dans le volume précédent, et qui m'avait toujours suivi comme un chien fidèle. Est-ce qu'il ne s'était pas avisé, pour fêter mon cinquième galon, de tirer, à lui tout seul, une salve de réjouissance! Je le bousculai avec vigueur et tendresse, et on retourna se coucher.

En rentrant à Laghouat, je fis un petit détour jusqu'à Guerrara, où l'empressement des Mozabites me prouva que notre succès de Touggourt avait produit tout l'effet désirable. Et, enfin, j'allai relever mon camarade, Huë de Mathan, qui s'en retourna avec ses troupes de réserve, et à qui je fis toutes les politesses du monde pour lui faire oublier que, parti son égal, et même jusqu'à un certain point son inférieur, je revenais subitement son supérieur.

L'hiver s'acheva tranquillement. Mais, au printemps, il y eut, en Algérie, un grand remue-ménage; car le général Pélissier, nommé commandant du 1ᵉʳ corps de l'armée d'Orient, emmenait avec lui toutes les troupes disponibles et son chef d'état-major, l'excellent général Rivet, qui marchait à la fois à la mort et à la gloire, puisqu'il allait être tué dans les tranchées de Sébastopol, le jour de l'assaut de Malakoff.

La pacification du Sud paraissant complète, le poste de Laghouat cessait d'être assez important pour un officier de mon grade. Le Gouverneur général qui, pour me conserver à l'armée d'Afrique, m'avait fait placer hors cadres, me rappela à Alger, en me faisant remplacer par mon camarade, le capitaine Margueritte, que les hasards de la carrière devaient mettre à mes côtés, pour ainsi dire, jusqu'à sa mort. Le Gouverneur me destinait le commandement d'une subdivision, c'est-à-dire un commandement d'officier général. On pense si, lieutenant-colonel avant trente-cinq ans, après avoir débuté, seize ans auparavant, comme simple soldat, et devant la perspective d'une telle situation, je me trouvais récompensé au delà de mes mérites ! Je n'avais encore vu Alger qu'en passant. Je venais de séjourner, pendant deux ans et demi, sous le soleil de Laghouat. Aussi je me rendis, absolument enivré, dans la capitale algérienne.

Le Gouverneur, dans sa bienveillance, n'avait pas réfléchi qu'il ne pouvait équitablement déplacer, pour me caser, les titulaires dans les subdivisions dont l'importance eût convenu à mon grade; et que, dans celles qui étaient vacantes, il ne pouvait pas m'envoyer comme commandant, sans en bouleverser le personnel, puisqu'il s'y trouvait des officiers d'un grade supérieur au mien. Il imagina des combinaisons variées et il dut renoncer à toutes, les unes après les autres.

Au fond, je n'en étais pas fâché. Toutes mes fonctions d'officier d'ordonnance, de chef de bureau arabe et de commandant de cercle n'avaient été que des incidents dans ma carrière. Je les avais exercées avec plaisir, parce qu'elles avaient servi à mon instruction et à mon avancement; mais mes penchants n'étaient pas là. J'étais par goût un officier de troupe. Des hommes à manier, à instruire, à discipliner et, pourquoi ne pas l'avouer aussi? à moraliser; un bon service en temps de paix, avec beaucoup d'ordre, de régularité, de propreté et d'entrain; de grandes chevauchées, de belles charges, en temps de guerre, dussent la faim et la soif habiter nos bivouacs, dussé-je me remettre au régime des escargots cueillis sur les buissons, comme lorsque j'étais sous-officier ; et pas de questions politiques à discuter, pas de problèmes administratifs à résoudre, pas d'Arabes à taxer ; vivre au milieu de braves gens qu'on aime et qui vous aiment, qu'on soigne comme des enfants et qui vous suivent comme des caniches ; s'en aller, enfin, dans la vie, bercé sur un bon cheval, en entendant derrière soi le bruit du fer qui choque les routes sonores et le cliquetis des sabres sur les éperons : telle était ma vocation et tel était mon rêve.

Aussi j'espérais que, ne sachant que faire de moi, le Gouverneur me laisserait enfin partir pour la Crimée. Il s'y refusa encore. « Restez à mon état-major, mauvaise tête, me dit-il. Et comme récompense, vous aurez le 1ᵉʳ de chasseurs d'Afrique. » Le régiment était scindé en deux. Quatre escadrons guerroyaient en Crimée, avec le colonel, et quatre escadrons tenaient garnison à Alger avec le lieutenant-colonel, qui jouissait, par conséquent, des prérogatives d'un chef de corps. Je pris patience et j'entrai à l'état-major particulier du Gouverneur, où je ne devais pas rester bien longtemps.

Le seul souvenir qui me reste de ces fonctions est celui d'une tournée d'inspection dans la province d'Oran, où j'accompagnai le Gouverneur. Nous nous rendîmes par mer d'Alger à Oran, où le général de Montauban venait de remplacer, comme commandant, le général Pélissier, parti pour la Crimée. C'était là, mes lecteurs s'en souviennent, que vingt ans auparavant j'avais abordé, encore enfant, pour la première fois, la terre d'Afrique. Et, quand je vis s'avancer vers nous la rade de Mers-el-Kébir ; quand je vis se profiler dans le ciel le Château-Neuf, puis par derrière, dans le lointain, les monts du Thessala, un grand attendrissement m'entra dans l'âme avec les visions de la jeunesse, et aussi une grande reconnaissance envers Celui que nous appelons le bon Dieu, qui avait permis que je fisse une carrière rapide et peut-être utile, et qui m'accordait ce retour charmant vers les jours d'autrefois, et ce reploiement sur elle-même d'une existence sans remords.

Je trouvai Oran bien changé à son avantage; mais parmi tous les progrès qui ne m'auraient peut-être pas frappé, si je les avais vus s'accomplir un à un, jour par jour, sous mes yeux, et dont je mesurais mieux l'étendue par le contraste entre l'état actuel des choses et l'état dans lequel je les avais laissées, le plus étonnant était certainement celui qui avait transformé les alentours mêmes de la ville. Cette immense plaine qui s'étendait des murs de la place jusqu'au pied du Thessala, je l'avais vue, en partant, couverte de palmiers nains et de broussailles où rampait l'Arabe maraudeur, prêt à se transformer en assassin; je la retrouvais revêtue de cultures magnifiques qui attestaient la fécondité de ce sol béni, et aussi les gloires de la civilisation succédant à l'incurie barbare. Elle était couverte de moissons, de troupeaux et de fermes, parmi lesquelles on doit une mention spéciale au magnifique établissement de M. du Pré de Saint-Maur, qui, le premier, avait eu l'heureuse audace d'engager toute sa fortune dans une entreprise agricole et qui réussit, grâce à ses capitaux, à sa persévérance et à une véritable science d'agronome.

Mes yeux ne pouvaient se rassasier de toutes ces merveilles françaises. C'était le matin, et sous le soleil qui les baisait à son lever, je courais au milieu d'elles, bien installé dans un bon landau, à côté du Gouverneur, et entraîné par le galop rapide des quatre chevaux d'artillerie, nous menant en poste d'Oran à Tlemcen, que nous devions atteindre dans la soirée, après avoir dévoré les trente-trois lieues qui séparent les deux villes. Nous revîmes tout d'abord Misserghin où, seize ans plus tôt, je venais demander le burnous rouge du spahi et que je n'avais plus vu depuis 1844, alors que, blessé, je revenais d'Isly. C'était devenu un gros village. Notre ancien établissement militaire, entre les mains des religieux de Ben-Aknoun, s'était transformé en une grande ferme, où l'on commençait à développer la culture de la vigne. Nous revîmes encore les trois marabouts d'Aïn-Témouchen où, en 1845, après le désastre de Sidi-Brahim, le convoi de malades et de blessés, conduit à Oran par le lieutenant Marin, fut enlevé par les Arabes.

Avant d'arriver à Tlemcen, le Gouverneur général m'avait dit : « Je vais vous charger d'une mission importante et embrouillée. Nous allons trouver à Tlemcen deux hommes entre lesquels règne une animosité surprenante et qui, à chaque courrier, me fatiguent de réclamations et de plaintes réciproques, dans lesquelles il est impossible de se reconnaître. Voyez-les, interrogez-les adroitement. Tâchez de savoir ce qu'ils ont au fond de leur sac et rendez-m'en compte. L'un s'appelle l'agha Mohammed ; l'autre est le chef du bureau arabe, le capitaine Doineau. »

On avait préparé pour nous, à Tlemcen, un grand dîner qu'offrait au Gouverneur le général de Beaufort d'Hautpoul, qui venait de remplacer le général de Montauban, envoyé à Oran, l'ancien aide de camp du duc d'Aumale à la prise de la Smala, celui qui avait dit, au moment d'attaquer : « On a assez commis de sottises aujourd'hui », et qui s'était fait relever si vertement par le Prince. Le Gouverneur alla loger chez lui. Le général, bien que déjà père, d'un premier lit, d'une grande jeune fille d'une vingtaine d'années, venait de se remarier, et sa femme entretenait avec celle du général de Montauban les rapports les plus franchement hostiles. Il avait conservé, comme chef du bureau arabe, le capitaine Doineau, qui avait déjà exercé les mêmes fonctions à Bône, sous les ordres du colonel Guérin de Tourville, récemment promu général et nommé chef d'état-major général de l'armée d'Afrique, à la place du bon général Rivet, emmené en Crimée par le général Pélissier. Le général de Tourville avait chaleureusement recommandé le capitaine Doineau, comme un officier d'une rare intelligence, très au courant des intrigues des chefs arabes. Je m'arrangeai pour me faire offrir l'hospitalité du bureau arabe par le capitaine. C'était un grand gaillard, à l'air hardi, qui portait la tête haute et le nez en l'air, mais sans insolence, toutefois. Dans sa toilette, il était à la fois recherché et débraillé. La cravate n'était pas d'aplomb, et il était rare que les boutons de ses tuniques neuves entrassent dans les boutonnières qui leur étaient destinées. Avec cela, bon garçon, cordial, la main ouverte, prêt à rendre service, intelligent, rompu aux finesses de la diplomatie arabe, complètement maître de l'esprit de son général qui ne voyait que par ses yeux; en somme, agent précieux, mais trop disposé à gagner à la main. Il était de l'école de ceux qui professaient alors que nous n'arriverions à la domination tranquille de l'Algérie qu'en ruinant l'influence des grandes familles indigènes, pour nous charger, directement et sans intermédiaire, de l'administration du pays, école trop nombreuse et trop écoutée, par malheur.

Après le dîner, nous causâmes, et je n'eus pas de peine à amener la conversation sur le chapitre de l'agha Mohammed. A ce nom, je vis noircir l'œil du capitaine, qui entama d'intarissables récriminations sur ce thème : « L'agha est un voleur ! L'agha est un traître, dont toute la vie se passe à nous aliéner les populations ! Avec lui, il n'y a qu'un parti à prendre : s'en défaire ; et contre lui tous les moyens sont bons. »

Le lendemain, le Gouverneur reçut les chefs indigènes. Après la réception, je me fis présenter l'agha

Mohammed. Je vis un homme encore dans la force de l'âge, abordant tout au plus la cinquantaine, de manières aristocratiques et distinguées, portant superbement le burnous éblouissant de blancheur, sur une veste de soie élégamment soutachée et sur de larges culottes de fin drap gris perle qui venaient se perdre dans la botte rouge. J'entrai facilement en conversation avec lui, et il parut enchanté de trouver une oreille complaisante dans l'entourage immédiat du Gouverneur. Il avait connu et fréquenté les généraux qui commandaient à Tlemcen : le général de Mac Mahon, le général de Montauban. Tous étaient ses amis et les témoins de sa fidélité. Au nom du capitaine Doineau, je surpris sur ses traits une expression subite, étrange, de haine mêlée de crainte; il soulagea son cœur. « Doineau, disait-il, était son ennemi personnel. Doineau le rendait responsable de tous les méfaits que le voisinage des tribus marocaines faisait si fréquents. Doineau voulait le perdre. Doineau était violent, et tout était à redouter de sa part. Doineau voulait le forcer à donner sa démission et à disparaître. Mais, fort de son bon droit et de sa loyauté, il résisterait et attendrait des jours meilleurs. »

Je demeurai convaincu qu'entre ces deux hommes il y avait une haine féroce, personnelle, dont ils ne voulaient ni l'un ni l'autre avouer les secrets motifs, et qu'une catastrophe inévitable terminerait cette lutte entre le Français, violent et passionné, et l'Arabe, fin et habile.

Pendant le retour de Tlemcen à Oran, je ne pus me procurer une minute de tête-à-tête avec le Gouverneur, pour lui raconter les résultats de mon enquête. Durant notre courte absence, on avait organisé, dans cette dernière ville, de grandes fêtes en l'honneur du général Randon, qui y était resté très populaire, car il y avait longtemps commandé le beau 2ᵉ régiment de chasseurs d'Afrique. Il voulut le revoir. Il visita le quartier, et il rit comme un fou en voyant les charges et les caricatures dans lesquelles il figurait, qui étaient dues au pinceau plein de verve d'un capitaine du régiment, le capitaine Jolly, et qui ornaient les murs de la bibliothèque des officiers. Il passa en revue le régiment à cheval qui défila devant nous, sous les ordres de son brave colonel, Jordan, destiné, hélas ! à une mort prématurée, en Crimée, où les quatre premiers escadrons allaient être envoyés, pour former une nouvelle brigade de cavalerie. Je me souviens encore que le 1ᵉʳ peloton du 1ᵉʳ escadron était commandé par le lieutenant de Montauban, le fils du général, « le petit Montauban », comme nous l'appelions jadis, quand, tout enfant, il était le Benjamin des spahis. Le soir, on offrit, à la Préfecture, un grand bal au Gouverneur général, et la reine de ce bal fut la belle Mme Garavini, femme du consul de Portugal et en même temps commerçant fort considérable. C'était une charmante brune, douée d'un très aimable embonpoint et dont rêvaient tous les officiers de la garnison. Ses doigts de fée, disait-on, avaient brodé la calotte grecque que j'avais vue sur le chef du général Pélissier, à son bivouac, devant Laghouat.

Pendant que toute cette jeunesse dansait éperdument, j'eus une minute d'aparté avec le Gouverneur :

— Mon général, lui dis-je, voulez-vous savoir le résultat de mon enquête à Tlemcen ?

— Oui, eh bien ?

— L'agha Mohammed et Doineau sont des ennemis farouches, irréconciliables. Il convient de ne pas les laisser, une minute de plus, l'un à côté de l'autre.

— Du Barail, vous faiblissez. Je vous prends pour la première fois à être pessimiste. Mais j'ai reçu d'autres informations que les vôtres. Laissons ces deux paroissiens-là s'arranger ensemble. Vous verrez qu'ils finiront par devenir bons amis, faute de pouvoir se dévorer.

— Mon général, vous me permettrez de vous dire que je crois que vous avez tort. Je parierais que ces deux hommes-là feront un malheur.

Et je n'insistai plus.

Moins de deux ans après ce jour, l'agha Mohammed allant de Tlemcen à Oran, dans le coupé de la diligence, fut assailli par des cavaliers arabes embusqués sur la route, et tué par une décharge de mousqueterie qui coûta aussi la vie à l'autre voyageur du coupé, un honnête voyageur de Tlemcen, M. Valette.

Doineau fut aussitôt accusé de cet assassinat. On prétendit qu'il avait soudoyé les assassins. On prétendit même qu'il avait été reconnu, déguisé en Arabe et dirigeant lui-même le guet-apens. C'était inadmissible, car il n'eût pas été assez maladroit pour associer au sort de l'agha un pauvre diable de Français, dont la mort devait singulièrement compliquer cette affaire devant l'opinion publique.

Le procès Doineau est resté une de nos causes célèbres. Jules Favre plaida pour la partie civile, et son éloquence enfiellée, passant par-dessus la tête de l'accusé, alla attaquer le gouvernement militaire et l'institution même des bureaux arabes. Le président de la Cour d'Oran fit preuve d'une révoltante partialité, interprétant et exploitant contre l'officier les dépositions des témoins indigènes, sur lesquelles il exerça une pression éhontée. Malgré tous ses efforts, Doineau, très habilement défendu, n'eût peut-être pas été condamné par la magistrature coloniale elle-même, si on n'avait pas trouvé chez lui une somme d'argent dont il ne put pas expliquer l'origine, et si on n'avait pas relevé contre lui de nombreuses imprudences de langage, par lesquelles il exprimait son ardent désir de voir disparaître un homme qu'il proclamait ennemi de la France.

Dans ma conviction, Doineau était innocent. Il a été victime, à la fois, de nos discordes civiles et peut-être, ajouterai-je sans insister, de la haine mutuelle des deux femmes dont les maris commandaient, l'un à Tlemcen, l'autre à Oran. Il a été l'holocauste désigné pour expier les rancunes imméritées, injustes, calomnieuses qu'avaient excitées les bureaux arabes. Il fut condamné à mort, mais sa peine fut commuée en une détention perpétuelle qu'il devait subir à la prison de Douéra, où je me rappelle parfaitement l'avoir vu, portant la tunique de capitaine de zouaves et la croix de la Légion d'honneur. Au bout de quelques années, il fut gracié par l'Empereur et alla prendre du service auprès des Espagnols, alors en guerre avec le Maroc. Depuis, il a disparu, mais je crois qu'il vit encore, réfugié dans quelque coin du littoral méditerranéen.

Peu de temps après ce procès, le général de Montauban et le général de Beaufort furent déplacés. Le premier alla commander à Limoges, où le choix de l'Empereur, guidé par Fleury, vint le chercher pour lui confier l'expédition de Chine. Le second alla commander à Auxerre. Il a été chef d'état-major général de l'armée de Paris, pendant le siège.

Le capitaine Doineau, au bureau arabe de Tlemcen, avait pour adjoint le capitaine Davout, duc d'Auerstaedt, aujourd'hui inspecteur d'armée.

Le voyage du Gouverneur général devait servir de préface lointaine à l'établissement des chemins de fer algériens. Aussi avait-il de perpétuelles conférences, même en route, avec les hommes qui avaient étudié la question et qui lui soumettaient des plans : ingénieurs, officiers du génie, etc. Dès que nous quittâmes Oran pour revenir à Alger, en faisant des détours et des zigzags, je compris vite que la place qui m'était réservée dans la voiture du Gouverneur serait occupée plus avantageusement par ces messieurs, pour l'avenir des chemins de fer, et, dès la première étape, je demandai à faire la route à cheval, moitié par discrétion, moitié aussi par goût, car j'avais peur d'épaissir dans cette voiture, et d'y perdre l'entraînement qui me faisait considérer les plus longues courses à cheval, aux allures les plus vives, comme des parties de plaisir. Ce fut donc à cheval, et accompagné seulement de deux spahis, que je suivis ou précédai le Gouverneur, de fort loin, heureux de traverser, en pleine sécurité et par une température paradisiaque, ces contrées où jadis nous ne pouvions circuler qu'en troupe, et le doigt sur la gâchette du fusil.

Je revis Sidi-bel-Abbès dont j'avais, pour ainsi dire, escorté le premier moellon, et qui était devenu un centre important de population, commandé par le colonel Rouxeau de Rosencoat, alors dans les premières joies de sa récente union avec la très jeune fille du commandant Taverne ; Mascara, où j'étais allé si souvent depuis 1837, quand je portai à l'émir Abd-el-Kader, dont elle était la capitale, une lettre de mon père.

Mon père ! Son fantôme chéri m'attendait sur le seuil de sa maison, devenue l'hôtel de la subdivision et où j'avais vécu quatre années si heureux auprès de lui. J'y rentrai comme dans un lieu sacré, les yeux pleins de larmes, cherchant malgré moi sa belle tête martiale, et croyant que derrière chaque porte ouverte, j'allais le retrouver, fier de la bonne mine et des cinq galons de son enfant, et le récompensant par ce regard inoubliable qu'il avait jadis jeté sur ma manche, ornée du ruban de laine jaune du brigadier. Mostaganem, mon cher Mostaganem était devenu une belle ville où habitaient, encore très nombreux, les gens, aujourd'hui, hélas ! disparus, qui l'avaient connu et aimé. Ils m'accueillirent à bras ouverts, en mémoire de cet homme si bon, si juste, si désintéressé, qui, venu en Algérie à un moment où la fortune passait presque tous les jours à portée de sa main, la dédaigna et mourut pauvre, me laissant ainsi un exemple que j'ai l'orgueil d'avoir suivi. Puis, ce fut le tour d'Orléansville, où commandait alors le colonel Abel Douay, le futur héros de Wissembourg ; Orléansville, où j'avais vécu aux côtés de mon chef vénéré, le général de Martimprey, alors que l'endroit était un enfer brûlé par le soleil et habité par le choléra. Les semences confiées à la terre, sous nos yeux et sous notre impulsion, avaient germé, et je me sentais pour quelque chose dans cette végétation magnifique qui revêtait maintenant cette terre autrefois désolée.

Entre Mascara et Mostaganem, j'avais fait un petit pèlerinage à l'endroit où notre fidèle allié, Mustapha-ben-Ismaïl, avait été tué, en traversant le pays des Flittâ. On y avait construit un marabout, à côté duquel vivait isolé, dans la succursale du bureau arabe, un jeune officier de tirailleurs, le capitaine Lucas, qui m'offrit une charmante hospitalité. Nous devions par la suite nous rencontrer bien souvent, avant qu'il mourût prématurément, il y a quelques années, général de division.

A Orléansville, je retrouvai mon ancien chef et camarade, de Francq, que j'avais dépassé, puisqu'il était encore chef d'escadrons. Il me proposa la partie d'aller déjeuner, le lendemain matin, à Milianah, où le Gouverneur se rendait lui-même, soit vingt-six lieues à faire, à franc étrier, avant midi. J'acceptai, et de Francq fit partir en avant les relais nécessaires en chevaux de spahis. Le Gouverneur, à qui je fis part de ce projet, ne voulut pas croire que nous pussions franchir aussi rapidement une pareille distance. Le lendemain matin, comme nos chevaux n'étaient pas encore prêts, j'allai le mettre en voiture. Il nous croyait partis depuis longtemps et se moqua de notre outrecuidance.

— Avez-vous quelque commission pour le commandant de Milianah ? lui demandai-je en riant.

— Allons donc, farceur ! me répondit-il en bougonnant ; j'y serai quatre heures avant vous.

— C'est ce que nous allons voir, monsieur le Gouverneur.

Nous le laissâmes partir. Puis, piquant à travers champs, pour qu'il ne nous vît pas passer, nous nous envolâmes. A Milianah, nous eûmes le temps de déjeuner très tranquillement, de faire un bout de toilette, puis, remontés sur des chevaux frais, d'aller à sa rencontre avec les officiers de la garnison, jusqu'au bas de la montagne dont la ville occupe le versant. Il ne voulait pas en croire ses yeux. C'est que l'on était jeune ! Et puis, on ne montait pas ses chevaux, et on pratiquait cette maxime du cavalier : « Avec des éperons à soi et le cheval d'autrui, on fait du chemin. »

Peu de temps après mon retour à Alger, je reçus ma nomination au 1er de chasseurs d'Afrique, qui me maintenait, comme chef de corps, dans cette charmante garnison, à la tête de quatre beaux escadrons de ce régiment dont les quatre premiers guerroyaient en Orient, avec le colonel. J'étais indépendant, autant qu'on peut l'être dans le métier militaire. J'étais d'autant plus heureux que je pouvais réaliser un rêve, longtemps caressé : attirer auprès de moi ma bonne mère et vivre avec elle, comme jadis. Je remplaçais le colonel de Salignac-Fénelon, qui allait prendre le commandement des quatre escadrons en Orient, en remplacement du colonel de Ferrabouc, nommé général de brigade. On a déjà vu passer dans ces *Souvenirs* la silhouette de ce vétéran de l'armée d'Afrique, cavalier consommé et chef adoré. Le colonel de Fénelon était, lui aussi, un vieil Africain. Sorti de l'École polytechnique, il avait passé de l'artillerie dans la cavalerie, comme capitaine aux spahis, en 1835, en traversant l'administration des bureaux arabes. C'était un homme très érudit, mais que ses fortes études mathématiques prédisposaient à l'examen des questions élevées qu'on traite dans le cabinet, plutôt qu'à la pratique des mille détails qui sont l'essence même du métier militaire, jusqu'au moment où l'on aborde les hauts grades. Nous nous étions côtoyés longtemps dans les affaires arabes, sans nous lier. Je le trouvais raide et hautain. Il me faisait probablement le même reproche, et nous nous bornions à entretenir de bonnes relations officielles. Il s'était fiancé, avant de partir, avec la fille du Gouverneur général, Mlle Claire Randon, qu'il devait épouser après la guerre de Crimée.

Je prenais le commandement des quatre escadrons dans des circonstances assez délicates, puisque tous mes capitaines avaient été mes camarades et quelques-uns mes anciens. Mais ils étaient presque tous de fort braves gens, très disciplinés. Et comme, de mon côté, je venais de passer par des épreuves qui avaient justifié mon avancement rapide et qui m'avaient donné une assez grande assurance, comme on me savait très strict pour moi et pour les autres, personne ne s'avisa de me tâter, pour employer l'expression consacrée. J'avais sous mes ordres trois officiers supérieurs : deux chefs d'escadrons et un major. L'un des chefs d'escadrons, le commandant de Nouë, mon ancien camarade d'Oran, frère du général de division d'infanterie, devait finir sa carrière comme lieutenant-colonel dans l'état-major des places. Il était en cette qualité à Sedan, le jour de la capitulation. L'autre, Croquet-Belligny, était un très brave homme, excellent subalterne, mais sans initiative. Le major s'appelait Lioult. Nous avions été nommés officiers supérieurs ensemble. Il était très rompu au train-train ordinaire des garnisons de France, montait supérieurement à cheval... sur le règlement, mais ne comprenait rien aux nécessités de la vie de campagne, à l'imprévu de la guerre, auquel il faut parer souvent par des mesures provisoires que les textes administratifs n'ont pas pu prévoir. Et il était assez disposé à écraser de sa haute compétence militaire l'ancien camarade, qui avait exposé sa peau dans le Sud pendant que lui, Lioult, soignait la sienne dans les casernes. Au premier ordre que je lui donnai concernant son service, il me répondit péremptoirement : « Cela ne peut pas se faire. — Ah ! répliquai-je, pourquoi cela ne peut-il pas se faire ? Montrez-moi le texte du règlement qui s'y oppose. » Il se gratta l'oreille, en disant : « Ce n'est pas l'habitude. » Alors, moi : « Major, toutes les fois que vous appuierez vos observations sur un texte du règlement, j'en tiendrai le plus grand compte. Mais lorsque vous n'aurez à m'opposer que des habitudes auxquelles chacun est libre de se conformer ou de se soustraire, je vous prierai de vous abstenir, car je ne vous demande pas votre avis. » Il se le tint pour dit. Et il n'y eut plus d'accroc entre nous, car il se renferma dans son rôle, partageant son temps entre ses obligations militaires et le culte très fervent qu'il avait voué aux beautés faciles d'Alger.

Comme la guerre d'Orient ne semblait pas encore près de finir, l'attrait de la gloire militaire détachait du foyer paternel une foule de jeunes gens de bonne maison, et comme le 1ᵉʳ de chasseurs d'Afrique avait le privilège d'une garnison attirante à Alger, il bénéficiait, plus que les trois autres régiments, du noble instinct qui poussait les fils de famille à venir apprendre le métier dans cette troupe, alors très en vue et très en faveur, avant d'aller courir les aventures de guerre, en Crimée. C'est ainsi que j'ai vu débuter sous mes ordres, dans l'armée, un certain nombre de jeunes soldats qui sont devenus des hommes remarquables. J'en citerai deux. Le premier était un beau jeune homme, plein de zèle, d'intelligence et d'énergie, et avec cela fort riche. Je lui fis obtenir l'épaulette. Mais, comme la guerre finissait, il quitta l'armée pour faire un brillant mariage. En 1870, il reprit du service et fut tué à la bataille de Champigny, où il commandait les éclaireurs volontaires de l'armée du général Ducrot : c'était Franchetti.

L'autre avait pour père un vétéran de nos luttes politiques, que j'ai connu, dans ses derniers jours, vivant très retiré dans sa belle demeure de Marly : le comte de Kératry. La carrière de Kératry a été assez mouvementée. Il avait débuté dans la diplomatie, où sa plume élégante et facile lui promettait un bel avenir. Secrétaire d'ambassade à Naples, il démissionna pour s'engager au régiment. Je l'y nommai maréchal des logis. Il me quitta pour passer aux spahis, et devint ce que j'avais été moi-même, secrétaire du général Yusuf, qui commandait alors à Alger et avec lequel il finit par se brouiller, comme, d'ailleurs, je le lui avais prédit, en homme qui connaissait le terrain sur lequel il voulait marcher. Kératry, que j'avais perdu de vue, vint alors me retrouver à Versailles, où je commandais le 1er de cuirassiers, et me demanda de le reprendre, ce que je fis. J'obtins même bientôt pour lui du maréchal Randon, alors ministre de la guerre, l'épaulette de sous-lieutenant au 5e de lanciers. Il ne se plut pas encore dans ce régiment, et voulut revenir avec moi, qui avais passé des cuirassiers au 3e de chasseurs d'Afrique, à Constantine. Je le fis permuter et l'emmenai au Mexique, dans l'un des deux escadrons de mon régiment que j'y conduisais. Là, il fut décoré, devint officier d'ordonnance du général Bazaine, qu'il quitta pour servir sous les ordres du colonel Dupin, dans la contre-guérilla des Terres-Chaudes. Il démissionna, rentra en France, se jeta dans la politique et les lettres, fut élu, en 1869, député par la Bretagne, devint préfet de police au 4 septembre, quitta ces fonctions, pour aller commander le camp de Conlie, se sépara avec éclat de Gambetta, dont il désapprouvait la conduite, pendant la guerre de province, fut envoyé comme préfet par M. Thiers, au commencement de la Commune, à Toulouse, alors en pleine insurrection, y ramena l'ordre, à force d'énergie et d'habileté, fut expédié en cette même qualité à Marseille, où il réussit également fort bien, et donna sa démission au 24 mai. Aujourd'hui, commandeur de la Légion d'honneur, il s'occupe de littérature et de grandes affaires internationales.

Mes quatre escadrons vivaient côte à côte, mais sans être embrigadés, avec le 7ᵉ de hussards, alors commandé par le colonel Grenier, un vieux brave homme, qui avait l'air constamment endormi et qui traversait, pour ainsi dire, la vie sans ouvrir les yeux. Il ne réalisait que très imparfaitement le type légendaire du brillant colonel de cavalerie légère, qu'ont incarné les Lasalle, les Colbert, les Curély et les Marbot. Par exemple, il était très ferré sur la pratique journalière du service, et le tableau de travail de son régiment, très judicieux, très méthodique, contenait heure par heure l'emploi du temps, depuis le premier de l'an jusqu'à la Saint-Sylvestre. Y déplacer une virgule lui eût semblé un malheur national, une catastrophe inouïe. Comme manœuvrier, il était dans une moyenne honorable, faisant exécuter ponctuellement, posément, doucement à ses hussards les douze évolutions prescrites par le règlement de 1829, sans s'inquiéter le moins du monde de ce qu'elles deviendraient, si on y introduisait un petit facteur, négligé par l'ordonnance fameuse : l'ennemi.

Comme je sortais des spahis, comme j'étais éloigné depuis fort longtemps du commandement des troupes, tout le monde, et mes officiers en particulier, était persuadé que je serais très emprunté sur le terrain de manœuvres, et que je n'arriverais jamais à faire évoluer convenablement mes quatre escadrons. C'était là qu'on m'attendait ; je le savais, et j'avais pris mes précautions.

On n'a peut-être pas oublié que la première fois que je dus, comme lieutenant remplaçant mon capitaine tué à l'ennemi, faire manœuvrer l'escadron, j'avais été obligé d'implorer le secours d'un de mes sous-officiers nommé Regnault, récemment sorti de l'École de cavalerie, qui me souffla les commandements à faire. Je m'étais juré de ne jamais plus subir une pareille humiliation, et, pour tenir mon serment, à partir de ce jour-là, j'avais pioché le règlement de 1829 avec une telle rage, que deux officiers supérieurs du régiment, le major de Goussencourt et le commandant de La Martinière, me voyant si zélé, s'étaient faits mes instituteurs bénévoles. Je n'avais rien perdu de leurs leçons et, à Laghouat, dans le M'zab, dans l'Oued-R'rir, j'emportais toujours dans mes fontes le petit bouquin qui était notre bréviaire. Aussi, quand la saison le permit, quand, pour la première fois, j'eus devant moi mes quatre escadrons déployés sur le champ de manœuvres ; quand je lus dans les yeux de mes officiers, même de mes sous-officiers, cette pensée : « En voilà un qui va se mettre dedans ! » je répondis intérieurement : « Ah ! mes gaillards ! vous voulez du règlement de 1829 ! Attendez, je vais vous en donner ! » Et les douze évolutions d'entrer en jeu, pendant que je rectifiais imperturbablement les moindres fautes de mes subordonnés et que je galopais après mes capitaines interloqués, en leur criant, avec une grande sévérité extérieure et une grande hilarité intérieure : « Mais, capitaine, vous ne connaissez donc rien à l'ordonnance de 1829 ! Relisez le règlement, capitaine ! Relisez le règlement ! » En rentrant au quartier, j'avais, je peux le dire, mon régiment dans la main.

Je passai donc à Alger l'hiver de 1855 à 1856, soignant mon régiment, et expédiant aux escadrons de guerre, avec conscience et régularité, tout ce que j'avais de mieux en hommes, en chevaux et en matériel, à la grande satisfaction de mon colonel, qui ne cessait de m'en remercier. C'était, d'ailleurs, mon devoir le plus strict, mais je devais éprouver plus tard, à mon grand déplaisir, que tous les chefs de dépôt ne le comprenaient pas de la même façon que moi.

Le Gouverneur général, qui aimait à se rappeler son ancien métier de colonel de cavalerie, s'intéressait à mes travaux, m'appelait souvent auprès de lui et m'accordait de longs entretiens où je trouvais, avec des leçons fort utiles, les témoignages d'une bienveillance persistante. Entre ce chef qui m'aimait et ma mère que j'adorais, j'étais aussi heureux qu'on peut l'être ici-bas.

D'ailleurs, le cadre qui m'entourait semblait fait à souhait pour contenir mon bonheur. Alger, cet hiver, était un véritable paradis, avec cette grande mer bleue qui lui sert de vestibule, avec ses belles rues pleines de rumeurs joyeuses, avec ses environs ravissants et verdoyants, jardins délicieux parsemés de villas élégantes, et sur lesquels les rayons tempérés d'un soleil adouci semblaient verser la gaieté en même temps que la vie.

Non seulement la ville offrait toutes les ressources matérielles imaginables, l'utile aussi bien que l'agréable; mais elle contenait aussi une société heureuse de se laisser vivre, pleine d'entrain, confiante dans l'avenir et ne demandant qu'à s'amuser, et à jouir de cette renaissance matérielle qui marqua les premières années de l'Empire.

Le futur maréchal Randon, qui lui servait de cime et de pivot, était très aimé. En dépit de son ton brusque et de son air volontairement bourru, c'était un homme très bon, un chef très paternel, très facile à vivre et près de qui le service était agréable. La maréchale était moins populaire; charitable au suprême degré, perpétuellement occupée de bonnes œuvres, pratiquant non seulement de très hautes vertus, mais les devoirs d'une grande dame qui doit donner l'exemple, recevant beaucoup, elle manquait de ce liant, de cette grâce, de ce charme qui donnent du prix aux moindres choses. Elle était raide, au moral comme au physique, dominatrice, donneuse de leçons; son salon était hospitalier, mais pas agréable. On s'y sentait gêné par une surveillance rigide. Elle se mettait en frais pourtant, mais sans parvenir à faire oublier qu'elle accomplissait une fonction, ni à faire croire qu'elle oubliait elle-même son rang. Sa fille, Mlle Claire Randon, tenait de son père une grande bonté sous des dehors un peu rudes. D'ailleurs, l'absence de son fiancé, le colonel de Fénelon, jetait sur toute sa personne un air mélancolique. Son mariage, qui était à la fois une union de cœur et de convenance, devait s'accomplir sous les auspices du curé de la cathédrale, le bon abbé Bernadou, qui en avait eu l'idée. Prêtre admirable, directeur vénéré de toutes les dames de la société, l'abbé Bernadou était marqué pour les plus hautes destinées. Il est mort archevêque de Sens et cardinal. Et les Africains l'ont toujours envié à son diocèse. Ils ont toujours pensé que, s'il fût revenu parmi eux, il leur eût épargné les débats passionnés qui ont marqué l'épiscopat de Mgr Lavigerie, depuis son arrivée jusqu'à sa mort.

Le préfet d'Alger était M. Lautour-Mézeray, un Parisien pur sang, l'ami et le compagnon de folies de Nestor Roqueplan et de Romieu. Vieillard pimpant, incorrigible galantin, portant beau, le chapeau gris légèrement incliné sur l'oreille, un immuable camélia à la boutonnière, il aimait à raconter, en les gazant devant les dames, les aventures de sa vie de jeunesse et les joyeusetés de sa carrière administrative. Il nous narrait, entre autres traits, son passage comme sous-préfet à Joigny, à une époque où toute la société, paraît-il, s'était mise, pour se distraire, à apprendre à jouer du tambour. « Le curé et moi, disait-il, nous avons dû y passer comme les autres, pour ne pas paraître des êtres inférieurs; seulement, afin de ne pas scandaliser nos administrés, nous battions nos caisses dans nos caves. »

Autour de ces étoiles de première grandeur, évoluait tout un peuple de fonctionnaires, au milieu duquel les bonnes histoires et quelquefois même les scandales ne manquaient pas. Il me reste encore dans la mémoire le souvenir d'une aventure assez répugnante, d'ailleurs, dont les héroïnes furent la femme et la fille d'un juge au tribunal que j'aurai la charité de ne pas nommer. Les ménages étaient troublés par des lettres anonymes ordurières, ornées de dessins d'une crudité révoltante. Un magistrat en intercepta une destinée à sa femme, et avant qu'elle lui fût remise. Or, il se trouva que la femme et la fille du juge en question vinrent faire leurs condoléances à la malheureuse qui n'avait rien reçu. L'éveil fut ainsi donné, on organisa une souricière et l'on surprit les deux aventurières, au moment où elles jetaient à la boîte tout un paquet de missives abominables. La mère, qui avait les allures d'une dame de charité, écrivait le texte, et la fille, qui avait dix-huit ans et une tête de madone de Raphaël, l'illustrait de dessins réalistes. Elles furent condamnées à l'amende et à la prison, et le mari, un brave homme, fut contraint de donner sa démission.

Mais toutes ces petites vilenies étaient noyées dans l'enthousiasme général, comme le monde civil était perdu dans la masse des officiers. Et ceux-là vivaient tous dans un véritable enivrement. La paix semblait prochaine, et l'armée d'Afrique était fière du succès de l'armée d'Orient, dont elle prenait sa part, puisqu'elle avait fourni à cette armée ses principaux éléments. La prise de Sébastopol fut, en effet, l'apothéose des généraux d'Afrique.

C'était le glorieux Canrobert, qui avait su maintenir le moral de son armée, pendant le cruel hiver de 1854-1855, en dépit du choléra, en dépit du typhus, en dépit de tous les deuils, supportés avec une indomptable énergie et une admirable constance, dans cette lutte de géants.

C'était l'illustre Pélissier à qui son devancier, par une abnégation encore inconnue dans l'Histoire, avait cédé le commandement suprême, et qui avait obtenu le succès décisif, en lançant sur Malakoff l'héroïque Mac Mahon. C'était enfin, derrière eux, toute une phalange de héros sortis de nos rangs et dont la gloire burinait les noms. Ah! comme nous étions orgueilleux de tous ces exploits et ravis de sentir que nos frères d'armes venaient de rendre à la France son rang dans le monde et sa place à la tête des nations! Aujourd'hui, au souvenir de ces jours merveilleux, mon vieux cœur de soldat, par ses battements d'orgueil, me fait encore trembler la plume dans les doigts.

Le 16 mars de cette année, nos canons nous apprirent la naissance du Prince impérial, et le 30 ils saluaient encore la signature de la paix. Trois maréchaux de France furent créés le même jour : notre Gouverneur général le maréchal Randon, le maréchal Bosquet et le maréchal Canrobert, Pélissier ayant déjà reçu son bâton au lendemain de sa victoire. Le maréchal Bosquet annonça à sa mère la haute récompense qu'il venait d'obtenir par ce télégramme :

« *Ma mère, priez Dieu pour l'Empereur.*

« Le maréchal BOSQUET. »

Et ce jour-là, la prière demandée sortit d'une âme républicaine.

L'Empereur voulut que le maréchal Canrobert, encore souffrant des blessures reçues à l'Alma et à Inkermann, rentrât à Paris, à la tête des troupes qu'il avait héroïquement commandées en Crimée, donnant l'exemple et s'exposant jour et nuit, comme un simple grenadier, dans les tranchées sanglantes de Sébastopol.

Je ne pris, hélas! aucune part aux grandes fêtes qui

suivirent, à Alger, ces heureux événements. Ma mère venait de mourir entre mes bras. Dans notre commerce quotidien et exquis, je ne voyais, pour ainsi dire, pas décliner cette chère santé, moins sous le poids des années que sous celui de tant d'épreuves, supportées avec la plus admirable et la plus chrétienne des résignations. Une attaque d'apoplexie, trois jours de souffrances, vainement combattues par la science et adoucies par mes soins, par ceux de ses amies accourues à son chevet, et ce fut fini. Ma mère, l'ange à qui je dois le peu que je vaux, était morte, sans avoir vu deux événements qu'elle appelait de tous ses vœux et auxquels je ne songeais certes pas, bien qu'ils dussent bientôt s'accomplir : ma rentrée en France et mon mariage.

Au milieu de mon deuil, une nomination que je n'avais pas demandée vint me surprendre : celle de lieutenant-colonel des chasseurs à cheval de la Garde impériale.

VI

LA GARDE IMPÉRIALE.

Faut-il une Garde ? — Civils et militaires. — Élite, pas foule. — Comment on entrait dans la Garde. — D'Alger à Compiègne. — Le colonel de Cauvigny. — Rivalités. — Hommes et chevaux. — Notre uniforme. — Une grande revue à Longchamps. — Restons ce que nous sommes. — Les Africains de la Garde. — Mes collègues. — Quelques types. — Paul de Molènes.

De toutes les institutions du premier Empire, celle qui devait tenter le plus Napoléon III, c'était naturellement la Garde Impériale, cette belle Garde légendaire dont l'apparition sur les champs de bataille suffisait pour fixer la victoire. Aussi l'Empereur l'avait-il ressuscitée, peu de temps après l'Empire. Il lui avait donné des proportions modestes ; elle était composée d'un régiment de grenadiers, d'un de voltigeurs, du régiment des Guides, d'un régiment de cuirassiers et enfin d'un régiment d'artillerie mixte, c'est-à-dire comprenant des batteries montées et des batteries à cheval. Il lui avait donné pour chef un général qui portait un grand nom impérial : le général Regnault de Saint-Jean d'Angély. Et c'est avec cet effectif et avec ce chef qu'elle avait pris part aux opérations de la guerre d'Orient. Chargé d'une des opérations du siège, le général échoua dans la fameuse attaque du 18 juin, et fit subir, ce jour-là, à sa troupe d'élite, chargée de protéger la retraite, un baptême sanglant. Quelques jours avant la prise de Malakoff, sa santé l'obligeait à rentrer en France.

En 1815, lieutenant aux chasseurs de la Garde, Regnault de Saint-Jean d'Angély était, le jour de la bataille de Waterloo, attaché à l'état-major particulier de l'Empereur. Je l'ai entendu raconter que, le matin, il était resté longtemps seul, s'ennuyant dans une chambre de ferme, pendant que, dans la pièce voisine, Napoléon conférait avec quelques-uns de ses généraux. Abandonnée sur une table, il y avait devant lui une énorme cassette dont il avait eu la curiosité de soulever le couvercle. Elle était pleine jusqu'aux bords de pièces de vingt francs! « Si j'avais su ce qui devait arriver, disait le général, j'en aurais rempli mes poches; c'eût été autant de soustrait à MM. les Anglais et à MM. les Prussiens qui, le soir, raflèrent la précieuse cassette, avec le reste. » Proscrit, avec son père, par la Restauration, il rentra au service en 1830, comme lieutenant-colonel du premier des six régiments de lanciers, qu'on venait de créer en transformant autant de régiments de chasseurs. La révolution de Février le trouva à la tête d'une brigade de cavalerie, à Paris. Le Prince Président le nomma général de division et lui confia même le ministère de la guerre pour quelques jours, le temps de signer la révocation du général Changarnier, commandant en chef de l'armée de Paris, qui venait de se mettre en lutte ouverte avec le futur empereur. La maladie contractée en Crimée ne lui permit pas de présider lui-même à la réorganisation, sur un plus vaste plan, du corps d'élite dont il allait, d'ailleurs, reprendre le commandement.

Napoléon III pensait qu'il fallait à l'armée française un corps de réserve important. Il voulait, en outre, récompenser les soldats qui venaient de se couvrir de gloire en Crimée. Il décida donc que la Garde Impériale serait portée à deux divisions d'infanterie : voltigeurs, grenadiers, zouaves, chasseurs à pied ; à une division de cavalerie composée de trois brigades : (grosse cavalerie) cuirassiers, (cavalerie de ligne) dragons et lanciers, et (cavalerie légère) chasseurs et Guides ; et enfin, à une brigade d'artillerie, un régiment monté et un régiment à cheval ; un bataillon du génie, un escadron du train et des sections de troupes administratives complétaient ce véritable corps d'armée.

Je ne vais pas m'amuser, et peut-être ennuyer les lecteurs, à raconter les précédents historiques d'une pareille institution. Ils savent, d'ailleurs, tous, que sous l'ancien régime la « Maison du Roi », les gardes françaises et les gardes suisses représentaient un corps d'élite et de réserve. Ils savent aussi que la Révolution remplaça tous les corps privilégiés par la garde nationale égalitaire, mais qu'il fallut bien vite revenir aux privilèges en créant des compagnies soldées, puis des compagnies de grenadiers et de chasseurs dans chaque bataillon ; que la Convention se donna une garde qui devint celle du Directoire, puis celle des Consuls et enfin la vieille Garde Impériale, dont les bonnets à poil jetaient la terreur dans l'âme des ennemis, cette Garde précieuse que l'Empereur n'engageait presque jamais, qu'il se contentait de montrer, et qu'il préféra garder, comme une réserve suprême, plutôt que de transformer, à la Moskowa, la défaite des Russes en déroute, ainsi que le lui demandaient ses généraux qui le suppliaient de la faire donner.

En 1813, Napoléon, qui voulait par tous les moyens augmenter ses armées, créa de nouveaux corps d'élite : la jeune garde, les gardes d'honneur. La première Restauration conserva la vieille Garde, sous le nom de grenadiers de France, y ajouta une Garde Royale, de huit régiments d'infanterie, huit régiments de cavalerie et de deux régiments d'artillerie, et rétablit en outre la Maison du Roi. A la seconde Restauration, la Garde Royale subsista seule avec une partie de l'ancienne Maison du Roi. Elle fut licenciée en 1830, quand le gouvernement de Louis-Philippe eut pour corps d'élite la garde nationale, à laquelle il donnait le pas sur l'armée, au grand contentement de M. Joseph Prudhomme. Cependant on avait conservé très judicieusement, dans chaque bataillon, une compagnie de grenadiers et une de voltigeurs qui étaient une élite et un cadre solide. Et en 1840, alors que le réveil de la question d'Orient surexcita nos besoins militaires, on essaya timidement la création de corps spéciaux, sous le nom de chasseurs de Vincennes devenus chasseurs d'Orléans, à la mort du Prince qui les avait formés. Ils conservèrent ce nom jusqu'en 1848, où ils prirent celui de chasseurs à pied. L'Empire, parce qu'il était l'Empire, allait rétablir un corps de réserve sous le nom de Garde Impériale, et la guerre d'Orient lui en fournissait la matière, en hommes et en officiers.

Ces alternatives de faveur et de disgrâce prouvent combien est controversée l'institution d'un corps d'élite destiné à jouer, sur les champs de bataille, un rôle décisif, soit en complétant la victoire, soit en arrêtant les efforts d'un ennemi victorieux et en rétablissant l'équilibre du combat. C'est que, pour résoudre ce problème, les uns partent d'un point de vue politique et les autres d'un point de vue militaire. Les premiers, hantés par les rêves d'une égalité chimérique, affirment que devant l'ennemi, comme devant les urnes, un homme en vaut un autre, et que par conséquent, à la guerre, toute troupe peut être appelée à jouer le rôle de réserve. Ils concèdent cependant qu'on pourra réserver de préférence ce rôle au corps qui, dès le commencement des hostilités, aura fait preuve de la solidité la plus grande. Et ils ajoutent qu'en temps de paix, une troupe d'élite, composée, comme ils disent, de prétoriens, ferait courir les plus grands dangers à la liberté.

Que répondent à cela les militaires? D'abord ils négligent avec préméditation le rôle intérieur de l'armée, parce qu'ils savent très bien que les gouvernements, quels qu'ils soient, veulent une armée obéissante en temps de paix, et que ceux-là mêmes qui appellent les soldats prétoriens, quand ils sont dans l'opposition, sont enchantés d'avoir à leur tour des prétoriens, quand ils sont au pouvoir. Je m'imagine que le type du gouvernement civil et antimilitaire a été réalisé par M. de Robespierre. Il n'en est pas moins vrai que M. de Robespierre faisait tout son possible pour s'attacher des généraux et des officiers, dans nos armées, et que, lorsqu'il est mort si prématurément et si pitoyablement, il avait, lui aussi, des prétoriens qu'il cherchait à opposer aux prétoriens de la Convention, des prétoriens dont le chef le suivit dans sa chute. Et ce chef était Henriot, un général dont l'ivrognerie et la fidélité ont créé un proverbe, puisqu'on dit encore : « Soûl comme la bourrique à Robespierre. »

Mais, se plaçant à leur point de vue étroit, les militaires répondent qu'un corps de réserve, composé de sujets d'élite, est aussi indispensable à une armée que des fondations à une maison. Ils font bon marché de cette théorie, que les sujets d'élite doivent être répandus sur l'ensemble des régiments, pour leur donner à tous la même valeur, et non réunis, au risque d'énerver les corps, en une masse qui, d'après l'exemple même de la Garde Impériale, est en réalité moins exposée que les autres ! Cette théorie revient à nier l'effet de la puissance morale qui, à la guerre, est le premier élément du succès. Perdus dans la masse, les sujets d'élite n'ont, à mon sens, qu'une influence restreinte sur des hommes que leurs cadres et leurs officiers doivent suffire à entraîner. Quand ils sont réunis en un bloc, au contraire, leur valeur individuelle est décuplée par leur juxtaposition, et, au moment de la crise suprême, ils peuvent produire des effets irrésistibles, tant par l'exemple qu'ils donnent à l'armée, par la confiance qu'ils lui inspirent, que par la crainte que ressent l'ennemi de leur intervention. Les exemples historiques à l'appui de cette thèse se pressent en foule dans ma mémoire. Je n'en veux citer qu'un, cependant : celui de Patay, où l'on vit de jeunes troupes, effrayées et tapies dans un ravin, se relever et courir à l'ennemi, parce qu'elles venaient de voir passer devant elles les zouaves pontificaux qui marchaient sur les batteries prussiennes, l'arme au bras. Et puis, oubliez-vous la force de l'émulation, de l'entraînement, qui est aussi puissante sur les corps de troupes que sur les individus ? Non, non ! l'égalité de tous, c'est la médiocrité pour tous. Il faut des corps d'élite. J'en appelle à tous mes vieux compagnons d'armes pour leur demander si, en attendant mieux, ils ne regrettent pas la disparition des belles compagnies de grenadiers et de voltigeurs d'autrefois, qui encadraient les bataillons avec lesquels nous avons guerroyé et leur servaient, tantôt de béliers irrésistibles, et tantôt de réserves inébranlables !

J'ajouterai que, maintenant plus que jamais, la nécessité des corps d'élite s'impose, maintenant que le service militaire, obligatoire pour tous, remplit l'armée de jeunes gens en qui on n'a pas le temps matériel de développer l'esprit militaire et qui, eux-mêmes, au jour de la mobilisation, seront noyés dans des flots de réservistes arrachés à leur famille, à leur position, à leurs intérêts, et pressés de se soustraire, par tous les moyens, à l'insupportable corvée des obligations militaires. Et, d'ailleurs, on les voit déjà naître, ces corps d'élite.

Qu'est-ce que c'est que cette armée coloniale que tout le monde réclame sans l'obtenir, sinon un corps d'élite qui sera composé de vieux soldats plus endurcis que les autres? Qu'est-ce que c'est que ces corps-frontières, le sixième, par exemple? Il saute aux yeux qu'ils ne sont pas pareils aux autres et que, préparés en vue d'un effort extrême et subit, ils ont des soldats plus entraînés, mieux recrutés, et des officiers choisis spécialement. Il faudrait bien peu de chose pour les transformer en véritables corps d'élite.

Mais il ne faut pas tomber d'un excès dans un autre. Il ne faut pas que l'élite devienne une foule, parce qu'alors elle cesse d'être une élite. Et, s'il convient d'absorber une partie des meilleurs éléments de l'armée, il n'est pourtant pas nécessaire de les absorber tous. A mon humble avis, la Garde Impériale, telle que la constitua le second Empire, était trop nombreuse; trop nombreuse pour l'armée et trop nombreuse pour elle-même. On aurait dû se contenter de reprendre l'organisation de la vieille Garde : quatre régiments d'infanterie, deux de grenadiers, deux de chasseurs; trois régiments de cavalerie, les grenadiers à cheval, les dragons et les chasseurs, et un régiment d'artillerie. On aurait eu ainsi les forces nécessaires pour un effort suprême, en temps de guerre, et de quoi alimenter suffisamment la légende, cette exagération de l'Histoire, qu'on a tort de négliger, parce qu'elle est une force qui, parfois, l'emporte sur celle de la réalité.

Au lieu de cela, pour recruter un véritable corps d'armée, nous écrémions trop profondément tous les régiments, dont les chefs rechignaient à se priver, chaque année, de leurs meilleurs éléments à notre profit. De plus, nous étions privés de la principale base de recrutement d'un corps d'élite : la guerre. La Garde était trop nombreuse pour la paix, coupée par des guerres courtes ou des expéditions lointaines auxquelles elle ne prit aucune part. En outre, à ce moment, l'engouement était pour le service à long terme. Le soldat n'était retraité qu'après vingt-cinq ans de service effectif, et nous puisions dans les régiments une multitude de vieux guerriers à trois chevrons. Or, il ne faut pas que le soldat vieillisse trop sous le harnais, parce qu'alors il devient incapable de supporter les fatigues de la guerre. Quelques vieilles brisques sont nécessaires, pour perpétuer la tradition, pour entretenir dans les chambrées, par leurs exemples et leurs récits, le culte du métier chez les jeunes gens. Mais, à la guerre, les régiments sèment derrière eux autant de soldats trop vieux que de soldats trop jeunes. Il est déplorable aussi que les sous-officiers s'éternisent dans leur grade. Ils se nuisent les uns aux autres par la concurrence, finissent par se dégoûter, et les meilleurs d'entre eux, en quittant l'armée, parce que l'épaulette se fait trop attendre, la privent d'une force précieuse. Enfin, le découragement, dans de pareilles conditions, monte jusqu'aux officiers eux-mêmes. Ils ne voient, dans leur passage à travers un corps d'élite, que des avantages de solde, d'uniforme et de régiment. Ils en jouissent, sans se croire astreints à plus de zèle et de dévouement que dans les autres corps.

Sous le premier Empire, les officiers de la Garde avaient tous réellement le grade supérieur à celui de l'emploi qu'ils exerçaient, et non pas seulement comme préséance, mais encore comme avantages effectifs de solde, de tenue et d'avancement. Ainsi, un capitaine était réellement chef de bataillon et passait directement major, c'est-à-dire lieutenant-colonel. Un colonel de la Garde était général de brigade, en portait les insignes et devenait de plain-pied général de division, comme le beau Dorsenne, qui commandait les grenadiers à pied et devint directement commandant d'un corps d'armée, en Espagne. La Garde Royale avait conservé ces privilèges que le gouvernement lui enleva bientôt, en face du *tolle* général du reste de l'armée, et ses sous-officiers seuls continuèrent à porter les insignes de l'emploi supérieur, tandis que ses officiers revenaient aux insignes du grade dont ils étaient titulaires. On aurait dû ressusciter quelque chose d'analogue dans la Garde Impériale du second Empire, en n'y admettant que des sujets tout à fait remarquables. C'eût été évidemment une augmentation de cadres, mais elle eût été utilisée en temps de guerre, et ce n'eût pas été une augmentation de dépense, puisque nous touchions en réalité la solde du grade supérieur, sans en avoir les autres prérogatives.

Avec le système qui a été adopté, au contraire, les officiers de choix trouvaient plus d'intérêt à rester dans les régiments où ils étaient connus et appréciés, et qui, faisant campagne, leur offraient plus de chances d'avancement, et bien que les propositions pour la Garde eussent lieu aux inspections annuelles, elles devinrent rapidement assimilées à de simples changements de corps pour convenances personnelles. Sans doute, quand on voulait entrer dans la Garde, il fallait avoir des notes excellentes, mais c'était tout, et c'était à la portée de tout le monde. Le commandant en chef de la Garde, général et puis plus tard maréchal Regnault de Saint-Jean d'Angély, choisissait les candidats en dernier ressort, et ses préférences n'étaient pas toujours dictées par des raisons exclusivement militaires. Quand on voulait être sûr d'entrer dans la Garde, on allait lui rendre visite, en civil. Le port de l'uniforme eût équivalu à une élimination. Il fallait avoir soin que rien dans la tenue n'accrochât l'œil : pas de bijoux, bagues, chaîne de montre ou épingle de cravate. Pas de bottines vernies surtout. Le maréchal les détestait. Il vous interrogeait. On ne devait jamais répondre autre chose que : « Oui, monsieur le maréchal. — Non, monsieur le maréchal.

— Si, monsieur le maréchal. » A l'aide de ce cérémonial peu compliqué, on entrait dans la Garde comme dans un moulin.

Je n'eus pas à l'employer, puisque ma nomination me parvint sans que j'eusse fait aucune démarche pour l'obtenir. En même temps qu'elle, me parvint l'ordre de former un détachement d'une soixantaine d'hommes, maréchaux des logis et brigadiers compris, pour compléter l'effectif de mon nouveau régiment. Naturellement, je pris ce que je trouvai de mieux ; mais, comme je dus partir avant ce détachement, mon successeur n'eut rien de plus pressé que de me l'abîmer, en y faisant entrer tout ce qu'il y avait de plus ordinaire dans le régiment. C'était pourtant une vieille connaissance que ce successeur, le lieutenant-colonel de Gondrecourt, qui venait du 4ᵉ de chasseurs d'Afrique, récemment licencié. Il avait débuté dans l'infanterie et avait été, au 47ᵉ de ligne, le camarade du maréchal Canrobert, qui lui conserva toujours une grande affection. En 1836, il avait passé, comme lieutenant, aux spahis qu'on formait. Je l'avais vu chez mon père, à Mostaganem et à Misserghin, lorsque j'allai m'y engager. Déjà, à cette époque, il donnait dans la littérature, et quelques romans intéressants, en lui ouvrant la porte de la *Revue des Deux Mondes*, lui avaient valu un rang distingué dans le monde des lettres. Il avait pris dans l'armée d'Afrique la plupart des types de ses personnages, et l'un de ses héros, le bonhomme Noch, n'était autre qu'un de ses camarades, vieil officier de spahis, des plus bizarres. J'ai entendu, de mes oreilles, le père Noch proclamer ceci : « Me prenez-vous pour une bête ? Sachez, monsieur, que j'ai dû travailler trente ans pour devenir sous-lieutenant. » Et il ajoutait en se frappant sur la tempe : « Mais pas de tête. » Cela se voyait, de reste.

Mes officiers, lorsque j'eus remis le commandement,

me firent des adieux touchants, et tous en corps, précédés de la fanfare du régiment, ils m'accompagnèrent jusqu'à bord du bâtiment où j'allais m'embarquer.

En ce mois de mai 1856, je quittai, le cœur serré, cette terre d'Afrique où je venais de passer la plus grande et la meilleure partie de ma vie. J'y avais connu de bien mauvais jours, sans doute, mais j'y avais aussi éprouvé de grandes et nobles satisfactions qui m'avaient fait oublier tous mes déboires. A ce moment, toutes les pierres semblaient sorties de mon chemin; je n'avais plus qu'à me laisser porter par les événements. J'avais acquis une certaine réputation dans les affaires arabes, et je pouvais prétendre à un commandement d'une certaine importance. Enfin, depuis des années, j'étais habitué à être mon maître, à évoluer comme chef de service, loin de tout centre d'autorité. Je quittais donc un terrain qui m'était familier, sur lequel je me sentais le pied solide, pour un avenir inconnu, pour un monde qui ne m'attirait pas, où je prévoyais des pièges, des préjugés. Je quittais l'indépendance et la responsabilité qui plaît aux actifs pour les fonctions effacées, subalternes, de suppléant d'un chef de corps, où toute initiative allait m'être interdite. Je partais sans entrain, et mon voyage, assombri par le souvenir de la perte cruelle que je venais de faire, fut encore entravé par des difficultés matérielles ridicules. J'emmenais avec moi les quatre chevaux auxquels me donnait droit mon nouveau grade dans la Garde. J'avais déjà eu toutes les peines du monde à obtenir leur passage gratuit d'Alger à Marseille. Là, je me trouvai sur le quai, avec mes quatre bêtes, sans savoir qu'en faire. Tout était envahi par le rapatriement des troupes de Crimée. Le sous-intendant ne voulut pas me délivrer une réquisition pour les faire monter en chemin de fer, et, finalement, je dus payer, au tarif complet, leur transport jusqu'à Compiègne, lieu de garnison désigné aux chasseurs de la Garde. Le régiment n'était pas encore arrivé, et j'avais un bon mois à l'attendre.

On l'avait formé en Crimée, après la prise de Sébastopol, avec quatre escadrons de la cavalerie légère de l'armée d'Orient, et avec deux escadrons pris dans les chasseurs d'Afrique restés en Algérie. Et, comme le 4º régiment de cette arme venait d'être licencié, le général Morris l'avait versé à peu près en entier dans le nouveau corps qui allait être sous ses ordres, puisque le général passait du commandement d'une division de l'armée de Crimée à celui de la division de cavalerie de la Garde. Pourtant, afin de ne pas paraître exclure les autres corps, il avait admis quelques officiers et quelques hommes des 1ᵉʳ et 4ᵉ de hussards, qui, sous le commandement du général d'Allonville, avaient, auprès d'Eupatoria, dans le brillant combat de Ganghill, enlevé une batterie d'artillerie russe protégée par une brigade de Cosaques. Mais le fond du régiment était composé de chasseurs d'Afrique. Le colonel commandait lui-même le 4ᵉ de chasseurs d'Afrique, lors de son licenciement, et dut à cette circonstance ce nouveau poste si envié.

Le colonel de Cauvigny, que les soldats appelaient le « Père la Pipette », à cause de son culte pour la pipe, était un fort galant homme, fort honorable, fort estimable, mais qui devait sa fortune militaire plus au hasard qu'à sa passion pour le métier. Camarade de promotion du général Morris, ce qui ne le rendait pas très jeune, il avait, en sortant de l'École de Saint-Cyr, en 1824, été dirigé sur un régiment appartenant à l'armée d'Espagne, et presque aussitôt, dans un engagement avec les troupes insurrectionnelles, il avait été blessé et décoré. Son caractère indolent, indifférent, peu ambitieux, ne mit pas le reste de sa carrière en rapport avec ce brillant début. Le bon Dieu lui-même n'aurait pas obtenu qu'il fît un pas plus vite que l'autre, et il commença à vivre paisiblement dans les garnisons, en mangeant des revenus qui lui donnaient une grande aisance. Je le connus cependant en Afrique, en 1846, où il vint parmi les renforts envoyés lors de l'insurrection générale qui suivit le massacre de Sidi-Brahim. Il était alors le plus ancien capitaine de son régiment, le 5ᵉ de chasseurs; pas très aimé de ses chefs, il se gardait bien de leur faire la moindre opposition, car c'eût été un dérangement. Il les exaspérait par ce flegme inaltérable qui s'augmentait dès qu'on lui demandait un effort. Mais son honorabilité, cette croix si noblement gagnée et si longtemps portée, son âge lui procuraient une bonne situation dans le régiment, d'autant plus qu'il donnait à entendre qu'il ne s'éterniserait pas dans la carrière et qu'il n'attendait que le grade d'officier supérieur pour renoncer au service. Il quitta l'Afrique, sans en emporter un souvenir bien agréable. Il n'aimait ni sa vie agitée, ni ses petits chevaux barbes qui remuent perpétuellement. Devenu chef d'escadrons, il déclara qu'il n'attendait plus pour s'en aller que le titre de colonel. La guerre de Crimée le trouva lieutenant-colonel d'un régiment de hussards, et, comme c'était un homme de cœur et d'honneur, il suivit la fortune de son régiment, brava le choléra, le typhus, les intempéries, le froid, le chaud, les fatigues de la guerre, sans attraper seulement un rhume de cerveau. Il se trouva en passe de devenir colonel du 4ᵉ de chasseurs d'Afrique, qui fut licencié à la paix, et c'est ainsi qu'il devint colonel des chasseurs de la Garde, sans avoir pris de goût ni pour les Africains, ni pour leurs chevaux. Il était certainement le chef le moins fait pour amalgamer, en un régiment nouveau, les éléments venus de tous les côtés, les fondre, les pétrir, les dominer et insuffler une âme à ce corps naissant. Ses chefs, du reste, le comprenaient si bien qu'ils avaient supplié l'Empereur de lui trouver une autre destination, une légion de gen-

darmerie, par exemple. L'Empereur leur répondit :
« Vous me l'avez fait nommer; vous deviez le connaître. Je n'infligerai pas un pareil affront à un aussi brave homme. » C'est ainsi que le colonel de Cauvigny commanda les chasseurs de la Garde jusqu'à l'heure de sa retraite, qu'il prit, suivant la règle, comme général de brigade.

Je passai un mois entier à Paris, attendant le régiment dont les escadrons, débarqués d'Orient, arrivaient par étapes de Marseille à Compiègne, et j'employai ce temps à obéir aux vœux de la chère morte que j'avais laissée en Afrique, en engageant des négociations matrimoniales qui devaient bientôt aboutir à mon mariage avec Mlle Veillet de Veaux, jeune orpheline, appartenant à une très ancienne famille de la Brie et habitant auprès de sa sœur et de son beau-frère, sous-préfet d'Aix en Provence. Inopinément, je reçus du général Regnault de Saint-Jean d'Angély l'ordre de me rendre à Compiègne, pour y précéder le régiment qui allait arriver le lendemain, et que le colonel de Cauvigny avait abandonné en route pour aller traiter, chez lui, en Normandie, des affaires de famille. On ne savait plus ce qu'il était devenu.

Je le trouvai à la gare du Nord, accompagné du major du régiment, car il s'était fait informer ponctuellement de la marche de ses escadrons, de façon à être à son poste avant leur arrivée. Je connaissais le colonel : quant au major, petit homme, maigre, au teint verdâtre et au regard faux, qui avait fait tout son chemin dans la comptabilité, il me produisit une mauvaise impression.

Nous arrivâmes à Compiègne en même temps que le « logement ». On appelle ainsi un détachement qui précède la colonne, pour lui préparer ses gîtes d'étapes. Le « logement » était en avance d'un jour. Il se composait des quatre maréchaux des logis chefs et de l'officier de casernement, sous les ordres d'un capitaine adjudant-major. Le colonel les retint tous les six à déjeuner à l'hôtel; sauf l'adjudant-major, qui venait des hussards, ils sortaient tous des chasseurs d'Afrique; aussi, quelle ne fut pas ma stupéfaction en entendant le colonel, pendant que nous mangions, entamer, avec le ton traînard et monotone qui faisait partie de ses habitudes flegmatiques, une véritable diatribe injuste, injurieuse, contre les chasseurs d'Afrique, en même temps que l'apologie outrée des hussards. C'était stupide de la part d'un homme qui allait commander un régiment composé, pour les trois quarts, de chasseurs d'Afrique, pour un quart, de hussards, et qui parlait devant des gens revêtus encore de l'uniforme des chasseurs d'Afrique. C'était tellement ridicule que j'aurais dû fermer mes écoutilles, penser à autre chose, repasser, par exemple, ma table de Pythagore, ou le règlement de 1829, et m'absorber dans la dégustation de mon omelette et de ma côtelette. Mais j'avais — j'ai encore — les nerfs à fleur de peau ; je partis malgré moi : « Parbleu ! mon colonel, je sais mieux que personne que tout n'est pas parfait aux chasseurs d'Afrique ; mais ces messieurs et moi, nous en sommes, et nous nous demandons s'il est juste et convenable que vous abîmiez, devant nous, une troupe dont nous faisions partie hier, que vous allez commander demain, et qui a rendu quelques services. Demain, hussards et chasseurs ne demanderont qu'à se fondre sous vos ordres en un corps nouveau auquel vous insufflerez votre esprit. Pourquoi commencer par les exciter les uns contre les autres, et par rendre impossible une fusion qui est nécessaire ? »

Cette sortie était déplorable. D'abord, elle préludait mal à l'effacement systématique et volontaire que je devais m'imposer. Ensuite, elle froissait mon colonel. Enfin, elle avait lieu devant des subalternes qui découvraient ainsi, dès le premier jour, entre leur colonel et leur lieutenant-colonel, sur les points les plus essentiels, un dissentiment qu'ils allaient exploiter. En effet, on eut beau revêtir nos officiers et nos hommes des mêmes uniformes, ils restèrent toujours fidèles à leurs origines, et il y eut, aux chasseurs à cheval de la Garde, des chasseurs d'Afrique, dont je restai malgré moi le représentant, et des hussards auxquels allaient les préférences du colonel.

Le lendemain matin, nous allâmes tous recevoir, aux portes de Compiègne, les quatre escadrons de Crimée, qu'allaient suivre, quelques jours après, les deux escadrons venus d'Afrique. La cavalerie du premier Empire n'eut certainement jamais un plus beau régiment. Chaque escadron comptait cent cinquante cavaliers montés, soldats de cœur et de métier, métallisés en quelque sorte par la guerre, et portant dans les yeux et dans l'âme la conviction d'être ce qu'ils étaient réellement : les premiers soldats du monde. Presque tous avaient sur la manche deux ou trois chevrons d'ancienneté, c'est-à-dire comptaient au moins douze à quinze ans de service. Ils étaient rares ceux qui n'avaient qu'un chevron, et plus rares encore ceux qui étaient dans leur premier congé; car ces derniers avaient tous dû faire preuve de mérites exceptionnels. Leurs sous-officiers, auxquels les liait la confraternité des armes et du danger, étaient dignes d'eux. Presque tous étaient médaillés, et quelques-uns portaient la croix, couronnement d'une carrière noblement remplie, mais désormais arrêtée. Les officiers étaient fort bons aussi, quoique manquant peut-être un peu de jeunesse. En dehors des officiers supérieurs, presque tous sortaient du rang et avaient gagné leurs galons à coups de sabre. On n'aurait pas pu dire d'eux qu'ils étaient des savants ; mais, s'ils n'avaient pas les avantages de la science, ils étaient aussi à l'abri de ses inconvénients.

Dans la vie militaire, c'est comme dans la vie civile; il faut des savants, mais pas trop n'en faut. Comme tout le monde ne peut pas entrer à l'Institut, il serait ridicule de préparer tout le monde à l'Institut. De même, comme tous les officiers ne peuvent pas être des généraux, il serait ridicule d'exiger de tous les aptitudes des généraux.

Déjà, après la guerre de Sept ans, le maréchal de Broglie, le vainqueur de Berghen, déplorait la tendance qui entraînait les jeunes officiers de son temps à discuter sur le « grand du métier », au lieu de remplir avec zèle leurs modestes fonctions. Le maréchal pourrait recommencer aujourd'hui, s'il vivait, ses doléances et trouver parmi nous de nombreux exemples d'officiers que la science a transformés en raisonneurs, en frondeurs, parce qu'elle n'est pas encore éclairée par l'expérience.

Si les cadres étaient dignes de la troupe, dans les chasseurs de la Garde, les chevaux étaient dignes des cavaliers. De robe grise pour l'ensemble du régiment, de robe noire pour les sapeurs et de robe baie pour les trompettes, ils étaient tous de purs spécimens de la race barbe. Le général Morris, qui s'y connaissait, avait choisi ce qu'il y avait de mieux parmi les régiments de Crimée montés en chevaux africains. C'était la première fois qu'une troupe pourvue de chevaux arabes apparaissait en France, et quoiqu'elle fît contraste avec le reste de la cavalerie, elle justifiait à merveille son rôle de cavalerie légère, avec ses chevaux si alertes, si ardents et si souples.

Ces admirables petites bêtes avaient, pour la plupart, passé sans abri deux hivers terribles sous les rafales glacées qui balayaient le plateau de Chersonèse. Elles venaient de faire, pour ainsi dire, tout d'une traite, les deux cents lieues qui séparent Marseille de Compiègne. Après deux jours de repos et de soins à l'écurie, elles en sortirent aussi alertes et aussi fraîches que si elles n'avaient jamais quitté leur pâturage natal.

Mais le colonel de Cauvigny englobait aussi les chevaux dans son antipathie contre tout ce qui venait d'Afrique, et il avait mis dans sa tête de nous faire remonter en chevaux français. Lorsque le régiment fut réuni en entier à Compiègne, le général Regnault de Saint-Jean d'Angély, commandant en chef de la Garde, vint faire connaissance avec lui. Il ne resta que quelques heures au milieu de nous, et ne vit que l'ensemble de notre troupe assez bigarrée, car nous portions encore, tous, les uniformes des différents corps dont nous sortions.

Le colonel lui fit ses doléances et lui expliqua pourquoi il craignait qu'avec nos allures et nos montures africaines, nous fissions mauvaise figure à côté des Guides, avec lesquels nous étions embrigadés. Le commandant en chef l'écoutait assez volontiers, car il partageait les préventions imméritées qu'inspiraient alors les troupes d'Afrique à presque tous les chefs militaires qui n'en avaient pas fait partie. Cependant, comme il voulait s'éclairer avant de rien décider, il nous invita à dîner, le colonel et moi, pour le soir. Avec le général et son aide de camp, le commandant Robinet, nous n'étions que quatre à table. On discuta la question brûlante ; le colonel replaça ses arguments favoris, et, sur l'invitation du général, je pris la parole à mon tour. J'étais en verve, j'avais eu toute la journée les oreilles échauffées par des théories qui me semblaient absurdes, et j'apportai à l'appui de ma thèse, à défaut d'éloquence, une foule d'arguments.

« Je pense, dis-je, que nous devons avant tout conserver au régiment le cachet original que lui donnent ses éléments africains ; que rien n'est plus faux que l'idée de vouloir singer les Guides, parce que nous n'en serons jamais l'équivalent ; nous n'en serons jamais que la caricature. L'Empereur a voulu faire des Guides un régiment unique, une sorte de spécimen de la cavalerie française à montrer aux princes étrangers de passage à Paris. Pour cela, il a donné carte blanche à son ami, le général Fleury, et il s'est livré en faveur du régiment à un effort financier qu'il ne renouvellera certainement pas. Les Guides sont tous des hommes choisis. Leurs chevaux, dont le dernier pourrait être monté par un colonel, coûtent le double ou le triple des nôtres. Beaucoup de leurs officiers sont des jeunes gens de famille qui ont de la fortune. Ils forment une sorte de cercle, à la façon des officiers anglais. Ils ont un mess, auquel l'Empereur lui-même contribue pour une somme importante et qui, une fois par semaine, se transforme en un salon aristocratique. Les Guides ont une musique qui est un véritable orchestre, subventionné par l'Empereur, où les musiciens des Italiens et de l'Opéra figurent comme gagistes, dont le chef, M. Mohr, a rang d'officier. Or, nous n'aurons rien de tout cela, et, si nous voulons marcher sur les traces des Guides, nous serons aussi ridicules que le bourgeois du cinquième, qui veut donner un bal, parce que le banquier du premier en donne aussi. Restons ce que nous sommes. Nous avons la chance de ne ressembler à personne. Profitons-en. »

Le général Regnault de Saint-Jean d'Angély avait écouté avec attention l'argumentation dont je viens d'esquisser le squelette. Peut-être n'aurait-il pas pu exécuter les modifications que rêvait le colonel. En tout cas, il ne l'essaya même pas, et j'eus la satisfaction de voir le régiment conserver son aspect. A la vérité, il fut bientôt amélioré par la confection des uniformes.

Le nôtre était réellement splendide, aussi élégant et plus léger que celui des Guides, et on me permettra de le décrire, comme un souvenir des splendeurs disparues. Les hommes portaient le dolman vert clair, à parements garance, bordé partout d'un galon de fil blanc posé à plat et qui recouvrait en les dessinant les coutures du dos : le dolman était orné, sur la poitrine, de cinq rangées de dix-huit gros boutons blancs à aigle, correspondant à dix-huit grosses tresses carrées de laine blanche qui barraient la poitrine. Le pantalon était en drap garance, avec passe-poils verts et bandes blanches. Comme coiffure, le talpack en peau de veau marin noir, cylindrique et non conique, comme pour les chasseurs de la ligne, avec flamme écarlate et aigrette de crin blanc. Les buffleteries, c'est-à-dire le ceinturon et la banderole de giberne, étaient blanches, et la giberne, bordée d'une baguette de cuivre, était ornée de l'aigle couronné, sur un faisceau de rayons.

Les officiers portaient en argent, en grande tenue, tout ce qui pour la troupe était en laine et en fil blanc : les bandes du pantalon, les tresses, les galons du dolman ; de leur talpack descendait un cordon d'argent, maintenu, autour du cou, par des passants coulants, fixé à l'épaule droite et traversant, pour s'attacher à l'épaule gauche, la poitrine, sous forme de tresses larges comme la main, et garnies de deux pendentifs à glands. Les buffleteries, ceinturon et banderole de giberne, étaient tressées en argent et soie verte. Comme tenue de route ou de manœuvre, le dolman portait des ornements de soie noire, à la place des ornements d'argent. Comme tenue de quartier, le talpack était remplacé par un petit shako verni noir en forme de képi, et enfin, comme tenue du matin, les officiers portaient le bonnet de police à gland d'argent et la petite capote verte, descendant jusqu'aux genoux et formant plastron sur la poitrine. Le cheval avait la schabraque en drap vert clair bordée d'un large galon blanc, de fil pour la troupe, et d'argent pour les officiers, ornée à ses deux coins d'un N couronné.

C'est dans ce magnifique appareil que nous figurâmes à la revue du 5 mai 1857, passée par l'Empereur, en l'honneur du grand-duc Constantin de Russie, et où, pour la première fois, la Garde Impériale parut tout entière aux yeux des Parisiens. Voici quels furent l'ordre et la marche du défilé. Je le retrace ici, parce qu'il rappellera leur jeunesse à quelques-uns de mes lecteurs, et aussi parce que le souvenir de ce spectacle militaire splendide est resté vivant dans mon cerveau :

En tête s'avançait le commandant en chef, général de division, comte Regnault de Saint-Jean d'Angély, suivi de son chef d'état-major général, le colonel de Vandrimey-Davout.

Derrière eux, apparut la première division d'infanterie, commandée par le général Mellinet, qui avait pour chef d'état-major le lieutenant-colonel Reille ; la première brigade, sous les ordres du général de Wimpffen, comprenait un régiment de gendarmerie : colonel de Prémonville de Maisonthou ; le premier régiment de grenadiers : colonel Lenormand de Bretteville. La deuxième brigade, commandée par le général Cler, comprenait le deuxième régiment de grenadiers : colonel d'Alton ; le troisième régiment de grenadiers : colonel Ducrot ; le régiment de zouaves : colonel de Bonnet-Maurelhan-Polhès.

La deuxième division d'infanterie comprenait les quatre régiments de voltigeurs. Elle avait pour chef le général Camou, dont le chef d'état-major était le colonel de Vaubert de Genlis ; pour brigadiers, les généraux Manèque et Decaen. Les quatre régiments étaient commandés par les colonels Mongin, Félix Douay, Dubos, Montaudon. Avec cette brigade marchait le bataillon de chasseurs à pied, commandé par le commandant Garnier.

Derrière l'infanterie, apparut la superbe brigade d'artillerie dans ses uniformes bleu sombre et or; et enfin nous : la cavalerie. Nous étions commandés en chef par le général de division Morris, qui avait pour chef d'état-major le colonel Pajol.

Nous formions trois brigades : la grosse cavalerie, général baron Marion, deux régiments de cuirassiers, avec les colonels Ameil et de la Martinière; la cavalerie de ligne, général Dupuch de Féletz; les dragons : colonel Crespin; et les lanciers : colonel Lichtlin; et enfin la cavalerie légère : général Cassaignolles; les chasseurs : colonel de Cauvigny, et les Guides : colonel de Mirandol.

Lorsque nous eûmes défilé, aux cris de « Vive l'Empereur! » lorsque eurent passé les grands bonnets à poils noirs, les aigrettes des jaunes voltigeurs, les turbans des zouaves; lorsque se furent envolés dans la poussière les cuirasses, les casques, les flammes des lances et celles des talpacks, l'Empereur demanda au Grand-Duc ce qui l'avait le plus frappé. « Dans l'infanterie, répondit le Prince : les zouaves, et dans la cavalerie : les chasseurs de la Garde. »

Le Prince avait raison. Sans parler des vieux soldats chevronnés qui composaient le premier rang de nos six escadrons, le régiment, en défilant, avec les tresses blanches de ses soldats, les tresses d'argent de ses officiers, ses petits chevaux barbes, gris, l'œil en feu, la crinière et la queue flottantes au vent, avait passé comme un tourbillon de neige. A dater de ce jour, la cause des Africains fut gagnée, et les chasseurs de la Garde durent probablement à cette remarque princière d'être maintenus dans l'état où ils avaient été créés.

A propos de cette rivalité de quelques heures, si imprudemment soulevée entre chasseurs et Guides, j'ai entendu bien souvent le général Fleury exposer ses idées particulières sur les questions militaires. Fleury ne discutait pas; il officiait, il émettait des axiomes, mais il n'admettait pas la controverse, et, dès qu'on avait l'air de ne pas partager son opinion, il prenait une attitude de hauteur ennuyée et distraite qui mettait fin à la conversation. Anglomane forcené, quand il avait organisé les Guides, il était allé chercher ses modèles dans l'armée anglaise, dont certains corps d'élite, réputés pour leur élégance et leur faste, les horse-guards, par exemple, étaient restés dans sa mémoire. C'est ainsi que, puisant à son gré dans la liste civile, il avait organisé le fameux mess où tous les officiers des Guides, depuis le colonel jusqu'au plus jeune sous-lieutenant, prenaient leurs repas en commun. Tous les mercredis, on y donnait, aux accords de la musique du régiment, un grand dîner où la chère était exquise, et que suivait une réception où se faisaient entendre de grands artistes. Les autres jours, les menus étaient moins soignés, et les officiers avaient pris l'habitude de ne venir au mess que pour déjeuner. Il est à peine besoin de dire que ce genre de vie aurait été inabordable pour ceux d'entre eux qui n'auraient eu que leur solde à dépenser.

Ces emprunts à l'Angleterre, comme aujourd'hui les emprunts à l'Allemagne, ne sont pas heureux, parce qu'ils ne sont pas conformes à notre tempérament national. En Angleterre encore plus qu'en Allemagne, les officiers appartiennent tous à la même caste; la hiérarchie des grades est observée à la caserne et devant les troupes; mais, en dehors du service, chacun reprend son rang social, et, par exemple, un lieutenant qui serait duc passe avant son colonel qui ne serait que baron. On a raconté bien souvent, dans l'armée, qu'à un grand déjeuner offert à bord du vaisseau amiral anglais, en Crimée, un jeune capitaine qui portait le titre de comte avait été placé avant son général qui n'appartenait pas à la noblesse, et, pour rétablir l'ordre des préséances, à la française, il fallut que ce dernier menaçât de quitter le bord.

Il faut que les institutions militaires d'un peuple soient d'accord avec ses institutions sociales. Or, depuis un siècle, nous sommes dans un État démocratique, ou du moins nous avons la prétention d'y être, et nous ne pouvons pas supporter, par conséquent, les habitudes qui conviennent à un État aristocratique. C'est pourquoi l'institution d'un mess d'officiers est une utopie. Nos règlements veulent qu'en toutes circonstances et en tous temps, l'inférieur s'incline devant son chef hiérarchique. Il ne faut donc pas multiplier les frottements d'homme à homme entre les officiers d'un grade différent. Si les supérieurs, dans ce contact biquotidien autour d'une table, s'abandonnent, il se trouvera des inférieurs doués de plus de verve et d'esprit, qui leur feront sentir leur supériorité, au détriment de la discipline, surtout en France, où la jeunesse est naturellement frondeuse.

Si, au contraire, les supérieurs s'abstiennent de tout abandon, afin de maintenir leurs subordonnés dans le respect et la déférence, d'abord, cette raideur deviendra une gêne pour les chefs, et puis, elle se transformera en une compression intolérable pour les subordonnés. Il faut qu'à table, à l'heure où l'on se déboutonne, on puisse blaguer le colonel. C'est une soupape nécessaire pour la discipline, et si elle fait défaut, les officiers en arrivent à se détester. Enfin, c'est une singulière conception que celle qui consiste à vouloir nourrir uniformément un sous-lieutenant de vingt et un ans et un colonel de cinquante ans, tout en établissant une échelle mobile, d'après les traitements, de façon, par exemple, que le colonel paye cent cinquante francs par mois, et le sous-lieutenant cinquante-cinq ou soixante. Est-ce que le bien-être, le luxe, ne doivent pas, comme les appointements, grandir au fur et à mesure qu'on s'élève dans la hiérarchie ? Et, sans parler des questions de famille, savez-vous si un colonel, après une carrière laborieuse, usé par les fatigues de la guerre, n'a pas besoin de plus de soins qu'un sous-lieutenant tout frais émoulu de l'école ? On disait, pour justifier le système du mess, qui ne tarda pas à être adopté par tous les régiments de la Garde, à l'instar des Guides, qu'on voulait transformer les officiers en messieurs, lisez en gentlemen. On aurait bien mieux fait de se contenter d'en faire de bons officiers, pourvus d'une bonne éducation professionnelle. Quant à l'éducation générale, c'est l'affaire de chacun ; ce n'est pas l'affaire de l'État.

Pour en revenir aux chasseurs, ils restèrent les vieux troupiers qu'ils étaient, et ils ne faisaient pas trop mauvaise figure à côté des muscadins des lanciers, des dragons de l'Impératrice ou des Guides.

Toute cette admirable cavalerie de la Garde, qui venait de défiler devant l'Empereur et le grand-duc Constantin, était pleine de mes anciens compagnons d'armes. Son chef, le général Morris, a déjà figuré plusieurs fois dans ces « Souvenirs », depuis le jour de la prise de la Smala, où il commandait les chasseurs d'Afrique. A partir du grade de capitaine, il n'avait cessé d'attirer les yeux sur lui, et il passait pour un général de cavalerie hors ligne. Mais il avait un rival, le général d'Allonville, mon ancien colonel aux spahis. Et ces deux chefs se ressemblaient trop pour ne pas se détester. Ils étaient aussi caustiques l'un que l'autre, et quand ils plantaient les dents, au figuré, dans la peau d'un supérieur ou d'un camarade, le morceau leur restait entre les mâchoires. Le général d'Allonville avait commandé en Crimée une brigade, dans la division Morris. Il ne s'était pas gêné pour critiquer son chef qui le savait, et avait décroché la troisième étoile quelque temps avant le brillant combat de Ganghill, dont le succès était dû à son audace et à ses manœuvres habiles.

Le chef de l'état-major de la division, le colonel comte Pajol, était un artiste. Devenu général, il cisela la statue de Napoléon érigée à Montereau, et qui rappelle pour le comte Pajol une gloire patriotique et une gloire familiale. En 1814, son père, à la tête de quelques escadrons composés de conscrits qui savaient à peine monter à cheval, chassa, sous les yeux mêmes de l'Empereur, et par une des plus belles charges que rapportent nos annales militaires, les Alliés, qui occupaient en force la ville.

Notre grosse cavalerie, deux régiments de cuirassiers dont un fut, en 1865, remplacé par les carabiniers, était commandée par le baron Marion, excellent homme adoré du soldat, qui alla, comme général de division, commander en Corse. Il est mort sans fortune. Sa charmante fille aînée remplaça, comme lectrice auprès de l'Impératrice, Mlle Bouvet, lors de son mariage avec M. Carette, et épousa, vers la fin de l'Empire, le plus aimable des officiers attachés au Prince impérial : le comte Clary.

La cavalerie de ligne, dragons et lanciers, obéissait aux ordres du général Dupuch de Feletz. Sa santé, qui l'avait obligé à quitter l'armée d'Afrique, à la veille de la bataille d'Isly, était restée assez délicate pour qu'il vécût à part. Enfin, la cavalerie légère, où figuraient, avec les chasseurs, les Guides, qui, par leur taille et celle de leurs chevaux, auraient dû être rattachés à la cavalerie de ligne, était commandée par un vieil Africain, le général Cassaignolles. Je l'avais connu dès mes premiers pas dans la vie militaire, car il était adjudant-major aux spahis d'Oran, lorsque je m'y engageai. Sous une enveloppe un peu grêle, il cachait un cœur vaillant et une âme de feu, et, quoique sorti du rang, il était un de nos plus jeunes généraux de cavalerie.

Son commandement, ferme, un peu sec, quoique bienveillant, et ses allures pleines d'ardeur, cadraient mal avec le caractère apathique de mon colonel. Aussi me persécutait-il pour que, sous prétexte de seconder mon chef, je misse un peu plus de flamme dans le régiment. J'ai toujours décliné ses exhortations, et, tant que j'ai exercé les fonctions ingrates et à peu près inutiles de lieutenant-colonel, j'ai fait le mort. C'était forcé. Le colonel est l'âme de son régiment ; s'il est mauvais, il faut le changer. Mais lui donner comme rival son lieutenant-colonel, c'est s'exposer à tout démantibuler.

Nos six colonels étaient : pour les cuirassiers, le colonel Ameil, fils du général du premier Empire, et le colonel de la Martinière, mon ancien chef d'escadrons aux spahis, qui venait de Crimée ; pour les dragons, le colonel Crespin, qui venait également de Crimée ; pour les lanciers, le colonel Lichtlin, qui figurait dans la colonne du duc d'Aumale, lors de la poursuite de la Smala ; pour les Guides, le colonel de Mirandol, que mes lecteurs connaissent amplement ; et enfin, pour les chasseurs, le colonel de Cauvigny. Tous les six ont passé généraux, et quatre : de Mirandol, Crespin, Lichtlin et Ameil, sont arrivés au grade de général de division.

Mes cinq collègues étaient : aux cuirassiers, le lieutenant-colonel Payen de Chavoix et le lieutenant-colonel Decroix, qui furent retraités comme colonels ; aux lanciers, le lieutenant-colonel de Montalembert, frère du grand orateur, qui, en 1859, mourut du choléra sur la frontière du Maroc, à la tête du 1er de chasseurs d'Afrique ; aux Guides, le lieutenant-colonel de Montaigu, qui devait remplacer de Mirandol, et qui est mort, il y a quelques années, général de division, et enfin, aux dragons de l'Impératrice, le lieutenant-colonel Jouve, « Moussu Zouve », d'Arles, comme nous l'appelions, un brave homme et un homme brave, qui avait eu le bras cassé en 1851 dans un combat chez les Maatkâs, mais que personne ne prenait au sérieux, à cause de son exubérance méridionale.

Je le vois encore, ce pauvre Jouve, constamment assailli par ses cousins d'Arles ; il lui en venait un tous les matins. Je devais le devancer dans le grade de colonel, et non seulement il n'en fut pas jaloux, mais il se mettait sous ma très inutile protection.

Un jour, dans un bal des Tuileries, il m'aborda en me serrant les mains avec effusion, pour me conter ses peines, et finit par s'écrier : « Mon zer du Barail, faites-moi nommer colonel. Ce n'est pas pour moi, mon Dieu ! mais c'est pour le réziment dont ze veux faire le bonheur ! » Et ce dernier mot lui remplissait la bouche. Enfin, il fut nommé colonel du 7ᵉ de lanciers ; et le lendemain, il courait au ministère, demander que le 7ᵉ de lanciers fût envoyé à Tarascon. Les bureaux étaient trop heureux de trouver un colonel qui demandât la garnison de Tarascon, que refusait tout le monde. Voilà mon Jouve qui va faire le bonheur de ses lanciers en pleine Provence ; et ce bonheur consistait à faire entrer en masse les gens de Beaucaire, de Tarascon, d'Arles et de Marseille dans le régiment, qu'il finit par exaspérer, au point qu'on dut vite l'admettre à la retraite.

De tous les officiers supérieurs des chasseurs, à leur formation, je suis le seul qui soit parvenu au grade de général de division. Le colonel de Cauvigny fut retraité comme général de brigade. Le plus ancien chef d'escadron, le commandant de Mazug, fut retraité comme colonel, dans le service des places. Le deuxième, le commandant de Lavigerie, est mort récemment, général de brigade en retraite. Enfin le troisième, le commandant Tilliard, eut la tête emportée par un obus, à la journée de Sedan, où il commandait la brigade de hussards et de chasseurs de la division Margueritte. Le major, nommé Dufoix, disparut sans laisser de traces. Parmi les capitaines, un seul, M. de Bruchard, devint colonel. Deux autres, MM. de Talleyrand et Pinochet, devinrent lieutenants-colonels. Il est évident que si les officiers du régiment avaient été l'objet d'une sélection plus sévère, ils auraient fourni plus de candidats aux hauts grades de l'armée.

En revanche, nous avions quelques types curieux, et entre autres, un sous-lieutenant nommé Jude, tout comme l'assassin du président Poinsot. Il avait été brigadier trompette, et c'était un point de contact entre nous, puisque j'avais moi-même débuté comme élève trompette, mais pour la frime, tandis que lui, Jude, avait réellement mâché du cuivre. Ce vieux brave faisait la joie de ses collègues, qui passaient leur temps à lui entonner les bourdes les plus invraisemblables : « Figure-toi, Jude, lui disait-on, que toute la police est sur pied. Est-ce qu'on n'a pas volé, la nuit dernière, tous les hiéroglyphes de l'obélisque de Louqsor ! — « Ah ! les gredins ! » répondait Jude en s'indignant. Aux chasseurs d'Afrique dont il sortait, il y avait un vieil adjudant à cheveux gris. Et, comme Jude avait entendu vaguement raconter que les Romains avaient autrefois occupé l'Algérie, on lui avait persuadé que le vieil adjudant avait été abandonné par les Romains, au moment de l'évacuation, dans un silo, avec vingt ans de vivres. Jude appartenait au même escadron que Paul de Molènes.

Écrivain de race, condisciple, au collège Henri IV, du duc d'Aumale, Paul de Molènes était entré assez tard dans la vie militaire. Après la révolution de Février, il s'était engagé dans la garde mobile, où il était devenu sous-lieutenant. Aux journées de Juin, il eut l'épaule traversée par une balle, en enlevant, à la tête de sa compagnie, une barricade dans le faubourg Saint-

Antoine. On le décora. Cette croix et cette blessure en firent un soldat. Engagé aux spahis, il fut classé dans mon escadron, mais n'y parut jamais, car il resta à Alger, comme secrétaire à l'état-major, jusqu'à sa nomination d'officier, qui ne se fit pas attendre. Nommé sous-lieutenant, au moment où éclatait la guerre d'Orient, il partit avec le détachement que le régiment fournissait à l'armée. Le général Canrobert, qui l'a toujours beaucoup aimé, se l'attacha comme officier d'ordonnance et le chargea particulièrement de veiller à la sûreté du colonel de la Tour du Pin, qui, devenu complètement sourd et presque aveugle, incapable, par conséquent, de remplir un emploi, faisait la guerre pour son compte, par plaisir, en volontaire, avec le seul souci de se fourrer au plus épais de toutes les bagarres. Le général, qui l'avait recueilli à son état-major, lui disait après chaque affaire : « La Tour du Pin, vous vous ferez tuer un de ces jours, et j'ai déjà composé votre épitaphe : — Ci-gît un preux du Moyen Age égaré dans nos rangs. »

L'épitaphe allait servir. A l'assaut de Malakoff, La Tour du Pin, blessé, fut emporté du champ de bataille. Il survécut peu de temps à sa blessure. De Molènes était devenu son inséparable, et il a fait revivre son souvenir dans des pages d'une haute éloquence. L'amitié d'un tel homme et la bienveillance du maréchal Canrobert sont de beaux titres pour un soldat.

Conteur étincelant, littérateur de grande envergure, de Molènes était cependant incapable de fixer son esprit distrait sur les choses du métier. C'était un guerrier d'instinct, et non un militaire. Comme lieutenant-colonel, je lui faisais, ainsi qu'aux autres capitaines, un cours de théorie. Je n'ai pas pu lui faire entrer dans le cerveau une parcelle de cette théorie. Il comprenait tout de travers, et invariablement le contraire de ce qu'on lui expliquait. Rêveur, imaginatif, jusqu'à idéaliser l'aventure la plus vulgaire de garnison, épris d'idéal, réfractaire à la réalité et aux choses qui ne demandent que du sens commun, avec de grandes prétentions à l'élégance, un culte de l'excentricité et une susceptibilité presque maladive : tel était de Molènes. Il quitta les chasseurs de la Garde pour se marier avec une jeune femme charmante qui était elle-même connue dans les lettres, passa, lors de la campagne d'Italie, à l'état-major du maréchal Canrobert, fut nommé chef d'escadrons au 8ᵉ de chasseurs, après la guerre, et se cassa la tête contre un mur en essayant un cheval au manège. Pauvre de Molènes !

VII

COMPIÈGNE. — CAMP DE CHALONS.

La Cour à Compiègne. — Un compétiteur. — Encore l'affaire Doineau. — Trop jeune pour être colonel. — Un ordre du jour. — Grandes manœuvres. — Un dîner pénible. — La messe militaire. — A Fontainebleau. — Audiences impériales. — Le comte Vimercati.

Cette année, la Cour impériale vint à Compiègne plus tôt que d'habitude, dans les premiers jours d'octobre, et son arrivée donna à la petite ville, assez triste d'ordinaire, l'animation des grands jours. Les Souverains qui, pour la première fois depuis la guerre, recevaient dans leur colossal et historique rendez-vous de chasse, voulurent y fêter les héros de Crimée, et les officiers de la garnison, c'est-à-dire des chasseurs de la Garde et du bataillon de grenadiers venu pour le service du Château, profitèrent naturellement des attentions dont leurs frères d'armes étaient l'objet. Une fois par semaine, il y avait grand dîner ou spectacle à la Cour, et partout des places nous étaient réservées. Quant aux chasses, tout le monde pouvait les suivre, bien que ceux-là seuls fussent appelés à y jouer un rôle, qui avaient obtenu la faveur du bouton, c'est-à-dire le droit de porter l'uniforme adopté par l'Empereur et l'Impératrice : habit à la française vert, galonné d'or avec parements et collet de velours amarante, gilet rouge galonné, culotte blanche et bottes à chaudron ; le tout surmonté du tricorne galonné d'or que l'Empereur et l'Impératrice portaient garni de plumes blanches.

Le droit de s'habiller ainsi pour courre le cerf, représenté par un bouton aux armes impériales, était fort recherché, comme bien on pense. Et sa distribution donnait lieu à certains incidents qui froissaient, je l'avoue, mon esprit, ankylosé, si l'on veut, par les idées militaires. Ainsi, je voyais des sous-lieutenants porter le bouton alors que leur général déplorait l'absence de cet insigne. C'était très anglais sans doute, mais ça me chiffonnait. Du reste, si les Souverains faisaient preuve envers tous ceux qui les approchaient d'une bienveillance et d'une affabilité qu'on sentait sincères et cordiales, leur entourage immédiat interposait entre eux et le reste du monde une de ces barrières invisibles qu'on ne franchit jamais, même avec un bon cheval. Non pas que cet entourage fût impertinent, car alors la barrière fût vite tombée. Il affectait dans l'intérieur du Château, pour les hôtes momentanés des maîtres, une amabilité dont la banalité se traduisait par ce fait, qu'elle expirait au seuil de la porte. Société strictement fermée, ne s'ouvrant que de loin en loin à de rares élus et préférant, dans son exclusivisme jaloux, des étrangers, même sans notoriété, à des compatriotes qui l'eussent gênée peut-être par l'éclat de leurs mérites. Société élégante, mais d'une élégance étudiée ; société distinguée, mais dont les formes valaient mieux que les sentiments et les caractères.

Du reste, je n'avais ni la prétention ni le loisir de l'étudier à la façon de M. de La Bruyère, car, pendant que la Cour était à Compiègne, j'avais obtenu quatre jours de congé pour me marier, et mon voyage de noce avait consisté à ramener ma femme à ma garnison. C'était bien la compagne d'un cavalier, car, comme moi, elle était passionnée pour les longues chevauchées, et notre lune de miel eut pour dôme la cime jaunissante des grands arbres de l'admirable forêt de Compiègne, que nous parcourions côte à côte sans nous lasser. Ainsi se passa pour moi cet heureux hiver, entrecoupé par les fêtes officielles que la Cour donna aux Tuileries où elle était rentrée. Il y eut, comme d'habitude, quatre grands bals et deux concerts, sans parler des lundis de l'Impératrice, où l'on n'allait qu'en frac et en culotte courte. Les invitations à ces petits bals étaient plus recherchées, parce qu'elles marquaient davantage l'intimité avec la famille impériale. Mais les grandes réceptions étaient réellement plus amusantes. Le luxe et la variété des uniformes leur donnaient un éclat féerique, et puis, on se retrouvait entre camarades ; on y faisait des rencontres imprévues et pourtant désirées depuis longtemps, qui amenaient des effusions et faisaient sortir du passé le long cortège des souvenirs.

Au printemps, les chasseurs de la Garde allèrent remplacer, à Fontainebleau, les dragons de l'Impératrice, et ce fut à notre passage à Paris qu'eut lieu la grande revue dont j'ai parlé dans le chapitre précédent, où la Garde entière défila à Longchamps.

J'attendais avec assez d'impatience ma nomination de colonel. J'étais porté le premier sur le tableau d'avancement, en tête de mes cinq collègues, les cinq lieutenants-colonels de la cavalerie de la Garde. Le maréchal Vaillant proposa à l'Empereur de nommer, pour le 15 août, comme colonel de dragons à Lunéville, à la place du baron Ambert, notre célèbre écrivain militaire, promu général de brigade, le lieutenant-colonel Decroix du 2ᵉ de cuirassiers. L'Empereur, qui suivait avec attention le travail des nominations dans l'armée, fit remarquer au ministre que Decroix était après moi sur le tableau. « C'est vrai, répondit le maréchal, mais il est plus ancien et plus âgé. — Cependant, reprit l'Empereur, ces conditions d'âge existaient quand on a dressé le tableau, et s'il n'y a pas d'autre raison, il faut le respecter. — Il y en a une autre, dit encore le ministre : j'acquitte une dette envers Decroix qui m'a sauvé la vie autrefois, en Algérie. » L'Empereur signa aussitôt sans répliquer. Le maréchal avait réellement de l'imagination.

Colonel et directeur du génie en Algérie, il était venu de Philippeville à Constantine inspecter son service, peu après l'occupation de cette dernière ville. Comme les routes n'étaient pas sûres, il avait eu pour escorte un peloton commandé par le lieutenant Decroix. Personne ne les avait attaqués. Le voyage s'était effectué sans encombre. C'était ce qu'il appelait lui avoir sauvé la vie. Le maréchal ne se souvenait pas de moi. Decroix lui rappelait sa jeunesse, et voilà pourquoi Decroix me fut préféré. Cependant, je n'ai pas eu à me plaindre de cette petite discussion sur nos deux noms, car elle devait fixer sur le mien l'attention de l'Empereur, toujours attentif à réparer ce qu'il jugeait une injustice. Et elle ne devait pas nuire à ma destinée, loin de là. Il n'en est pas moins vrai que j'eus une déception. Le général Morris avait écrit au capitaine de Balzac, le plus ancien du régiment, pour lui annoncer sa nomination de chef d'escadrons, et il ajoutait : « Votre lieutenant-colonel est également nommé, mais je ne sais pas où il est envoyé. » Je passai donc toute la journée du 15 août à attendre fébrilement ma nomination, et le lendemain, j'appris celle de mon collègue.

D'autres soins, d'ailleurs, me firent bientôt oublier ce déboire passager. Le camp de Châlons naissait. De vastes étendues de terrain entre Châlons et Reims, sur les bords de la Suippe, et dans des espaces à peu près improductifs, avaient été achetées pour y établir un camp permanent de manœuvres. Obéissant à cette pensée fort juste, que la guerre n'est que l'intelligente application des exercices pratiqués et expérimentés pendant la paix, Napoléon III voulait que les troupes qui venaient de s'illustrer sur les champs de bataille allassent les premières se retremper aux sources de l'instruction militaire, qui ne s'acquiert que par des manœuvres d'ensemble. Aujourd'hui, l'armée nationale a une organisation qui lui permet de passer instantanément du pied de paix au pied de guerre. Toutes ses unités sont prêtes, tous ses chefs sont à leur poste hiérarchique. Ses corps, ses divisions, ses brigades sont composés. Il ne lui manque que les hommes. Mais alors, sur le pied de paix nous n'étions, pour ainsi dire, ni endivisionnés ni embrigadés. La réunion de troupes nombreuses sur un point quelconque du territoire, avec tous les organes de commandement et d'administration qui leur sont nécessaires, était exceptionnelle, et avant de commencer la guerre, il fallait se livrer à un travail de juxtaposition presque toujours insuffisant et qui avait, en outre, l'immense inconvénient de dévoiler nos projets à l'ennemi, et de lui faire lire pour ainsi dire nos plans de campagne. De loin en loin, on essayait bien de réaliser ce qu'on appelait l'image de la guerre, et, dès 1698, l'Histoire enregistrait le souvenir du fameux camp de Compiègne, formé sous le prétexte d'initier à l'art militaire les petits-fils du grand Roi, et dans lequel le maréchal de Boufflers, qui le commandait, se ruina en déployant un luxe inouï pour recevoir Louis XIV et les princes.

Les camps qui suivirent furent un peu plus sérieux. On s'y occupa moins des dames et davantage des soldats. Mais, comme ils étaient coûteux, on les espaçait à de longs intervalles, et quelques rares privilégiés venaient seuls y recevoir un enseignement intermittent. La masse des troupes était exposée à partir pour la guerre sans en avoir vu même le simulacre. Par sa permanence, le camp de Châlons constitua un progrès, puisque, chaque année, une partie notable des forces nationales devait y venir s'exercer aux manœuvres de la guerre et prendre tout au moins un aperçu de la vie en campagne, sous les ordres de l'un des chefs les plus illustres et les plus expérimentés. La Garde Impériale devait l'inaugurer. Elle devait tout entière coucher sous la tente, formant ainsi un front de bandière d'une étendue considérable. Le quartier impérial seul était établi dans des baraques provisoires.

La réunion générale était fixée pour le 31 août, et nous nous y rendîmes par étapes. Le régiment des chasseurs de la Garde, au cours de ce voyage, alla coucher à Châlons. Là, commandait la division territoriale le général d'Autemarre d'Ervillé, un vieil Africain, qui venait encore d'ajouter à sa réputation militaire par ses exploits en Crimée. Garçon, — car il n'avait pas encore épousé Mlle de Barral, la fille du sénateur comte de Barral, — le général avait conservé des allures de camaraderie et de confraternité que développe la guerre et qu'amoindrissent les loisirs de la paix, où la communauté des dangers ne vient plus faire oublier les distances hiérarchiques. Nous étions arrivés de bon matin à Châlons et nous allâmes, suivant les prescriptions réglementaires, lui rendre en corps nos devoirs.

Le général d'Autemarre retint les officiers supérieurs à déjeuner, et notre général de division, le général Morris, qui était l'hôte de son camarade, assista au repas qui commença très gaiement. Bientôt, la conversation tomba sur un sujet que j'ai été amené à traiter par anticipation dans ces « Souvenirs » et qui passionnait alors non seulement l'opinion publique, mais encore et surtout l'armée : l'affaire Doineau. L'intervention de Jules Favre, l'éloquent et venimeux adversaire de l'Empire, avait transformé cette cause célèbre en débat politique, et on était pour ou contre le capitaine Doineau, selon que l'on était pour ou contre l'Empire.

Si je suis bien parvenu à dépeindre le caractère du général Morris, dont le nom est venu si souvent sous ma plume, on a pu voir que, très bon dans le fond, il était excessif en paroles. A la moindre contradiction, surtout venant d'un inférieur, il montait comme une soupe au lait, il s'emballait et poussait les choses à l'extrême. Il s'avisa d'adopter la thèse de Jules Favre, et, concluant du particulier au général, il entama une diatribe enragée contre les bureaux arabes, enveloppant, dans sa réprobation, tous les officiers qui leur avaient appartenu. Tout cela dit froidement, posément, le sourcil froncé, avec un ton sifflant qui rendait plus âpres et plus agressives des attaques où l'on démêlait comme un ressentiment personnel. On voit d'ici la scène. Tous mes camarades, le nez dans leur assiette, mais les yeux tournés en coulisse sur moi, qui, pendant des années, avais été employé dans les affaires arabes, sur moi qui avais la conscience d'y avoir fait mon devoir, usé ma santé et d'en être sorti, non seulement les mains nettes, mais plus pauvre que je n'y étais entré. J'écoutais en mâchant, pour tout aliment, ma moustache.

Enfin, posément, je commençai, en faisant remarquer au général que les fautes étaient personnelles, et qu'il était injuste de faire partager à tant de braves gens, qui avaient contribué à la conquête et à la pacification de l'Algérie, la responsabilité du crime d'un seul, « crime qui n'est pas démontré d'ailleurs », ajoutai-je. « Je connais aussi bien et mieux que la plupart des personnes présentes les acteurs du drame, Doineau et l'agha Mohammed, et je considère Doineau comme un être trop intelligent pour avoir combiné un guet-apens aussi inepte. J'admets qu'il a été imprudent en paroles, et que ses serviteurs ont pris pour un ordre le désir qu'il exprimait d'être débarrassé de l'agha. Mais je nie, et qu'il les ait conduits, et qu'il les ait envoyés. » Et puis, je m'emballai au son de mes propres paroles, et je me mis à galoper à travers l'Histoire, démontrant avec des noms et des faits que, pendant toute la période impériale, des chefs illustres de l'armée française avaient réalisé, en pressurant les populations des territoires occupés par eux, des fortunes scandaleuses dont je défiais qu'on citât l'équivalent, et même le diminutif, parmi les exactions qu'on reprochait aux officiers des bureaux arabes.

La discussion devint d'une vivacité pénible, personne n'osant s'interposer pour l'adoucir, la détourner ou la faire cesser. En sortant de table, le général Morris, qui jusque-là s'était montré d'une amabilité extrême pour moi, allait ajouter à mes notes d'inspection cette mention désagréable : « Beaucoup trop jeune pour être colonel. »

Fort heureusement, quelques jours après, l'Empereur qui, de son côté, se rendait au camp, où l'avait déjà précédé sa maison militaire, était allé jusqu'à Lunéville pour inspecter la division de cavalerie réunie en cet endroit et destinée à venir bientôt passer quelques jours à Châlons. Quand on lui présenta les corps d'officiers, Napoléon III fut frappé par le nom du colonel Decroix, récemment nommé, et qu'il avait retenu à cause du petit débat dont il avait été l'objet entre lui et le maréchal Vaillant. Il voulut causer avec le sauveur du maréchal. Hélas ! le colonel Decroix était un ancien ouvrier sellier qui avait fait son chemin honorablement et laborieusement, mais qui avait gardé l'empreinte de son premier métier. Il avait encore sur les lèvres les cuirs qu'autrefois maniaient ses doigts. Avec cela, esprit grognon, chagrin, mécontent de tout, il ne plut guère à l'Empereur.

Napoléon III arriva, le 2 septembre, au camp de Châlons, et, avant même de se rendre à son quartier général, il voulut aller se rendre compte, par lui-même, de l'établissement des troupes.

Déjà, l'industrieuse infanterie avait su donner à ses campements un air de fête. Elle avait sablé et bordé de vertes plantations les rues qui divisaient le camp. Elle avait organisé des jardins, des squares, des monuments fantaisistes. C'était à la fois coquet, charmant et imposant.

L'Empereur visita l'un après l'autre tous les régiments dont les hommes étaient rangés, sans armes, sur le front de bandière, les officiers occupant leur place réglementaire. Le colonel seul accompagnait le Souverain, pour répondre à ses questions. Quand il arriva aux chasseurs de la Garde, le colonel de Cauvigny alla le recevoir, tandis que je restai à ma place, à la droite des escadrons.

— Colonel, demanda l'Empereur, est-ce que votre lieutenant-colonel est au camp?

— Certainement, Sire.

— Voulez-vous le prier d'approcher?

Ce fut un événement! L'Empereur faisant demander le lieutenant-colonel! Cela paraissait une faveur inouïe.

J'arrivai. L'Empereur m'adressa deux ou trois questions; je barbotai le moins que je pus et, avant de recevoir mon congé, j'entendis ces mots, prononcés avec la voix lente et nasillarde qui me parut plus belle que celle du roi des ténors :

— Je voulais vous nommer colonel aux dernières promotions; je n'ai pas pu le faire; les circonstances s'y sont opposées, mais vous aurez la première vacance, je vous le promets.

L'Empereur s'était fait précéder de l'ordre du jour suivant :

« SOLDATS,

« Je vous ai réunis sous mon commandement, parce qu'il est utile que l'armée puise, dans la vie commune des camps, le même esprit, la même discipline, la même instruction.

« Or, la Garde, comme corps d'élite, doit la première, par ses efforts constants, se maintenir au rang que lui donnent ses anciennes traditions et ses services récents sur les champs de bataille.

« Les Romains, dit Montesquieu, considéraient la paix comme un exercice et la guerre comme une application, et, en effet, les succès obtenus par les jeunes armées ne sont, en général, que l'application d'études sérieuses faites pendant la paix.

« Je ne doute pas qu'officiers et soldats ne s'efforcent de concourir avec zèle au but que je me propose. Je recommande aux uns une sévérité paternelle, aux autres une obéissance nécessaire, à tous la bonne volonté et l'observation rigoureuse de la tenue; car la tenue, c'est le respect de l'uniforme, l'emblème de ce noble métier d'abnégation et de dévouement dont vous devez être fiers.

« N'oublions pas que tout signe caractéristique de l'armée, à commencer par le drapeau, représente une idée morale, et que notre devoir est de l'honorer.

« Ce camp ne sera donc pas un vain spectacle offert à la curiosité publique, mais une école grave que nous saurons rendre profitable par des travaux soutenus, dont les résultats seraient évidents si jamais la Patrie avait besoin de vous. »

Il était impossible de voir une plus belle réunion de troupes, comme tenue, comme valeur des cadres, comme composition des effectifs en hommes et en chevaux, que celle de la Garde impériale concentrée au camp de Châlons. C'était bien l'idéal d'une petite armée. Aussi, de toute part, les foules accouraient pour assister au spectacle impressionnant de nos exercices que l'Empereur dirigeait en personne, trois fois par semaine. C'étaient ordinairement de grandes manœuvres de combat qui duraient une bonne partie de la journée, avec une effrayante consommation de poudre, contre un ennemi figuré ou non. Toutes les dispositions étaient prises d'avance, indiquées clairement aux chefs de corps, et les mouvements se déroulaient avec une logique irréprochable et une régularité parfaite. Ces exercices ne me passionnaient pas assez pourtant pour me faire oublier ce qu'ils avaient d'un peu théâtral et de nécessairement conventionnel. J'avais assez fait la guerre pour comprendre qu'ils ne la représentaient que très vaguement, et que toute cette poudre brûlée n'avait guère pour effet que d'amuser le public. C'est, je crois, Charles XII de Suède qui a prétendu, fort justement d'ailleurs, que les exercices de paix ne seraient profitables que lorsqu'il y aurait une balle sur mille coups de fusil, et un boulet sur cent coups de canon. Il est entendu que ce vœu est irréalisable. Mais j'aurais voulu déjà, à cette époque, qu'au moins on laissât plus libre carrière à l'initiative des chefs ; qu'il y eût des surprises, et qu'on ne sût pas d'avance, en partant, qui rentrerait à la fois vivant et victorieux. On appliquait les prescriptions réglementaires, mais on ne découvrait rien de neuf.

En ce qui concerne la cavalerie, une chose me frappait aussi : c'est que, quand nous manœuvrions avec les autres armes, jamais nous n'exécutions les mouvements compliqués que nous faisions apprendre à nos hommes, dans l'instruction technique de notre arme, c'est-à-dire les évolutions de ligne. Les manœuvres du règlement de 1829, nous les faisions quand nous étions seuls, et sans personne pour nous gêner dans ce jeu de patience et de carrousel ; mais dès qu'il y avait même le fantôme d'un ennemi, il y fallait renoncer. Et alors, je me demandais pourquoi on perdait tant de temps à donner à une troupe, dont l'action doit être instantanée, une instruction si compliquée, si difficile à acquérir, si sujette à confusion et qu'on a bien soin de ne jamais appliquer sur le champ de bataille, parce qu'on sait très bien qu'on s'exposerait à transformer sa cavalerie en une salade impuissante d'hommes et de chevaux.

Le général Morris avait, en outre, une marotte : c'était de faire marcher de front ses six régiments, déployés en bataille, et d'en obtenir une uniformité d'allure bien impossible à établir, par exemple, entre nos petits chevaux d'Afrique et les grands chevaux des cuirassiers. C'était la négation d'une règle très importante qui veut qu'on remonte en chevaux de même provenance les régiments destinés à manœuvrer ensemble, afin de les avoir ce qu'on appelle du même pied, c'est-à-dire possédant la même vitesse d'allure.

Ce que je dis là n'est pas pour nier l'importance des services qu'a rendus le camp de Châlons, et qui sont considérables. Dans ces vastes solitudes, les manœuvres se développaient sans encombre, les chefs prenaient l'habitude de manier des masses, et les troupes, de leur côté, dans ces grands mouvements d'ensemble, comprenaient mieux le rôle réservé à chaque arme pour concourir au but commun. Malheureusement, on laissait de côté une science délicate, conséquence nécessaire de cette règle essentielle : se diviser pour vivre et se concentrer pour combattre ; la science du cantonnement.

On partait du bivouac, le matin, pour marcher à travers champs. On n'avait donc pas à faire exécuter aux troupes ces marches de concentration, si difficiles à régler, parce qu'elles demandent une précision extrême dans les ordres de mouvement et l'étude approfondie de la topographie des pays ; ces marches pour lesquelles il faut tout prévoir à l'avance : l'état des routes, les difficultés qu'on peut y rencontrer ; pour lesquelles il faut déterminer les chemins suivis par chaque fraction et par chaque arme, avec assez de précision pour que jamais la rencontre fortuite de troupes mal guidées n'amène d'encombrement ou de confusion. C'est là, dans un camp d'instruction, l'enseignement le plus fécond pour les états-majors qui donnent les ordres, aussi bien que pour les troupes qui les exécutent.

Si vous prenez, à l'heure actuelle, cent Français, et si vous leur posez cette question : Napoléon III était-il un bon général ? il n'y en aura probablement pas un qui vous répondra affirmativement. Tous vous diront que l'Empereur n'entendait absolument rien à l'art de la guerre. Tous se tromperont, je ne crains pas de l'affirmer. Au camp de Châlons, l'Empereur, qui commandait en chef, ne se faisait aider par aucun des militaires expérimentés qui l'entouraient. Il réglait lui-même l'emploi de la journée, établissait le plan général des grandes manœuvres qu'il dirigeait en personne, et dictait à son chef de cabinet militaire les ordres détaillés d'exécution, pour les généraux de division et les chefs de service. Pendant toute la journée, on le voyait faire son métier de général devant tout le monde, et on voyait ses aides de camp galoper de côté et d'autre, pour porter de nouveaux ordres, pour rectifier les erreurs commises. Aux yeux de tout le monde, soldats et officiers, il faisait preuve d'une grande connaissance des règles de la tactique, et nous inspirait à tous une réelle confiance dans ses capacités militaires. Voilà la vérité.

Toutes les semaines, une série d'invités arrivait au quartier impérial : maréchaux de France, grands dignitaires ou étrangers illustres. En leur honneur, l'Empereur donnait de grands dîners auxquels, en dehors des généraux, les colonels, et même les lieutenants-colonels, étaient fréquemment conviés. L'un de ces dîners est resté dans ma mémoire, à cause d'une scène assez étrange qui le marqua. A ce moment, c'était peu de temps avant la levée du camp, l'Empereur avait pour hôtes le maréchal Pélissier, duc de Malakoff, et le vieux maréchal de Castellane qui commandait à Lyon, un vétéran du premier Empire, dont les excentricités légendaires ne doivent pas faire oublier la haute science d'éducateur militaire qu'il déployait dans tous ses commandements. Castellane a été l'idole des Lyonnais, après avoir été leur plastron. Il s'était imposé à eux par ses allures de général de la guerre de Sept ans, par son goût pour l'uniforme ; on prétendait, là-bas, qu'il couchait avec son bâton de maréchal. Par ses ardeurs militaires infatigables, par ses alertes continuelles, par ses duretés égales pour les officiers et les soldats, par ses grandes revues, par sa façon de se mêler au peuple et de déboucher, toujours à cheval, sur la place Bellecour, à la même heure sonnante, il avait forcé la sympathie, à force de surexciter la curiosité. Ce soir-là, il y avait une cinquantaine de couverts à la table impériale. Je revois encore le maréchal Pélissier à la gauche de l'Empereur et le maréchal de Castellane en face de lui, de l'autre côté de la table. La question roulait sur un sujet déjà traité par l'Empereur : l'attribution des batteries d'artillerie, en temps de guerre, aux divisions d'infanterie et de cavalerie. On sait que, dans ce cas, les batteries font partie intégrante des divisions, au même titre que les autres troupes, et sont, comme elles, à la disposition des divisionnaires. L'Empereur pensait que, pour sauvegarder les droits et les intérêts des artilleurs, ces batteries devraient n'être pas attribuées aux divisions, mais seulement prêtées, en vue d'une action déterminée, pour rentrer ensuite sous l'autorité directe de leurs chefs hiérarchiques naturels. Son contradicteur était un de ses aides de camp : le général Espinasse, celui-là même qui allait bientôt, à Magenta, trouver la mort d'un héros. Il faisait valoir, contre l'opinion de l'Empereur, les raisons les plus fortes.

Tout à coup, le maréchal de Castellane, se mêlant à la conversation, crut apporter un argument décisif à l'Empereur en lui disant : « Sire, Votre Majesté a tellement raison que moi-même, au camp de Sathonay, je ne fais pas autrement. »

Mais le général Espinasse n'était pas facile à démonter, et ne trouvant pas convaincante la raison fournie par le maréchal, il répliqua : « Parbleu ! à Sathonay comme ici, on est en pleine paix ; on fait tout ce qu'on veut. Cela ne prouve absolument rien pour la guerre. »

A ces mots, la susceptibilité du vieux maréchal s'éveille ; il se soulève à demi sur sa chaise, et, tendant le bras avec un geste menaçant, il dit au général qui ne sourcilla pas : « Apprenez, monsieur le général, qu'en 1813, je commandais déjà en second un régiment de Gardes d'honneur, et que j'ai, autant que vous pouvez l'avoir, l'expérience de la guerre. »

La scène devenait pénible. Instinctivement, et comme pour y mettre fin, le maréchal Pélissier se leva ; mais l'Empereur restant assis, personne ne bougea. Et presque aussitôt, le maréchal, confus de la faute qu'il venait de commettre contre l'étiquette, se rasseyait. Alors seulement, l'Empereur se leva à son tour, et tous les convives quittèrent la table, contents de voir se terminer ainsi une discussion qui tournait mal. Tout le monde, d'ailleurs, était de l'avis du général Espinasse, sauf peut-être les grands chefs de l'artillerie jaloux de leurs prérogatives, comme les autres, du reste, mais personne ne l'avait soutenu. L'Empereur ne pensait pas comme lui ! Ce qui n'empêche pas que ce grand soldat, dont la mort n'a pas été célébrée comme elle aurait dû l'être, à cause du rôle politique qu'il joua naguère, avait raison. Et le système qu'il défendait a définitivement prévalu.

Chaque dimanche, nous avions la messe au camp, et cette solennité à la fois militaire et religieuse, plus encore que les manœuvres, attirait des foules innombrables, qui venaient s'entasser jusque dans les wagons à bestiaux du chemin de fer qui relie Châlons au camp. Le spectacle méritait cet empressement, car il était féerique. En avant du front de bandière, à proximité du quartier impérial, sur un léger monticule qui l'exposait de toutes parts à la vue, l'autel était dressé, entouré de sapeurs, immobiles sous l'éclair de leur hache et la neige de leur tablier. Dans leur splendide uniforme de grande tenue, l'artillerie avec toutes ses pièces attelées, la cavalerie à cheval, toutes les troupes assistaient à l'office divin, disposées en rayons concentriques dont le calice d'or semblait le noyau.

L'Empereur, suivi de tous les généraux et escorté d'un état-major presque aussi nombreux qu'un régiment, se rendait à pied à la messe. Lorsqu'il apparaissait, les troupes présentaient les armes, les tambours battaient aux champs, les clairons et les trompettes sonnaient. Puis, toutes les musiques attaquaient l'air national que ponctuaient les salves de l'artillerie. C'était indescriptible, et les plus sceptiques d'entre nous étaient, à tout ce bruit accueillant l'homme derrière lequel semblait marcher la patrie debout, traversés par des frissons électriques, qui raidissaient les membres pour se résoudre en une goutte d'eau dans les yeux.

Pendant la messe, le général de brigade, qui commandait les troupes pour la circonstance, lançait à pleine voix les commandements nécessaires. Tous les brigadiers se succédaient dans ce service, et je me souviens que d'eux tous, c'était le général Lebœuf, commandant la brigade d'artillerie, qui remportait la palme, pour la magnificence de son organe. Sa voix roulait, comme une onde sonore, harmonieuse et rythmée, sur toute la Garde Impériale. Il eût fait un chantre colossal.

A l'élévation, le commandement de : « Genou terre! »

retentissait. L'état-major doré se courbait, l'infanterie s'agenouillait en présentant les armes. Sur les chevaux immobiles, les crinières, les aigrettes et les plumes s'abaissaient derrière les raies lumineuses des sabres. Les canons tonnaient, environnés de blancs nuages. Et, au-dessus de toutes ces forces, de toutes ces gloires, de tous ces dévouements prosternés, le disque blanc de pure farine de froment montait vers le ciel, entre les doigts du prêtre.

C'était magnifique et grandiose ; et c'était une pensée profonde et salutaire que celle de donner un pareil éclat au service religieux, parce que c'était montrer à tous ces hommes promis à la mort l'image d'un Dieu qui s'éveillera toujours, quoi qu'on fasse, dans le cœur du soldat, au moment du danger. Vouloir détruire les sentiments religieux, c'est vouloir détruire les sentiments militaires. Le jour où il n'y aurait plus de croyants, il n'y aurait plus de soldats, parce qu'aucune vision divine ne se pencherait plus sur l'homme, pour lui dire qu'en offrant son sang à la patrie, il trouvera là-haut des récompenses plus grandes et plus nobles que les éphémères jouissances d'ici-bas qu'on lui demande de sacrifier.

C'est très joli le séjour sous la tente et l'habitation d'un camp, lorsqu'il fait beau ; mais lorsqu'il pleut et lorsque l'inondation vient se glisser sous la couverture du troupier, cela manque de gaieté ! L'automne de 1857 ayant été pluvieux, l'Empereur se décida à lever le camp le 10 octobre. Auparavant, il y avait fait venir, pendant toute une semaine, la division de cavalerie de Lunéville, et quarante escadrons évoluèrent ensemble dans la plaine. J'espérais qu'on en profiterait pour simuler une de ces grandes opérations d'ensemble, dont on aurait pu aller chercher l'exemple dans les guerres du premier Empire. Il n'en fut rien ; on se borna à exécuter des charges en masse, dont probablement personne ne serait jamais revenu, si les troupes que nous assaillions avaient eu des balles dans leurs fusils. Puis, les régiments reprirent, par étapes, le chemin de leurs garnisons, et, le 20 octobre, les chasseurs de la Garde étaient rentrés à Fontainebleau. Je recommençai dans la forêt, moins vaste et moins importante que celle de Compiègne, mais plus variée et infiniment plus pittoresque, mes chevauchées quotidiennes, avec l'aimable compagnon de route qui ne devait plus me quitter dans la vie.

Les officiers supérieurs de la Garde avaient l'habitude de profiter du privilège qui leur était concédé, comme à leurs collègues du reste de l'armée, d'aller présenter leurs hommages à l'Empereur, en assistant à la messe, le dimanche, aux Tuileries. On faisait généralement cette démarche à la rentrée de la Cour et à la fin de l'hiver. Nous tenions beaucoup à ce droit, parce qu'après la messe, l'Empereur nous accordait à tous quelques instants d'entretien, en audience publique. La plupart d'entre nous y venaient pour faire acte de déférence, mais quelques-uns en profitaient pour solliciter des faveurs ou exposer des doléances. Dans ces deux cas, l'Empereur demandait une note qui était généralement préparée d'avance, et toujours, à bref délai, l'officier recevait une réponse prouvant que l'Empereur s'était fait rendre un compte très exact de l'affaire dont on l'avait entretenu.

Que de libéralités discrètes ont été ainsi accordées ! Que de réparations légitimes sont sorties de cette audience !

Cette messe du dimanche avait un cérémonial invariable et simple. Les officiers généraux et supérieurs qui voulaient assister à la messe, les personnes de l'ordre civil qui y avaient été invitées, et parmi elles quelquefois des dames, entraient aux Tuileries par le pavillon de l'Horloge, prenaient le grand escalier de droite et se rendaient dans la galerie qui servait à la fois de vestibule et de tribune à la chapelle. Au premier coup de midi, un huissier ouvrait la porte à deux battants et annonçait : L'Empereur ! On voyait arriver un cortège ainsi composé : deux écuyers, les chambellans, les officiers d'ordonnance, les aides de camp, le personnel qui prenait le service de semaine ou le quittait ; puis, les grands dignitaires de la couronne, le grand écuyer, le grand veneur, le grand chambellan, etc., tous en grand costume. Derrière eux, venait l'Empereur, donnant le bras à l'Impératrice, accompagnée de sa dame d'honneur et des dames du Palais. Le maréchal commandant l'armée de Paris et le commandant de la Garde Impériale, en grand uniforme et suivis de leurs aides de camp, fermaient la marche. La Cour entendait la messe soit dans le chœur, soit dans la tribune de la chapelle. L'office était généralement court, excepté pendant le carême, car alors il y avait sermon prêché par différents prédicateurs de plus ou moins de renom. C'est là que j'ai entendu et vu, sous les habits sacrés, un homme très connu, qui a passé du judaïsme dans la prélature et de la prélature dans l'élégance mondaine. Il avait été le confesseur des dames de la Cour, qui le trouvaient très gentil. Je crois qu'après avoir essayé d'expliquer les mystères sacrés, il s'est adonné à l'étude des mystères profanes. On l'appelait Baüer.

Quand l'officiant disait : *Ite, missa est*, tous les militaires qui avaient assisté à la messe venaient se ranger, par ordre de grade, dans la galerie qui précédait la salle des Maréchaux, et que traversait bientôt le cortège impérial. L'Empereur reconduisait l'Impératrice jusqu'à la salle des Maréchaux et revenait aussitôt, pour donner audience à ses officiers, en commençant par le plus élevé en grade. Un chambellan demandait à chacun son nom et quelques indications rapides, les disait tout bas au grand chambellan qui les transmettait à l'Empereur, au fur et à mesure. On échangeait alors quelques mots avec le Souverain, puis on allait saluer, en se retirant, les deux grands chefs militaires qui assistaient à toute la cérémonie.

Dans les premiers jours de décembre, j'allai ainsi présenter mes devoirs à l'Empereur, qui eut avec moi le petit dialogue suivant :

— Êtes-vous toujours bien aux chasseurs de la Garde?

— Parfaitement, Sire.

— Ce qui n'empêche pas que vous ne seriez pas fâché de les quitter?

— Je suis aux ordres de l'Empereur.

— Je vous ai promis la première place vacante. Comptez sur moi.

Une poignée de main, mon audience était terminée; et je me retirai, convaincu que je venais de causer avec le plus grand souverain et avec l'homme le plus spirituel du monde.

Le *Moniteur* du 30 du même mois enregistrait ma nomination de colonel du 1ᵉʳ de cuirassiers, en garnison à Versailles, en remplacement du colonel de Cambiaire, nommé *in extremis* général de brigade. J'allais donc me retrouver sous les ordres de mon ancien chef aux spahis, le général d'Allonville, qui commandait la division de cavalerie à laquelle appartenait mon nouveau régiment. Ce qui ne me troublait nullement, quoique je ne fusse point, comme on dit, dans ses petits papiers. Mon remplaçant aux chasseurs, le lieutenant-colonel Cassagne, était déjà arrivé à Fontainebleau, depuis plusieurs jours, sans que ma lettre de service me fût encore parvenue. J'avais, au ministère de la guerre, un ami, le sous-chef du bureau de la cavalerie, qui était l'obligeance même, M. Devilliers. J'allai le voir pour tirer la chose au clair, et je trouvai précisément chez lui le général d'Allonville.

— Vous arrivez bien, me dit le général; justement je m'occupais de vous.

— C'est trop de bonté, mon général, et puis-je espérer de savoir comment j'ai pu éveiller votre sollicitude?

— Voilà : je disais à M. Devilliers que vous n'étiez point fait pour commander un régiment de gros frères. Vous êtes trop jeune, trop actif. Je priais notre ami de vous faire permuter avec le colonel Guérin de Walderback, et de vous envoyer commander le 3ᵉ régiment de spahis, à Constantine.

— Je ne puis assez vous remercier, mon général, répliquai-je sans hésiter, de l'intérêt que vous voulez bien continuer à me porter. Mais vraiment, je ne saurais en profiter. D'abord, j'ai pour principe d'aller toujours où m'envoie la fortune. Si elle m'avait expédié en Afrique, j'y serais allé sur l'heure. Mais quitter le commandement d'un régiment régulier, dans une division active, pour aller, volontairement, prendre celui des spahis, où l'action du colonel est à peu près nulle, ce serait faire un aveu d'impuissance. Il n'y a pas dix-huit mois que je suis revenu d'Afrique, après y être resté vingt ans. J'ai donc le droit de profiter des règlements qui autorisent un officier à rentrer en France, après sept années consécutives passées en Algérie. Ce droit, je suis décidé à le faire valoir, et je tiens au commandement du 1ᵉʳ de cuirassiers qui, entre autres avantages, m'offre celui de revenir sous vos ordres.

Le général n'insista pas, et peu de jours après, je recevais ma lettre de service. J'allais quitter Fontainebleau, lorsque j'appris, le soir du 15 janvier, l'épouvantable attentat auquel l'Empereur et l'Impératrice venaient d'échapper, à la porte de l'Opéra, et d'échapper miraculeusement, on peut le dire, quand on songe au nombre de victimes que les bombes d'Orsini avaient abattues autour de la voiture impériale.

Paris et la France, qui ne devaient s'habituer que

bien plus tard aux inconvénients de la propagande par le fait des anarchistes, furent en proie à une stupeur et à une indignation indicibles. Et l'opinion publique sanctionna d'avance les mesures d'exception qu'on allait prendre, pour prévenir le retour de pareils crimes. L'armée partagea ces sentiments. Spontanément, tous les régiments envoyèrent à l'Empereur des adresses, pour protester à la fois de leur horreur et de leur fidélité.

Ce fut à peu près à cette époque que le hasard me remit en présence d'un de mes anciens camarades aux spahis : le comte Vimercati. Ce n'était plus le proscrit d'autrefois, venant abriter son infortune sous le burnous rouge. C'était un officier supérieur sarde et, mieux que cela, une sorte d'ambassadeur marron, secret, de la cour de Piémont, chargé par le comte de Cavour de ces missions diplomatiques qu'on doit pouvoir désavouer, au besoin. Une intimité renouée avec Fleury, auquel l'unissait une communauté de goûts et d'amour de l'intrigue, l'avait mis en grande faveur auprès des maîtres, et on peut dire qu'à ce moment, les véritables plénipotentiaires entre le Piémont et la France étaient Fleury et lui.

Au régiment, je n'avais pas lié commerce d'amitié avec Vimercati, et en le retrouvant à Paris, après quinze ans, je restai sur mes gardes. Nos caractères ne sympathisaient pas. Je rendais justice à son intelligence supérieure, à son esprit fin, délié, et même aux qualités militaires dont il devait faire preuve plus tard en Italie, à l'état-major du maréchal Canrobert; mais je n'aimais et je n'aime encore que les hommes et les fleuves dont on voit le fond. Cependant, quand nous nous rencontrions, nous causions. J'ai encore dans la mémoire une phrase qu'il me dit, à cette époque, presque dix-huit mois avant la guerre d'Italie, et alors que personne n'y songeait certainement, excepté ceux qui la préparaient :

« Mon cher camarade, retenez bien ceci : la France et le Piémont se battront contre l'Autriche, en Lombardie. L'empereur Napoléon III a un programme en deux chapitres :

« Premier chapitre. L'Italie libre des Alpes à l'Adriatique. — Deuxième chapitre. La rive gauche du Rhin restituée à la France. »

Ce prophète est mort général et sénateur du royaume d'Italie, après une existence pleine d'orages et de brouillards.

VIII

AUX CUIRASSIERS.

Notre brigade de Versailles. — Une revue à Satory. — Le brunissage. — Un pari. — Manœuvre impériale. — Souvenir d'Austerlitz. — Artilleurs frondeurs. — Un coup de clairon. — La guerre d'Italie. — Canrobert sauveur de Turin. — Guides et hussards. — La rentrée des troupes. — Aux lanciers. — Histoire d'une caisse.

Me voilà donc colonel de cuirassiers; et quiconque a pénétré dans l'âme d'un soldat, quiconque sait, par conséquent, ce qu'il y a de naïf, et même d'un peu enfantin, dans cette âme, pensera déjà que j'étais à la fois heureux et fier de cette situation nouvelle, justement parce qu'elle faisait contraste, d'une manière saisissante, avec toutes celles que j'avais occupées jusque-là. Lorsque je dis adieu à mes petits chevaux barbes qui cabriolaient sous moi, pour enfourcher un grand destrier à l'encolure puissante, à la croupe monumentale; lorsque sur mon front, habitué au turban, au képi et au léger talpack, j'assurai le grand casque surmonté de l'aigrette blanche et d'où pendait la crinière légendaire, noir vestige des grands cheveux de nos aïeux allant au combat; lorsque je sentis sur mon torse, à la place des souples étoffes d'autrefois, la lourde caresse d'une carapace d'acier, à l'intérieur matelassé; lorsque dans ma main flamboya la latte immense, non seulement j'oubliai, je trouvai ridicules les plaisanteries de la cavalerie légère à l'adresse de la grosse cavalerie, mais, avec cette coquetterie que les militaires empruntent aux femmes, j'aurais voulu avoir une glace pour me voir, des sabots de mon cheval à la pointe de mon aigrette, convaincu que je ressemblais, d'un peu loin peut-être, au dieu Wotan.

La division de cavalerie de l'armée de Paris à laquelle appartenait mon nouveau régiment était, comme celle de la Garde, composée de trois brigades, de deux régiments chacune, que commandait le général d'Allonville.

La brigade de cavalerie légère, sous les ordres du général de Noüe, était à Paris. A Versailles, se trouvaient les deux autres brigades : celle des carabiniers, commandée par le général Gaudin de Villaine, un spécialiste de l'instruction théorique, et celle des cuirassiers (1ᵉʳ et 4ᵉ régiments), commandée par le général Dubern, vieil Africain que j'avais vu pour la première fois, en 1835, capitaine adjudant-major au 2ᵉ de chasseurs d'Afrique. Le chef d'état-major de la division était le colonel Jarras. C'était un des favoris du maréchal de Mac Mahon, qui savait bien placer ses préférences, car la plupart de ses subordonnés ont fait une grande fortune militaire, et qui l'appréciait beaucoup pour ses qualités d'ordre, de méthode et de ponctualité. Nous retrouverons plus tard le colonel, devenu général, comme chef d'état-major général du maréchal Bazaine à Metz, et tenu systématiquement à l'écart des projets et du programme ténébreux de son chef, par conséquent dégagé de toute responsabilité, ainsi qu'en fait foi un très intéressant ouvrage publié d'après ses notes posthumes (1).

---

(1) *Souvenirs du général Jarras, chef d'état-major général de l'armée du Rhin* (1870), publiés par Mme Jarras. Un vol. in-8°, accompagné d'une carte. Librairie Plon.

NOTRE BRIGADE DE VERSAILLES.

J'avais pour collègues à Versailles, dans la cavalerie : au 1ᵉʳ de carabiniers, le colonel Becquey-Beaupré, le portrait de Henri IV. Il arriva malheureusement à sa limite d'âge, parce qu'il était en retard de dix ans, les ayant perdus, de 1830 à 1840, aux genoux d'une femme célèbre à plus d'un titre. Son régiment passait pour le plus beau de l'armée française, et il est certain qu'avec ses cuirasses de cuivre, ornées d'un soleil d'argent, et ses casques à grande chenille rouge, il donnait un spectacle théâtral merveilleux, et avait l'air de sortir d'une féerie ;

Au 2ᵉ de carabiniers, le colonel d'Oullembourg, un beau géant ;

Et enfin au 4ᵉ de cuirassiers, qui faisait brigade avec mon régiment, le colonel Favas. Le colonel Favas avait été mon chef d'escadrons aux spahis, quand je fus nommé sous-lieutenant. Il m'avait reçu en cette qualité, devant le front de l'escadron. Je l'avais rattrapé dans le grade de colonel, qu'à son grand chagrin il croyait ne pas devoir dépasser. Il s'est retiré pourtant général de brigade et grand officier de la Légion d'honneur. Mais il se figurait être alors en pleine disgrâce, et il attribuait sa stagnation à ce que son régiment, à l'une des fameuses revues de Satory, en 1851, n'avait pas montré un enthousiasme suffisant. Pure imagination ! Car cette histoire, qu'il racontait volontiers avec tristesse, avait eu précisément pour acteurs lui, Favas, déjà colonel, et le général de division qui nous commandait, le général d'Allonville, alors colonel comme lui, et qui n'en était pas moins arrivé très rapidement au sommet de la hiérarchie. La voici :

On sait qu'aux approches du coup d'État, le président passa, sur le plateau de Satory, quelques revues historiques de l'armée de Paris. Au moment où les troupes prenaient leurs positions pour le défilé, un officier d'ordonnance du président de la République allait dire à chaque commandant de corps : « Le Prince entendrait avec plaisir les troupes crier : Vive Napoléon ! » Les colonels, qui ne demandaient pas mieux, disaient un mot aux capitaines, et les soldats, qui, d'ailleurs, subissaient l'entraînement national, passaient avec des acclamations devant le futur empereur. Or, à une de ces revues assistaient le 5ᵉ de hussards, en garnison à Versailles, commandé par le colonel d'Allonville, et le 4ᵉ de cuirassiers, de passage à Versailles, se rendant à Meaux pour y tenir garnison, et commandé déjà par le colonel Favas. L'officier d'ordonnance du Président, le colonel Edgar Ney, vint faire au colonel des hussards la communication habituelle.

— Est-ce un ordre que vous êtes chargé de me transmettre ? lui répondit le colonel d'Allonville.

— Nullement ; c'est une simple invitation de la part du Prince.

— Eh bien, je n'ai pas de communication à recevoir directement du Président. Je suis sous les ordres d'un général ; je n'obéis qu'à lui.

L'aide de camp alla aux cuirassiers, et le colonel Favas, qui avait entendu la réponse de son collègue, la reproduisit textuellement. Les deux régiments défilèrent dans un silence profond, qui contrastait avec les manifestations d'enthousiasme des autres corps. Résultat : le lendemain, le 5ᵉ de hussards était envoyé à Limoges, et le 4ᵉ de cuirassiers recevait l'ordre de continuer sa route jusqu'à Maubeuge.

Peu de temps après, le général Changarnier perdait le commandement de l'armée de Paris, et le général de Saint-Arnaud devenait ministre de la guerre. Le premier soin du ministre fut, naturellement, de choisir des chefs militaires à toute épreuve, en vue des événements qui se préparaient, et il proposa nettement de nommer le colonel du 5ᵉ de hussards général, commandant la brigade de cavalerie de Versailles. Le Prince, qui se souvenait du silence significatif gardé par le régiment, à Satory, hésitait à signer cette nomination, que le général de Saint-Arnaud emporta, cependant, en déclarant qu'il répondait de d'Allonville, corps pour corps.

A quelques jours de là, le nouveau général d'Allonville, traversant le jardin des Tuileries, sentit une main qui lui touchait l'épaule, et, se retournant, reconnut le général Changarnier.

— D'Allonville, lui dit le général, votre attitude à Satory nous prouve que nous pouvons compter sur vous, n'est-ce pas?

— Mon général, répondit d'Allonville, à Satory, j'étais sous vos ordres, prêt à faire tout ce que vous me commanderiez. Je n'ai pas changé. Aujourd'hui, vous n'êtes plus mon chef, j'en ai un autre et je suis prêt à lui obéir aveuglément. Ceci dit, pour qu'il n'y ait pas d'équivoque entre nous, n'est-ce pas?

Le général Changarnier avait compris et n'insista plus.

J'ai dit quelle joie m'avaient causée ma nomination de colonel et ma nouvelle situation à la tête d'un corps bardé de fer. Cette joie fut bientôt doublée par la fréquentation des braves gens dont j'étais devenu le chef. Je tombais au milieu d'une vraie famille d'êtres bons, doux, faciles à commander. Je ne retrouvais plus, il est vrai, parmi eux l'esprit d'aventure auquel j'étais habitué, depuis mon entrée au service. Il était visible qu'ils avaient de la vie militaire un idéal tout à fait différent du mien. Ainsi la guerre, ce but constant vers lequel doivent tendre tous les efforts des gens qui servent, n'entrait presque jamais ni dans leurs calculs, ni dans leurs prévisions. Les régiments ont un esprit, un caractère, une âme comme les hommes. Et un régiment de cuirassiers, à cette époque, adapté depuis si longtemps à la vie de garnison, était une sorte de mécanique montée comme une horloge, accomplissant invariablement les mêmes travaux aux mêmes jours de l'année, remplie d'hommes qui m'auraient pris pour un fou, si j'avais voulu leur faire faire le 30 avril ce qu'ils avaient l'habitude d'exécuter le 1ᵉʳ mai, ne demandant d'ailleurs qu'à m'adorer, comme ils avaient adoré mon prédécesseur, et comme ils devaient adorer mon successeur, à condition que jamais une virgule ne fût changée sur le tableau du travail.

Les cuirassiers ont prouvé depuis qu'en eux l'héroïsme ne demandait qu'à s'éveiller. Pourtant, leur éducation était tout entière dirigée vers la parade, et comme, depuis un temps immémorial, ils n'avaient pas fait campagne, puisque Waterloo avait marqué leur dernière charge, l'état de guerre leur semblait absurde, anormal, invraisemblable. Un détail donnera mieux que toutes les phrases une idée juste de ces singulières mœurs militaires : dans tous les régiments de cuirassiers, on passait un temps infini à se livrer à une opération qu'on appelait le brunissage des cuirasses et des casques, et qui consistait à polir ces deux pièces d'armurerie, au moyen du petit instrument dont se servent les bijoutiers. Dans chaque escadron, un certain nombre d'hommes ne faisaient pas autre chose. Cela ne servait à rien, pas même pour la parade, car, un jour de revue, à quinze pas, il était impossible de distinguer un régiment, dont les cuirasses étaient brunies, d'un autre qui aurait entretenu ses cuirasses en bon état, en les passant simplement à la brosse grasse. Mais cela avait l'inconvénient de transformer la moindre goutte de pluie en une tache de rouille, qu'il fallait faire disparaître à grand renfort d' « huile de coude », comme disent les troupiers. Et, comme l'entretien des casques et des cuirasses, dans de pareilles conditions, était à la fois difficile et coûteux, on ne s'en servait que le plus rarement possible. De sorte qu'en temps de paix, les hommes ne prenaient même pas l'habitude de porter l'armement qui les distinguait et les spécialisait en temps de guerre. Je me révoltai contre cette coutume absurde et antiréglementaire, d'ailleurs, et je commençai par supprimer les brunisseurs et les brunissoirs. Ce fut une petite révolution parmi mes officiers, et un concert de bénédictions parmi les soldats.

J'avais pour lieutenant-colonel le plus galant homme de la terre, un être rempli de cœur et d'honneur : le colonel Robert de Saint-Vincent. Il n'était plus très jeune, car il avait bien quinze ans de plus que moi. Orné d'un gros ventre, affligé d'un commencement de surdité, pas joli joli garçon, mais célibataire endurci et fervent adorateur du beau sexe, il n'avait pas quitté un seul jour les garnisons de France, et j'admirais comment il avait pu rester si longtemps dans la cavalerie, sans savoir ce que c'était qu'un régiment. Je n'ai jamais vu un homme aussi embarrassé que lui en face d'une troupe, pour lui faire exécuter le moindre mouvement. Comme nos façons de comprendre le service étaient à l'antipode l'une de l'autre, ne nous rencontrant jamais, nous ne nous heurtions jamais. D'abord, je me serais fait un cas de conscience de troubler les habitudes invétérées qui le retenaient à Paris. Ensuite, quand, par hasard, il apparaissait au régiment, mon seul rôle consistait à calmer les colères épouvantables dans lesquelles il se mettait, au manège, où je le menais avec prévenance, afin de le faire assister au cours d'équitation, que je suivais moi-même très assidûment. Il ne s'inquiétait pas du tout, alors, de la façon dont les hommes montaient à cheval. Il regardait uniquement la petite aigrette qui surmonte le cimier des casques. En grande tenue, cette aigrette doit être découverte. A l'exercice, elle doit être protégée par un ruban de fil rouge. Si un cavalier avait oublié le ruban autour de l'aigrette, le bon Saint-Vincent entrait dans des fureurs bleues. Son cheval, qui n'avait que dans les très grandes circonstances l'honneur de le porter, avait été choisi avec discernement ; c'était une bonne grosse jument fermière qui ne se mettait à l'amble que lorsqu'elle avait un pouce d'acier dans chaque flanc. Elle fit cependant gagner un pari de cent louis au capitaine Follope contre son oncle, le général Morris, dont il était l'aide de camp.

Le colonel de Saint-Vincent m'avait quitté, pour entrer au 2ᵉ régiment de cuirassiers de la Garde, où l'honorabilité parfaite de son caractère et l'élévation de ses sentiments, plus que l'éclat de ses services, l'avaient fait admettre. A l'inspection générale, le général Morris voulut l'apprécier comme manœuvrier. Le régiment manœuvrait au Champ de Mars, réservé, à cette époque, aux exercices de la garnison de Paris.

L'aide de camp Follope dit à son oncle :

— Pour celui-là, vous ferez ce que vous voudrez, mais je vous défie bien de le faire galoper.

— Le faire galoper ! répondit le général ; rien n'est plus simple ; tu vas voir.

— Je parie cent louis qu'il ne galopera pas.

— Tiens-les prêts, mon garçon ; ils sont perdus. Colonel, vous allez mener votre régiment jusqu'au pont d'Iéna. Là, vous exécuterez un demi-tour, et vous ferez une marche en bataille au galop jusqu'à l'École militaire. Allez !...

Puis, se tournant vers son neveu, le général ajouta :

— C'est bien le diable s'il n'est pas emporté par les autres.

— C'est ce que nous allons voir, répondit Follope.

Le bon Saint-Vincent mène son régiment, en ayant soin de rester le plus possible en arrière, pour gagner du terrain au retour. Quand il voit les cuirassiers au pont, il commande le demi-tour et la marche en avant au galop. Quant à lui, il prend le petit trot qu'il affectionnait de concert avec son cheval, se laisse dépasser par la charge, et, comme les cuirassiers arrivent bien vite hors de portée de la voix, il fait sonner halte! par son trompette d'ordonnance, continue la marche pour son compte, s'arrête devant le général et, le saluant du sabre, lui dit :

— Voilà, mon général.

— Merci, colonel. Follope, tu as gagné tes cent louis.

En rentrant, le général proposa l'admission du lieutenant-colonel dans la gendarmerie. Mais cette arme déplaisait au bon Saint-Vincent. Il avait ce préjugé, de considérer un colonel de gendarmerie comme une sorte d'agent de police.

— Je ne veux pas, disait-il, porter un uniforme qui obligerait les gens à cesser leur conversation, quand je paraîtrais dans un salon.

Il préféra prendre sa retraite.

Mon corps d'officiers contenait peu de sujets destinés à une brillante carrière. Un seul, un sous-lieutenant, sorti de l'École militaire, peu de temps avant mon départ du régiment, est arrivé au grade d'officier général. Je dois cependant faire une exception pour de Neverlée, qui servait sous mes ordres et qui, lui, était destiné par des qualités éminentes aux plus hauts grades. Il était bien un peu écervelé, et je lui infligeais par-ci par-là quelques jours d'arrêt. Mais quel caractère et quel cœur! Il avait dans les veines un sang trop chaud pour languir dans les garnisons. Il lui fallait la guerre, les aventures, le plein air. Il fit, comme officier d'ordonnance du général Jamin, la campagne de Chine et, comme officier d'ordonnance du général Ducrot, toute la guerre de 1870. Il était à Reischoffen, à Sedan, au siège de Paris. Il fut tué à Champigny avec son camarade Franchetti. J'ai gardé de lui le souvenir le plus tendre.

La réunion à Versailles d'une aussi nombreuse cavalerie amenait naturellement des manœuvres d'ensemble, comme dans un camp d'instruction. Elles avaient été inaugurées par le général Korte qui commanda, le premier, la division et que nous avons déjà vu comme colonel du 1ᵉʳ de chasseurs d'Afrique. Ancien soldat du premier Empire, brigadier de hussards à Austerlitz, Korte avait figuré dans ces héroïques escadrons qui, sous la conduite des Lasalle, des Montbrun, des Kellermann, des Sainte-Croix, etc., arrachaient à nos ennemis eux-mêmes des cris d'admiration. Il en avait rapporté des allures froides, méthodiques, et un respect aveugle pour l'instruction professionnelle, qu'il avait acquise sous des maîtres aussi illustres. C'était le grand pontife du règlement. On avait toujours recours à lui pour en expliquer les mystères, qu'il était porté à compliquer encore, afin de rendre ses oracles encore plus inaccessibles. Le général d'Allonville était plus fantaisiste. Il était loin d'avoir ses talents professionnels, mais il possédait les qualités maîtresses du chef de cavalerie : l'audace, la promptitude de décision et l'élan communicatif. Chétif, malingre, d'une santé douteuse, il avait le commandement inégal, attribuant quelquefois une importance exagérée aux moindres fautes, pour fermer, le lendemain, les yeux sur des erreurs plus graves. J'ai manœuvré pendant deux ans sous ses ordres, en division, sur le plateau de Satory ; je n'ai pas vu une seule séance se terminer sans qu'elle ait été signalée, tant nos manœuvres étaient compliquées, par des erreurs qui, à la guerre, auraient eu les conséquences les plus graves. J'adorais ces manœuvres à cause même de leurs difficultés et encore qu'elles me parussent, pour la plupart, inapplicables au combat. C'était pour moi une sorte de carrousel d'autant plus amusant qu'il était plus difficile.

De toutes les conditions que le célèbre prince de

Ligne imposait aux jeunes gens qui se prétendent animés de la vocation militaire, il en est au moins une que je remplissais, car, toutes les nuits, je me relevais pour aller consulter le ciel, comme on fait à la veille d'une partie de fête, et pour m'assurer que le mauvais temps n'empêcherait pas mon régiment de manœuvrer le lendemain matin. Une de ces manœuvres mérite d'avoir sa place ici.

L'empereur Napoléon III avait la passion du soldat, et ne négligeait aucune occasion d'être au milieu de ses troupes; et ce goût instinctif était encore accru par la nécessité où il se trouvait de se préparer au rôle que lui ménageait une guerre future, prochaine, déjà résolue dans sa pensée. Au printemps de 1858, il eut l'idée de faire manœuvrer, directement et à sa voix, la division de cavalerie de Versailles. Donc, un beau matin, les deux régiments de carabiniers et les deux régiments de cuirassiers quittèrent Versailles, pour se rendre sur le terrain de Bagatelle, où les attendaient les deux régiments de cuirassiers de la Garde. En route, les colonels avaient reçu un petit programme de la manœuvre et la nomenclature détaillée des mouvements qui devaient être exécutés. Toute manœuvre de cavalerie pivote autour de l'un des quatre thèmes suivants : passer de l'ordre en bataille à l'ordre en colonne; marcher en colonne; passer de l'ordre en colonne à l'ordre de bataille; marcher en bataille. Sur ces quatre thèmes, le règlement de 1829 développe des combinaisons qui exigent non seulement une grande correction dans leur exécution, mais un terrain approprié à leur application.

Quand les six régiments furent réunis, l'Empereur prit le commandement direct de la manœuvre. Les règlements ont organisé une école d'intonation, qui a pour but d'apprendre aux officiers à scander et à rythmer les commandements, afin qu'ils soient partout uniformes. L'Empereur avait négligé d'aller à cette écolelà. Aussi, bien que sa voix fût très forte, et bien que nous tendissions les oreilles, ses commandements nous surprirent, et nous eûmes toutes les peines du monde à les comprendre. Au commencement, cela ne marcha pas trop mal. Mais, quand on prit les allures vives, le bruit des chevaux, les fracas de l'acier froissé couvrirent la voix impériale. Le terrain n'étant plus assez vaste pour notre développement, il fallut modifier le programme. Une première faute, difficile à réparer quand on est lancé au galop, en amena d'autres. La confusion se mit dans cette masse de plus de trois mille sabres, et finalement un régiment de carabiniers fut obligé de s'arrêter devant la Seine, pour ne pas aller finir la manœuvre au fond de l'eau. Si, au lieu de quelques pêcheurs à la ligne, nous avions eu devant nous l'ennemi, nous aurions été anéantis. C'est pour cela qu'en présence de l'ennemi, toute manœuvre un peu compliquée doit être sévèrement proscrite.

Le maréchal Randon, qui s'intéressa toujours beaucoup à son arme d'origine, la cavalerie, avait, pendant son ministère, commandé au général Ambert un ouvrage où devaient être recherchés et commentés en détail les mouvements de la cavalerie, sur tous les champs de bataille modernes. Le général Ambert commença cet ouvrage, et il s'arrêta au premier volume, qui étudie, à ce point de vue spécial, les batailles de Zorndorff et d'Austerlitz. Il établit ce précepte : Toute manœuvre qui n'est point prompte, principalement celle qui prête le flanc, doit se faire en dehors de la sphère active de la cavalerie ennemie; car une troupe qui manœuvre se trouve toujours dans un état de faiblesse. Il faut qu'elle ne puisse être attaquée avant d'avoir eu le temps d'adopter une formation, qui lui permette de faire face à l'ennemi et de le charger.

Et le général Ambert cite l'exemple de la division Kellermann qui, à Austerlitz, oublia ce principe. Pour ne pas être prise en flanc, elle exécutait un changement de front sur un escadron du centre, lorsqu'elle fut complètement culbutée, et forcée d'aller chercher un refuge derrière la division Caffarelli. Ce qu'il y a de piquant dans cette affaire, c'est que la division Kellermann fut mise en déroute par les dragons de Lichtenstein, auxquels, peu d'instants auparavant et dans des conditions identiques, elle avait elle-même infligé une déroute semblable, mais dont le chef venait de saisir, pour prendre sa revanche, l'occasion d'une faute analogue à celle qu'il avait commise lui-même. L'épisode n'eut, d'ailleurs, aucune influence sur l'issue de la bataille, gagnée d'avance par le génie de l'Empereur.

Déjà, sous le ministère du maréchal Soult, un simple major de cavalerie, nommé Ittier, avait eu l'idée de simplifier les évolutions et, à force d'instance et de persévérance, avait obtenu du maréchal l'autorisation d'expérimenter son système de manœuvre, avec deux régiments de cavalerie réunis à Versailles, sous les ordres du général de Mornay. Le major prit le commandement de la brigade et la fit évoluer avec un succès complet. Tout le monde était enchanté. A un repos entre deux séances, le colonel d'un des régiments, camarade d'école du général de Mornay, dont il était resté l'ami, s'approcha du général et lui dit : « J'espère bien que tu ne vas pas approuver cela, toi ! — Pourquoi pas ? — Mais, malheureux ! si ces manœuvres sont adoptées, adieu notre supériorité ; nous serons aussi bêtes que les autres. » Voilà l'argument qui a retardé de trente ans des réformes que le bon sens réclamait, et que je devais avoir l'honneur d'introduire dans la cavalerie française.

Mon séjour à Versailles m'apparaît à travers les brumes du passé comme un temps très heureux ; non seulement à cause de cette agitation militaire qui me plaisait, mais aussi à cause de l'agréable vie sociale dont elle était le piment. Nous avions avec nous un régiment de grenadiers et le bataillon du génie de la Garde. Nous avions, surtout, l'incomparable brigade d'artillerie dont le général Lebœuf venait de céder le commandement au général de Sévelinges, et dont les deux colonels étaient, pour le régiment à cheval, le colonel de Rochebouët, et pour le régiment monté, le colonel Ollier, gendre du maréchal Magnan.

Ses officiers, tous triés sur le volet, presque tous riches, presque tous beaux, tous élégants, étaient sous le ravissant uniforme gros bleu et or d'une irrésistible séduction. Les dames se les arrachaient positivement, et se battaient pour eux. C'était à se demander si on n'aurait pas dû mettre la vertu de chacun d'eux sous la sauvegarde d'un factionnaire. Il doit y avoir encore, à l'heure où j'écris, de vieux généraux d'artillerie qui caressent, sous leurs cheveux gris, le fantôme ravissant et parfumé d'innombrables aventures d'amour, dont fut émaillée leur existence de lieutenant, à Versailles. Tout ce monde vivait vertigineusement, gaiement et librement. On aurait même cru que la liberté, encore proscrite de nos institutions politiques, s'était réfugiée au mess des artilleurs de la Garde. Il était de tradition qu'on y pouvait dire tout ce qui vous passait par la cervelle et n'y ménager personne, pas même l'Empereur. En veut-on un exemple? Il est postérieur aux jours que je raconte, mais bien typique.

C'était en 1866, au camp de Châlons où, pour la seconde fois, la Garde se trouvait réunie. On venait d'apprendre la paix de Nicholsbourg, qui mettait fin à cette admirable campagne de Bohême où la Prusse venait d'écraser l'Autriche, et, au mess des artilleurs, deux capitaines d'artillerie à cheval discutaient l'attitude de la France, en face de cet événement qui changeait l'Europe. L'un d'eux blâmait avec ardeur la politique d'abstention de l'Empereur. L'autre la soutenait, avec non moins de conviction. Un chef d'escadron intervint : « Vous avez tort, mon cher, dit-il au premier capitaine. Vous avez tort de blâmer l'Empereur. Voyez ce qu'il a fait pour l'Italie. Voyez ce qu'il vient de faire pour la Prusse. Il n'y a pas de raison pour qu'il n'en fasse pas autant pour la France, quand il aura la fantaisie de s'occuper d'elle. »

On rit de la boutade, et la discussion s'arrêta. C'est qu'à cette époque, encore plus que maintenant, les artilleurs et les sapeurs, imbus de l'esprit de l'École polytechnique dont ils sortaient presque tous, étaient des libéraux, pour ne pas dire des frondeurs. On leur laissait la bride sur le cou, parce qu'on savait que leurs opinions ne nuisaient en rien à leur valeur militaire ni à leur loyalisme. Hélas! on ne peut songer sans d'amers regrets que toute cette ardente et patriotique jeunesse, si digne de commander ce superbe corps d'élite, a été, pour ainsi dire, inutilisée, aux jours sombres de nos cruelles épreuves. Mon brave régiment de cuirassiers a pu prouver, en chargeant à Reischoffen, que les longs loisirs de la paix n'avaient pas épaissi dans ses veines le sang qu'il versa généreusement. Mais cette admirable artillerie de la Garde! Elle passa presque toute de la vie de garnison dans la vie de captivité, sans avoir subi autant d'épreuves qu'elle en demandait, et sans avoir pu montrer sur les champs de bataille tout l'héroïsme qu'elle avait dans l'âme.

On pense bien que, tout en tenant garnison paisible à Compiègne, au camp de Châlons, à Fontainebleau, avec les chasseurs de la Garde, et à Versailles, comme colonel de cuirassiers, je n'étais pas devenu subitement indifférent aux choses de cette Algérie où j'avais vécu vingt ans. Aussi, je suivais d'un œil attentif les changements considérables survenus sur ce premier théâtre de ma vie militaire. Quand j'étais parti, le peuple arabe était à peu près complètement pacifié, sauf en

Kabylie. Les montagnes encore inviolées du Djurjura paraissaient le dernier refuge de l'indépendance. On avait mordu sur les bords du massif, sans pénétrer jusqu'à son cœur. Au printemps de 1857, le maréchal Randon avait enfin obtenu la permission de lancer sur la Kabylie trois divisions, vingt-cinq mille hommes, commandés, sous ses ordres, par les généraux Renault, de Mac Mahon et Yusuf, et, le 23 mai, il avait averti ses soldats que l'heure des combats avait sonné, en leur adressant ce bel ordre du jour :

« Soldats,

« Je vous disais naguère : Au printemps prochain, nous reviendrons poursuivre notre œuvre.

« La volonté de l'Empereur, les instructions du ministre m'ont permis de tenir ma promesse.

« Demain, nous attaquerons la plus puissante tribu de la Kabylie. Elle se défendra bravement. J'y compte.

« Votre gloire n'en sera que plus grande. Des chefs habiles vous dirigent. Le succès n'est pas douteux.

« Obstacles, dangers, fatigues, tout s'efface devant votre ardeur. Marchez ! et bientôt votre cri de victoire retentira sur le sommet des montagnes. »

Les troupes firent de ces promesses une réalité. Elles pacifièrent brillamment toute la Kabylie. L'Empereur, alors, substitua le régime civil au régime militaire, créa le ministère des colonies, qu'il donna à son cousin, le prince Napoléon, supprima le gouvernement général, rappela le maréchal Randon, et nomma le général de Mac Mahon commandant en chef des forces de terre et de mer. Malgré les bonnes intentions du Prince, ce changement de régime ne produisit pas grand'chose de bon. Et il fallait s'y attendre, car il était impossible de gouverner de Paris une colonie comme l'Algérie, sans en paralyser l'essor. Le prince Napoléon, dégoûté, se retira bientôt, passant la main au marquis de Chasseloup-Laubat, qui ne devait pas mieux réussir que lui. D'ailleurs, l'attention du public et la mienne allaient être reportées sur des sujets bien plus palpitants.

Le 1ᵉʳ janvier 1859, un coup de clairon réveilla la France. Ce fut l'apostrophe historique adressée par l'Empereur au baron de Hübner, ambassadeur d'Autriche, à la réception du corps diplomatique. On a dit que de la bombe d'Orsini était sortie la guerre d'Italie, et que de la guerre d'Italie était sortie toute la série des événements européens qui ont amené nos désastres de 1870. C'est un point que l'Histoire impartiale, s'il doit jamais y avoir une Histoire impartiale, élucidera peut-être un jour. Mais, sans nier l'influence que le monstrueux attentat d'Orsini put avoir sur les résolutions définitives de l'Empereur, il est bien certain qu'elles étaient préparées déjà, non seulement par ses péchés de jeunesse et son affiliation au carbonarisme, mais encore par ses engagements antérieurs vis-à-vis du gouvernement sarde, et surtout par les intrigues infatigables de M. de Cavour, qui voulait obliger l'Autriche à sortir de la politique de patience qu'elle avait adoptée, pour obliger la France à intervenir. Il est non moins certain que les amis les plus dévoués de l'Empire, et presque toutes les chancelleries européennes, voyaient avec appréhension un choc qui allait ébranler le vieil édifice européen.

Est-il permis d'affirmer que l'unité allemande, sous l'hégémonie prussienne, a été la conséquence directe de l'unité italienne? J'en doute. Cette unité était une thèse qu'on professait, depuis 1807, dans toutes les universités allemandes. Elle avait failli se transformer en réalité, en 1849, si les préjugés féodaux du roi Frédéric-Guillaume IV ne l'avaient pas porté à refuser la couronne impériale que lui offrait le parlement d'Erfurt.

Mais on peut être assuré que, même sans la guerre d'Italie, M. de Bismarck, arrivant au pouvoir avec le roi Guillaume, aurait trouvé dans son puissant génie les moyens d'accomplir un projet longuement médité, et qui consistait à venger la Prusse des humiliations de la convention d'Olmütz. Il était fatal qu'il déclarât la guerre à l'Autriche, et celle-ci aurait été aussi bien empêchée de réunir toutes ses forces contre lui, par ses provinces italiennes révoltées, qu'elle le fut par l'intervention de l'Italie, unifiée sous le sceptre de Victor-Emmanuel. Cependant, il est juste de prétendre que, sans la guerre de 1859, les choses auraient pu prendre une autre tournure, car, si l'Empereur, cédant aux conseils de ses vrais amis, avait pu s'affranchir de ses engagements vis-à-vis du gouvernement sarde, il lui eût été possible de revenir à la politique traditionnelle de la France, qui consistait à défendre les petits États allemands contre les convoitises de leurs deux grands voisins : l'Autriche d'abord, la Prusse ensuite. Et on n'eût pas retourné contre lui cette politique des nationalités qu'il se crut obligé d'invoquer, pour couvrir d'un prétexte philosophique des convenances peut-être trop personnelles.

Quoi qu'il en soit, le coup de clairon du 1ᵉʳ janvier 1859 surprit tout le monde, excepté peut-être les révolutionnaires, qui, depuis longtemps, poussaient à une action en Italie, et qui devaient applaudir à la guerre. Évidemment, si on avait réfléchi, on aurait compris que la participation d'une division sarde à la guerre de Crimée, l'admission du Piémont à la signature du traité de Paris, et le récent mariage du prince Napoléon avec la princesse Clotilde ne s'étaient pas accomplis sans quelques pensées secrètes, et sans quelques promesses mystérieuses. Mais on n'apercevait aucuns préparatifs belliqueux, et on savait qu'une guerre ne pouvait pas être entamée sans de longues préparations, rendues nécessaires par notre organisation militaire elle-même. Et puis, on ne pouvait s'imaginer qu'au lieu de diriger les événements, l'Empereur subirait toutes les fantaisies et toutes les intrigues de la politique sans scrupule du comte de Cavour. On était donc parfaitement tranquille. Oserai-je dire, cependant, que j'étais un des rares Français ne partageant pas la sécurité générale, et s'attendant à la guerre pour le printemps? Le hasard m'avait fait connaître une mission militaire tenue très secrète, et qu'on avait confiée au général Niel et au général Saget, qui venaient de visiter le Piémont et la Corse; et j'en avais conclu que nous allions bientôt descendre en Italie. Je m'étais préparé en conséquence, convaincu que la division de cavalerie du général d'Allonville serait une des premières à marcher. Je ne pouvais pas croire que l'Empereur se priverait des services d'un pareil général et de pareilles troupes. C'était ce qui allait arriver pourtant, car la division ne bougea pas de Versailles. Elle devait, paraît-il, le cas échéant, faire partie d'une seconde armée dont la composition était arrêtée d'avance et qui, sous les ordres du maréchal Pélissier, rappelé de son ambassade de Londres et placé à Nancy, devait faire face à l'Allemagne, si l'Allemagne prenait fait et cause pour l'Autriche. La surprise de la masse était d'ailleurs partagée par les chefs militaires les plus élevés eux-mêmes, à ce point que le maréchal Randon, nommé d'abord major général de l'armée que devait commander l'Empereur, fut pris au dépourvu et s'adressa à moi, pour avoir des chevaux et former son équipage de guerre. Il ne partit pas et remplaça, au ministère de la guerre, le maréchal Vaillant, qui, dans une seconde combinaison, eut les fonctions de major général, avec les généraux de Martimprey et Jarras pour aides-majors généraux.

J'assistai au départ de l'Empereur pour l'Italie, bien

chagriné de ne pas le suivre, et je contemplai de mes yeux les manifestations enthousiastes dont il fut l'objet, surtout de la part du peuple des faubourgs. Sans doute, l'événement l'a prouvé, cette guerre n'était pas politique; mais elle fut populaire. L'avenir ne se laisse deviner que par quelques rares intelligences d'élite. Les autres prévoient à peine le lendemain. Or, le lendemain, disait-on, c'était l'alliance indissoluble de cette grande nation, qui s'appelait la France, avec une autre grande nation qui s'appellerait l'Italie. Voilà pour les patriotes.

Les révolutionnaires étaient ravis de penser que l'expulsion de l'Autriche allait faire naître la liberté sur le sol italien; et les conservateurs eux-mêmes pensaient qu'avec la contrainte et la compression, disparaîtraient ces mille sociétés secrètes italiennes qui, non seulement menaçaient l'existence des gouvernements locaux, mais compromettaient, à la moindre occasion, la paix générale, et entretenaient en Europe un ferment révolutionnaire.

Je n'ai pas à parler ici de la guerre d'Italie, puisque j'ai eu le malheur de n'y pas figurer. Avec les camarades restés en France et attristés comme moi de leur inaction, nous suivîmes des yeux et du cœur les camarades plus heureux que nous, qui parcoururent les étapes de cette courte et mémorable campagne : Montebello, Magenta, Melegnano, Palestro, Solférino. Ce fut encore à l'initiative personnelle et hardie de ce grand soldat, qui s'appelait Canrobert, que nous dûmes les débuts heureux et prématurés de cette guerre. On sait qu'une partie des troupes françaises se porta en Italie par la voie de terre, en traversant le mont Cenis et le pas de Suze, tandis qu'une autre partie, avec l'Empereur et la Garde, prenait la voie de mer, pour aller débarquer à Gênes. Le point de concentration générale était entre Alexandrie et Casal, sous la protection de ces deux forteresses. Le corps du maréchal Canrobert partit le premier par la voie de terre, et le maréchal, laissant ses divisions échelonnées sur la route, se porta de sa personne à Turin, où il trouva le roi Victor-Emmanuel dans le plus grand émoi. Le général Giulay arrivait à marches forcées sur Turin, essayant de gagner de vitesse l'armée française, et la ville était sans défense, toute la petite armée piémontaise étant éparpillée dans les places fortes du royaume.

Le roi accueillit le maréchal comme on accueille un sauveur, mais sa déception fut grande, lorsqu'il eut connaissance des instructions formelles qui interdisaient au commandant de l'avant-garde de l'armée française d'engager une action quelconque.

Cependant, en *post-scriptum* à ces instructions, on pouvait lire : « On assure que la Dora-Baltea forme une ligne de défense formidable. Le maréchal ira la reconnaître lui-même, et, s'il juge qu'en effet elle peut opposer à la marche de l'ennemi un obstacle considérable, il pourra, sous sa responsabilité (ce dernier mot souligné trois fois), en assurer l'occupation avec les forces qu'il croira suffisantes. » Alors, touché du désespoir du roi, le maréchal lui proposa d'aller reconnaître ensemble la Dora-Baltea. Le général La Marmora les accompagna. La ligne de défense formidable était tout simplement le lit d'une rivière assez large, qu'un ânier conduisant son âne était en train de traverser, sans avoir de l'eau plus haut que les genoux, lorsque les trois illustres personnages y arrivèrent. Il ne fallait pas songer à la défendre. Le roi lui-même le comprit : « C'en est fait de Turin et de moi ! dit-il en tournant bride. — Non, Sire, dit alors Canrobert, il ne sera pas dit que la capitale de l'allié de mon Souverain sera prise et détruite, sous les yeux d'une troupe française, sans que cette troupe ait rien fait pour la sauver. Je vais me mettre à la tête de ma première division, et tout ce qu'on pourra faire, on le fera. »

Le maréchal avait été chevaleresque comme toujours, mais il risquait gros. Si Giulay avait été mieux informé, il aurait pu écraser nos têtes de colonnes, et la carrière de Canrobert était finie. Giulay crut que, derrière le maréchal, l'armée française débouchait ; il arrêta sa marche, et le Piémont fut sauvé.

Les deux seuls souvenirs intéressants qui me restent de cette période anxieuse, vécue à Versailles pendant la guerre d'Italie, sont ceux de deux grands dîners. L'un fut donné par l'Impératrice à Saint-Cloud, pour célébrer l'arrivée des drapeaux pris sur l'ennemi et apportés par le commandant Schmitz, officier d'ordonnance de l'Empereur, qui fut, en cette circonstance, nommé lieutenant-colonel et attaché, comme chef d'état-major, à notre division de cavalerie. L'autre nous fut offert, à Meudon, par l'ancien roi de Westphalie, le prince Jérôme Napoléon, le plus jeune des frères de Napoléon Ier, que je voyais pour la première et la dernière fois. Déjà souffrant de la maladie qui allait l'emporter, le Prince nous reçut au salon, puis se retira aussitôt, laissant son chambellan, le comte de Plancy, présider la table.

Comme c'était bien naturel, cavaliers, nous cherchions surtout, dans les récits venus des plaines lombardes, les actions de cavalerie, et l'homme est ainsi fait que nous nous consolions de notre inaction en voyant que les camarades n'avaient pas été employés là-bas au gré de leurs désirs, et que la guerre avait mis surtout en relief l'infanterie et l'artillerie. A ce propos, Fleury me raconta, à son retour, une anecdote dont on peut tirer quelque enseignement.

Après la bataille de Solférino, qui fut donnée le 24 juin, et dont le vainqueur lui-même ne connut les résultats que le lendemain, l'empereur Napoléon et l'empereur François-Joseph s'abouchèrent, dans une entrevue dont sortirent d'abord un armistice, le 8 juillet, et ensuite la paix de Villafranca, le 12 juillet. Fleury, qui avait porté les premières ouvertures de rapprochement à l'empereur d'Autriche, accompagnait Napoléon III, qui était escorté par un escadron des Guides, tandis que François-Joseph avait pour escorte un escadron de hussards. « Après l'entrevue, me racontait Fleury, les deux souverains passèrent en revue les deux escortes. Les hussards autrichiens étaient immobiles comme des statues de bronze, tandis que nos Guides se trémoussaient sur leurs chevaux auxquels ils semblaient communiquer leur agitation, pour tâcher d'apercevoir les deux empereurs et leur suite. J'en fus humilié.

— Ce que vous me signalez là, lui répondis-je, ne doit pas vous étonner. C'est la différence caractéristique des deux races. L'immobilité absolue serait admirable, si elle provenait d'un excès d'attention. Elle est négligeable, quand elle est le signe de l'indifférence et la preuve que celui qui la garde ne s'intéresse à rien. On l'obtient facilement de l'Allemand, qui est froid, flegmatique, sinon apathique. On ne l'obtiendra jamais du Français, précisément parce qu'il s'intéresse à tout. Vous auriez coupé vos Guides en quatre, que vous ne les auriez pas empêchés de marquer par leurs mouvements l'émotion que leur causait le spectacle historique qu'ils avaient sous les yeux, et qu'ils devaient se rappeler toute leur vie. C'est un trait de notre tempérament fougueux, et ce que nous avons de mieux à faire, c'est de tirer le meilleur parti possible des merveilleuses qualités de notre race, auxquelles nous ne parviendrons jamais à ajouter les qualités de l'étranger. Ne le copions donc pas ; la copie ne vaut jamais le modèle. Restons ce que nous sommes, et résignons-nous à avoir des soldats qui bougent, quand il faudrait rester immobiles ; ils valent encore mieux que des soldats qui resteraient immobiles quand il faudrait bouger. »

La France et sa capitale acclamèrent bientôt l'armée d'Italie victorieuse, à son retour d'une campagne terminée plus vite qu'on le pensait. J'allai, comme tous les Parisiens, rendre visite aux vainqueurs, à leur bivouac du camp de Saint-Mandé, et je constatai avec plaisir la popularité dont jouissaient mes vieux compagnons de jeunesse : les tirailleurs indigènes, qui venaient de déployer en Italie leurs admirables qualités militaires, après s'être déjà couverts de gloire en Crimée. Les Parisiens les avaient adoptés, et on voyait circuler à travers les rues les bonnes têtes bronzées de nos Arabes, bras dessus, bras dessous, avec nos ouvriers et nos boutiquiers qui leur faisaient les honneurs de la Capitale. Un des attraits du bivouac des Algériens était une ravissante cantinière, qui portait à ravir le turban blanc, la veste et la large culotte bleues, agrémentées du petit jupon de même couleur, galonné de jaune, et dont la jambière et la guêtre blanche faisaient valoir le mollet renflé et le pied mignon. « C'est une fille du désert », disait-on. L'adorable vivandière n'était même pas une Naïliate. Elle était de Montrouge, mais elle ne le disait pas.

J'assistai aussi à l'entrée solennelle des troupes, et à leur défilé au pied de la colonne Vendôme, devant l'Empereur, qui portait, assis sur les fontes de sa selle, le Prince Impérial. L'enthousiasme avait quelque chose de fiévreux et d'inquiet. On acclamait les aigles victorieuses, mais en se demandant pourquoi elles étaient sitôt de retour, et si elles n'avaient pas dû revenir en face d'un danger mystérieux qui avait forcé l'Empereur à renoncer à un programme si nettement exposé. On sentait confusément que l'Empereur n'avait plus en main le timon de l'Europe, si je puis m'exprimer ainsi, et qu'il n'était plus le maître absolu des événements. Onze ans nous séparaient encore des grandes catastrophes, et c'est là une distance que ne peut percer aucun œil humain. Mais d'instinct, la confiance était entamée, et l'inquiétude vague planait sur nos têtes.

Après la campagne d'Italie, le général de Mac Mahon, élevé à la dignité de maréchal, fut remplacé, à la tête de l'armée d'Afrique, par le général de Martimprey. J'ai souvent dit l'affectueuse vénération que j'avais vouée à mon ancien chef d'Orléansville. Je dois ajouter que, de son côté, il nourrissait pour moi des sentiments paternels, et qu'il désirait m'emmener avec lui. Plusieurs fois déjà, il avait pensé à moi pour un régiment de chasseurs d'Afrique ou un régiment de spahis, mais les choses ne s'étaient pas arrangées, parce que, de mon côté, je n'avais fait aucune démarche. Ma femme n'avait aucun enthousiasme pour l'Afrique, et cela suffisait pour que mon vif désir d'y retourner restât secret. Le général de Martimprey avait inauguré son commandement en écrasant, sur la frontière du Maroc, avec deux fortes divisions d'infanterie commandées par les généraux Yusuf, Valsin-Esterhazy, et une division de cavalerie commandée par le général Desvaux, une nouvelle insurrection, fomentée par un nouveau Mohammed-ben-Abdallah. Le choléra était venu fondre sur les deux camps, réduisant, en quelques jours, nos effectifs d'un cinquième, et ceux de nos ennemis dans des proportions encore plus considérables. Mais le général de Martimprey était homme à faire se battre les moribonds eux-mêmes. Il vint à bout des insurgés, ramena la paix, et passa en France le dernier mois de 1859.

Le mercredi 11 janvier 1860, j'étais à l'un des grands bals des Tuileries, lorsque je sentis une main sur mon épaule, et, en me retournant, je me trouvai face à face avec le général Tripier du génie, un ancien camarade de Blidah, accompagné du commandant Robinet, premier aide de camp du maréchal Regnault de Saint-Jean d'Angély.

— Eh bien, Bédouin, me dit le général Tripier en

plaisantant, vous ne pensez donc plus à l'Afrique?

— Mais si, mon général, et j'y retournerais même avec plaisir, si le ministre m'y envoyait.

— Oh! dit le commandant Robinet, ce n'est pas le moment.

— Et pourquoi donc?

— Parce que vous allez avoir les lanciers de la Garde. Leur colonel, Lichtlin, va être nommé général.

— Non! Ce serait trop beau. Mais est-ce bien sûr, au moins?

— Comment, si c'est sûr! Le maréchal Regnault est ici. Trouvez-le; il vous confirmera la nouvelle, et vous pourrez lui offrir vos remerciements.

Je joignis le maréchal, qui me confirma la nouvelle en ces termes : « Lichtlin passe à la première promotion; je vous propose, seul, pour le remplacer. Vous pouvez donc considérer la chose comme faite. » Je me confondis en remerciements. Je rentrai à Versailles, enchanté de ma soirée.

Là, m'attendait une lettre du général de Martimprey, que je m'étais arrangé pour ne jamais trouver chez lui, en allant lui rendre mes devoirs, afin de ne pas chagriner ma femme qui avait peur de l'Afrique. « Je pars sans vous avoir vu, m'écrivait le général, mais j'ai demandé pour vous au ministre le 3ᵉ régiment de chasseurs d'Afrique. C'est un beau commandement, et s'il y a la guerre, vous la ferez certainement. Je n'ai pas dit au ministre que je vous prévenais; vous êtes donc libre d'accepter ou de refuser; mais je serais bien heureux si vous acceptiez. »

Le lendemain, je recevais une invitation à déjeuner de la part du ministre.

— Vous savez, me dit-il quand j'arrivai, pourquoi je vous ai fait appeler?

— Je ne m'en doute pas, monsieur le maréchal.

— Martimprey ne vous a donc rien dit?

— Je ne l'ai pas vu une seule fois.

— Eh bien, le 3ᵉ de chasseurs d'Afrique est vacant ; Martimprey le demande pour vous ; voulez-vous retourner en Afrique ?

— Voulez-vous me permettre, monsieur le maréchal, de bien poser la question ? Si vous me nommez d'office, j'accepte ; mais s'il s'agit de mes convenances personnelles, je ne demande rien.

— C'est très arabe, ce que vous dites là. Expliquez-moi la différence.

— Elle est grande. Si je vais en Afrique sur ma demande, et si je n'y puis pas rester, j'aurai l'air d'un homme qui ne sait pas ce qu'il veut ; tandis que si j'obéis à un ordre et si je suis forcé de rentrer, il faudra bien me tenir compte de mon obéissance. D'ailleurs, je vais être nommé aux lanciers de la Garde ; il n'y a que vous qui puissiez me changer.

— La Garde ! Vous tenez donc beaucoup à cette maison ?

— Je serais bien difficile si je n'y tenais pas.

— Allons toujours déjeuner !

Après déjeuner, le maréchal me dit : « Toute réflexion faite, je vous expédie au 3ᵉ de chasseurs d'Afrique. » Et voilà pourquoi je ne suis pas devenu lancier.

Avant de partir et sans même attendre mon successeur : le colonel de Blanchot, je dus remettre le commandement intérimaire à un chef d'escadrons, car mon lieutenant-colonel nouveau, M. de Trail de Pardailhan, qui remplaçait de Saint-Vincent, passé aux cuirassiers de la Garde, n'était pas encore arrivé. Je le fis avec un grand luxe de précautions, notamment en ce qui concernait la caisse, dont le contenu fut vérifié devant tous les membres du conseil d'administration, un peu étonnés de cette minutie. C'est qu'en arrivant au régiment, lorsque, après ma réception devant les escadrons, on avait porté chez moi l'étendard, avec le cérémonial prescrit, je n'avais pas vu apporter, en même temps, la caisse du régiment. Or, les règlements exigent ce transfert; et si j'ai été tranquille pendant toute ma vie militaire, c'est que je n'ai jamais pris la moindre familiarité avec les règlements. J'en fis donc l'observation à Saint-Vincent, qui me répondit qu'on avait toujours laissé la caisse chez l'officier payeur, et que les membres du conseil d'administration s'étonneraient de la voir enlever à un officier en qui ils avaient toute confiance. Comme Saint-Vincent était beaucoup plus vieux que moi, je lui supposais une très grande expérience, et je ne voulais pas débuter dans le régiment en bouleversant les habitudes prises. Lorsque j'allai visiter le dépôt de mon régiment, à Joigny, le major me dit la même chose que le lieutenant-colonel, et enfin, à l'inspection générale, l'intendant réunit le conseil d'administration chez l'officier payeur, pour y constater l'état de la caisse, consacrant pour ainsi dire, officiellement, cette infraction aux règlements.

Quoique je ne me pique pas d'être physionomiste, cet officier payeur ne m'inspirait pas confiance. C'était un grand et assez beau garçon qui s'appelait Eingler. Un jour, il me demanda une permission, pour se rendre à Lille, où il nourrissait des projets matrimoniaux. Je sautai sur cette occasion.

— Allez! lui dis-je, et pendant votre absence, faites porter la caisse chez moi. Elle y sera plus en sûreté que dans votre maison, pleine de locataires. Nous la vérifierons avant votre départ, qui n'aura lieu que la semaine prochaine.

Je voulais ainsi lui donner le temps de combler un déficit possible.

Eingler fit porter chez moi la caisse, avec ses trois clefs réglementaires : celle du colonel, celle du major et la sienne, qui toutes trois étaient restées jusque-là en sa possession.

Quand il revint, il me la redemanda :

— Laissez-la chez moi, lui dis-je, c'est plus régulier.

On va voir combien j'avais raison.

Au printemps qui suivit mon départ, le régiment quitta Versailles, et on découvrit qu'Eingler avait emprunté à ses collègues plus de 3,000 francs, pour combler le déficit de sa caisse avant de la faire porter chez moi. Il passa en conseil de guerre, et fut condamné à trois ans de prison. Les membres du conseil d'administration furent déclarés pécuniairement responsables du déficit, qui était antérieur à mon entrée au régiment. Mais, comme je me reprochais la faiblesse que j'avais eue de ne pas couper court à des habitudes irrégulières, j'intervins auprès du ministre, et j'eus le bonheur d'obtenir une assez forte réduction sur les sommes qu'avaient à payer mes anciens camarades.

IX

CONSTANTINE.

Le général Desvaux. — Camarades de garnison. — Mon régiment. — Prix de vertu. — Numéro porte-bonheur. — L'Empereur à Alger. — Fête arabe. — Au travail ! — Le Prince Napoléon. — L'école de Saumur. — En voyage. — Biskra. — Anecdote scabreuse. — Autres excursions. — Un assassinat.

A la fin de janvier 1860, le grand transport à vapeur *la Céphise*, qui était destiné à faire bientôt naufrage, nous emportait, ma femme et moi, vers les côtes africaines. Nous laissâmes Marseille sous la neige et nous trouvâmes à Philippeville un beau soleil printanier, qui réconcilia ma femme avec l'Afrique inconnue.

De Philippeville à Constantine, c'était la diligence, enlevée par cinq chevaux arabes et conduite par un cocher indigène. Elle courait pendant toute la nuit, tantôt sur la route sonore et tantôt aussi à travers champs. Il était de règle de verser au moins une fois, et souvent plusieurs. A chaque chute, les voyageurs sortaient à quatre pattes, donnaient un coup de main pour relever la machine et rentraient dans la diligence, qui allait verser un peu plus loin. On ne s'ennuyait pas une minute, jusqu'au moment où, du fond de la belle vallée du Hamma, on apercevait, posée comme un décor de théâtre, Constantine, perchée sur un rocher et entourée du ravin profond où mugit le Rummel. La voiture nous déposa à la porte de l'Hôtel de France, où nous prîmes gîte, et où, avec beaucoup de temps et d'efforts, nous finîmes par organiser une installation convenable. J'allai, dans la journée même, présenter mes respects au commandant de la province : le général Desvaux.

Dans ce volume, déjà, a passé cette originale et attachante figure. On m'a vu, au moment de la prise de Touggourt, accourir pour me ranger spontanément sous les ordres du colonel Desvaux. J'ai raconté, à ce moment, ses débuts et les étonnantes victoires qu'en lui la volonté remporta sur le caractère. Son mérite exceptionnel, ses connaissances encyclopédiques l'avaient rapidement poussé depuis cette époque, puisqu'il gouvernait cette belle province de Constantine où il avait jadis été chef du bureau arabe. C'était le chef le plus rigide, le plus ponctuel, le plus méthodique et même le plus sec qu'on pût rêver. Avec cela, un maître de maison incomparable, un hôte qui se mettait en quatre pour ses invités, qu'il comblait d'amabilités, quitte à les accabler, le lendemain, de punitions au moindre faux pas. Lorsque j'arrivai, il venait de se débarrasser, dans des circonstances assez bizarres, du commandant de la subdivision, le général Lefèvre, l'un des types les plus extraordinaires de l'armée d'Afrique, fixé depuis fort longtemps à Constantine.

C'était un petit homme dont la tournure rappelait vaguement un sac de pommes de terre, le dos rond, la tête dans les épaules, avec des yeux malicieux en trou de pipe. Caustique avec cela, très spirituel et débitant des plaisanteries inattendues sur un ton de douce quiétude, tout en mâchonnant un éternel bout de cigare humide, toujours éteint et toujours rallumé.

Un jour le « père Lefèvre », comme l'appelaient ses soldats, présidait une commission administrative chargée de recevoir des étalons arabes destinés à améliorer le sang de la race, dans les tribus. On discutait les mérites d'un étalon, sans parvenir à s'entendre, et l'intendant militaire dit aux autres membres de la commission : « Permettez, messieurs ; je crois m'y connaître. J'ai été, pendant sept ans, aide de camp d'un général de cavalerie, le général de Dampierre. — Qu'est-ce que cela prouve ? dit le général Lefèvre. Moi qui vous parle, mon cher intendant, j'ai été, pendant deux ans, l'amant de la première danseuse du théâtre de Bordeaux, et je vous donne ma parole d'honneur que jamais je n'ai su faire un entrechat. »

Si le « père Lefèvre » n'était pas beau, il n'était pas coquet non plus. Il professait même pour la toilette un mépris souverain. On racontait qu'à Valence, il avait reçu la visite de l'évêque, ayant pour tout uniforme une robe de chambre qui laissait échapper les cordons dénoués de son caleçon ; mais, scrupuleux observateur du décret de Messidor, il avait, dans cet appareil, accompagné l'évêque jusqu'à sa voiture. Il tombait mal avec le général Desvaux, qui tenait à la tenue comme à la prunelle de ses yeux, parce qu'il la considérait comme le signe extérieur de la discipline. Quand le « père Lefèvre » apparut dans une tunique coupée par une ceinture rouge, sur laquelle était bouclé le ceinturon de son épée, avec un pantalon qu'on eût dit taillé dans un sac de campement, retombant sur de gros souliers de troupe, le général Desvaux lui dit : « Mon cher général, je vous vois arriver avec beaucoup de plaisir, car je compte absolument sur vous pour tenir la main à la correction de la tenue dont on semble s'affranchir ici. » Le lendemain, le « père Lefèvre », étant venu à dîner dans la même toilette, fut invité à prêcher d'exemple, et finalement il fut évacué sur la France et remplacé par le général Saurin.

Les allures autoritaires de mon chef ne me déplaisaient nullement, car, pour mon compte, j'étais aussi strict que lui, et comme j'exigeais qu'on marchât droit, j'étais tout disposé à marcher droit moi-même. Je mentirais si je racontais que les débuts de nos nouvelles relations et de mon séjour à Constantine furent suaves. Mais nous ne tardâmes pas à sympathiser, et, en somme, c'est au général Desvaux que je dois la plupart des grandes situations que j'ai occupées, à la fin de ma carrière. Il avait pour fidèle Achate et incomparable aide de camp le capitaine Robert, celui que nous avons tous connu comme colonel, chef du secrétariat de la présidence du maréchal de Mac Mahon.

Je veux maintenant, selon mon habitude, et avant de parler de mon nouveau régiment, présenter les principaux officiers qui se trouvaient en même temps que moi à Constantine.

Le chef d'état-major de la division, colonel Horis de Valdan, vieil Africain que j'ai retrouvé pendant la Commune, et après le second siège de Paris. Le directeur des affaires arabes, colonel Gresley, sorti de l'École polytechnique et peut-être, de toute l'armée française, l'officier le plus compétent pour tout ce qui concernait l'Algérie. Il était le seul homme dont le général Desvaux subît l'influence. Plus tard, directeur général à Alger, il devint le bras droit et le conseiller du maréchal de Mac Mahon, qui l'envoyait constamment défendre à Paris les intérêts algériens. Nous étions très liés. C'était une nature rabelaisienne, au moral comme au physique. Il a versé et sombré dans la politique. Il s'est laissé entortiller par Gambetta jusqu'à prendre une attitude hostile envers son chef, son bienfaiteur, son ami, le maréchal de Mac Mahon, dont il était le ministre; jusqu'à être la cause finale de son départ. Il en subit, d'ailleurs, le châtiment moral, et dans sa détermination brusque de jeter un jour son portefeuille, pour un motif insignifiant, il y avait encore plus de remords que de dépit. Abandonné de tous ses amis, de tous ses compagnons d'armes, il vécut tristement ses dernières années. Il n'avait eu qu'à se louer de moi. Je n'ai eu qu'à me plaindre de lui. Je lui ai pardonné.

Le directeur de l'artillerie était mon ancien compagnon de courses dans le Sud, le lieutenant-colonel Niqueux, marié maintenant à une jeune et jolie femme qui le consolait des lenteurs de sa carrière.

Le directeur du génie était le colonel de Contencin, un brave père de famille, un peu rêveur. Il a pris sa retraite à Constantine. Le commandant de place était un vieux colonel de cavalerie nommé Cassagne, personnage muet.

La garnison se composait de trois régiments d'infanterie et de deux régiments de cavalerie. Le 3ᵉ de zouaves, commandé par le colonel Mangin, un des héros de l'expédition de Kabylie, où il émerveilla par sa bravoure le général de Mac Mahon, juge infaillible en pareille matière. Général de brigade au Mexique, d'une nature ardente et d'une santé débile, il revint mourir en France d'un transport au cerveau.

Le 3ᵉ régiment de tirailleurs indigènes avait pour colonel M. Le Poitevin de la Croix de Vaubois, un des héros de Zaatcha. A Gravelotte, où il commandait la brigade des grenadiers de la Garde, il inscrivit une page magnifique dans ses états de service, et reçut le plus bel éloge auquel un chef puisse prétendre : celui de ses soldats. Sang-froid imperturbable, possession de toutes ses facultés au plus fort du combat, il avait toutes les qualités de l'homme de guerre.

Le 2ᵉ régiment de la légion étrangère, créé pour la campagne d'Italie et, plus tard, refondu dans le premier, était commandé par un brave homme d'origine espagnole, naturalisé Français : le colonel Martinez. Il avait pour lieutenant-colonel un autre brave homme qui poussait à ses extrêmes limites l'esprit de subordination, et qui annonçait au général Desvaux la naissance d'un de ses enfants par ce faire part peu banal :

« Mon général,

« J'ai l'honneur de vous informer qu'à la suite du congé que vous m'avez accordé, il y a dix mois, pour aller en France, ma femme vient de me rendre père d'une fille. »

A cette époque-là, servait encore dans le 2ᵉ régiment étranger, comme lieutenant, un officier prussien nommé Wilson, obligé de s'expatrier, disait-on de lui, comme de tant d'autres, pour avoir tué en duel un de ses supérieurs. A Metz, en 1870, nous le retrouvâmes comme officier d'ordonnance du prince Frédéric-Charles, et il offrit avec beaucoup de bonne grâce aux officiers qu'il avait connus à Constantine des services qu'ils déclinèrent tous.

Enfin, il y avait encore à Constantine l'état-major du 3ᵉ régiment de spahis, mais l'état-major seulement, car les escadrons, éparpillés dans toute la province, dépendaient des autorités locales plus que de leur colonel. Aussi, les officiers d'avenir ne faisaient que passer dans ce commandement. J'y ai connu le colonel Guérin de Walderback et le colonel du Paty de Clam.

Mon prédécesseur au 3ᵉ régiment de chasseurs d'Afrique, le colonel Mézange de Saint-André, chef de corps remarquable à certains égards, écrivant et parlant fort bien, donnait des ordres qui eussent pu passer pour des modèles. Mais, vieilli par un goût excessif pour le plaisir, absorbé par des préoccupations pécuniaires, il n'en surveillait pas l'exécution, et on avait, au régiment, l'habitude de n'en tenir aucun compte. Sa conduite en Italie venait de lui procurer les étoiles de brigadier, et à Bône, où il commanda la subdivision, il épousa la très belle et très jeune fille d'un chef de bataillon d'infanterie.

Le régiment qu'il me laissait contenait des éléments excellents et possédait de belles traditions d'honneur et de vaillance.

Mais il y régnait un laisser-aller, une négligence qui mécontentaient le général Desvaux et qui me valurent de sa part, pour commencer, un accueil froid et peu engageant. Je me serais bien gardé de faire paraître, en arrivant, la moindre velléité de réformes, d'abord parce qu'un nouveau colonel risque de mécontenter tout le monde, en paraissant critiquer son prédécesseur, et ensuite, parce que je trouvais excellentes les mesures inscrites sur le livre d'ordres. Il ne s'agissait que de les faire appliquer. Je m'étais donc promis de ne rien brusquer, mais de serrer doucement sur tout mon monde une vis inexorable. Dès le début, j'eus une occasion d'indiquer de quel bois je voulais me chauffer. Le ministre de la guerre venait d'ordonner de libérer par anticipation un certain nombre d'hommes, pour réduire les effectifs dans chaque régiment. Les capitaines commandants me portèrent un travail tout prêt ; ils avaient profité de l'occasion pour renvoyer les sujets médiocres et conserver les meilleurs : « Il faut recommencer tout ça, leur dis-je, en partant d'un principe opposé. Le renvoi par anticipation est une faveur ; il faut l'accorder à ceux de vos hommes dont vous êtes le plus contents et qui en feront la demande.

— Mais, mon colonel, l'intérêt du régiment ! répondirent-ils.

— L'intérêt du régiment consiste à ce que tout le monde y soit persuadé d'une chose qui me servira de règle de conduite : c'est que les faveurs et les récompenses n'iront qu'à ceux qui en sont dignes. Nous avons dans la main de quoi mater les mauvaises têtes, et les ramener au bien par le sentiment de leur propre intérêt. Et, si ça ne suffit pas, les corps de punition se chargeront de leur offrir un salutaire asile. »

J'ai toujours appliqué ce principe et je m'en suis toujours bien trouvé.

Notre quartier était sur les bords du Rummel, dans les anciennes écuries du bey de Constantine, appelées le « Bardo ». C'était très malsain. L'été, il y faisait une telle chaleur que les hommes ne dormaient pas, et l'hiver, ils étaient à patauger perpétuellement dans l'humidité et la boue. Aussi fallait-il se montrer prodigue de congés de convalescence, pour ne pas les perdre, et, pour recruter mon régiment avec des hommes faits et robustes, moins accessibles aux maladies que les conscrits, j'acceptais volontiers tous les anciens soldats qui demandaient à quitter les dragons, les cuirassiers, pour venir aux chasseurs d'Afrique. Ce n'était certainement pas la fleur des pois de l'armée que je recevais ainsi. Mais j'avais fait ce calcul : sur dix hommes qui m'arrivaient, j'en gardais huit en moyenne, qui, après avoir tâté du régime en vigueur au régiment, finissaient par s'amender et devenir d'excellents soldats. Les deux autres étaient généralement d'incorrigibles chenapans dont les conseils de guerre, les compagnies de discipline me débarrassaient. Il résultait de cet amalgame un régiment qui ne ressemblait en rien à ceux que l'on voit maintenant. Les conscrits ou les engagés volontaires étaient noyés dans la masse des vieux soldats et entraînés par un courant irrésistible. L'esprit militaire se développait avec intensité au milieu de ces vieux brisquards, bronzés par le climat et par le mouvement incessant de la vie de campagne.

Certainement, MM. les membres de l'Académie française, qui sont chargés de distribuer les prix de vertu, n'auraient pas eu beaucoup de clients dans mon régiment ; mes hommes avaient presque tous la tête près du bonnet, surtout quand il y avait un peu d'alcool dans cette tête, et il y en avait souvent; mais quels bons soldats! quels gaillards solides! Et comme, devant l'ennemi, ils faisaient honneur à l'uniforme qu'ils portaient! Et comme, bien conduits, il eût été facile de les faire passer dans le feu! Pouvait-on demander autre chose à ceux que le maréchal Canrobert appelait les « obscurs outils de notre gloire »?

Et que de types extraordinaires! Je me rappelle un certain comte de Contréglise, très authentique, camarade de collège de mon lieutenant-colonel et, par conséquent, ayant atteint depuis longtemps l'âge de raison. Il était intelligent, relativement instruit même, bien qu'il eût oublié une bonne partie de ce qu'il avait appris. Il possédait une santé de fer qui résistait à tous les excès imaginables, et, dans la vie, il ne voyait qu'une chose : la noce. Il était arrivé, je ne sais combien de fois, au grade de sous-officier. Toujours il avait fallu le casser. Quand on lui mettait des galons sur la manche, il s'envolait et ne rentrait plus.

Dans une expédition pacifique que nous fîmes, et dont je parlerai bientôt, un jour, j'étais sous ma tente et j'écoutais la conversation de deux de mes chasseurs qui ne me savaient pas là; l'un racontait à l'autre ses années de lycée et sa vie d'autrefois.

— Ah! si j'avais su! s'écriait-il. J'étais si heureux!

— Mais alors, pourquoi t'es-tu engagé? demanda le camarade.

— Pour faire marronner papa, répondit-il, moitié gai, moitié triste.

Je voulus voir ce garçon qui s'était condamné à la vie militaire pour faire marronner son papa. C'était le muletier de l'ambulance, c'est-à-dire le cavalier qui conduisait, à pied, bien entendu, le mulet chargé des cantines du chirurgien-major.

Mon corps de sous-officiers, pilier solide sur lequel reposait tout l'édifice, était excellent. Et pourtant la carrière était encombrée, l'avancement lent. Ils arrivaient trop tard à l'épaulette; et j'avais le chagrin de voir dans d'autres régiments, moins fournis de sujets d'élite, les sous-officiers devancer les miens qui, tous, avaient de beaux services de guerre. Je ne leur passais rien. Je n'étais pas de l'école d'à présent, qui croit ressusciter l'esprit militaire, en tolérant chez les sous-officiers des tenues de fantaisie; et, quoique nous fussions moins qu'aujourd'hui sous le régime de la prétendue égalité, je ne voulais pas qu'il y eût dans le même grade des hommes mieux habillés que les autres, des fils de famille vêtus de drap fin et jalousés par leurs camarades qui, moins favorisés de la fortune, sont réduits à porter la tenue sortie du magasin. Tout le monde doit vivre de même, puisque tout le monde est soumis aux mêmes devoirs et exposé à la même mort. Je suis convaincu qu'aucun de mes sous-officiers ne m'a gardé rancune de la sévérité avec laquelle j'ai maintenu la tenue strictement réglementaire.

J'avais pour lieutenant-colonel mon ancien camarade de Francq. Il avait été jadis mon supérieur, mais subissait de bonne grâce une autorité que je rendais aussi légère que possible. Il me quitta bientôt, pour devenir colonel du 4ᵉ de chasseurs, qu'il amena en Afrique, où il mourut d'une maladie que les médecins ne purent guérir, mais dont les symptômes, encore présents à ma mémoire, me font croire qu'elle était le diabète, dont on ne parlait pas encore autant qu'aujourd'hui.

Il eut pour successeur le lieutenant-colonel de la Jaille, mort général de brigade. D'ailleurs, le numéro du régiment a porté bonheur à ceux qui l'ont porté, et, sauf un seul qui s'arrêta au grade de colonel, tous les officiers supérieurs de mon temps ont fait une belle carrière. Deux, le commandant de Tucé et le major Delaporte, sont morts généraux de brigade; et deux autres, le commandant Charreyron et le commandant de Gressot, sont devenus généraux de division.

Au printemps de 1860, toutes les troupes de la division de Constantine furent mises en mouvement, pour une grande démonstration rendue nécessaire par les intrigues de Bou-Akhaz, le grand chef féodal du Ferdjiourah qui, depuis le jour où il avait fait sa soumission entre les mains du duc d'Aumale et était devenu notre allié, notre fonctionnaire, n'avait cessé de nous causer des embarras. Avec son infanterie, le général Desvaux pénétra dans la partie montagneuse du territoire de ce chef, et sa cavalerie fut chargée de parcourir les plaines adjacentes. Elle était commandée par le colonel de Vignolle, du 8ᵉ de chasseurs. Le colonel de Walderback, avec deux escadrons de ses spahis, et moi, avec quatre escadrons de mon régiment, nous en faisions partie. La colonne avait pour chef d'état-major le capitaine Billot, qui faisait sous mes ordres son stage d'état-major et qui, à ce moment, ne prévoyait pas encore ses futures destinées militaires. Ce fut une promenade plutôt qu'une campagne. Nos étapes étaient marquées d'avance, et nous ne distribuâmes pas un coup de sabre. Je ne parlerais pas de cette marche, si elle ne m'avait pas révélé quelle attention perpétuelle il faut donner à sa troupe, pour ne pas la voir fondre dans sa main, comme de la neige au soleil. Certains officiers s'imaginent qu'ils n'ont qu'à se mettre devant un escadron et à crier : « Chargez ! » C'est le côté brillant de leur rôle, mais pour le remplir il faut qu'ils aient du monde derrière eux, et pour qu'ils aient du monde derrière eux, il faut qu'ils s'occupent de conserver celui qu'on leur donne, en sortant de la caserne. A la guerre, l'officier le plus utile est toujours celui qui présentera, au moment de l'action, la troupe la plus nombreuse et la mieux entretenue. Que les jeunes officiers méditent les « Mémoires » de ce grand cavalier qui s'appela Curély, et ils y verront comment on conduit, sans les entamer, des escadrons, de Perpignan à Bönn. C'est toujours la parole de l'Évangile qui a des règles pour toute la vie : « Celui qui est fidèle dans les petites choses est fidèle dans les grandes. » Traduction : Pour la cavalerie, celui qui s'occupe du foin et va visiter les sangles est celui qui gagne les batailles.

En revenant à Constantine, je mobilisai un de mes escadrons qui prit part à l'expédition de Syrie et qui devait me revenir, moins d'une année après, sans avoir tiré le sabre, puisque l'expédition, commandée par le général de Beaufort d'Hautpoul, l'ancien aide de camp du duc d'Aumale, fut pacifique. En guise de butin, les officiers rapportèrent des chapelets qu'ils avaient fait bénir à Jérusalem.

Nous eûmes, cette même année, en Algérie, un événement considérable : le voyage de l'Empereur et de l'Impératrice à Alger. Ils arrivèrent le 18 septembre au matin, salués par les acclamations de la population, qui avait passé la nuit à les attendre, et par les salves d'artillerie de la place, des forts et de tous les navires en rade. Au plus fort du siège de Sébastopol, on n'avait pas entendu une pareille canonnade. Ce qui donnait à ce voyage un caractère particulier et ce qui justifiait l'enthousiasme des populations, c'est que l'Empereur, pour me servir des termes d'une allocution mémorable du maire du Mans, que j'avais entendue en 1843, « ne venait pas rechercher les témoignages d'une basse et vaine adulation ». Il venait rechercher les besoins et écouter les vœux de notre belle colonie.

Tous les corps stationnés en Algérie avaient envoyé à Alger un détachement pour représenter l'armée d'Afrique, et chaque régiment de cavalerie y expédiait un escadron au grand complet, avec son colonel et son étendard. Pendant que mes hommes suivaient la route de terre, j'allai m'embarquer à Philippeville sur le *Christophe Colomb,* avec l'étendard et sa garde d'honneur, et sur le même bateau prirent passage le général Desvaux et le préfet de Constantine, M. de Toulgouët, ancien rédacteur à la *Presse,* entré dans l'administration sous les auspices d'Émile de Girardin. Nous arrivâmes à Alger un jour avant l'Empereur, et en même temps que le détachement des Cent-gardes. Il faisait, ce jour-là, un siroco abominable, et les beaux Cent-gardes, déjà éprouvés par le mal de mer, suaient sang et eau dans leur brillant uniforme. Les zouaves, qui aidaient au débarquement, extrayaient, à demi-morts, du bâtiment ces hommes superbes, presque tous recrutés dans le Nord, et, pour les consoler et les rafraîchir, ils leur disaient : « Vous trouvez qu'il fait chaud ! Vous ne sentez donc pas cette brise de mer ! Qu'est-ce que vous direz, quand le siroco soufflera ? » Et les Cent-gardes s'imaginaient qu'ils ne sortiraient de cet enfer que cuits à l'étuvée dans leurs cuirasses. Le soir, heureusement, des torrents de pluie vinrent amortir la chaleur, et le lendemain ressembla à un jour de printemps.

Bien qu'attristées par de mauvaises nouvelles de la santé de la sœur de l'Impératrice, la duchesse d'Albe, dont la mort allait écourter le voyage impérial, les fêtes furent éblouissantes. Il m'en est resté deux dans la mémoire : une grande revue passée par l'Empereur sur le terrain de manœuvre de Mustapha, et un divertissement arabe organisé par notre metteur en scène ordinaire : le général Yusuf. La revue fut splendide. Au pied des hauteurs de Mustapha, en face de la mer bleue couverte de navires pavoisés, l'armée d'Afrique tout entière, représentée par ses détachements en grande tenue, défila devant l'Empereur et l'Impératrice. Dans l'état-major impérial figurait le bey de Tunis, venu en

personne pour présenter ses hommages. C'était la
même correction qu'à Longchamps, avec quelque chose
de plus nerveux, avec une surabondance de vie, ver-
sée par le soleil sur ces hommes dont il avait desséché
les muscles. Après le défilé, l'Empereur distribua de sa
main l'étoile des braves. Il passa autour du corps de
Yusuf le grand cordon, si longtemps désiré. Il mit sur la
poitrine du général Desvaux la plaque de grand officier,
et noua derrière ma nuque la cravate de commandeur.

Quant au divertissement arabe, il eut lieu à la Mai-
son-Carrée. L'Empereur et l'Impératrice s'y rendirent
en grand gala, dans une calèche attelée à quatre chevaux et menée à la Daumont. Ils furent escortés, jusqu'à
la sortie du faubourg de Bab-Azoun, par les Cent-gardes,
et à partir de là, par les chasseurs d'Afrique. Pendant
les quatre lieues qui séparent Alger de la Maison-Car-
rée, la route traverse un pays charmant, longe le pied
des coteaux de Mustapha et suit une longue allée ombra-
gée de platanes magnifiques, pour déboucher dans la
plaine, après avoir traversé l'Harrach sur le vieux pont
bâti par les Turcs. Toute cette route était sillonnée
d'une foule joyeuse, empruntant tous les véhicules imaginables. On eût dit Paris se rendant au Grand Prix.
Dans la plaine, il y eut le défilé et l'attaque des tribus
en marche, la chasse au lièvre, à la gazelle, à l'autruche, et fantasia, tout ce que, hélas! j'avais vu exécuter déjà en l'honneur du duc d'Aumale, et aussi en
l'honneur de l'archiduc Maximilien, sous la direction
du même incomparable régisseur! La fête se termina
par un assaut furieux des contingents kabyles, se précipitant, avec leurs chefs, leur musique et leurs drapeaux, sur le mamelon où étaient dressés les pavillons
impériaux.

Avant que l'Empereur se retirât, on lui présenta une
diffa arabe composée d'un nombre inimaginable de plats
de couscoussou et de moutons rôtis, qui furent aban-

donnés à la voracité des assistants, et engloutis en un clin d'œil. Le retour eut lieu à la nuit tombante.

Napoléon III n'était point venu à Alger pour s'amuser, comme on dit familièrement. Chaque matin, il sortait du palais pour aller visiter quelque établissement public ou privé, et tout le temps dérobé aux fêtes se passait en conférences avec les généraux et les trois préfets. Il eut vite compris les avantages de l'ancien système ; le ministère de l'Algérie et des colonies fut supprimé, et le gouvernement général, rétabli, fut confié au maréchal Pélissier, qui le considérait comme le couronnement de sa glorieuse carrière. Bien que digne du premier rang, le général de Martimprey n'hésita pas à descendre au second, donnant ainsi à l'armée un sublime exemple de patriotisme et de désintéressement. La dernière cérémonie à laquelle assistèrent les Souverains fut la pose de la première pierre du grand boulevard ouvert le long du quai, et qui s'étend jusqu'à Bab-Azoun. A la vue du clergé arrivant précédé de la croix, l'Impératrice, qui, le matin, avait appris la mort de sa sœur, ne put retenir ses larmes. Dans la journée, nos deux augustes visiteurs partirent sur le yacht impérial.

En ces jours de joie, une nouvelle nous parvint qui nous serra à tous le cœur : celle du désastre de Castelfidardo. Tous nous avions connu, tous nous avions aimé le général si populaire qui vit s'y terminer sa carrière militaire : Lamoricière. Et, en voyant ses lieutenants comblés d'honneurs, pourvus des plus hautes dignités, nous maudissions malgré nous le démon qui l'avait égaré dans la politique. Nous pensions que, s'il était resté dans le rang, il aurait, lui aussi, serré dans sa main le bâton couvert de velours bleu et constellé d'abeilles d'or.

L'Empereur quittait l'Algérie, emportant dans sa pensée les grandes lignes de la politique nouvelle dont il devait plus tard, et par une lettre historique, confier l'exécution au maréchal de Mac Mahon. Comme rien, après son départ, ne me retenait plus à Alger, j'allai passer quelques jours à Philippeville, auprès de ma femme, qui y était restée, prenant tranquillement des bains de mer au lieu de se mêler aux fêtes impériales, et, tous deux, nous revînmes à Constantine à cheval, comme nous en étions partis, mais cette fois, au milieu d'un coup de siroco qui atténua sensiblement le plaisir du voyage.

Je repris, en rentrant, les habitudes de travail et d'activité militaire qui étaient devenues chez moi une seconde nature. Elles ne plaisaient pas à tout le monde au régiment. Il y avait une catégorie d'officiers que j'appelais en riant le « vieux parti turc » et qui m'auraient mis volontiers en quarantaine. Ils subissaient, je ne l'appris que plus tard, l'influence d'un jeune lieutenant, intelligent, instruit, artiste même, qui s'appelait Rinaldini, et qui manquait à la fois d'esprit militaire et de sens moral. Il a disparu, après avoir attiré sur sa tête les foudres de l'autorité supérieure. Mais, comme je n'exigeais rien de mes officiers en dehors du règlement, comme je ne leur réclamais que de bons services, j'étais inattaquable dans mes positions, et, petit à petit, ceux qui ne voulaient pas se soumettre de bonne grâce à mes exigences comprirent que le plus court était de chercher fortune ailleurs, car non seulement j'avais pour moi l'autorité d'un long passé africain, mais j'avais encore l'appui déclaré du général Desvaux, qui était merveilleusement informé de la situation, et sans pitié pour les mauvaises têtes et les paresseux. J'en profitais pour donner au travail de l'entrain et de la variété. Et il faut croire que je réussissais, car mon terrain de manœuvre était devenu le but de promenade de la population de Constantine, émerveillée de l'adresse et de la solidité de mes cavaliers.

Un jour, le général y amena un prince de Hohenzollern, auquel il voulait montrer le travail d'instruction d'un régiment de cavalerie française. Le prince put se convaincre que la cavalerie n'avait pas besoin d'attendre, pour jouir des bienfaits d'une instruction pratique et rationnelle, l'année 1882, comme on l'enseigne aujourd'hui à l'École supérieure de guerre.

Le soir, le général Desvaux m'envoya la lettre suivante, qui, écrite par lui, constitue un des témoignages les plus flatteurs que j'aie reçus dans ma carrière :

« MON CHER DU BARAIL,

« Comme je ne connais pas d'officier partageant plus que vous mes idées sur la cavalerie, ce qui ajoute à la confiance que j'ai en elles, je vous prie d'accepter le livre du chevalier Melzo. Il est intéressant et prouve combien, au commencement du dix-septième siècle, on attachait d'importance aux opérations de la petite guerre.

« Il y a dans cet ouvrage le germe de notre cavalier léger moderne : adresse à se servir de ses armes, talent d'équitation, œil et oreille de l'armée.

« Le prince de Hohenzollern a été charmé du travail de vos recrues, et il a eu raison. Vous avez donné à ces jeunes gens une hardiesse et une verve qui ont manqué bien souvent à nos cavaliers.

« DESVAUX. »

Ajouterai-je que les soldats, toujours prêts à caractériser leurs chefs par des surnoms typiques, m'en avaient donné un dont je ne me plaignais pas ? Au régiment, on ne m'appelait pas : le colonel du Barail. On m'appelait : le colonel du Travail.

Nous fûmes passés en inspection, cette année-là, par le général de Rochefort, ancien commandant de l'École de Saumur, homme très indulgent, et qui, d'ailleurs, venant pour la première fois en Afrique, était disposé à tout y trouver bien.

Nous eûmes à Constantine, au printemps de 1861, la visite du prince Napoléon, qui, accompagné de sa femme, la princesse Clotilde, et se rendant de Tunis à Lisbonne, voulut voir, au moins une fois par ses yeux, la belle colonie qu'il avait administrée de Paris. Le yacht qui l'amenait toucha, en serrant de trop près le « Cap de Fer », et il fallut aller le renflouer pour l'amener à Philippeville. Le Prince reçut les officiers de la garnison dans le charmant palais de Constantine, ravissant spécimen de l'art arabe, qui pourrait rivaliser avec l'Alhambra de Grenade. Je me souviens qu'il était en costume de voyage. Il avait, d'ailleurs, la fâcheuse habitude de se plier difficilement aux rigueurs de l'étiquette, et, dans sa position, c'était une faute. On racontait encore dans l'armée comment, à Gallipoli, par une pluie battante, il avait débarqué, couvert d'un ulster et armé de son parapluie, devant l'armée française, rangée en grand uniforme pour le recevoir et immédiatement choquée de ce sans-gêne. La réception fut sommaire. Nous défilâmes devant l'Altesse Impériale, qui, fatiguée du voyage, se retira promptement dans ses appartements, où elle fit bientôt appeler un brigadier-fourrier de mon régiment, joli garçon, timide, bien élevé, qui m'avait été tout récemment envoyé, avec ce mot de recommandation d'Emile de Girardin : « Monsieur le colonel, vous allez recevoir dans votre régiment une jeune recrue à laquelle je porte le plus vif intérêt. C'est un jeune homme qui m'appartient au même titre que j'appartenais au général Alexandre de Girardin, et qui, pour nom, porte le prénom de son grand-père. » Je l'immatriculai, en effet, sous le nom d'Alexandre, et, comme il s'était engagé aux chasseurs d'Afrique, je lui croyais la vocation militaire et l'ambition de parvenir rapidement. C'était une erreur. Quoique bon sujet, ce jeune homme, que le Prince garda auprès de lui pendant les deux jours qu'il resta à Constantine, en le traitant avec une paternelle familiarité, allait bientôt se faire remplacer et quitter le service. Je le retrouvai plus tard à Paris, lancé dans les grandes affaires et le monde politique; il portait alors le nom de son père adoptif qui, à sa mort, l'institua son légataire universel, et lui laissa une fortune considérable qu'il ne sut pas conserver. Aujourd'hui c'est un disparu.

Le général Desvaux, dont la froideur initiale envers moi s'était transformée en une chaude protection, et qui portait à mon régiment l'intérêt le plus vif et le moins dissimulé, se fit, en cette année 1861, charger de l'inspection générale du 3ᵉ de chasseurs d'Afrique, et jamais, tant que j'ai servi, je n'ai assisté à une inspection plus profitable, faite avec autant de soin et autant de compétence. Il connaissait à fond, depuis plus de trente ans, le régiment dans lequel il avait servi d'abord, et qu'ensuite il avait eu constamment sous ses ordres ou sous ses yeux, en totalité ou en partie. Pourtant, il consacra de longs jours à le démonter en quelque sorte, comme un horloger démonte une montre, à en faire jouer tous les ressorts et tous les rouages, mettant le doigt sur le moindre défaut, l'expliquant, le réparant, et nous donnant, à tous, une leçon admirable de notre métier.

Cette inspection fut accompagnée d'un incident très comique. D'après les règlements, quand le général inspecteur arrive devant le régiment rangé en bataille, les trompettes sonnent quatre appels, et le colonel se porte au-devant du général pour le saluer du sabre, pendant que la musique joue un morceau quelconque. Or, au moment où j'abordais le général, mon animal de chef de musique ne s'avise-t-il pas de faire exécuter... *les Deux Aveugles*, d'Offenbach, alors dans tout le prestige de leur nouveauté. « Pas très bien inspiré, votre chef de musique », me dit le général, avec sa gravité habituelle.

Je le vis, entre autres choses, accomplir un tour de force de mémoire véritablement prodigieux. Nous étions sur le terrain de manœuvre. Il choisit au hasard, dans le rang, un brigadier et lui dit de commander un mouvement de la deuxième partie de la deuxième leçon du cavalier à cheval. Le brigadier, troublé, commande un mouvement. « Vous vous trompez, dit le général, ce que vous venez de commander appartient à la première partie de la troisième leçon. Mais cela ne fait rien. Donnez l'explication théorique du mouvement. » Le brigadier se trompe encore. « Maréchal des logis, rectifiez l'explication. » Le maréchal des logis commence à patauger. « L'officier de peloton, rectifiez. » L'officier reste bouche béante. « Capitaine commandant, rectifiez. » Le capitaine commandant, gagné par la contagion, ne rectifie pas. « Chef d'escadrons, rectifiez ! » Le chef d'escadrons devient rouge comme une tomate et muet comme une carpe. C'était une déroute, un sauve-qui-peut général de toutes les mémoires, à ce point que la mienne, ordinairement imperturbable, s'en était allée aussi, et j'avais une peur bleue que, en désespoir de cause, le général n'arrivât jusqu'à moi. Pas du tout ! Le voilà qui, à haute voix, devant le régiment ahuri, débite tous les paragraphes de la théorie, comme s'il les avait appris le matin même, montrant ainsi qu'il n'avait pas volé le numéro 1 avec lequel il était sorti, deux fois, de l'École de cavalerie.

Cette école fameuse dont j'avais tant entendu parler, que je n'avais jamais vue, et que je désirais tant voir, j'allais bientôt faire connaissance avec elle, dans des circonstances particulièrement favorables. Après l'inspection générale, les médecins m'ayant ordonné une saison d'eaux à Vichy, je m'étais rendu dans cette station et j'étais allé prendre langue à Paris, avant de retourner à Constantine, lorsqu'un matin, le maréchal Randon m'envoya une estafette pour me prévenir qu'il partait dans deux heures, afin d'inspecter l'école de Saumur, et pour m'inviter à me joindre à lui dans cette visite qui était, disait-il, de nature à m'intéresser. Je le rejoignis aussitôt à la gare d'Orléans. A Saumur, pour recevoir le ministre, on s'était mis en frais, et, pendant deux jours, nous assistâmes aux exercices des élèves. De bonne foi, j'admirai tout, et en particulier les exercices équestres. Bien plus tard seulement, l'expérience et la réflexion me révélèrent la nécessité de certaines réformes que je cherchai à réaliser, quand j'en eus le pouvoir. Petite église fermée, l'école, dont le personnel se recrutait parmi les adeptes de la théorie et du littéral, ne s'inspirait pas en général de l'esprit guerrier qui ne se développe que dans le régiment. Il y avait mieux à faire que de retenir pendant un an ou deux les élèves, pour leur faire apprendre, par cœur et littéralement, les nombreuses pages d'une théorie tellement compliquée qu'on arrive rarement à la bien savoir et qu'on ne l'applique jamais à la guerre. Il y avait surtout une classe de sujets des plus intéressants dont on ne tirait aucun parti : celle des sous-officiers d'instruction. Ces sous-officiers étaient fort nombreux, puisque chaque régiment en envoyait au moins un, tous les ans, suivre un cours à l'école. Cela coûtait fort cher, et les neuf dixièmes d'entre eux quittaient ensuite l'armée, à leur sortie de l'école. Le problème consistait à les retenir sous les drapeaux. Je l'ai résolu plus tard, en les transformant en élèves officiers.

Quand je revins à Constantine, après cette courte absence, j'y trouvai le souvenir tout récent d'une visite faite par le maréchal Pélissier, et le compte rendu qu'on m'en donna me consola de l'avoir manquée. L'âge et la gloire avaient encore développé chez ce grand soldat ses allures de sanglier, qui contrastaient avec les façons correctes et dignes du général Desvaux. « Vous a-t-il bien reçus, au moins? demandai-je à mes officiers. — Oh! oui, mon colonel. » Et ils me racontèrent la scène suivante : « Quand nous sommes arrivés, il nous a demandé si vous vous portiez bien. Puis il nous a dit : — Messieurs, je suis enchanté de vous voir en bonne santé, car vous me paraissez, tous, vous porter très bien, excepté pourtant ce petit maigriot là-bas (c'était le major du régiment). Vous n'êtes pas malade, mon ami?

— Non, monsieur le maréchal.

— Allons! tant mieux! tant mieux! » Puis il avait fait un signe pour leur dire qu'il leur donnait congé; et les malheureux s'étaient bousculés à la porte, afin de sortir plus vite et d'échapper aux coups de boutoir toujours à craindre du terrible guerrier.

Je vivais très occupé de mes devoirs militaires, et chaque jour j'attendais le lendemain sans ennui et sans impatience.

Mais, pour une jeune femme comme la mienne, la vie à Constantine était un peu monotone. Elle n'aimait pas le monde, et sa seule distraction consistait à m'accompagner dans mes promenades à cheval quotidiennes, tantôt sur la route de Sétif, tantôt sur celle de Batna. Nous descendions quelquefois dans le Hamma, vers Philippeville, ou vers la propriété d'un ancien officier du régiment, le capitaine Vérillon, qui avait transformé en habitation agréable une concession qu'il avait obtenue, au fond de la vallée, et dont il tirait bon parti. Comme l'automne était beau; comme c'était le bon moment pour voyager; comme j'avais un escadron détaché à Biskra, je résolus d'aller le visiter, ce qui me permettait d'accomplir un devoir de ma charge et d'élargir un peu les horizons de ma compagne, condamnée jusqu'à présent à la contemplation quotidienne des crêtes lointaines du Djurjura. Dédaignant la diligence, nous partîmes comme des seigneurs du moyen âge, ou comme des Arabes avant la conquête, montés sur mes excellents chevaux, suivis de mes deux ordonnances et d'un muletier, qui conduisait sa bête, chargée du bagage indispensable pour franchir les soixante lieues qui nous séparaient de Biskra, et que nous fîmes en quatre jours. D'ailleurs, nous devions trouver partout des caravansérails, offrant à des gens peu difficiles le vivre et le couvert. Les lits étaient un peu moins bons qu'à la caserne. Les menus se composaient invariablement de pommes de terre frites à l'ail et de vieux coqs étiques qui usurpaient le nom de poulets. Mais, après les longues traites, on mange avec appétit et on dort les poings fermés. Et puis, dans cette partie si pittoresque de l'Algérie, tout était nouveau pour mon charmant compagnon de voyage et tout l'émerveillait.

A Batna, nous reçûmes l'hospitalité de mon vieux compagnon du Sud, le colonel Pein, qui nous accompagna le lendemain, en dehors de la route battue, jusqu'à un endroit pittoresque nommé le « Ravin bleu », où nous déjeunâmes sur l'herbe, avant de prendre congé de lui, et d'où nous piquâmes droit sur El-Kantara, en brûlant l'étape de Ksour, où une smala de spahis avait fait des frais pour nous recevoir.

Nous eûmes, ce jour-là, le spectacle peu nouveau pour moi, mais tout à fait inconnu pour ma femme, d'une tribu en marche vers le Sud, avec ses troupeaux innombrables, conduits par ses bergers, ses femmes dans leurs palanquins, ses files interminables de chameaux chargés de bagages et ses cavaliers, massés à l'avant-garde et à l'arrière-garde, ou répartis sur les flancs de la colonne et faisant parler la poudre en l'honneur de la femme du colonel, qui a conservé toujours le souvenir de ce spectacle à la fois guerrier et biblique.

El-Kantara est un endroit étrange. On suit, pour y arriver, tantôt sur une rive, tantôt sur une autre, le lit pierreux d'un ravin à sec que les orages transforment parfois subitement en torrent. On marche droit sur une muraille de rochers qui barrent l'horizon, et ce n'est qu'en arrivant au pied qu'on découvre une fissure livrant passage à la rivière, qui s'y enfonce par un coude à angle droit. Là, est un pont très vieux et très solide qui donne son nom à toute la contrée : El-Kantara. Après avoir dit adieu aux quelques champs ensemencés qu'on vient de traverser, on entre dans le défilé et on parcourt toute une succession de vallées étroites, pierreuses et désolées, serpentant entre les rameaux rocheux détachés du grand massif de l'Aurès. En débouchant du pont, on découvre à ses pieds une vaste oasis de palmiers, de jardins, qui boit toute l'eau de la rivière, et dont le vert intense contraste avec l'aspect désolé des environs. Nous passâmes la nuit à El-Kantara.

Le lendemain, nous côtoyâmes le caravansérail des Tamarins, où campait une compagnie d'infanterie allant tenir garnison à Biskra, et où nous trouvâmes un être assez mystérieux, bien des fois déjà rencontré par moi, et qui faisait pour le moment l'intérim du tenancier du caravansérail. On l'appelait Gabriel tout court, et on prétendait qu'il cachait sous ce nom modeste un autre nom plus éclatant, connu du seul Gouverneur général. Toujours accompagné d'un petit mulet gris, vêtu en Kabyle, mais parlant un français élégant, Gabriel était connu partout pour son inépuisable obligeance; il rendait service à tout le monde. A Biskra, qu'il habitait ordinairement, il passait son temps à cultiver son petit jardin et à jouer au piquet avec son curé. Je ne sais pas ce qu'est devenu ce mystérieux personnage.

Avant d'arriver à El-Outaya, nous visitâmes la curiosité de la route : un bloc énorme de sel gemme qui fournit, de temps immémorial, leur approvisionnement aux Arabes, sans paraître diminuer. Toute cette région, d'ailleurs, est couverte d'efflorescences salines. Enfin, nous partîmes d'El-Outaya de grand matin, pour arriver à Biskra avant la grosse chaleur.

Quand on franchit le col de Sfâ, on a sous les yeux tout à coup le plus saisissant des panoramas ; c'est la vaste région des Ziban, qui se déroule aux pieds du voyageur. Aussi loin que sa vue puisse s'étendre, il aperçoit de nombreuses et verdoyantes oasis qui se détachent en vigueur sur le fond jaune d'or de l'immense plaine sablonneuse, avec, derrière soi, les massifs bleuâtres de l'Aurès. Et, quand ce voyageur est un patriote, c'est-à-dire un Français, en même temps que ses yeux se baignent dans les splendeurs originales de ce spectacle unique, où est écrite, avec les gloires de la nature, la grandeur du Créateur, son cœur lui rappelle que dans cette contrée superbe est écrite aussi la gloire de la France, car ses soldats ont arrosé de leur sang quelques-unes de ces oasis.

Voici, au premier plan, Biskra, la plus grande de toutes. Voici au loin, vers la droite, les oasis de Farfar, Lichana, Tolga, célèbre par le siège de Zaatcha. Voici l'oasis d'El-Hamsi, centre d'une insurrection sévèrement réprimée. Voici, sur la gauche et plus rapprochée de Biskra, l'oasis de Sidi-Ockba, où, en 1844, fut blessé grièvement le capitaine Espinasse, le glorieux mort de Magenta.

Aujourd'hui, à travers ces palmes vertes que berce la chaude haleine du vent, la fumée pacifique des locomotives, succédant aux enivrantes fumées de la poudre, monte vers le ciel. Biskra est devenue une station d'hiver. Biskra possède un casino, des villas, des hôtels monumentaux où descendent les voyageurs du sleeping-car. A cette époque, Biskra ne possédait encore qu'un seul hôtel : l'hôtel du Sahara, qui n'aurait peut-être pas été victorieux, s'il avait voulu lutter de confort avec les caravansérails semés sur la route. Il fallut y descendre et, malgré la saison tardive, y souffrir toute la nuit de la chaleur, en y livrant bataille à la nuée des mouches dévorantes.

Ma première journée à Biskra fut consacrée à mes devoirs militaires, comme de juste. La seconde fut absorbée par une partie de campagne que nous offrit le caïd, homme de grande et haute naissance, de grande et haute mine, nommé Ben-Gahna. Son neveu, Bou-Lacras, que j'avais autrefois connu, en 1842, alors qu'il était un tout jeune homme adoré des dames, vint nous chercher le matin à l'hôtel, avec ses cavaliers sur leurs chevaux caparaçonnés de résilles et d'étoffes de soie, comme des danseuses espagnoles, et, accompagnés des officiers de l'escadron, nous allâmes déjeuner à Sidi-Ockba, dans le beau jardin, planté de palmiers, d'orangers, de grenadiers, qu'y possédait le caïd. Repas composé de mets arabes, couscoussou, mouton rôti, gâteaux au miel, et servi à la mode orientale, c'est-à-dire les convives assis sur d'épais tapis. Après la visite de l'oasis et du tombeau du vieux guerrier dont elle porte le nom, nous rentrâmes à Biskra. Tant à l'aller qu'au retour, nous avions fait à cheval nos quatorze petites lieues, au milieu de la poussière et des détonations d'une fantasia ininterrompue. Mais le spectacle prodigieux du coucher du soleil épuisant, sur les flancs de l'Aurès, tous les tons de la palette divine, et dorant la montagne d'Amar-Keddou, « la Joue rose », nous fit oublier nos fatigues, peu sensibles d'ailleurs à des gens habitués comme nous aux longues étapes. Le soir, pour nous reposer, grand dîner, servi à l'européenne cette fois, chez Ben-Gahna, qui conduisit après le repas ma femme dans son harem, d'où elle revint charmée des prévenances dont elle avait été l'objet.

Ce contact passager, ce coup d'œil rapide jeté sur la vie intime de la population indigène, m'amènent à proclamer une fois de plus que chez les Arabes, et même dans les classes inférieures, il règne une décence, une dignité naturelle et une sorte de noblesse de langage et d'action, dont pourraient être fières les classes les plus aristocratiques des peuples dits civilisés, et dont on ne rencontre pas l'équivalent dans les populations moyennes de l'Europe. Et, à ce propos, le nom même d'El-Kantara, qui vient de tomber de ma plume, me rappelle une anecdote légendaire dont un autre El-Kantara, situé dans la province de Milianah, fut, dit-on, le théâtre, et que je vais essayer de raconter, malgré son caractère ultra-rabelaisien, parce qu'elle est un trait caractéristique de mœurs.

Elle roule sur un mot que j'imprimerais tout cru si j'avais le talent et, par conséquent, les immunités de M. Zola, mais que je suis forcé d'indiquer par la synonymie, en disant qu'il rappelle à l'oreille, mais non à l'œil, les bienfaits dont jouissent les nations quand elles ne sont pas en guerre.

Donc, un jour, dans une assemblée publique, à El-Kantara, un malheureux Bédouin se permit une de ces incongruités qui constituent, dans la *Terre* dudit Zola, l'unique talent d'un personnage très blasphématoirement nommé Jésus-Christ. Jamais pareille chose n'arrive parmi les Arabes, et le délinquant souleva contre lui une telle clameur de réprobation et de mépris, que, pour se soustraire à la honte qui l'accablait, il s'expatria. Il alla se faire oublier au Maroc, et s'établit à Fez. Comme il était intelligent et travailleur, il prospéra, et lorsqu'il toucha à la vieillesse, il était possesseur d'une fortune considérable. Tourmenté de la nostalgie, voulant voir, avant de mourir, le pays où s'était écoulée sa jeunesse, espérant que la mésaventure pour laquelle il s'était exilé était oubliée, il mit ordre à ses affaires et partit vers l'Est.

Auprès de Milianah, il regarda avec des yeux pleins

de larmes le pays natal qui lui apparaissait comme le paradis de son enfance et ces lieux familiers qu'il croyait avoir quittés la veille. Près du Chélif, un petit pâtre gardait ses moutons. Il lui demanda à quelle tribu il appartenait, et il l'entendit avec ivresse nommer sa propre tribu. Alors, il demanda à l'enfant des nouvelles des membres de cette tribu. Et l'enfant répondit avec intelligence à toutes les questions du bon vieillard : un tel était devenu caïd, un autre était mort, un troisième avait pris du service dans le Maghzen du bey de Tittery. Tout à coup, l'étranger aperçut un pont qu'il ne connaissait pas :

— Quel est donc ce pont? demanda-t-il au pâtre. En quelle année a-t-il été construit?

Tout le monde sait que les Arabes, très petits clercs en chronologie, désignent les années, non pas par leur millésime, mais par quelque fait important resté dans la mémoire de tous. Ainsi, l'année 1521 est pour eux l'année de l'Harrach, parce qu'elle vit un grand désastre subi par les Espagnols, sous Charles-Quint, sur les bords de l'Harrach. 1830, c'est l'année de la prise d'Alger. 1843, c'est l'année de la Smala. Ce n'est pas là, d'ailleurs, une mauvaise manière d'apprendre l'histoire.

Donc, le pâtre répondit à l'étranger :

— Oh! il y a bien longtemps que ce pont a été construit. Je n'étais pas né. Tenez, je me souviens, c'était précisément l'année du.... vent d'Ali-Ben-Robbah.

Ali-Ben-Robbah, car c'était lui, baissa la tête. Son incartade était entrée dans l'Histoire. Tristement, il reprit son bâton de pèlerin, puis la route de Fez, où il mourut.

Au retour de ce voyage pittoresque de Biskra, ma femme, tout à fait revenue de ses préjugés contre l'Algérie, en réclama un autre. Et cette fois-ci, comme j'avais deux escadrons détachés à Bône, ce fut vers le

Nord que nous dirigeâmes nos pas, vers les centres colonisés, en suivant la route que par deux fois l'armée française avait prise pour les expéditions de Constantine. Je croyais bivouaquer le premier soir à un endroit nommé El-Alia. J'y trouvai une ferme opulente, et dans cette ferme un brave homme que j'avais connu quand j'étais lieutenant à Blidah : Chapus, l'ancien patron du Café des officiers. Il était devenu veuf, s'était remarié avec une très jolie femme, s'était transformé en gros fermier, et nous offrit l'hospitalité. Le lendemain, nous voulions aller coucher à El-Hammam-Maskoutine (les bains maudits). Nous y arrivâmes à la nuit noire et par une pluie battante, après avoir failli rester dans la montagne, d'où nous voyions, sous nos pieds, les nuages crevant sur la vallée. Nous prîmes gîte à l'établissement où logent les malades qui viennent chercher dans cette station la guérison de leurs rhumatismes, l'obtiennent souvent, mais emportent en échange des fièvres fort tenaces qui règnent dans la contrée.

Au matin, en ouvrant nos volets, nous eûmes le curieux spectacle des sources d'eau bouillante qui sortent de terre, de-ci et de-là, et enveloppent le pays de perpétuels nuages de vapeur. Les eaux, très chargées, déposent à leur sortie des sels qui s'agglomèrent en colonnes, et finissent par boucher l'orifice des sources, en les forçant à se créer une issue un peu plus loin.

Cette large vallée est très boisée. On y chassait jadis le lion et la panthère. Ces animaux ont été remplacés par des hôteliers et des médecins, évidemment moins malfaisants. Les abords des sources sont très arides et peuplés seulement de colonnes de sel, qui ont donné naissance à une légende analogue à celle des filles de Loth, mais arrangée à la manière arabe.

Nous partîmes ensuite pour Guelma. C'était le 24 décembre, et nous entendîmes la messe de minuit au village de Dréhan, célèbre par le camp qu'y tint jadis Yusuf. Je n'étais pas venu à Bône, où nous arrivâmes le lendemain, depuis 1842, et je fus émerveillé des changements qui s'y étaient produits.

Au commencement de l'occupation, la ville était l'endroit le plus insalubre du littoral, et le 55ᵉ de ligne, pour ne citer qu'un exemple, y avait perdu trois fois son effectif, dans l'espace de deux ans. On avait fini par reconnaître la cause de cette insalubrité. La ville, construite derrière une dune de sable, se trouvait privée de la brise de mer et exposée aux miasmes délétères des marais environnants et du lac Fezzara. De grands travaux d'assainissement furent menés à bien, et aujourd'hui Bône est une des plus agréables résidences de l'Algérie.

Après les excursions classiques aux ruines d'Hippone et à la forêt de l'Eddough, nous rentrâmes à Constantine, le 30 décembre, et par une chaleur tellement épouvantable qu'il nous fallut, au milieu de l'étape, aller chercher un peu de frais sous un bouquet de bois.

Un soir du mois de février 1862, on accourut me prévenir, au théâtre où je m'étais rendu par extraordinaire, qu'on venait de trouver, sur la route de Sétif, le cadavre d'un officier assassiné, qu'on supposait appartenir à mon régiment. Je courus à l'endroit indiqué et je trouvai, non pas un officier de chasseurs d'Afrique, mais M. Moreau, capitaine d'état-major, aide de camp du général Saurin, étendu sur le dos, la gorge ouverte, les poches retournées et le sabre arraché du ceinturon. On attribua ce crime à des rôdeurs arabes, mais on ne put jamais en découvrir les auteurs.

Mis en goût par les deux voyages que je viens de raconter avec peut-être un peu trop de complaisance, je préparais une grande excursion en Kabylie, lorsque de graves événements vinrent modifier mes projets en m'envoyant guerroyer dans un autre hémisphère.

X

LE MEXIQUE.

Fédéraux et confédérés. — La plus grande pensée du règne. — Triple alliance. — Le Suisse Jecker. — Le général Almonte. — Le drapeau engagé. — Le corps expéditionnaire. — Tâtonnements. — Régiments de marche. — Un œuf et un volcan. — Embarquement. — Sur rade. — En route!

L'année 1861 vit naître, aux États-Unis, la guerre de Sécession.

Les fédéraux et les confédérés s'étreignirent dans une lutte gigantesque, colorant, comme il arrive toujours, avec de grands mots, les motifs réels du conflit. Au fond, c'était une nationalité nouvelle qui naissait dans le creuset des batailles, par l'épuisement simultané et fratricide de la race anglo-saxonne, maîtresse du Nord, et des rameaux latins, implantés dans le Sud. Les planteurs du Sud voulaient garder leurs esclaves. Les industriels du Nord voulaient les leur enlever. Chacun combattait à la fois pour un principe social et pour un intérêt égoïste. Et ces hommes, venus de tous les coins du monde, non encore fondus en une unité nationale, ne se doutaient certes pas, en s'entr'égorgeant, qu'ils fondaient une nation. Nous autres, gens du métier, nous aurions dû étudier avidement une pareille guerre, relever, analyser, discuter ses épisodes et en faire notre profit; apprendre comment les aptitudes militaires les plus hautes pouvaient se développer instantanément chez des gens qui n'avaient pas passé par les écoles ni lu les théories; constater le talent et même parfois le génie qui se manifestèrent chez des généraux improvisés, hier banquiers, tailleurs ou épiciers. Même après la guerre de Sécession, j'ai toujours pensé que les champs de bataille appartiendront dans l'avenir, comme ils ont appartenu dans le passé, aux armées de métier. Et cette guerre ne pouvait détruire mes convictions sur ce point, car la victoire du Nord a été le prix d'une organisation militaire plus complète et plus rationnelle que celle du Sud. D'ailleurs, en campagne, la militarisation des foules et leur sélection s'opèrent très vite. Plus vite encore s'opère l'instruction des généraux, même improvisés, comme l'ont prouvé les guerres de la Révolution, où nous avons vu des chefs formés, pour ainsi dire, sous le feu, battre les meilleurs élèves de Frédéric II. C'est ce qui se produisit pour les généraux américains. Nous aurions dû regarder non seulement comment ils menaient leurs hommes, comment ils les entraînaient, comment ils les nourrissaient, comment ils les faisaient évoluer soit dans les marches, soit sur les champs de bataille, mais aussi comment ces troupes, levées subitement, obéissaient, manœuvraient, et se transformaient, du jour au lendemain, en bataillons solides, au milieu desquels l'esprit militaire germait pendant la première nuit de bivouac.

Nous eussions ainsi recueilli les leçons les plus profitables sur ce que l'on appelle la guerre moderne, et nous eussions mieux compris la philosophie de notre profession et les causes profondes des victoires et des défaites. Mais le théâtre de la guerre était si loin! Mais l'Europe était tourmentée par des problèmes si palpitants! Mais nous étions, nous-mêmes, si infatués de notre science et de notre prétendue supériorité, que nous laissâmes perdre ces précieux enseignements.

D'ailleurs, il n'était certainement pas un seul homme, en France, capable de trouver les liens obscurs, invraisemblables, qui auraient pu rattacher aux événements d'Amérique nos destinées françaises. Et cependant ces liens existaient. De même que, dans le monde physique, il ne se passe pas un phénomène qui n'ait son contre-coup sur tous les êtres, de même, dans l'humanité, il ne se passe pas un événement dont, à des degrés différents, et quelquefois imperceptibles, des groupes, aussi éloignés qu'on les suppose, n'aient à profiter ou à pâtir. Ainsi, jusqu'à un certain point, la guerre de Sécession a eu pour contre-coup l'expédition du Mexique; et l'expédition du Mexique a eu sur nos destinées une influence qu'il est impossible de nier, bien que l'esprit de parti l'ait souvent travestie.

Le jour où M. Rouher déclara à la tribune de la Chambre des députés que l'expédition du Mexique était « la plus grande pensée du règne », il se trouvait en présence de gens disposés à l'approuver sans le comprendre, et d'hommes disposés à le blâmer sans le discuter. Mais en dehors de ces deux catégories, formées d'avance par les passions politiques, il y avait un certain nombre de Français qui eussent voulu être renseignés sur la grandeur de cette conception et auxquels, malheureusement, Napoléon III n'avait ni le temps ni le moyen d'expliquer ses grandes vues. Il est certain qu'au moment de la guerre de Sécession, les sympathies françaises se portaient d'elles-mêmes vers les États du Sud, encore bien qu'ils eussent en réalité pris les armes pour défendre l'esclavage, dont l'abolition était considérée par nous comme un titre de gloire. Comment, d'ailleurs, n'eussions-nous pas suivi avec un tendre intérêt les efforts de cette Louisiane que nous avions colonisée et que les malheurs des temps avaient séparée de nous? Il est certain, par conséquent, que l'Empereur, en organisant l'expédition du Mexique, était mû par le désir d'apporter aux confédérés du Sud au moins un appui moral. Mais il voyait plus loin et plus avant dans l'avenir : il se demandait s'il était bien de l'intérêt français de laisser se développer, de l'autre côté de l'Atlantique, une immense association républicaine dont les éléments, quoique venus des quatre coins du monde, se transformaient, au contact de la race anglo-saxonne, jusqu'à en prendre l'esprit. Il voyait dans les contingences futures, et dans l'hypothèse d'un conflit entre la France et l'Angleterre, une marine formidable se précipitant au secours de l'Angleterre, à laquelle ses marins seraient unis par une fraternité atavique. Il voyait le continent du Nord, débarrassé des rivalités qui entravent les nations européennes, appliquer les bras et les cerveaux de ses millions d'habitants à une lutte économique dans laquelle la vieille Europe finirait par être vaincue.

Aujourd'hui, cette lutte a commencé, et beaucoup de bons esprits sont effrayés des échecs que nous y avons déjà subis. L'Europe, morcelée et hérissée de baïonnettes, se trouve dans un état d'infériorité fatal en face de l'Amérique. Or, il est permis de supposer que si la guerre de Sécession avait abouti à la constitution de deux États rivaux, les Américains, obligés par cette dualité même d'entretenir des armées pour leur défense, seraient travaillés par les maux que nous subissons, au lieu d'appliquer toutes leurs forces à une concurrence désastreuse pour nous. Voilà ce qu'entrevoyait vaguement Napoléon III, très vaguement sans doute, car, si son cerveau était large, profond, il y manquait un peu de cette netteté qui surabondait chez son oncle. Et voilà pourquoi M. Rouher a pu dire que l'expédition du Mexique était « la plus grande pensée du règne ».

A côté de ces calculs de politique transcendante, il

y eut, pour nous pousser au Mexique, d'autres facteurs moins élevés. Les révolutions qui déchiraient depuis longtemps ce malheureux pays avaient jeté jusqu'en France un groupe considérable et bruyant de réfugiés, à la tête desquels se trouvaient le général Almonte, Mgr La Bastida, archevêque de Mexico, M. Gutierez de Estrada, l'ancien représentant en Europe du président Santa-Anna, les Errazu, etc. Ils appartenaient à la faction cléricale, vaincue et dépossédée. Ils avaient obtenu leurs entrées dans la société cosmopolite parisienne, qui les fêtait. De là, ils étaient passés jusqu'aux Tuileries, auprès de l'Impératrice, et tous répétaient à l'envi que le Mexique était terrorisé par une faction audacieuse violentant les sentiments intimes du peuple. « Le pays, disaient-ils, très attaché à ses vieilles institutions, las de tant de révolutions, ne demandait qu'à vivre sous un gouvernement stable et tutélaire qui lui assurerait les bienfaits de la religion et les fruits de son travail. » Ils assuraient qu'à la vue du drapeau français, le parti conservateur, leur parti, reprendrait confiance et triompherait des révolutionnaires qui maintenaient le pays sous un joug insupportable.

Comme, à Paris, on voyait le Mexique ballotté de révolutions en révolutions depuis le jour où son indépendance fut proclamée; comme on le savait réduit à la misère par la détestable administration des aventuriers qui se succédaient au pouvoir, on était porté à croire ces réfugiés à la langue dorée. Et, comme l'Impératrice était dévote, à la manière espagnole, elle poussait à la guerre à cause de ses sympathies cléricales.

Enfin, les hommes d'affaires apparaissaient au troisième plan, et parmi eux, le fameux banquier Jecker. Il avait intéressé certaines personnes de l'entourage impérial à ses revendications contre le gouvernement mexicain, en leur promettant le tiers des sommes qu'il réclamait; et ces sommes n'étaient pas minces, puisqu'il se prétendait créancier de quatre-vingts millions.

Brochant sur le tout, flattant les rêves grandioses du Souverain, les ardeurs et les sympathies de l'Impératrice, corroborant les promesses des réfugiés mexicains, affirmant, comme eux, qu'une expédition au Mexique serait une simple promenade militaire pour l'armée française, dévoué aux hommes d'affaires et prenant en main leurs réclamations, âme damnée de M. de Morny, apparaissait enfin notre représentant au Mexique : M. Dubois de Saligny, qui, dans toute cette affaire, a joué le rôle d'un mauvais génie. Et voilà pourquoi nous sommes allés au Mexique.

Nous en sommes revenus dans de tristes conditions. Cette expédition nous a été fatale. Elle ne nous a pas été fatale, comme on l'a dit, parce qu'elle nous a pris notre or; nous en avions assez pour que les sacrifices qu'elle nous a imposés fussent sans portée. Elle ne nous a pas été fatale, comme on l'a dit encore, parce qu'elle a appauvri nos arsenaux, vu qu'en 1870, nous avions autant de matériel que nous en aurions eu si nous n'étions pas allés au Mexique. Elle ne nous a pas été fatale parce qu'elle nous a privés, en 1866, de notre liberté d'action et d'une partie des forces qui nous auraient peut-être donné la rive gauche du Rhin, si nous les avions jetées à temps dans le conflit de la Prusse et de l'Autriche. Ce n'était pas l'absence de trente mille hommes qui eût diminué sensiblement notre force militaire, si l'Empereur avait eu l'audace d'intervenir. Elle nous a été fatale, surtout, parce que la catastrophe qui l'a terminée, très perfidement exploitée, a diminué la confiance qu'inspirait à la France le gouvernement impérial, lui a fait perdre sa puissance extérieure en nuisant à son prestige intérieur et nous a enlevé, vis-à-vis de l'Europe, les bénéfices d'une situation appuyée jusqu'alors sur des succès ininterrompus. Mais il faut proclamer, parce que c'est la vérité, qu'elle est sortie d'une pensée élevée et désintéressée, et que si, plus tard, les hommes d'argent se sont abattus sur l'affaire, leurs bas calculs ne furent pour rien dans ses débuts. Non, les misérables questions d'intérêt pécuniaire ou personnel n'ont été ni la cause ni le but de l'expédition.

L'Angleterre, comme la France, et pour des raisons bien différentes, était, au début de la guerre de Sécession, acquise à la cause des États du Sud. Elle ne pouvait pardonner encore aux États du Nord la révolte qui, à la fin du siècle dernier, avait abouti à l'indépendance des États-Unis, grâce à l'appui de la France. Enfin, l'Espagne partageait les mêmes sympathies, parce qu'elle ne pouvait pas oublier que ses enfants figuraient en grand nombre dans les armées du Sud. Ces deux puissances étaient donc assez disposées à une action qui rapprochait leurs forces du théâtre de la guerre américaine, et saisirent, avec notre pays, le prétexte d'intervention que fournissait le gouvernement mexicain.

Depuis plus de cinquante ans, les gouvernements éphémères qui se succédaient au Mexique, créés et renversés par l'insurrection, étaient hors d'état de protéger les intérêts, et quelquefois même la vie des nationaux européens. Déjà, en 1838, il avait fallu envoyer une escadre française dans les eaux de la Vera-Cruz, et le président d'alors, Santa-Anna, n'accorda les satisfactions réclamées par le gouvernement du Roi qu'après la prise du fort de Saint-Jean d'Ulloa. Naturellement, tous ces gouvernements d'émeutiers n'avaient pas le sou, et ce Mexique, réputé autrefois pour ses richesses métalliques, ce Mexique, qui jadis envoyait annuellement à l'Espagne des galions chargés d'or, était dans la plus noire misère. En 1856, le gouvernement fut amené par la force des choses à prendre de l'argent là où il y en avait, et le président en fonction, Comonfort, décréta, avec l'approbation du Congrès, la sécularisation des biens du clergé. Comonfort fut renversé, et la révolution appela momentanément au pouvoir le parti conservateur, dans la personne du jeune et brillant général Miramon, qui devait plus tard partager, à Queretaro, la fin tragique de l'empereur Maximilien. Miramon, sans l'intervention du Congrès, restitua au clergé les biens dont il avait été dépouillé.

Le 29 octobre 1859, le général Miramon chargeait le banquier Jecker d'une opération financière qui consistait à émettre pour quinze millions de piastres de bons (environ quatre-vingts millions), en annulant pour une somme correspondante de titres de la dette antérieure. Ces bons devaient être reçus par l'État, en appoint dans les payements à faire au Trésor, comme droits de douane, de taxe, etc. Jecker fit au Trésor les avances nécessaires; mais au bout d'un an, il n'avait guère placé que pour cinq cent cinquante-quatre mille piastres de ses bons. L'opération était désastreuse, d'autant plus que Juarez, qui venait de succéder à Miramon, refusait de l'endosser. C'est alors que Jecker intéressa à sa cause le duc de Morny et M. Dubois de Saligny. Le fait a été prouvé péremptoirement par des correspondances irréfutables, publiées à l'occasion du procès auquel donna lieu la succession de Morny, ou découvertes dans les archives des Tuileries. Devenu président, en 1860, Juarez appliqua avec énergie le décret de spoliation des biens ecclésiastiques. Mais cette mesure ne remplit pas ses caisses, car les acheteurs manquaient, et Juarez, réduit aux abois, sans ressource et sans crédit, prit un arrêté par lequel il suspendait, pendant deux ans, le payement des intérêts des emprunts hypothéqués sur les droits de douane de la Vera-Cruz. Cette mesure qui lésait des intérêts européens, qui était malhonnête, amena l'Angleterre, l'Espagne et la France à rompre les relations diplomatiques avec le Mexique et à s'unir, dans une pensée commune d'intervention, dont l'instrument fut la Convention de Londres.

Dans cette intervention, le gouvernement impérial entendait jouer le premier rôle, mais le peu d'importance des réclamations de nos nationaux ne lui permettait pas de prendre la tête. Et c'est alors que M. Dubois de Saligny eut l'idée audacieuse, incroyable, d'y ajouter les revendications du banquier suisse Jecker. L'Empereur eut la faiblesse d'accepter cette combinaison qui faisait de nous les plus gros créanciers du Mexique, mais qui, exploitée d'une façon éhontée par de hauts personnages, allait jeter sur l'expédition un mauvais vernis et la défaveur publique.

Quand les représentants des gouvernements se réunirent, pour exposer leurs griefs, M. Dubois de Saligny se prétendit malade et laissa le digne et loyal amiral Jurien de la Gravière, qui ne connaissait pas le premier mot de cette ténébreuse affaire, exposer les prétentions exorbitantes du banquier suisse.

Aussitôt, le représentant de l'Angleterre, sir Charles Wycklhe, se récria sur leur énormité. Il avait été, à Mexico, collègue de M. Dubois de Saligny, dont il connaissait et dont il se plaisait à entraver les menées. En outre, l'Angleterre, qui, sans doute, avait pénétré les secrets desseins de Napoléon III, ne voulait pas se laisser entraîner dans les hasards d'une lutte qui ne pouvait être pour elle qu'une guerre de magnificence. Elle suivait avidement les phases de la guerre civile en Amérique, avec l'espoir de voir ruiner les États du Nord, qu'elle considérait déjà comme des rivaux gênants et qu'elle avait toujours considérés comme des vassaux révoltés; mais elle ne voulait pas s'exposer à une rupture avec les États-Unis, pour la satisfaction complètement illusoire de fonder au Mexique un gouvernement stable et régulier. Elle avait prouvé ses intentions dans l'affaire récente du « Trent », en laissant insulter son pavillon, par l'arrestation, à bord d'un de ses bâtiments, de deux envoyés du Sud.

D'ailleurs, les négociations qui aboutirent à la Convention de Londres furent longues et laborieuses. Chacune des trois puissances jouait au plus fin, la France insistant toujours pour une intervention armée, et montrant ses arrière-pensées belliqueuses par le refus qu'elle opposa aux États-Unis, lui proposant d'avancer les sommes suffisantes pour désintéresser ses nationaux, moins le Suisse Jecker, bien entendu. Enfin, bien que l'Angleterre, toujours prudente, eût fait stipuler qu'on n'emploierait pas la force, les contingents combinés des trois puissances allèrent débarquer à la Vera-Cruz. Et là, encore, nous laissâmes voir que nous allions au Mexique, non pas seulement pour faire valoir les intérêts lésés de nos nationaux, mais surtout pour en changer le gouvernement, car, avec les trois mille hommes qui formaient le corps de débarquement confié à l'amiral Jurien de la Gravière, marchait le général Almonte, le plus ardent promoteur d'une restauration monarchique au Mexique, l'homme le plus influent de son parti, et que nous reconnaissions nous-mêmes comme le chef provisoire désigné, jusqu'à l'établissement d'un gouvernement définitif.

Jadis, il avait été républicain, et, en 1840, déjà ministre de la guerre, il avait signé des proclamations nettement républicaines. Mais, chassé de son pays, il y rentrait, animé d'une irritation profonde et irréductible contre le gouvernement de Juarez. De taille petite, mais de complexion robuste, il avait dépassé l'âge mûr; mais il était encore dans toute la plénitude de ses facultés morales et physiques. Il représentait parfaitement le type indien, et il était, disait-on, le fils naturel d'un des premiers martyrs des guerres de l'Indépendance :

le curé indien Moralès, le successeur de l'immortel Hidalgo qui avait donné le signal de l'insurrection contre les Espagnols, et avait payé son audace de sa vie. Moralès, en 1812, s'était mis à la tête de l'insurrection, et, comme Hidalgo, il avait été fusillé. Le nom de son fils, Almonte, rappelait la nécessité où il s'était trouvé de fuir à la montagne, au moment de la naissance de cet héritier. Il est curieux de constater que les premiers héros de la guerre qui aboutit à l'expulsion des Espagnols et à la fondation de la république mexicaine furent des prêtres, et que le clergé fut la première victime de cette république qu'il avait fondée, qui le dépouilla de ses biens et lui enleva toute participation aux affaires. Almonte, qui était clérical par esprit de famille, trouvait dans cette persécution la justification de son changement d'opinion.

Si les diplomates des trois puissances avaient eu toutes les peines du monde à s'entendre à Londres, leurs armées ne s'entendirent guère mieux sur la terre mexicaine. L'Angleterre saisit le premier prétexte pour retirer ses troupes, et l'Espagne suivit bientôt cet exemple. Le contingent espagnol, le plus fort des trois, avait pour chef le général Prim, un ambitieux, sans préjugés et sans scrupules, qui rêvait de relever pour lui le trône du Mexique. Quand il apprit que des engagements antérieurs avaient été contractés avec l'archiduc Maximilien qui, en son château de Miramar, était dévoré par le désir de jouer un grand rôle, et quand il vit s'écrouler son rêve, il s'empressa d'accepter les garanties qu'on lui offrait pour les payements dus à ses nationaux, et se rembarqua. C'est ainsi que la France resta isolée en face du Mexique, isolée, mais libre de poursuivre ses grands projets, ou, plutôt, de suivre les conseils intéressés de M. Dubois de Saligny, qui continuait à tromper l'Empereur par des rapports mensongers sur l'état des esprits dans le pays, et à affirmer que la marche sur Mexico serait un triomphe.

Cependant, l'amiral Jurien de la Gravière, en face du départ des Anglais et des Espagnols, avait agi sagement et patriotiquement en signant la fameuse convention de la « Soledad », qui permettait à la France de s'en aller à son tour le plus honnêtement du monde. Il fut désavoué, et, avant même que le gouvernement mexicain eût ratifié la convention, l'Empereur envoyait un renfort de 3,500 hommes, qui doublait le corps expéditionnaire mis sous les ordres du général de Lorencez. L'amiral revint en France, pour accepter cependant quelques mois après, avec patriotisme et abnégation, le commandement de l'escadre du golfe du Mexique.

Petit-fils par sa mère du maréchal Oudinot, le général Latrille de Lorencez était un vrai chevalier. De haute taille, de grande mine, grave, froid, silencieux, un peu solennel, c'était un très bon officier d'infanterie. Mais il n'avait pas l'esprit assez vif et assez pénétrant pour se reconnaître au milieu des intrigues dont il était entouré. Pour lui, M. de Saligny était en possession de la pensée de l'Empereur, et il le suivit aveuglément dans cette première étape malheureuse de la malheureuse expédition. Il avait, comme chef d'état-major, le colonel Letellier-Valazé, ancien aide de camp du général Changarnier, petit-fils du conventionnel, homme spirituel, instruit, bon militaire, mais opposant, par tradition de famille. Les 3,500 hommes du général de Lorencez vinrent rejoindre leurs camarades campés à Orizaba, au pied des Cumbrès ; et on partit pour la « marche triomphale » sur Mexico.

Le 5 mai, le général arrivait en face de Puebla, avec sa petite armée de 6,000 hommes. « Ils nous attendent », avait dit M. Dubois de Saligny. Hélas! oui, nous étions attendus, mais pas de la façon qu'on espérait. En vain le général Almonte, éclairé par l'expérience des sièges précédents, conseilla-t-il de négliger les forts du Nord, très puissamment armés, et d'essayer de pénétrer dans Puebla par le côté opposé, moins bien défendu ; le général de Lorencez, après une reconnaissance sommaire, lançait sur le fort de Guadalupe, la clef de la position, le premier bataillon de chasseurs à pied et un bataillon du 2º de zouaves. C'était de la folie !

Bien armé, bondé de troupes de choix, protégé par un large fossé, le fort était à l'abri d'une escalade, tentée en plein jour par des soldats qui avaient à parcourir, avant d'arriver au fossé, un long espace, balayé par les balles mexicaines. Les Mexicains, nous le verrons plus d'une fois, ne résistent pas à une attaque en rase campagne, mais abrités derrière les murailles, ils montrent beaucoup de ténacité. Chasseurs et zouaves s'élancent d'un bond jusqu'au fossé. La plupart, emportés par leur ardeur, s'y précipitent, et on les voit chercher à pénétrer dans le fort par les embrasures des pièces. On les voit aussi tomber, victimes de leur témérité, et quand, obligé de se rendre à l'évidence, le général de Lorencez fait sonner la retraite, il en reste un tiers dans le fossé.

L'armée demeura, pendant quarante-huit heures, campée sur le terrain de l'action, offrant le combat à la garnison de Puebla qui ne s'aventura pas en dehors de ses murailles. Puis, emportant ses nombreux blessés et sans laisser derrière elle le moindre trophée à l'ennemi, elle reprit le chemin d'Orizaba, surveillée de loin par les Mexicains qui, à l'entrée du défilé des Cumbrès, attaquèrent nos troupes auxiliaires commandées par le général Marquez, celui que les Puros avaient surnommé le « tigre de Tacubaya », en mémoire du sac de cette ville, sous la présidence de Miramon. Un bataillon du 99º de ligne, sous les ordres du commandant Lefebvre, culbuta les libéraux et leur prit un drapeau.

A cette occasion, le drapeau du 99⁰, commandé par le colonel L'Hérillier, fut décoré. Ce combat s'appela le « combat de Barranca Secca ».

Le général rentrait à Orizaba, très irrité de son échec qui dut avoir un grand retentissement au Mexique et en France, très irrité aussi contre M. Dubois de Saligny qui l'avait trompé sur l'état des esprits. La vérité était qu'au Mexique on était généralement hostile aux cléricaux et sympathique au parti libéral, incarné dans Juarez, un Indien pur sang, mais un Indien intelligent, instruit et doué de véritables qualités gouvernementales. Cet échec changeait la situation. L'honneur du drapeau était engagé. Il fallut marcher. L'Empereur décida l'envoi d'un corps d'armée, composé de deux divisions d'infanterie, d'une brigade de cavalerie, avec de l'artillerie et du génie en quantité suffisante pour entreprendre le siège régulier et méthodique de Puebla. Ce corps d'armée devait avoir pour commandant en chef le général Forey. Une des divisions était réservée au général Bazaine, l'autre au général de Lorencez, qui n'accepta pas et revint en France. Il fut remplacé par le général Douay. L'artillerie était commandée par le colonel de Laumière, qui devait trouver, à son arrivée à la Vera-Cruz, sa nomination de général. Et enfin, la cavalerie, formant deux régiments de marche, était commandée par mon ami, le général de Mirandol.

En attendant l'arrivée du corps expéditionnaire, retardée jusqu'à la fin de la saison des pluies, le colonel Brincourt emmena d'urgence deux bataillons de son 1ᵉʳ de zouaves et un escadron du 1ᵉʳ de chasseurs d'Afrique. Il arriva à la Vera-Cruz dans le courant de juillet, c'est-à-dire au plus fort des pluies, des grandes chaleurs et du vomito-negro. Il eut toutes les peines du monde à atteindre Orizaba. Les voitures s'embourbaient jusqu'aux moyeux, dans les terres détrempées par les pluies diluviennes. Sa colonne fondait sous la rigueur du climat, en cette route où, certains jours, il ne put franchir qu'un kilomètre. Enfin, il rallia le corps expéditionnaire dénué de tout et le mit à l'abri de la faim et des insultes des Mexicains.

Après la retraite de Puebla, les troupes du général de Lorencez, auxquelles venait se joindre le général Douay, arrivant de France avec cent cinquante hommes et un convoi très difficilement amené, lui aussi, avaient eu sur les bras les deux meilleurs généraux de la république mexicaine : Sarragoza, qui venait de défendre Puebla, et Ortéga, qui devait la défendre au second siège.

Dans la soirée du 13 juin, ces deux généraux étaient arrivés aux abords d'Orizaba, en dissimulant soigneusement leur présence. Près de la ville, s'élevait une éminence qu'on appelle le « Cerro Borrego », que le général Lorencez avait négligé de faire occuper, et Ortéga, qui savait que, du sommet du Borrego, on pouvait foudroyer la place, s'y glissa avec deux mille hommes et trente obusiers de montagne.

Vers le milieu de la nuit, le colonel L'Hérillier, entendant sur la colline un bruit suspect, y envoya en reconnaissance une compagnie de son 99ᵉ de ligne, commandée par un officier promu depuis quelques jours au grade de capitaine et nommé Détrie. Les fantassins, en s'aidant des pieds et des mains, grimpent, au milieu des ténèbres, les pentes abruptes et rocailleuses du Borrego. Ils arrivent jusqu'à toucher les Mexicains, qui procédaient en désordre à l'installation de leur camp et de leurs batteries, et qui, cependant, en les apercevant ouvrent le feu contre eux. « Couchez-vous ! » crie le capitaine Détrie à ses soldats ; et, par-dessus les Français étendus à plat ventre, les Mexicains se mettent à tirer avec acharnement les uns sur les autres, à s'entre-tuer. Au bruit de leur fusillade, le colonel L'Hérillier avait lancé une seconde compagnie ; elle arriva au moment où les soldats de Détrie, se relevant à sa voix, se précipitaient sur l'ennemi affolé, qui s'enfuit, laissant, sur le terrain encombré de ses morts, la majeure partie de son artillerie.

Détrie fut nommé chef de bataillon, et il le méritait, car sans lui les Français, battus par le canon d'Ortéga et attaqués de front par Sarragoza, étaient perdus, tandis que, lorsqu'au matin, ce dernier général dessina son attaque, il fut impuissant à entamer nos troupes exaltées par le succès de la nuit. La situation du général de Lorencez n'était pas brillante pour cela. Il n'avait plus d'approvisionnements ; les communications avec la Vera-Cruz étaient interceptées par le mauvais temps et par d'innombrables guerillas, répandues dans les Terres Chaudes, — c'est ainsi qu'on appelle une large bande de terrain qui borde le golfe du Mexique, — et enfin la fièvre jaune sévissait sur ses troupes. Aussi vit-il arriver avec bonheur d'abord le général Douay, et puis ensuite le colonel Brincourt.

Mais toute une armée allait être jetée sur ces côtes inhospitalières, avec la mission colossale et difficile de conquérir le Mexique. Cette conquête était-elle possible? Oui, évidemment. Pouvait-elle être stable? C'est une autre affaire. Il me semble que la guerre de Sécession une fois terminée, l'établissement d'un régime monarchique aux portes des États-Unis devenait précaire, et que tôt ou tard, si nous avions voulu nous entêter à le soutenir, nous aurions été entraînés à faire la guerre à la puissante république américaine. Il me semble aussi que l'opinion publique, maîtresse définitive du monde, n'aurait pas accepté de pareilles conséquences de notre intervention. Néanmoins, il est impossible de dire ce qui serait arrivé si l'entreprise avait été mieux conduite, si on avait fait vite et bien dès le début, en envoyant des forces suffisantes pour écraser toutes les résistances.

Il faut se souvenir que notre premier échec devant Puebla est du 5 mai 1862, et ce ne fut que l'année suivante, le 17 mars 1863, que nous commençâmes les travaux d'approche du second siège de cette place. Nous perdîmes donc, en tâtonnements et en préparatifs lents, un temps précieux qui fut mis à profit par le parti de la résistance. Plus tard, les intrigues politiques vinrent aggraver nos lenteurs militaires; mais il est possible, après tout, que si, avant la fin de la guerre de Sécession, le pouvoir de Maximilien avait été solidement établi et universellement reconnu, les États-Unis n'auraient pas risqué une guerre pour le renverser.

L'armée d'Afrique devait fournir un large contingent aux troupes qu'allait commander le général Forey, et bientôt, je reçus l'avis que je devais commander l'un des deux régiments de marche de la brigade confiée à mon vieux compagnon d'armes, le général de Mirandol. Je n'ai jamais su pourquoi on s'était résigné à cette combinaison, parfaitement vicieuse, des régiments de marche. Le régiment de marche, comme son nom l'indique, est un corps provisoire. Il est apparu dans nos armées pendant le premier Empire. Quand l'Empereur voulait refaire ses armées décimées par les combats, il prenait tout ce qu'il trouvait de disponible dans les dépôts de son vaste Empire. C'étaient, pour la plupart du temps, des conscrits que l'on organisait en compagnies, avec des officiers quelquefois rappelés à l'activité pour la circonstance, et chargés de leur apprendre à faire l'exercice ou à monter à cheval, tout en cheminant sur les routes. Avec ces compagnies, on formait des bataillons qui, eux-mêmes, étaient réunis en régiments de marche, dans le but d'obtenir une unité de commandement nécessaire à la régularité administrative. Mais, arrivés aux armées, ces corps étaient disloqués; leurs éléments étaient versés dans les régiments stables et replacés sous les ordres de leurs chefs naturels, tandis que leurs états-majors provisoires, ou bien comblaient les vides, ou bien retournaient en France, pour y chercher d'autres conscrits.

L'Empereur était trop avisé pour ne pas savoir qu'il n'y avait pas beaucoup de services à attendre de corps sans passé, sans nom, sans histoire, sans esprit militaire, par conséquent, et dont les exploits seraient restés sans éclat, puisque le souvenir en devait disparaître avec eux.

Je ne m'explique pas, non plus, pourquoi l'on a imposé à la cavalerie, pour l'expédition du Mexique, une organisation presque humiliante qu'on se serait bien gardé d'imposer à l'infanterie. Aucune nécessité n'excusait un système qui devait avoir, sous le rapport de l'administration et du commandement, les plus graves inconvénients. Il était absurde d'accoler à une fraction de régiment, commandé par son chef hiérarchique, une fraction d'un régiment différent, car ce chef devait avoir plus de confiance et de sympathie pour les soldats qu'il avait formés que pour des soldats étrangers, qui n'étaient pas habitués à son commandement ni façonnés à sa discipline. Et, quand même il n'aurait eu aucune préférence pour ses propres soldats, les autres l'auraient encore soupçonné de partialité. Ces défectuosités étaient surtout sensibles dans ce 2ᵉ régiment de marche que j'allais commander, puisque, à côté de mes deux escadrons du 3ᵉ de chasseurs d'Afrique, allaient figurer deux escadrons du 12ᵉ de chasseurs de France qui portaient un uniforme différent. Heureusement, cette fraction de mon régiment devait rester sous les ordres de mon camarade, le lieutenant-colonel Margueritte, qui allait révéler, au Mexique, ses aptitudes militaires et exceptionnelles.

Le 1ᵉʳ régiment de marche avait pour chef le colonel de Brémond d'Ars, qui emmenait deux escadrons du

2ᵉ de chasseurs d'Afrique et deux escadrons du 1ᵉʳ. Ces deux régiments avaient déjà un escadron chacun au Mexique. Ils étaient partis, l'un avec le général de Lorencez, l'autre avec le colonel Brincourt.

Quant au 2ᵉ régiment, le mien, je reçus, dans le courant de juillet, l'ordre de le former en mobilisant deux de mes escadrons, qui se réuniraient là-bas à deux escadrons du 12ᵉ de chasseurs, venus directement de France.

Les escadrons que je devais emmener étaient : le quatrième, stationné à Constantine, et le cinquième, détaché à Biskra. Pour le quatrième, cela marcha tout seul. J'avais tout sous la main : magasins, hommes et chevaux. Les magasins furent mis à contribution. Les hommes débiles furent remplacés par des sujets vigoureux de bonne volonté, et certes il n'en manquait pas. C'était à qui rendrait ses galons parmi les cavaliers d'élite, pour partir. Quant aux chevaux, tout ce qui était vieux et fatigué, je le remplaçai par des bêtes jeunes et vigoureuses. Mais pour l'escadron détaché à Biskra, ce fut une autre affaire. J'avais demandé qu'on me renvoyât de suite, à Constantine, l'escadron détaché depuis plus de six mois de la portion principale du régiment. Et certes, si le général Desvaux eût été à son quartier général, ma demande eût été accueillie. Mais par malheur, il était en congé et suppléé dans son commandement par un ancien aide de camp du prince Napoléon, un officier sorti de l'état-major et qui s'appelait Nesmes-Desmarets, homme d'esprit, caractère pointu, ne connaissant pas les besoins de la troupe. Nous nous étions pris mutuellement à rebrousse-poil, si j'ose m'exprimer ainsi. Il était très raide avec moi, et je ne cherchais pas à l'assouplir. J'en fus puni, car il ordonna le départ direct de l'escadron pour Blidah, qui était notre point de concentration, sous prétexte qu'une troupe doit être toujours en état d'entrer en campagne.

La raison était étrange dans la bouche d'un militaire, qui semblait ignorer qu'il y a des magasins, des dépôts, des approvisionnements, des rechanges précisément destinés à l'entrée en campagne.

Ce ne fut pas tout. Dès que mes deux escadrons furent à Blidah, j'en passai très minutieusement l'inspection et j'envoyai à mon major la nomenclature détaillée des objets qui nous manquaient, avec ordre de nous les faire expédier à Alger. Le major me répondit que le général lui avait défendu de rien faire sortir du dépôt. Ainsi, mes hommes étaient exposés à manquer à la guerre de ce qui pouvait leur être nécessaire, à en souffrir, à en mourir peut-être, parce que, sans motif, et par la dissemblance unique de leur caractère, leur colonel et leur général se déplaisaient mutuellement ! C'était trop fort ! Je me plaignis directement au maréchal Pélissier, qui télégraphia au général de façon à faire cesser ces taquineries. Depuis, je n'ai plus entendu parler du général Nesmes-Desmarets. Je ne l'ai jamais revu et je n'en ai pas souffert.

Laissant mes escadrons rejoindre Alger par étapes, je pris, à Philippeville, le paquebot. Je retrouvai auprès du maréchal Pélissier le même accueil bienveillant que, vingt ans auparavant, chef d'état-major du général de Lamoricière, il avait accordé au jeune sous-officier de spahis qu'il avait pris sous sa protection. Chef tout-puissant de cette Algérie, où il avait mis le pied en 1830, comme capitaine d'état-major, duc de Malakoff, maréchal de France, il avait réalisé et dépassé tous ses rêves. Mais, alourdi par l'âge, et peut-être aussi par un mariage tardif, il ne s'intéressait plus à grand'chose, et passait son temps à gâter sa fille, charmant bébé de trois ans, et à se mettre en colère. Je me souviens encore d'un déjeuner auquel assistait la famille de la maréchale : sa mère, sa sœur et son beau-frère. On apporta à l'enfant un œuf à la coque qu'elle trouva trop cuit. Le maréchal le fit changer contre un autre qu'elle trouva trop cru. Si la petite fille m'avait appartenu, il est probable qu'elle n'aurait pas eu d'œuf du tout. Le maréchal entra dans une colère terrible contre le maître d'hôtel; je vis le moment où il se levait pour le jeter par la fenêtre, et je pensai qu'il ne ferait pas bon, réellement, faire la guerre avec ce volcan. Il m'accorda, d'ailleurs, tout ce que je lui demandais dans l'intérêt de ma troupe; et c'est ainsi que j'obtins la permission de la faire camper sur le bord de la mer, à Alger, au lieu de la laisser se morfondre dans son bivouac poudreux et sans ombre de Blidah.

Le départ de toutes les troupes de l'armée d'Afrique, destinées au Mexique, avait d'abord été fixé au 15 août. Il fut différé à plusieurs reprises, par des ordres venus de Paris, et nous en profitâmes pour assister, le jour de la fête de l'Empereur, à un événement mémorable pour l'Algérie : l'inauguration du premier tronçon de ses voies ferrées, d'Alger à Blidah. Il y eut banquet, toasts, discours, bal, et, pour que rien ne manquât à la fête, nous pûmes contempler les rédacteurs des principaux journaux de Paris, invités par les administrateurs. Ces messieurs apportaient avec eux leurs discussions ordinaires, dont le fond était, naturellement, la campagne du Mexique. Les uns l'approuvaient, d'autres la blâmaient. Mais tous affirmaient que nous allions faire là-bas une simple promenade militaire, et que l'armée mexicaine ne nous opposerait pas la moindre résistance. C'étaient de singuliers prophètes.

Tous ces retards apportés à notre embarquement nous troublaient la cervelle. C'était le moment où Garibaldi, après avoir révolutionné Naples et la Sicile, cherchait à enlever Rome au Pape et la Vénétie à l'Autriche. On disait l'Empereur plus préoccupé des affaires d'Italie que de celles du Mexique, et on allait jusqu'à prétendre qu'un contre-ordre définitif pourrait bien nous arriver. Ces délais ont été déplorables, parce qu'ils ont ajouté au prestige du parti libéral mexicain que nous allions combattre, et lui ont donné le temps d'organiser une défense vigoureuse, dont nous aurions eu moins à souffrir, si nous avions agi promptement et énergiquement, ainsi qu'il a fallu le reconnaître par la suite. Mais ils étaient le résultat de la centralisation excessive des services. Les tout-puissants bureaux de la Guerre n'entendaient déléguer à personne la moindre parcelle de leur autorité. Et pourtant, excellents pour maintenir la tradition et la règle et exécuter un travail régulier, en temps normal, ils devenaient insuffisants dès qu'il s'agissait de sortir du train-train quotidien. Ils paralysaient toutes les initiatives. Ils engourdissaient toutes les bonnes volontés. Et puis, il y avait encore la rivalité traditionnelle des départements de la Guerre et de la Marine. Quand l'un des deux ministres arrêtait une disposition qui exigeait le concours de son collègue, le second négligeait volontiers d'envoyer les instructions appropriées. Et tout restait en suspens; et nous nous rongions les poings, sur le bord de la mer. Je profitai de ce mois d'inaction forcée pour mettre tout mon monde en parfait état. Et lorsque, l'avant-veille de notre embarquement, le général Yusuf passa la revue réglementaire de départ, il n'eut que des éloges pour le bel aspect de mes escadrons.

Enfin, le 6 septembre au soir, l'*Aube,* qui devait prendre à son bord mes deux escadrons et un gros détachement du train, jeta l'ancre dans la rade d'Alger. Le lendemain, de grand matin, nous levions notre bivouac et nous employions la plus grande partie de la journée à notre embarquement. De grands chalands venaient prendre nos chevaux, et les conduisaient contre le flanc du bateau. Là, on passait sous le ventre de chacun deux sangles reliées à une corde actionnée par un palan établi au bout d'une vergue, et on les hissait ainsi à bord. Lorsque le premier cheval embarqué fut arrivé au bout de la vergue, et au moment où l'on allait le redescendre, les sangles cédèrent, et la malheureuse bête, tombant d'une hauteur de plus de quatre mètres, se brisa les reins. C'était un fâcheux présage, et ce fut un premier crève-cœur pour moi qui ai toujours adoré ces animaux-là et qui, au moment où je les emmenais si loin, les considérais presque comme des enfants, des enfants d'une race inférieure, moins attachante sans doute que mes hommes, mais des enfants tout de même.

L'*Aube* était un transport construit pour transporter les troupes en Crimée sur un modèle auquel on a renoncé. Il marchait à la voile et à la vapeur. Les bâtiments comme lui manquaient, à ce qu'il paraît, de stabilité. Ils étaient peu solides, peu maniables, à cause de leurs dimensions exagérées, et ne convenaient pas à une longue traversée qui les exposait aux différents accidents de la mer.

Il était commandé par un capitaine de frégate, le commandant Rozier, un très bon marin, qui me plut tout de suite et que je devais, par la suite, considérer comme un très digne homme, mais qui manquait d'initiative et se conformait à la lettre plutôt qu'à l'esprit de ses instructions. Il avait de bons officiers et un bon équipage; mais il était visible, en mettant le pied sur le pont, que l'enthousiasme ne régnait point dans le bateau, et qu'on nous y accueillait en gêneurs plutôt qu'en frères. Cela s'explique. Les officiers recherchent peu un embarquement à bord d'un transport, et, quand ils ont de l'ambition, ils préfèrent de beaucoup servir sur la flotte de guerre, où ils ont mille occasions de s'instruire et de se distinguer. Les matelots, de leur côté, n'aiment pas beaucoup cet encombrement de bêtes et d'hommes qui complique leur service et augmente leurs fatigues. Ils eurent à hisser 450 chevaux ou mulets.

Toutes ces bêtes furent installées, très sommairement, dans d'immenses écuries superposées et disposées, deux de chaque côté du bateau. Naturellement, j'assistai moi-même à cette installation, et j'en fus navré. Les chevaux étaient attachés, par la longe, à des anneaux fixés aux flancs du bâtiment, et retenus en arrière par une barre de bois qui les protégeait contre le roulis. Ils étaient serrés les uns contre les autres, exactement comme des anchois dans un baril, ou comme des cartes dans un jeu de piquet. Mon Dieu! pensai-je, comment arrivera-t-on à leur donner à boire et à manger? Et puis, en se frottant, ils vont se blesser! Hélas! ils se blessèrent, et beaucoup d'entre eux devaient sortir de là les côtes déchirées; et dix-huit mois après, quelques-uns portaient encore sur leurs flancs des plaies qui n'étaient pas fermées. Et pour respirer? Des manches à vent envoyaient de l'air jusque dans les parties basses du navire, mais elles ne m'inspiraient qu'une confiance médiocre, et je me demandais si la ration d'oxygène serait suffisante pour ces « buveurs d'air », comme on appelle les chevaux barbes. Les hommes se casèrent de côté et d'autre, comme ils purent.

Mon chef d'escadron et moi, nous fûmes logés très convenablement, au carré du commandant, dans des cabines confortables. Mais les autres officiers étaient très mal lotis. On avait disposé pour eux, à l'extrémité d'une écurie, une espèce de carré sommaire. Ils n'avaient même pas tous un hamac pour se coucher, et ils n'étaient séparés des chevaux que par une toile. Leur réduit, en outre, devait être envahi, chaque matin, par l'eau avec laquelle on lavait les écuries.

Le 7 au soir, tout le monde était casé à bord tant bien que mal. Tout le monde y coucha. Nous nous attendions à appareiller le 8 au matin, mais dans la nuit, le commandant Rozier reçut l'ordre de retarder encore son départ de vingt-quatre heures, pour prendre dans les magasins un supplément d'approvisionnement destiné au Mexique. Il fut obligé de modifier son arrimage. Et, comme je m'intéressais à ces travaux, je remarquai que cet arrimage était fait d'une façon sommaire, imparfaite, et je me dis intérieurement que nous devrions nous estimer très heureux si, en route, il ne se déplaçait pas de façon à nous envoyer tous au fond de l'eau. Cette journée fut mortelle. Les chevaux commençaient à souffrir du manque d'air et de l'immobilité, et j'enviais le sort des zouaves du 3ᵉ régiment qui, embarqués sur deux superbes vaisseaux, le *Fontenoy* et la *Cérès,* avaient pu faire route immédiatement. Il y avait, sur la rade, cinq transports à charger, et la direction du port possédait tout juste les moyens nécessaires pour servir un seul bâtiment. On voulait porter aux cinq vaisseaux, à la fois, leur matériel, de sorte que rien ne se faisait bien. On chargeait sur un bateau les objets destinés à un autre, et il fallait ensuite aller les rechercher. C'était une confusion inexprimable. Tout le monde donnait des ordres : le Ministre de la Guerre, le Ministre de la Marine, le Gouverneur, le Sous-Gouverneur, l'Amiral, l'Intendant, et perpétuellement l'*Aube* absorbait dans ses flancs de nouveaux colis. Les batteries se remplissaient de sacs d'orge et de farine. Sur le pont, s'amoncelaient les balles de foin destinées à nos chevaux. La circulation devenait impossible; comment ferait-on pour manœuvrer?

— Est-ce qu'ils s'imaginent que nous allons consommer tout cela? demandai-je au commandant Rozier. Nous avons pour plus de six mois de fourrages et de vivres.

— Que voulez-vous que j'y fasse? répondit-il. Je prends ce qu'on me donne. Si nous coulons, nous le verrons bien.

Je gagnai à ce nouveau retard un excellent cuisinier.

Dans la journée, je vis monter à bord un beau garçon à l'air distingué, et qui paraissait dans la fleur de la jeunesse.

— Mon colonel, me dit-il en posant sa valise à terre, je viens vous demander de vouloir bien m'emmener avec vous au Mexique.

— Et à quel titre?

— Comme cuisinier. Vous ne me reconnaissez pas? Je suis Dargenson.

— Dargenson! l'ancien cuisinier du maréchal Clausel! l'ancien gérant du Cercle de Médéah! Ce n'est pas possible. Vous êtes trop jeune.

— Pardon, mon colonel. J'ai cinquante ans. Je suis venu en Afrique en 1830, et je vous ai connu à Médéah.

C'était vrai. Dargenson s'était marié, avait gagné quelque argent en tenant le Cercle. Ses enfants avaient grandi ; il les avait placés. Mais Mme Dargenson n'ayant pas, comme lui, conservé les apparences de la jeunesse, la vie conjugale ne lui offrait plus d'attraits suffisants, et il brûlait d'aller tenter la fortune au Mexique.

— Emmenez-moi avec vous, me dit-il. Vous en avez le droit et vous me rendrez un grand service, car cela me donnera mon passage gratuit. Une fois que nous serons arrivés à Mexico, si vous n'avez plus besoin de mes services, je me tirerai d'affaire tout seul.

Justement, le contre-amiral, commandant supérieur, était à bord, surveillant les derniers détails de l'embarquement ; je lui soumis le cas. Il me répondit que j'avais le droit d'emmener un domestique civil, et Dargenson fut inscrit sur le rôle des passagers.

Enfin, tout était prêt, et le 9 septembre, à onze heures du matin, trois bâtiments quittaient ensemble la rade : l'*Ariège*, transport mixte, emportant une batterie de montagne ; le *Gomer*, vapeur à aubes, allant chercher des troupes à Oran, et l'*Aube*, transport mixte, qui emportait mes deux escadrons et le détachement du train.

Nous partons ! Nous sommes partis ! Le temps est superbe. La mer est bleue. La brise souffle du nord-est. Nous lui livrons toute l'immense surface de nos voiles.

XI

JOURNAL DE BORD.

Beau temps. — Relâche à Ténériffe. — Jours moroses. — Les économies de charbon. — Grosse mer. — En pleine tempête. — Où sommes-nous ? — A la Martinique. — Mademoiselle Émilie. — Empoisonné ! — A la Vera-Cruz. — Premier deuil. — Accès de fureur.

9 septembre 1862. — A peine sortie du port, notre petite escadrille se disperse. Le *Gomer* tourne à droite, dans la direction d'Oran, et l'*Aube*, couverte de toile, laisse derrière elle l'*Ariège*, dont la marche est moins rapide. Le temps est superbe, mais le commandant est sombre. Il se plaint qu'on ait chargé démesurément son bateau. Au milieu de l'encombrement, le service des écuries est pénible et dangereux. Un trompette du quatrième escadron, de corvée de propreté, est renversé sous les pieds des chevaux et a la jambe brisée. L'air, en passant par les manches, circule dans les batteries, et nos bêtes, quoique très serrées les unes contre les autres, ne paraissent pas trop souffrir. Le jour tombe, la lune monte à l'horizon. Ses lueurs d'argent glissent sur les flots et, frappant la voilure du transport, le transforment en un grand fantôme blanc. Groupés sur le gaillard d'arrière, mes officiers chantent un nocturne à plusieurs voix que les hommes, impressionnés malgré eux par la magie du spectacle, écoutent silencieusement. Soirée délicieuse ! Moyenne de la marche, près de neuf nœuds.

10 septembre. — Temps magnifique. Mer calme. La brise tombe. On ne marche qu'à la vapeur à petite pression, et notre vitesse diminue. A onze heures, un peu sur la droite, on commence à découvrir les côtes d'Espagne, devant lesquelles passent plusieurs bâtiments. A une heure, le vent se lève, mais cette fois il est debout. La mer devient houleuse. De six nœuds, notre vitesse passe à trois seulement. Nous ne sommes plus qu'à deux lieues des côtes d'Espagne et, dans la soirée, nous doublons le cap de Gate. La santé des hommes et des chevaux est assez bonne.

11 septembre. — Au lever du soleil, le vent tombe, mais la houle persiste et nous fatigue. Nous longeons toujours les côtes d'Espagne ; mais une brume épaisse nous empêche de voir autre chose que l'ensemble de la Sierra-Nevada. Nous voyons, sur ses sommets, des plaques de neige, et de temps en temps, quand survient l'éclaircie, nous apercevons, sur ses flancs, des maisons et des villages. L'aspect de la côte est sévère. Le rivage paraît plus aride encore que celui d'Afrique. Sur le pont, la fumée de la machine et la poussière du charbon, rabattues par le vent, rendent le séjour désagréable. Il a fallu fermer les sabords, pour empêcher les paquets de mer d'embarquer, et dans les batteries, où la fumée pénètre par les manches à air, quelques chevaux commencent à souffrir du manque d'air et de la grande chaleur, que développe le voisinage de la machine. L'un d'eux présente des phénomènes d'asphyxie. On le hisse sur le pont et on le traite énergiquement. A huit heures du soir, quelques chevaux, rendus furieux par la souffrance, commencent à se battre et à se mordre. On entend des hennissements de colère et de grands piétinements. Un cheval est tombé sous les pieds des autres. Il faut le tirer de là, et le manque d'espace, l'affolement des bêtes rendent longue, pénible et dangereuse cette opération, que mes hommes accomplissent avec leur dévouement et leur entrain habituels. Pendant la nuit, le vent tombe. La mer redevient calme.

12 septembre. — A trois heures du matin, on aperçoit les feux de Gibraltar, et au jour, nous entrons dans le détroit. On distingue parfaitement les côtes d'Afrique et celles d'Espagne dont on se rapproche le plus possible, pour éviter les courants très forts qui règnent au milieu de la passe. Voici les maisons et les fortifications du préside de Ceuta. Vers dix heures, la ville, la rade et le port de Gibraltar, que nous cachait jusqu'ici le morne, hérissé de canons, apparaissent tout à coup. Au fond de la baie, nous voyons la ville d'Algésiras, et, juste en face de Gibraltar, le village de Saint-Roch. Le détroit est sillonné de bâtiments de toute espèce. Dans le port, on nous montre un grand transport chargé de troupes qui, à la suite d'une collision avec un autre navire, a dû s'y faire réparer. A onze heures, nous sortons du détroit, en passant à huit cents mètres à peine de la petite ville de Tariffa, entourée d'une vieille enceinte, avec tours carrées, comme toutes les antiques cités maures. La pointe de Tariffa, reliée à la ville par une dune, porte une batterie en assez mauvais état, et, sur ses remparts, nous apercevons distinctement le soldat portugais, tout de blanc vêtu, qui monte la garde. Notre marche s'est un peu relevée, et, quoique le vent debout rende les voiles inutiles, nous faisons de sept à huit nœuds.

13 septembre. — Nous sommes en plein Océan. Le temps est très beau. Nous continuons à marcher à la vapeur. En dépit du calme de l'atmosphère, la mer est creusée par une houle profonde qui vient du large. Le roulis fatigue beaucoup bêtes et gens.

14 septembre. — Navigation sans incident. Depuis

notre sortie du détroit, nous n'avons pas vu une voile. Cette nuit, la brise s'est levée dans la bonne direction. On s'est hâté de larguer les voiles et on a fait jusqu'à dix nœuds. Le matin, on a cru pouvoir éteindre les feux; mais il a fallu les rallumer presque aussitôt, parce que la vitesse tombait. Quoique plus battue qu'hier, la mer est moins fatigante. La température est assez fraîche. Tout va bien à bord.

15 septembre. — Mer très belle; pas de vent. On avance lentement à la vapeur. Un de nos chevaux, placé près du tuyau de la machine, a été pris d'une affection de poitrine si rapide qu'il a fallu l'abattre et le jeter à l'eau. C'est le premier que nous perdons en mer. Au moment le plus chaud de la journée, la température ne dépasse pas 23 degrés. Les nuits sont fraîches, et cependant nous sommes au sud du parallèle de Touggourt.

16 septembre. — Au petit jour, l'île de Ténériffe apparaît, à cinq lieues en face de nous, et nous admirons la sûreté avec laquelle la route du navire a été indiquée et suivie. A sept heures et demie, nous sommes à hauteur de la pointe nord de l'île. Mais le temps est sombre, et les nuages bas nous dérobent la vue du fameux pic. Entourée d'une épaisse ceinture de roches volcaniques, noires et déchirées par des coupures profondes, Ténériffe, où l'on ne voit pas d'abord trace de végétation, a un sombre aspect, avec ses rares maisons jetées sur les bords de la mer, à l'entrée de quelques ravins allant se perdre dans les profondeurs de l'île. Cependant, à neuf heures et quart, en arrivant au mouillage devant Sainte-Croix, la capitale de l'île, la tristesse de l'horizon diminue. Les roches volcaniques, en s'écartant, ont laissé entre elles un espace libre dont l'industrie humaine a profité. Elle a bâti une ville, petite, mais de coquette apparence, et elle a cultivé avec soin les terrains plus fertiles qui montent en pente douce vers l'intérieur. Par exemple, on ne voit presque pas d'arbres. Nous trouvons, au mouillage, le vapeur *l'Albatros*, qui porte une batterie montée de l'artillerie de la Garde, et le vaisseau *l'Ulm*, chargé de troupes à pied. Tous deux sont partis de Cherbourg le 3 septembre. L'*Ulm* est déjà sous pression, pour appareiller dans la soirée. Les officiers qui ne sont pas de service ont la permission de descendre à terre; mais les hommes sont sévèrement consignés à bord. Cette rigueur est exigée par la discipline, et aussi par le souci de leur santé ; car les femmes de Ténériffe passent pour être jolies et faciles, mais pour laisser aussi aux voyageurs imprudents des souvenirs cuisants de leur entretien.

17 septembre. — Séjour au mouillage de Sainte-Croix. Deux heures suffisent pour visiter la ville, propre et bien percée, mais qui n'a rien de très remarquable, excepté une église extrêmement décorée dans le style espagnol et quelques maisons de même style, avec un patio intérieur et, à l'extérieur, des balcons et des miradores. La population est belle et paraît à son aise. Le passage des vaisseaux français, depuis l'ouverture de la campagne du Mexique, l'enrichit. Les environs sont peu boisés et couverts de plantations de nopals. Depuis une douzaine d'années, les vignes, qui donnent ici un vin comparable à celui de Madère, ne produisant plus de quoi payer leur entretien, ont été en grande partie arrachées et remplacées par des cactus sur lesquels on développe la cochenille. En s'élevant un peu derrière la ville, on voit, à l'est, la grande Canarie, la seconde île de l'Archipel. Tout le monde connaît la célébrité du climat des Canaries, à la fois salubre et tempéré, rafraîchi par un vent du nord-est constant. Il pleut rarement, et les nuages qu'attire le pic ne donnent que peu d'humidité à l'air. Sainte-Croix a une garnison composée d'infanterie et d'artillerie, dont la tenue est parfaite et contraste avec les allures un peu débraillées des rares soldats français qui ont obtenu la permission de quitter leur bord. Nous passons la soirée au cercle, établissement bien tenu et bien fréquenté. A deux heures, est arrivé l'*Ariège*, qui était parti en même temps que nous d'Alger, précédé du *Gomer* qui était allé charger des troupes à Oran.

Un accident a attristé la journée. En embarquant du charbon dans la batterie basse, un marin de l'*Aube* est tombé près d'un cheval qui, effrayé, lui a brisé la jambe d'un coup de pied.

L'*Ulm*, en appareillant, casse son beaupré en l'engageant dans les haubans du *Gomer*. Il continue sa route et se répare en mer. On voit, avec la lunette, ses marins occupés à ce travail délicat.

18 septembre. — Nous voulions partir ce matin, mais nos approvisionneurs sont en retard. Cette agglomération de vaisseaux à servir dépasse leurs moyens, et, à quatre heures du soir, nous attendons encore notre dernier chaland chargé de charbon. Nous avons passé toute la journée dans cette poussière noire, et nous avons tous l'air de ramoneurs. Enfin, à six heures, nous appareillons, en même temps que l'*Albatros*. La voile et la vapeur combinées nous donnent, tout d'abord, une vitesse de dix nœuds.

19 septembre. — On a éteint les feux au milieu de la nuit, et aussitôt la brise est tombée. Toute la journée, calme plat ; ce que voyant, le commandant ordonne de rallumer les feux, au coucher du soleil, et presque aussitôt la brise recommence. La température continue à être très douce, et nous supportons nos vêtements d'hiver. Les rayons du soleil ne nous semblent ni plus perpendiculaires ni plus ardents qu'à Alger. Aussi l'état sanitaire est-il excellent. Les chevaux se montrent bien un peu fatigués de l'immobilité absolue à laquelle ils sont condamnés. Quelques-uns contractent de légères indispositions qui cèdent à la diète. Mais il y a moins de malades parmi les hommes qu'à terre. Mon existence à bord n'est pas folâtre. Les officiers de l'*Aube* se parlent très peu entre eux et ne recherchent aucune relation avec les miens. A la table du commandant, nous ne sommes que trois : le commandant Rozier, très brave homme, comme je l'ai déjà dit, très bon marin, très sec aussi avec ses subordonnés et attristé par les lenteurs de sa carrière ; le commandant de Tucé, très honorable officier, mais très taciturne convive, de plus, fort éprouvé par le mal de mer, et moi. Heureusement, j'ai des compagnons toujours accueillants : mes livres. C'est avec eux que je passe tout le temps que me laissent mes occupations militaires.

20 septembre. — Les feux sont éteints. Les voiles nous donnent quatre ou cinq nœuds.

21 septembre. — La brise est tombée. Nous ne marchons plus, et à midi, le commandant ordonne, à son grand regret, de rallumer la moitié des feux. A table, discussion courtoise sur l'opportunité des économies de charbon. « J'avoue que je ne comprends rien, dis-je au commandant, aux habitudes de la marine et à la répugnance avec laquelle elle allume ses fourneaux.

— C'est pourtant bien simple, répond-il. Nous avons ordre d'économiser le plus possible le charbon, de naviguer surtout à la voile et de ne nous servir de la vapeur que lorsque nous ne pouvons pas faire autrement.

— D'accord, en temps ordinaire, quand on n'est pas pressé. Mais voilà une expédition qui coûtera, au bas mot, deux cents millions, et on lésine sur quelques tonnes de charbon pour le transport des troupes ! A la guerre, la denrée la plus précieuse, c'est le temps. Et puis, une expédition réussit surtout par sa rapidité. Et croyez-vous, enfin, qu'en perte de chevaux, en nourriture des hommes, en énervement général nous ne compensons pas, et au delà, vos économies ? On trouve du charbon partout ; mais on ne trouve pas des chevaux partout.

— Ça m'est égal ! C'est l'ordre. »

Il n'y a rien à répondre. Je vais faire les cent pas sur le pont, en ruminant mon dépit. Autour de moi, l'immensité. Pas une voile, rien ne vient rompre la ligne circulaire de l'horizon où la calotte des cieux semble s'ajuster sur la cuvette de l'Océan. C'est grandiose, mais c'est monotone, et cela ressemble d'assez près à ce que j'ai vu souvent, en naviguant entre la France et l'Algérie, sur la Méditerranée. L'air est peut-être un peu plus limpide et transparent. Les vagues sont un peu plus longues et plus puissantes. Le ciel n'est pas plus bleu, le jour, ni plus étoilé, la nuit.

22 septembre. — Nous marchons toujours à petite vapeur. Pas un souffle d'air, pas une ride à la surface de l'eau, et cependant la mer est tourmentée dans ses profondeurs par une houle énorme, qui fait rouler le navire d'une façon insupportable.

23 septembre. — Le bâtiment continue à rouler affreusement. Les marins prétendent qu'ils ont rarement vu un pareil temps. On a été obligé de fermer les sabords, pour empêcher l'inondation des batteries, car les flancs du navire plongent alternativement dans l'eau. Ce mouvement et le roulis fatiguent nos pauvres chevaux, dont quelques-uns tombent sur le plancher, sans pouvoir se remettre sur leurs jambes. Dans le voisinage de la machine, l'un d'eux s'abat comme foudroyé. Il est aux trois quarts asphyxié. On le hisse sur le pont et on le saigne. J'admire toujours la bonne humeur et le moral de nos hommes, qui accomplissent en riant un service pénible et même dangereux. Ce matin, à neuf heures, nous avons passé la Ligne, du moins on nous l'a dit. Les cérémonies plaisantes qui sont traditionnelles en pareille circonstance n'ont pas eu lieu. On n'est pas gai sur l'*Aube*. La température commence à s'élever. Nous sommes dans la région des vents alizés. Mais les vents alizés ne paraissent pas, et nous marchons avec une extrême lenteur.

24 septembre. — Enfin, les fureurs sourdes de la mer s'apaisent, le roulis diminue. Nous sortons de cette zone de l'Océan qu'on appelle la « mer des sargasses ». La brise se lève. On éteint aussitôt les fourneaux, et nous filons sept nœuds, en nous couvrant de toile. Les vents alizés sont venus. Nous faisons, en moyenne, cinquante lieues marines par vingt-quatre heures. Nous ne sommes qu'à trois cents lieues des Canaries, et si nous n'allons pas plus vite, il nous faudra douze jours pour atteindre la Martinique, dont six cents lieues nous séparent encore. Nous avons jeté à la mer un cheval asphyxié. Les autres souffrent.

25 septembre. — La mer moutonne, mais elle secoue moins. Deux fois, on signale une voile à l'horizon. Ce sont nos premières rencontres depuis Ténériffe.

26 septembre. — Le temps devient chaud, sombre et orageux. La vigie signale une voile à l'horizon, au devant de nous. Nous gagnons de vitesse le bâtiment en vue, qui nous paraît construit sur le même modèle que l'*Aube*, mais moins grand et moins fortement mâté. Les officiers disent que c'est l'*Albatros* qui nous a devancés, pendant le calme, grâce à la puissance de ses machines, mais que nous allons devancer, à notre tour, grâce à l'étendue de nos voiles, maintenant que les fourneaux sont éteints sur les deux bateaux.

27 septembre. — Nous retrouvons derrière nous, assez loin, le bâtiment signalé hier. Il se perd dans la brume. Le temps est gris, lourd et humide. On s'ennuie et on se prend mutuellement en grippe. Ce qu'il y a de bizarre, c'est que les officiers des bâtiments de transport font supporter aux officiers de terre la mauvaise humeur que leur cause leur service. C'est absolument comme si les officiers du train se plaignaient d'être obligés de conduire les voitures.

28 septembre. — Nous filons jusqu'à neuf nœuds, avec un vent arrière, assez violent pour obliger à carguer la moitié des voiles. Mauvais temps. Grosse mer, mais tout le monde y est acclimaté. Bien que les sabords soient tenus fermés, l'eau embarque dans les écuries. Dans certains endroits, il y a jusqu'à vingt centimètres d'eau. Le soir, gros grain, avec pluie et vent. On ne conserve plus que quelques voiles pour la nuit.

29 septembre. — Nous subissons, toute la journée, une série de rafales accompagnées de pluies torrentielles. Au point de vue du spectacle, c'est magnifique.

30 septembre. — Temps orageux. Je ne comprends pas comment nos chevaux peuvent subsister dans leur fournaise. Il en est mort un, empoisonné par l'air méphitique qu'on y respire, et nous passons toute la journée à hisser sur le pont les plus malades, pour les faire respirer. Mes pauvres officiers, qui ne sont séparés d'eux que par une toile, souffrent presque autant qu'eux. Quant aux chasseurs d'Afrique, c'est miracle de voir avec quelle industrie ils ont su s'arranger dans les recoins. Ces gaillards-là donneraient un bal sur le radeau de la *Méduse*.

1ᵉʳ octobre. — Plus de vent. On rallume les machines. Nous rattrapons l'*Ulm*, qui est parti vingt-quatre heures avant nous de Ténériffe, mais dont la marche est encore inférieure à la nôtre, et nous le dépassons. Nous perdons encore un cheval, mort d'une rupture de l'œsophage. Le soir, nous rencontrons un banc de poissons volants de la grosseur d'une sardine. Les hommes s'amusent à voir voleter ces poissons sur la surface de l'eau. On dirait des bandes de moineaux.

2 octobre. — Encore un cheval de perdu. Il est grand temps que nous arrivions à la Martinique, autrement ils y passeront tous. Cent vingt lieues nous séparent encore de Fort-de-France. On nous fait espérer que nous y arriverons après-demain. Le temps reste lourd, orageux, le ciel bas. Où es-tu, beau ciel des tropiques ? Depuis deux jours, on ne peut plus faire, à bord, d'observations astronomiques, le soleil ne paraissant plus.

3 octobre. — Hier soir, le temps s'était gâté tout à fait. Le baromètre baissait. On a donné l'ordre de redoubler de surveillance, et on a fait descendre dans les écuries la moitié des cavaliers. Pendant la nuit, la situation s'est aggravée. Le vent souffle en furie. La mer se creuse et prend un aspect sinistre. Avec le jour éclate la tempête. Le voisinage des Antilles et la peur d'un naufrage sur leurs côtes obligent le commandant Rozier à abandonner sa route et à mettre à la cape, en présentant à la lame le travers de tribord. A travers la brume, nous apercevons, à une petite distance de nous, l'*Ulm*, qui exécute la même manœuvre. A midi, un coup de vent brise les deux canots de bâbord. On parvient à en fixer les débris sur les portemanteaux. Quelques minutes plus tard, un énorme paquet de mer enlève les deux canots de tribord, avec leurs portemanteaux, et les réduit en miettes, en les écrasant contre les haubans. Nous sommes dans un vrai cyclone. L'eau embarque de tous les côtés. On s'aperçoit avec terreur que les cordes qui maintenaient l'arrimage sont sur le point de se rompre. On les consolide en toute hâte, car si elles cédaient, la masse des objets qu'elles maintiennent, en se précipitant sur une des parois du navire et en l'empêchant de se relever, nous ferait couler infailliblement. Trois pompes, dont une à vapeur, fonctionnent sans interruption. Les marins sont admirables d'entrain et de sang-froid. Ils obéissent, sans hésitation et sans précipitation, aux ordres de leurs officiers. Nos chasseurs, qui se relayent au service des pompes, rivalisent avec eux de calme, de confiance et de dévouement. Au milieu de cette crise épouvantable, je goûterais sans mélange la joie et l'orgueil de commander à de pareils hommes, si mon cœur n'était pas déchiré par ce qui se passe dans les batteries. Il y règne un désordre inexprimable. Nos chevaux, renversés par le roulis, tombent par rangées de vingt à vingt-cinq, et, brisant les pièces de bois qui ferment leurs compartiments, ils sont lancés à travers le bateau. Les chevaux de bâbord roulent sous les pieds des chevaux de tribord, qui s'arc-boutent avec leur tête contre la paroi inclinée du navire. D'autres tombent les uns sur les autres à fond de cale, par les panneaux laissés ouverts, et se tuent dans leur chute. Une dizaine se noient dans la batterie basse, envahie par plus d'un mètre d'eau. Les pauvres petites bêtes, secouées comme des noix dans un sac, hennissent de fureur et de douleur et, par les écoutilles, monte un concert rauque qui se mêle au bruit de la tempête. Je suis désespéré.

Vers deux heures, la seule voile que nous eussions conservée se déchire avec fracas. Qu'allons-nous devenir? Pourtant, le chef mécanicien assure que, tant que ses chambres de chauffe ne seront pas envahies par l'eau, rien n'est encore compromis. La nuit tombe sans amener d'accalmie. Naturellement, on n'a pas songé à faire la cuisine. Officiers, marins et soldats mangent ce qu'ils peuvent et comme ils peuvent. On distribue largement aux hommes du vin. Ils l'ont bien gagné.

4 octobre. — La nuit a été détestable. Le bâtiment a été secoué de façon à croire qu'il allait se disloquer. L'eau y entrait comme dans un panier à salade, pour me servir de l'expression des marins. Tous mes hommes sont restés sur pied, pour travailler aux pompes ou pour secourir les chevaux. Au matin, le vent mollit un peu, et, dans la journée, une pluie torrentielle vient calmer l'air et l'eau. On ne se voit pas d'une extrémité à l'autre du navire. On parvient à grand'peine à remettre un peu d'ordre dans les écuries. On cherche à relever les bêtes qui se laissent aller à terre, et c'est très difficile, à cause du roulis qui continue, à cause du peu d'espace dont on dispose, et aussi parce qu'elles ne peuvent pas prendre pied sur le parquet glissant.

Je m'occupe aussitôt à dresser le bilan de nos pertes : cinquante-sept chevaux sont morts, tués ou noyés. On en trouve un noyé sous les pieds des miens ; un autre, assommé dans la chambre des machines, sans qu'on puisse s'expliquer comment il est arrivé là. Cinq autres ont les membres fracturés, et il faut les abattre immédiatement. Il y en a une quinzaine qui sont tellement blessés et abîmés qu'ils ne passeront pas probablement la journée de demain. C'est donc près de quatre-vingts chevaux que nous coûte ce coup de mer, extraordinaire à cette époque et dans ces parages.

Nous passons toute la journée à hisser sur le pont les cadavres et à les jeter à la mer. Je les vois tomber à l'eau avec un véritable déchirement de cœur. Et les hommes eux-mêmes sont presque aussi tristes que s'ils disaient adieu à des camarades. Ils se posent vaguement la question qui m'obsède : Comment remplacerons-nous, au Mexique, ces malheureuses bêtes, si douces et si vigoureuses, trépassées après un mois de véritable martyre ?

On jette aussi à la mer la plus grande partie de notre chargement d'orge et de farine, complètement avarié par l'eau qui nous inondait hier, et aussi la plus forte partie des balles de foin qui encombrent le pont et gênent la manœuvre. Tout cela est perdu, et tout cela a coûté certainement plus cher que les cinquante ou cent tonnes de charbon que le commandant a économisées, et qui auraient suffi pour nous mettre à l'abri de la tempête, dans une rade des Antilles, sans compter que le commandant Rozier estime qu'il lui faudra passer au moins quinze jours à la Martinique, pour se réparer et se mettre en état de reprendre la mer.

A quatre heures, accalmie. Le commandant se décide à en profiter pour reprendre sa route, sans savoir au juste où il est, car depuis quatre jours on n'a pas pu faire le point. L'*Ulm*, toujours à la cape, nous croise presque à angle droit.

5 octobre. — Il a plu toute la nuit. Au jour, le vent devient violent. La mer se creuse encore profondément. Je multiplie les précautions pour sauver ce qui nous reste de chevaux. J'ai, du moins, la conscience d'avoir fait tout ce qui était possible, pour parer à une catastrophe que rien ne pouvait prévenir ni empêcher. Les officiers et les hommes me rendent justice, en me témoignant une confiance et une obéissance dont je suis très fier. A huit heures, la brume se dissipe, et nous nous trouvons, tout à coup, à proximité de la terre, dont les marins se croyaient encore éloignés de plus de quinze lieues. Où sommes-nous? On consulte les cartes; on recueille les souvenirs de ceux qui ont fréquenté déjà ces parages, et on finit par décider que l'on doit être en face de Marie-Galante. Au milieu des bouleversements des derniers jours, nous avons dévié d'une vingtaine de lieues.

Vers une heure et demie, et comme par un suprême effort, la mer nous jette dans le canal qui sépare la Dominique de la Martinique. Nous le trouvons calme comme un lac et protégé par la terre contre les rafales. Pendant quatre heures d'une navigation la plus douce et la plus tranquille, nous longeons la côte, à moins de deux cents mètres, savourant, après l'horrible tourmente, le spectacle délicieux de l'admirable et luxuriante végétation des Antilles. Nous sommes assez près de la terre pour distinguer les différentes espèces d'arbres, au-dessus desquels se berce le superbe panache des cocotiers, les maisons de campagne, les cases des nègres, et jusqu'aux plantations de caféiers et de cannes à sucre.

Au sortir du canal, nous retrouvons la mer plus agitée, mais cependant supportable. La nuit est venue. Il pleut à torrents. A minuit, nous apercevons les feux de la ville de Saint-Pierre.

6 octobre. — Il est deux heures du matin. Nous jetons l'ancre au mouillage de nuit de Fort-de-France, et nous allons tous goûter quelques instants d'un sommeil profond, embelli par ce rêve : tout à l'heure, nous aurons de la terre sous les pieds. De grand matin, le pilote et le capitaine du port viennent à bord, pour nous conduire à la place qui nous a été réservée dans le port, le plus vaste et le plus sûr que l'on puisse imaginer.

A midi, nous sommes amarrés à quai, et nous communiquons de plain-pied avec la terre ferme. Immédiatement, et sans qu'on puisse savoir d'où elles sortent, nous sommes envahis par une nuée de femmes de tous les âges et de toutes les couleurs qui, en apparence du moins, exercent des métiers avouables : blanchisseuses, vendeuses de fruits. Quelques-unes sont fort jolies : extrémités fines, yeux de diamant, taille admirable ; mais la plupart ressemblent à de vraies guenons descendues de leurs cocotiers. Vénus et guenons sont d'ailleurs traitées sur le même pied, et expulsées sans pitié.

On s'occupe immédiatement de débarquer nos chevaux, qui semblent aussi heureux que nous de se retrouver à terre. La fatalité s'en mêle encore et, pendant qu'on hisse le dernier, la corde casse et la pauvre bête se brise les reins. Il y a, en rade, une quantité de navires de tout rang, portant des troupes de toutes les armes : infanterie, cavalerie, artillerie, train ; toute l'armée du Mexique est ici. Les uns arrivent de France, les autres partent pour le Mexique. On se souhaite la bienvenue. On se dit adieu. On se dit au revoir. C'est un va-et-vient perpétuel, un tohu-bohu inexprimable, au milieu duquel s'agite le gouverneur, le contre-amiral de Maussion Candé, petit homme, tout mince, tout menu, qui voudrait faire plaisir à tout le monde, mais qui n'y réussirait pas, même s'il était un géant, car il est débordé par les demandes et les exigences de toute une armée et de toute une flotte.

L'emplacement assigné au bivouac de ma troupe, et sur lequel mes hommes s'installent aussitôt, est l'immense place de la ville, qu'on appelle la « Savane ». Elle est bordée par la mer, ornée, à son centre, de la statue en marbre de Joséphine, l'impératrice créole, et entourée d'une ceinture de magnifiques cocotiers. Enfin, elle est couverte non pas de gazon, mais d'une herbe drue et rêche. J'y trouve, déjà installés, sept cents chevaux ou mulets de l'artillerie et du train, qui semblent perdus dans son immensité.

A peine débarqués, mes bons chasseurs commencent par prodiguer à leurs chevaux les soins qu'ils n'ont pu leur donner sur le bâtiment. Puis ils songent à eux. Les tentes sont dressées; les distributions arrivent; la cuisine s'allume, et autour des marmites qui bouillent les plaisanteries pétillent. Nous sommes dans la saison d'hivernage, c'est-à-dire dans la saison des pluies torrentielles et intermittentes, que les gens du pays appellent des « lamentins ». Elles durent dix minutes à peine, après quoi, le soleil redevient brillant, au fond de son ciel bleu. Et ça recommence dix fois par jour. Mais il fait assez chaud pour que cette eau soit inoffensive. Et les hommes, trempés jusqu'aux os, laissent, sans y faire attention, leurs vêtements sécher sur eux.

Nous sommes, on le comprend, avides de nouvelles. Celles qui viennent du Mexique ne sont pas mauvaises. On croit l'armée de Juarez incapable de nous résister. D'ailleurs, les opérations militaires ne sont pas encore commencées. Les routes sont défoncées par les pluies, les rivières débordées, les ponts emportés, les communications à peu près impossibles. Le dernier convoi, parti de la Vera-Cruz pour Orizaba, a mis huit jours pour faire sept lieues. Naturellement, la tempête qui a failli nous détruire est l'objet de toutes les conversations. Le coup de vent si fatal à mes pauvres chevaux s'est fait sentir jusqu'au fond du golfe du Mexique. Une vingtaine de bâtiments, dont deux vapeurs de l'État, ont été jetés à la côte, et plusieurs ont péri, corps et biens.

J'interromps ici mon journal de bord, car mon séjour à la Martinique, qui dura douze jours, ne fut point très palpitant. Dès que mon monde eut pris ses dispositions, je recommandai aux officiers une surveillance des plus sévères et de tous les instants. Évidemment, il était dur de se montrer aussi strict pour des gens qui venaient de tant souffrir et de si peu s'amuser. Mais j'avais peur pour mes hommes du tafia et des femmes, et je ne voulais pas que ces deux fléaux exerçassent sur eux des ravages analogues à ceux que la mer avait infligés à notre cavalerie. J'étais donc bien décidé à sévir à la première incartade, et je sévis plus d'une fois, mais toujours sur de jeunes engagés, non encore rompus à la discipline, et particulièrement sur l'un d'entre eux, qui portait un des grands noms de France, et qui m'était arrivé farci de recommandations. Elles lui furent inutiles. Quant aux vieux soldats, ils surent, là comme partout, soutenir l'honneur du régiment, et, en somme, je fus très content de l'ensemble.

J'avais rencontré, en arrivant, mon collègue, le colonel de Brémond d'Ars, et mon ami, le colonel Arnaudeau, qui partaient le lendemain pour la Vera-Cruz, le premier, avec ses chasseurs d'Afrique; le second, avec un bataillon du 3ᵉ de zouaves. Après leur avoir dit adieu, j'allai prendre gîte dans le logement que venait de quitter le général de Mirandol. Il m'avait annoncé à sa propriétaire, une jeune et jolie créole, Mlle Émilie, mère de trois beaux enfants.

Mlle Émilie était un peu comme cette dame à qui un indiscret demandait le nom de ses deux jumeaux, et qui répondait : « Celui-ci est du maître d'école; celui-là est du receveur des contributions. » Elle savait très bien discerner les pères de sa petite famille. Son aîné était d'un lieutenant d'infanterie de marine; son second, d'un contrôleur d'armes; son troisième, de je ne sais plus qui, par exemple. Mais, à la Martinique, cela ne tirait pas à conséquence.

Fort-de-France, la ville militaire de la Martinique, est une petite cité toute proprette. A cause des tremblements de terre, ses maisons n'ont que le soubassement, d'un mètre environ, en pierre. Le reste est en bois, ou plutôt en lattes très minces, et il n'y a partout qu'un étage au-dessus du rez-de-chaussée. L'hôtel du Gouverneur, vaste et agréable à habiter, n'est pas autrement construit. On ne trouverait pas un carreau de vitre dans toute la ville. Les fenêtres sont uniquement fermées par des persiennes légères, qui laissent circuler l'air et permettent d'apercevoir tout ce qui se passe à l'intérieur; de sorte qu'on vit littéralement dans la rue. Cela ne gêne personne, car les mœurs sont excessivement primitives.

La population est presque entièrement nègre ou de sang mêlé. Les propriétaires de plantations ont disparu ou confié leur exploitation à des gérants, à des métis, et, sans les fonctionnaires et la garnison, le blanc serait un véritable objet de curiosité. Quant aux Caraïbes, il n'en reste plus. Le costume de cette population est aussi rudimentaire que ses habitations; un caleçon de toile et quelque chose qui ressemble vaguement à une chemise : voilà la toilette des hommes. Les élégants, les fashionables, ceux qui aiment démesurément le luxe, y ajoutent un vieux chapeau effrangé. Il n'y a rien au-dessus de cela. Les femmes remplacent le caleçon par un jupon de cotonnade, et tout est dit.

Cependant, elles enroulent autour de leur chignon, avec coquetterie, un madras d'une couleur d'autant plus claire qu'elles sont elles-mêmes plus noires. Leur luxe consiste à s'offrir d'énormes boucles d'oreilles d'or, en forme de panier, et des souliers ou des bottines qu'elles portent plus volontiers à la main, ou sous le bras, qu'aux pieds.

Bien que l'agglomération extraordinaire des troupes semblât devoir épuiser toutes les ressources naturelles de l'île, la vie matérielle était confortable et peu coûteuse. J'ai dîné plusieurs fois dans un restaurant très achalandé, tenu par un nègre, affranchi, en 1848, sur la plantation du père d'un officier de l'armée : M. Percin Northumberland. Ce nègre s'appelait Toulouse. Il était tellement énorme que, pour loger son ventre, il avait été obligé de faire pratiquer une échancrure dans son comptoir. On mangeait fort bien et pour pas cher chez le père Toulouse. Le pain était exquis, d'une blancheur et d'une finesse de pâte extraordinaires; la salade de choux palmistes succulente. Quant aux fruits des tropiques, je n'en étais pas fou; je leur trouvais à tous un goût d'essence de térébenthine désagréable. A noter encore un grand dîner chez le Gouverneur. Je m'y trouvai assis à côté du capitaine de vaisseau qui commandait l'*Ulm,* notre compagnon de tempête, et qui me révéla qu'il était resté à la cape auprès de nous, parce qu'il était persuadé qu'avec notre chargement, dont il connaissait le mauvais arrimage, nous allions passer par le fond.

Du reste, j'ai fort peu joui de notre séjour à la Martinique, et je n'ai pas même pu faire l'excursion que je me promettais à la magnifique plantation de M. de Lareinty. Un mois d'emprisonnement et d'inaction à bord succédant à toute une vie d'activité m'avait détraqué le tempérament. Je fus pris d'un embarras gastrique, qui aurait cédé probablement devant un traitement judicieux ; mais mon médecin-major, qui n'était pas familiarisé avec les maladies des pays chauds, imagina de me traiter par le calomel. Il m'en fit absorber deux doses considérables qui, loin de me rendre la santé, faillirent me faire rendre l'âme. Je dus passer par toutes les phases fort pénibles d'un véritable empoisonnement mercuriel, dont j'eus toutes les peines du monde à me remettre, et dont j'ai dû subir toute ma vie les suites fâcheuses. Quand je remontai sur l'*Aube*, le commandant Rozier, qui me révéla son cœur, m'entoura des soins de l'amitié. Le chirurgien du bord me prodigua ceux de la science. Néanmoins, pendant fort longtemps, je ne pus me nourrir qu'avec des aliments liquides. Et c'était de la guigne pour un homme qui emmenait avec lui un cuisinier émérite : Dargenson, désolé de l'insuccès de ses ragoûts.

Depuis notre débarquement, on travaillait à réparer l'*Aube*, qu'on avait vidée de fond en comble, pour en examiner tous les coins. On avait fait une telle diligence, que le 16 octobre, le bâtiment était en état de reprendre la mer. Les journées du 17 et du 18 furent employées au rembarquement du matériel, des hommes et des chevaux, et le 19 au matin, l'*Aube* appareillait, pour faire route directe sur la Vera-Cruz. Nous voyagions en escadrille avec la frégate *la Dryade*, portant un bataillon du 81ᵉ de ligne, et le vaisseau *le Wagram*. On avait décidé que, de Fort-de-France à la Vera-Cruz, les bâtiments marcheraient trois par trois au moins, comme les rois mages, afin de ne pas être exposés à un coup de main, d'ailleurs très problématique, de la part d'un corsaire ou d'un flibustier mexicain. Nos trois bateaux étaient sous les ordres du commandant du *Wagram*.

Les zouaves, que portait le *Wagram*, étaient partis d'Alger, le 3 septembre, sur le *Fleurus*, comme je l'ai déjà indiqué ; mais dans le détroit de Gibraltar le

Fleurus avait abordé un transport en fer, et les deux bateaux, fort avariés, avaient dû se réfugier, le transport, à Gibraltar, où nous l'avions aperçu en passant, et le *Fleurus*, à Cadix, où le *Wagram*, mandé en toute hâte de Toulon, était venu chercher les zouaves.

Notre traversée de la Martinique à la Vera-Cruz dura quatorze jours, sans offrir rien de saillant. Les trois bâtiments marchaient de front, à deux ou trois cents mètres les uns des autres. Nous étions, par des signaux, en perpétuelle communication avec nos compagnons de route, ce qui rompait la monotonie du trajet, et enfin, dans les batteries nos chevaux, que la mort avait desserrés, souffraient moins et étaient plus faciles à soigner. Le 23, la masse montagneuse de Saint-Domingue nous apparaissait, comme un bloc gigantesque, au milieu de l'Océan. Le 24, nous longions, presque toute la journée, la Jamaïque.

Puis, trois jours de calme plat, pendant lesquels les officiers de marine eurent toutes les peines du monde à toucher à leur précieux charbon. On a dit bien souvent qu'une maison de commerce qui serait administrée comme l'État ferait faillite. C'est peut-être exagéré; mais, en ce qui concerne les transports, c'est rigoureusement vrai, puisque la marine d'État n'a pas pu découvrir encore que les voyages les meilleurs et les plus économiques sont les plus courts.

Tout a une fin ici-bas, et, comme dit La Ramée, « marche aujourd'hui, marche demain ; à force de marcher, on fait beaucoup de chemin ».

Le 2 novembre, au matin, après quelques grains qui avaient accéléré notre route et réveillé nos inquiétudes pour nos chevaux, une sorte de géant à tête blanche montait lentement devant nous, dans les profondeurs de l'horizon. C'était le fameux pic d'Orizaba, dressant à cinq mille mètres au-dessus du niveau de la mer sa cime couronnée de neiges éternelles.

C'était la terre ; c'était le Mexique

Les commandants de nos trois vaisseaux sacrifient un peu de charbon. Notre marche s'accélère, et vers midi, nous serrons de près le fort historique de Saint-Jean d'Ulloa, où la flotte française, sous les ordres de l'amiral Baudin, se couvrit de gloire, où le prince de Joinville fit montre des grandes qualités qui ont fait de lui un des marins les plus distingués de son temps. Le fort de Saint-Jean d'Ulloa ferme l'entrée de la rade de Vera-Cruz, dangereuse à aborder quand souffle le vent du nord-est, le « norté », comme disent les marins. Il défend la ville contre toute attaque du côté de la mer. C'est une citadelle massive, sombre et rébarbative, qui a conservé l'aspect de sa destination primitive, car elle a longtemps servi de séjour aux prisonniers d'État, qui en sortaient rarement vivants, puisqu'ils avaient pour compagnon de prison le terrible vomito-negro. Elle est construite sur un îlot de roches madréporiques qui s'étendent à fleur d'eau autour d'elle et ne permettent pas d'en approcher. Le temps est fort beau, mais la mer reste agitée et les vagues déferlent sur le récif. Elles couvrent et découvrent les pointes noires des roches, qui semblent se mouvoir au milieu de l'écume. De l'endroit où nous sommes, on dirait voir un troupeau de monstres marins s'élançant dans la mer et y luttant de vitesse. Leurs têtes paraissent et disparaissent tour à tour dans le remous. Plusieurs d'entre nous y ont été trompés.

Toute cette partie de la côte du Mexique est fort triste à voir. Elle est marquée, de distance en distance, par les épaves des bâtiments qui ont été jetés contre la terre, au moment du coup de vent qui a failli nous faire couler. Et huit jours avant notre arrivée, encore dix navires de commerce et une corvette à vapeur de l'État, le *Chaptal*, s'y sont perdus. Les équipages ont pu être sauvés, mais on voit toujours, tout près du rivage, les carcasses que le flot bat, démolit pièce à pièce. Nous dépassons le fort et nous allons, à midi précis, jeter l'ancre dans la baie de *Sacrificios*, au milieu d'une véritable Armada, tout contre la *Normandie*, magnifique vaisseau cuirassé de premier rang, qui porte le pavillon de l'amiral Jurien de la Gravière, commandant en chef les forces navales françaises.

Il nous faudra rester au moins deux jours au mouillage, car le port de la Vera-Cruz, si on peut donner ce nom à une rade foraine battue par tous les vents, dispose de ressources très limitées, et, sous peine d'amener des désordres et peut-être même des désastres, les navires ne peuvent s'y décharger que chacun à son tour.

A peine avions-nous jeté l'ancre, que l'amiral monta de sa personne à bord, pour nous inspecter et donner ses instructions au commandant Rozier. Ce fut là que, pour la première fois, j'entrai en relations personnelles avec cet homme admirable, aussi remarquable par le cœur et le caractère que par l'intelligence et le talent : excellent marin, littérateur distingué et fécond, serviteur de la patrie, plein de désintéressement et d'abnégation. Il se multipliait pour voir tout par lui-même et donnait le plus noble exemple, en un temps où déjà bien des gens se laissaient aller à subordonner l'intérêt général à leur intérêt personnel.

L'amiral avait voulu se rendre compte personnellement de notre état sanitaire, qui n'était point parfait. Nous avions plusieurs malades à bord, et un de mes chasseurs d'Afrique venait de mourir du vomito-negro, presque subitement, en arrivant au mouillage. D'ailleurs, le terrible fléau sévissait sur la flotte et sur l'armée. Dans l'état-major qui accompagnait l'amiral, j'avais remarqué un beau jeune homme, à la physionomie ouverte, médecin à bord de la *Normandie*. Il respirait la santé, la force et la gaieté. Trois jours après, j'apprenais qu'il avait succombé, à son tour, à la maladie qui éprouva tout l'équipage du vaisseau amiral, pendant sa longue station dans les eaux du Mexique.

Le corps de mon malheureux soldat fut aussitôt porté à terre et enterré dans l'îlot de *Sacrificios*. Cette cérémonie est toujours fort touchante et empreinte d'un sentiment à la fois religieux et militaire, même lorsqu'il s'agit d'un simple soldat.

En présence des deux escadrons rassemblés et d'une partie de l'équipage réunie, avec ses officiers, sur le pont, l'aumônier vint dire les dernières prières sur le corps de mon chasseur. Je jetai sur lui les dernières gouttes d'eau bénite, et le cercueil, accompagné de l'aumônier et du peloton auquel appartenait le mort, descendit dans le canot qui devait le porter à terre. L'*Aube* tira un coup de canon. A ce signal, tous les bâtiments en rade mirent leur pavillon en berne et leurs vergues en pantenne, pour ne les relever qu'au retour du canot. Les marins accomplissent ce cérémonial avec une attitude qui prouve que, chez eux, il n'y a pas d'esprits forts, et que les doctrines, à l'aide desquelles on essaye de pervertir la nation, n'ont pas mordu et ne mordront jamais sur ces âmes, trop souvent rapprochées de la mort pour n'être pas toujours rapprochées de Dieu.

L'îlot de *Sacrificios*, ainsi nommé parce que jadis les Indiens immolaient là leurs victimes, pour se rendre leurs dieux favorables, n'était qu'un vaste cimetière hérissé d'humbles croix noires. Il ressemblait à une pelote d'épingles, et, plaisamment, les zouaves l'avaient appelé le « Jardin d'acclimatation ».

L'amiral continua sa visite, en passant sur la *Dryade*, puis sur le *Wagram,* où il avait à régler un cas tout à fait particulier.

J'ai déjà dit que sur certains bâtiments régnait la mésintelligence entre les officiers de terre et les officiers de mer, par suite de la raideur de ces derniers à maintenir des règlements qu'on aurait pu laisser sommeiller, en ces circonstances exceptionnelles. Sur le *Wagram*, cette mésintelligence avait pris un caractère aigu. Il était interdit aux officiers passagers de se tenir, en dehors des heures de repas, dans le carré réservé à l'état-major des bâtiments. Un capitaine de zouaves, méconnaissant ou oubliant cette prescription, fut surpris dans ce carré, à une heure antiréglementaire, par le second du bâtiment, lieutenant de vaisseau, portant, comme lui, la double épaulette. Le lieutenant de vaisseau infligea les arrêts à son camarade. « C'est bien, lui répondit celui-ci; vous êtes chez vous, je me soumets à votre autorité; mais une fois à terre, je redeviendrai votre égal, et je vous préviens, dès à présent, que je vous tuerai. »

Ce n'était pas une rodomontade, car le capitaine de la Hayrie, mort tout récemment général de division et grand officier de la Légion d'honneur, n'était pas seulement un des officiers les mieux posés de son régiment; il était aussi un tireur émérite à l'épée et au pistolet; avec cela, musclé comme un Hercule, on l'avait vu, dans une insurrection, obligé de se défendre contre une attaque personnelle, assommer son homme d'un coup de poing.

L'affaire fit beaucoup de bruit.

L'amiral Jurien de la Gravière voulut absolument l'arranger, avant de permettre le débarquement, et il mit le capitaine de la Hayrie dans cette alternative : renoncer à la réparation par les armes qu'il voulait obtenir, ou être renvoyé en France, sans descendre à terre. Le capitaine se soumit en rechignant.

Pendant ces quarante-huit heures de mouillage, ma principale distraction consista à regarder les exercices de l'équipage d'un bâtiment de guerre anglais, ancré tout près de nous; le matin et le soir, les hommes, rangés sur le pont, dansaient la gigue, et cet exercice singulier, mais obligatoire, était considéré comme très salutaire pour entretenir chez eux à la fois la gaieté et la santé.

Enfin, le 4 novembre, notre tour de débarquement arriva. De grand matin, nous quittions notre mouillage, pour venir jeter l'ancre dans le port de la Vera-Cruz, entre le fort de Saint-Jean d'Ulloa et le Môle. A dix heures, on commençait à hisser hors de leurs batteries nos vaillants petits chevaux arabes, qui, malgré les fatigues de cette interminable traversée, se montraient encore pleins de feu. On les descendait dans un grand chaland qui, lorsqu'il était plein, était remorqué jusqu'à la plage par une chaloupe à vapeur. Cette opération, qui semblait devoir s'accomplir sans incident, provoqua cependant chez moi le plus violent accès de colère auquel je me sois jamais abandonné. Après avoir surveillé le transbordement des premiers chevaux, j'étais descendu dans le carré du commandant, pour y absorber une tasse de thé qui composait tout mon déjeuner. J'étais là, seul, les oreilles tendues à tout ce qui se passait sur le pont, lorsque j'entendis un hennissement de fureur. Je crois reconnaître la voix d'un de mes chevaux. Je remonte précipitamment, et j'assiste à la scène suivante :

Mes chevaux étaient déjà embarqués sur le chaland, et, avec insouciance, les matelots descendaient au-dessus de leurs têtes le cheval le plus méchant du régiment, un cheval truité, qu'on appelait : le Juif. Mes bêtes protestaient à leur façon contre ce compagnon incommode dont les sabots les atteignaient déjà, en ruant, en hennissant, en faisant mine de tout briser autour d'elles. J'étais malade, anémié; depuis vingt jours, je n'avais pas pu prendre un aliment solide. J'avais les nerfs tendus à se briser, et je perdis en quelque sorte conscience de moi-même. Je me répandis en reproches violents contre l'incurie de l'équipage, et je fus saisi d'un tel accès de rage que je tombai raide, évanoui, sur le pont. On voit d'ici la scène : tout le monde restant les bras en l'air, le commandant Rozier se précipitant pour tancer ses marins, et le chirurgien du bord me prodiguant les secours de son art pour me faire revenir à moi. Je repris possession de ma conscience, un peu honteux, car une minute de réflexion me révéla combien j'avais tort de m'emporter contre ces braves gens qui n'avaient pas, comme moi, un grand intérêt à la conservation des chevaux. Nous en avions perdu une centaine depuis Alger. Leur livre de bord avait soigneusement signalé cette perte, et leur responsabilité était à couvert. Ah! si nous avions fait la traversée sur un bâtiment appartenant à une compagnie, c'eût été tout différent. La compagnie, intéressée pécuniairement à la conservation des colis de toute nature qu'elle transportait, eût imposé à ses états-majors, non seulement la célérité, mais encore le bon entretien des bêtes, et peut-être même des hommes; tandis que la marine de l'État, humiliée de jouer un rôle secondaire et accessoire dans cette expédition du Mexique, s'intéressait fort peu à nous et résumait ses sentiments par cette réflexion morose : « On nous fait faire un métier qui n'est pas le nôtre. » A quoi il était trop facile de répondre : « Votre métier, comme le nôtre, consiste à exécuter les ordres qu'on vous donne. »

Enfin, le 5 au soir, hommes et chevaux, nous avions dit adieu, avec plaisir, à l'immense boîte flottante où nous avions connu de si mauvais jours, et nous étions installés dans un assez mauvais bivouac qu'on nous avait assigné, auprès d'une des portes de la ville, nous préparant à un départ que nous jugions et que nous espérions devoir être très prochain.

XII

LA VERA-CRUZ.

Le vomito-negro. — Le général Forey. — Le général Bazaine. — Premières difficultés. — Une catastrophe. — Dans la brousse. — Terrassé par la fièvre. — La mouche de Cordova. — Les mustangs des prairies. — La Tejeria. — Mulets et voitures. — Orizaba. — Le général de Lorencez. — Les Douay. — L'intendant général Wolf. — Nos futurs généraux. — Quelques Allemands.

Vue de la mer, la Vera-Cruz nous était apparue comme une large tache noire frappée sur un fond jaune. Elle est, en effet, bâtie au milieu de dunes d'un sable aride, et on dirait presque un morceau du Sahara collé aux flancs de l'Amérique : car, dans les environs de la ville, il n'y a pas trace de végétation. Quand on en approche, on est frappé par le luxe de ses fortifications qu'ont bâties les Espagnols, et aussi par l'aspect de ses clochers, dont les bulbes lui donnent un faux air oriental. Enfin, quand on y pénètre, elle prend meilleur aspect, quoique n'offrant aucun monument remarquable, à l'exception des églises, ornées avec un goût criard et faux. Ses rues sont droites et spacieuses. Mais tout y a l'air d'être en ruine. Tout se dégrade si vite que les constructions à peine achevées prennent une apparence de délabrement et de vétusté lamentables, sous la rouille et la lèpre de l'humidité. Tout paraît moisi, même les énormes pièces de canon qui sont rongées jusqu'à l'âme, sans qu'on puisse les préserver.

La propreté de la cité est problématique, et cela ne semble pas extraordinaire, quand on fait connaissance avec les fonctionnaires qui ont le monopole du service de la voirie. Ces fonctionnaires sont des oiseaux fort laids qu'on appelle des zopilotes. Ces zopilotes sont des vautours de petite espèce, perchés en files serrées sur les corniches des maisons et des édifices et qui, dans leur voracité bienfaisante, débarrassent assez rapidement les places et les rues de toutes les immondices et de tous les détritus qu'on y jette. C'est fort heureux, car cette insouciance des habitants ajouterait encore à l'insalubrité de la ville, qui cuit littéralement sous un soleil de feu, au milieu de ses dunes de sable, assez hautes pour lui enlever le bénéfice des vents du large.

Pendant la saison de l'hivernage, c'est-à-dire du commencement de juin au milieu d'octobre, où règnent à la fois les chaleurs et les pluies, le vomito-negro, ou fièvre jaune, y sévit avec une extrême intensité. A partir d'octobre, arrivent les vents du nord-est, et la fièvre jaune cède la place à d'autres fièvres assez violentes, mais qui n'ont pas, à beaucoup près, sa gravité. Tout le monde sait que les grands foyers d'épidémie sont constitués par les deltas de certains grands fleuves, qui bouchent eux-mêmes leur ouverture par l'accumulation des sédiments qu'entraînent leurs eaux, et qui se répandent en marais pestilentiels, empoisonnant toute une contrée par les miasmes des décompositions végétales. C'est ainsi que les bouches du Gange produisent le choléra, celles du Nil la peste, et le delta du Mississipi la fièvre jaune, qui se répand sur toute cette partie de la côte du Mexique. En outre, la Vera-Cruz est bâtie non loin de l'embouchure d'une petite rivière qu'on appelle Tenaya et qui alimente des lagunes pestilentielles. Tout le monde sait aussi que la fièvre jaune épargne ceux qui sont nés dans son empire. Mais elle est sans pitié pour les autres, et à la Vera-Cruz, les Mexicains des hauts plateaux y succombaient aussi bien que les étrangers venus d'Europe. Les nègres cependant y semblent tout à fait réfractaires. Ainsi, peu de temps après nous, avait débarqué un bataillon de nègres du Soudan, cédé à l'Empereur par le vice-roi d'Égypte, pour tenir garnison à la Vera-Cruz. C'était une troupe fort belle et admirablement disciplinée. Pas un de ses soldats n'a été malade. Je les voyais, au plus fort de la chaleur, dormir en plein soleil, comme des lézards. Ils se réveillaient sans même avoir un semblant de migraine, alors que pas un de nous, se permettant une telle imprudence, ne se serait relevé vivant.

Quand je descendis à la Vera-Cruz, la ville était littéralement bondée de troupes récemment arrivées, et qu'on ne pouvait faire partir que peu à peu vers Orizaba, notre point de concentration générale, parce qu'il n'avait pas encore été possible d'y réunir les approvisionnements nécessaires, faute de moyens de transport.

A Paris, les émigrés et M. de Saligny affirmaient qu'en arrivant au Mexique, nous nagerions dans l'abondance, et en réalité, on avait toutes les peines du monde à se procurer la moindre des choses. Sans doute, les Indiens n'auraient pas demandé mieux que d'approvisionner nos marchés. Mais les libéraux faisaient bonne garde autour de nous, et leurs guérillas, qui fuyaient devant nos fusils, interceptaient les routes jusqu'aux portes mêmes de la ville. De sorte que, en admettant même qu'on eût les moyens de transporter les vivres et les munitions, il fallait encore les faire escorter de colonnes imposantes, absolument comme aux permiers temps de l'occupation, en Algérie. Cependant, on avait déjà cherché à organiser, sous le nom de contre-guérilla, une troupe de volontaires appartenant à toutes les nationalités et chargés d'assurer la sécurité des communications. Elle rendait déjà de réels services, sous les ordres de son premier chef : un officier suisse nommé Stocklin. Elle allait servir de noyau à la fameuse contre-guérilla des Terres-Chaudes qui devait purger la contrée de tous les coupeurs de routes.

Le commandant en chef de l'expédition, le général Forey, était arrivé, à la fin de septembre, à la Vera-Cruz, avec le 20ᵉ bataillon de chasseurs à pied, venu comme lui de Cherbourg sur le vaisseau *le Turenne*. Il avait l'intention de traverser la ville, sans s'y arrêter, et de prendre aussitôt la route d'Orizaba. Des difficultés imprévues le retinrent près d'un mois à la Vera-Cruz, où il voulait mettre de l'ordre dans tous les services qui se concentraient sur cette base d'opérations. Et, quand il partit, à la tête d'un grand convoi de ravitaillement, pour Orizaba, la fièvre jaune avait exercé sur son bataillon d'escorte de si cruels ravages qu'en arrivant à son quartier général, il n'avait pas autour de lui plus de cent chasseurs à pied capables de porter un fusil. La plupart, heureusement, purent se rétablir dans une région plus salubre et reprendre leur place dans le rang. Cette rapidité avec laquelle nos effectifs fondaient, comme cire au soleil, et l'importance du poste de la Vera-Cruz, devenu en quelque sorte le creuset de l'expédition, déterminèrent le général Forey à laisser derrière lui, au bord de la mer, le meilleur de ses lieutenants, en l'investissant de tous ses pouvoirs. Cet officier s'appelait le général Bazaine, qui commandait l'une des deux divisions du corps expéditionnaire.

Le général Bazaine était un de nos chefs les plus en vue et les plus populaires. La guerre d'Orient et la campagne d'Italie avaient attiré sur lui l'attention, et l'avaient placé au premier rang de ceux dont l'avenir semblait illimité. Il avait les faveurs de l'opinion publique; il avait aussi les bonnes grâces et la confiance du Souverain. Sous des allures de bonhomie, auxquelles se prêtaient un corps un peu replet et une bonne grosse figure éclairée par des yeux très intelligents, mais qui ne s'ouvraient jamais qu'à demi, il cachait un esprit très délié et très fin, trop fin peut-être.

Dans sa longue pratique des affaires arabes, il avait appris, non pas les secrets de cette grande diplomatie qui voit les choses de haut et les buts de loin, mais de cette rouerie qui consiste à se mouvoir au milieu des intrigues, pour s'en servir sans paraître s'y mêler. Il possédait un courage universellement connu et imperturbable, conservant une impassibilité absolue au plus fort du danger et affectant, en quelque sorte, la coquetterie de l'indifférence, qui produisait un très grand effet sur tous les assistants. En ces débuts de l'expédition, il jouissait déjà de tout l'éclat de sa fortune militaire et n'avait pu encore, par une conduite trop habile, éveiller des soupçons sur la loyauté de son caractère. Au fond, comme intelligence et comme talent, il se croyait à cent piques au-dessus de son chef. Mais cette supériorité qu'il avait l'air de cacher, il la laissait proclamer autour de lui, assez haut pour que l'écho en parvînt jusqu'à Paris, où l'on finit par l'entendre et par l'écouter.

Avec sa grande taille de tambour-major, sa mâchoire puissante, indice d'énergie et aussi d'entêtement, ses façons rébarbatives et violentes, qui dissimulaient une bienveillance dont il donna des preuves en prodiguant à ses subordonnés toutes les récompenses qu'il pouvait leur accorder, pendant la campagne, le général Forey devait succomber dans cette lutte entre un lion et un renard, pourvu lui-même du courage du lion. Il avait joué, au coup d'État de 1852, qui le trouva déjà général de division, un rôle de nature à fixer la reconnaissance de l'Empereur. On lui avait confié une des premières divisions de l'armée de Crimée. Il y avait mal réussi; en outre, son amour-propre le faisait souffrir d'être sous les ordres du général Canrobert, son cadet de grade, qu'il avait eu comme adjudant-major, lorsqu'il commanda, à sa formation, le 3ᵉ bataillon de chasseurs à pied. Il est très rare qu'on se rende justice à soi-même et qu'on accepte la supériorité d'un collègue, surtout quand ce collègue a été notre subordonné. Le général Forey revint donc de Crimée sans lauriers; mais le brillant combat de Montebello, dans lequel, avec sa seule division, il soutint victorieusement l'effort d'une partie de l'armée du général Giulay, l'avait remis en pleine faveur, et ce fut en parfaite connaissance de cause que l'Empereur lui confia le commandement de l'armée du Mexique. L'Empereur reconnaissait en lui un serviteur fidèle, qui suivrait aveuglément ses instructions. Et cette obéissance du chef était nécessaire pour obtenir celle de l'armée, un peu ébranlée par son premier échec devant Puebla. Cette armée avait la conscience d'avoir fait son devoir, et elle en voulait à ceux qui l'avaient lancée, sans la préparer, contre un obstacle insurmontable. Elle en voulait en particulier à M. de Saligny, qui faisait sonner bien haut la confiance de l'Empereur, et qui avait exploité effrontément une situation dont il était en partie l'auteur, en se plaignant qu'on n'eût pas suivi ses conseils, alors qu'on n'avait fait qu'obéir à ses indications. Voilà pourquoi l'Empereur voulait au Mexique un dévouement à toute épreuve; et il l'eut en la personne du général Forey.

La mission du général Bazaine, resté à la Vera-Cruz, ne consistait pas seulement à acheminer le plus vite possible sur Orizaba les troupes jetées à terre par les transports, pour les soustraire aux atteintes de la fièvre jaune qui exerçait sur elles ses ravages. Elle consistait surtout à diriger sur le point de concentration les approvisionnements, sans lesquels ces troupes n'auraient échappé au vomito-negro que pour mourir dans le dénuement. Et la chose n'était pas très facile, car les moyens de transport manquaient ; de sorte que, tandis que les magasins de la Vera-Cruz regorgeaient de provisions, ceux d'Orizaba étaient à peu près vides. On y portait à grand'peine de quoi manger, au jour le jour ; mais on ne pouvait constituer ni les vivres de réserve, ni les munitions nécessaires à l'artillerie, en vue du second siège de Puebla. En débarquant avec le général en chef, l'intendant général Wolff avait compris tout de suite qu'il ne pouvait compter que sur sa propre industrie. Il avait fait partir aussitôt pour New-York des officiers de son administration, avec mission de se procurer à tout prix les bêtes nécessaires. Ils avaient acheté un grand nombre de mulets fort grands et fort beaux qui commençaient à arriver. Malheureusement, ces animaux étaient plus habitués au trait qu'au bât. Ils étaient, en outre, un peu jeunes pour le dur service qui les attendait, et on en perdit beaucoup dans les commencements.

Le général Bazaine faisait face à toutes ces difficultés avec une simplicité parfaite et une tranquillité imperturbable. Il était parfaitement au courant des mœurs et de la langue des Espagnols, car il avait fait pendant huit ans la guerre en Espagne, jusqu'au triomphe des Christinos contre les Carlistes. Il était entré comme sous-officier dans la légion étrangère du colonel Conrad, commandée plus tard par le général Bernelle, et il y servait encore, avec le grade de capitaine, lorsque cette légion passa en Afrique. Aussi traitait-il les affaires mexicaines en véritable Mexicain, faisant, en outre, appel à ses souvenirs d'Afrique, et appliquant les méthodes qui nous avaient si bien réussi, en Algérie, pour utiliser toutes les ressources du pays au mieux des besoins de l'armée. Chose curieuse ! Les premières difficultés qu'il rencontra lui furent suscitées, non pas par des gens du pays, mais par les rares Français établis au Mexique et qui nous voyaient arriver sans le moindre enthousiasme. Croirait-on que ces gens-là regrettaient les exactions du gouvernement mexicain? Ils s'y étaient habitués, et leur commerce ou leur industrie leur procuraient d'assez beaux bénéfices pour y faire face. De sorte qu'ils avaient peur d'être dérangés par nous.

Pour rendre plus facile sa tâche administrative, le général Bazaine avait commencé par se donner de l'air autour de la Vera-Cruz, par quelques petites expéditions, vigoureusement menées, sur Médelin, Alvarodo, etc. Il avait fait occuper, en outre, le port de Tampico. On n'avait pas eu affaire à l'armée régulière mexicaine, qui, depuis l'arrivée du corps expéditionnaire, était hors de cause et se concentrait pour nous attendre à Puebla, mais à des bandes de guerilleros qu'on avait traitées sans pitié.

Deux routes conduisent de la Vera-Cruz à Orizaba. La plus directe et la plus courte passe par Cordova, un peu au delà des défilés du Chiquihuite. Toujours suivie jusqu'alors par les convois et dégradée par les pluies, elle était momentanément impraticable. La seconde, un peu plus longue, passe par Jalapa, jolie petite ville de quinze mille âmes, et par le fort de Perrotte. Le général Bazaine y engagea la brigade d'infanterie du général de Berthier, à laquelle il adjoignit l'un des deux escadrons du 12° de chasseurs, commandé par le lieutenant-colonel Margueritte, qui, éclairant la colonne à distance, trouva l'occasion de bousculer un gros de cavalerie mexicaine posté sur la route et faisant mine de la défendre; il la poursuivit, l'épée dans les reins, jusqu'aux approches de Jalapa. Le général de Berthier y entra le lendemain, sans coup férir, y trouva quelques approvisionnements et, continuant sa route, alla prendre provisoirement position au fort de Perrotte, après avoir laissé, échelonnés derrière lui, des détachements suffisants pour assurer la sécurité de la route. Ce fut deux jours après le départ de cette brigade que je débarquai à la Vera-Cruz.

Je n'y trouvai point les deux escadrons du 12ᵉ de chasseurs, qui, avec les deux que j'amenais d'Algérie, devaient composer mon régiment de marche. L'un des deux était parti, sous les ordres du lieutenant-colonel, avec la brigade de Berthier, et l'autre, commandé par le commandant Carrelet, était posté à six kilomètres en avant, à la Tejeria (la Tuilerie), au point où s'arrêtaient les travaux entamés de la ligne de chemin de fer destinée à relier la Vera-Cruz à Mexico.

Le lendemain de notre débarquement fut attristé par une catastrophe qui se passa sous nos yeux. Pendant la nuit, un violent coup de vent jeta à la côte une goélette française et un magnifique trois-mâts anglais. A huit heures du matin, nous vîmes ce trois-mâts, chassant sur ses ancres, venir s'échouer tout près du rivage, juste en face de notre bivouac. On parvint à sauver l'équipage de la goélette, mais à midi le trois-mâts avait complètement disparu sous l'eau. On n'apercevait plus que le haut des mâts où se tenait cramponné l'équipage, fouetté par les vagues furieuses. On voyait à l'œil nu, très distinctement, tous ces malheureux, et parmi eux un groupe lamentable, formé par le capitaine, sa femme et leur enfant. Toute la journée, on essaya d'aller à leur secours. Aucune embarcation ne put arriver jusqu'à eux. Une baleinière de l'*Albatros*, montée par six matelots et un quartier-maître, sombra en tentant ce sauvetage impossible, et les sept marins furent noyés. Le lendemain seulement, après une nuit d'angoisses où personne ne dormit dans mon bivouac, parce qu'il nous semblait entendre des cris agonie apportés par le fracas des flots, on put aborder l'épave. Mais, pendant la nuit, le capitaine, sa femme et son enfant avaient été engloutis. On transporta à l'hôpital les survivants à moitié morts. Et j'ai gardé longtemps l'impression de cet affreux spectacle.

J'espérais ne faire que toucher à la Vera-Cruz, pour filer de suite à l'intérieur, et au bout de quatre jours, je commençais déjà à trouver le temps long, lorsque, le 8 novembre, à midi, le général Bazaine me fit appeler.

— Vous allez, me dit-il, monter à cheval avec vos deux escadrons, en laissant au bivouac vos indisponibles et vos bagages, pour conduire un convoi d'ambulance jusqu'à Puente-Nazional, à moitié chemin de Jalapa. Le général de Berthier y a laissé un bataillon du 81ᵉ de ligne, qui est envahi par la fièvre jaune et qui demande d'urgence des secours. Vous irez coucher ce soir à Santa-Fé, à moins de trois lieues d'ici. Vous y trouverez un autre bataillon du même régiment, dont vous prendrez avec vous les quatre compagnies de droite. Demain, vous ferez les huit lieues qui séparent Santa-Fé de Puente-Nazional. N'emportez que l'indispensable. Pour la viande, ne vous en inquiétez pas. Vous trouverez sur la route, en quantité, des bœufs vivant en liberté. Vous tuerez ce qu'il vous faudra pour manger.

— Très bien, mon général. Puis-je attendre jusqu'à quatre heures pour partir, afin de laisser tomber la grande chaleur?

— Non pas. Vous aurez avec vous quelques hommes à pied, conducteurs de mulets, qui marcheront péniblement dans tout ce sable. Et puis, il vous faudra passer la rivière et trouver un gué. Partez le plus vite possible.

Je retournai à mon camp et, avant trois heures, tout ce qui était valide dans mes deux escadrons s'ébranlait, encadrant une dizaine de mulets chargés de médicaments, de vivres, conduits par des soldats du train et escortés par deux médecins, deux officiers d'administration et quelques infirmiers. La rivière ne fut pas longue à traverser ; pourtant je n'arrivai à Santa-Fé qu'à la nuit noire, car par cette température lourde, humide, énervante, les piétons, non encore acclimatés, s'arrêtaient à chaque instant, accablés de fatigue.

Mon premier soin fut de porter moi-même au commandant du camp, le lieutenant-colonel de Potier, l'ordre écrit du général qui le concernait, et de me faire présenter l'officier qui allait commander les quatre compagnies destinées à me suivre. C'était le commandant Tourre, officier des plus remarquables et des plus énergiques, qui devait trouver plus tard, au Mexique, une fin horrible. Devenu colonel du 1ᵉʳ de zouaves, en remplacement du colonel Clinchant, il apprit, une nuit, que le feu venait d'éclater dans la caserne de son régiment, à Mexico. Il y courut et tomba dans le foyer de l'incendie, où il fut brûlé vif. On retrouva, le lendemain, ses restes carbonisés. Ce successeur de tant de chefs glorieux, qui avaient illustré le 1ᵉʳ de zouaves, fut pleuré par toute l'armée.

Le lendemain, instruit par l'expérience de la veille, je fis partir tout mon monde avant le jour. Tant que le soleil ne fut pas monté haut sur l'horizon, nous marchâmes rapidement ; mais dès que ses rayons devinrent moins obliques, l'infanterie ralentit sensiblement. Sous ses pieds, la terre devenait brûlante, et la végétation, assez basse, mais très touffue, au milieu de laquelle serpentait la route, ne laissait pas arriver jusqu'à nous un souffle d'air. Il me fallut bientôt envoyer à l'arrière-garde un peloton, puis un escadron, puis enfin toute la cavalerie pour venir au secours des fantassins, plus accablés encore par la chaleur que par la fatigue. Mes chasseurs leur prenaient leurs sacs. Je démontai même provisoirement des cavaliers pour faire monter sur les chevaux les fantassins les plus fatigués, et je vis là, une fois de plus, ce que valait la troupe que je commandais. Non seulement mes vieux brisquards ne rechignaient pas devant cet acte de bonne camaraderie, mais ils en prenaient eux-mêmes l'initiative, et dans cette fournaise, je les entendais rire et chanter derrière moi, faisant sonner leurs grosses bottes éperonnées sur le sol enflammé, tandis que, dociles comme des moutons, leurs petits chevaux les suivaient, enfouis sous une lourde pyramide de sacs, et sous le poids supplémentaire des fantassins à bout de forces.

Il était onze heures. Nous étions partis à six heures, et nous n'avions pas encore fait la moitié du chemin. Un repos s'imposait. Je fis faire le café, pendant la grande halte qui dura jusqu'à trois heures. Puis, nous nous remîmes en route. Mais je ne pus, ce jour-là, aller jusqu'à Puente-Nazional. Je préférai bivouaquer, la nuit tombée, auprès d'un ruisseau. D'ailleurs, il ne m'aurait servi à rien d'arriver au milieu de la nuit, au lieu du lendemain de grand matin, et il ne fallait pas, pour venir en aide à quelques malades, en augmenter le nombre, en épuisant les forces de ceux qui leur apportaient des secours. Mes cavaliers, bronzés par le soleil africain, ne souffraient pas; mais l'infanterie contenait un très grand nombre de jeunes gens qui n'en pouvaient plus. Sur 390 hommes, 55 arrivèrent au bivouac montés sur nos chevaux et un bien plus grand nombre avaient dû nous confier leurs sacs.

Il s'agissait donc de faire la soupe. Mais pour faire la soupe, il fallait de la viande, et je n'avais pas encore pu m'en procurer. Nous avions bien vu, en route, une grande quantité de bœufs à demi sauvages. Nos meilleurs tireurs en avaient blessé quelques-uns; mais les bêtes s'étaient enfuies pour aller mourir au loin. Enfin, au moment où je me dépitais, en me voyant obligé de faire faire une soupe au caillou, au milieu de toutes ces richesses culinaires, deux bœufs furent tués, et toute la troupe fut largement pourvue.

Le lendemain, de grand matin, laissant mon infanterie au bivouac, pour lui épargner une fatigue inutile, j'arrivai à Puente-Nazional, où je m'acquittai de ma mission. C'est un endroit très pittoresque qui me parut agréable à habiter et qui tire son nom, on le comprend de reste, d'un pont fort beau et fort solide, comme tout ce que les Espagnols ont construit au Mexique. Il est jeté sur une rivière assez importante qui coule à moitié chemin entre Jalapa et la Vera-Cruz, à la sortie des montagnes. Le pays est très boisé, et là on commence à échapper à la mal'aria des Terres-Chaudes, car on est sur la limite des Terres-Tempérées. Je ne ferai pas un cours de géographie pour apprendre au lecteur que le Mexique descend vers la mer par trois immenses gradins, dont le premier, en partant du rivage, s'appelle les « Terres-Chaudes »; le second, les « Terres-Tempérées », et le troisième, les « Terres-Froides ».

Il n'y avait là, autant qu'il m'en souvient, qu'une vaste ferme, une « hacienda », comme on dit, abandonnée, n'offrant, par conséquent, que de faibles ressources. Le bataillon du 81° de ligne, que le général de Berthier avait laissé là, dans sa marche en avant, ravagé par la maladie, offrait l'aspect le plus misérable. Ses nombreux malades étaient couchés sur la terre nue, sans autre couverture que leurs habits; c'était navrant! Il ne devait pas y rester longtemps, car bientôt le colonel Jollivet arrivait avec son 95° de ligne et, suivant le mouvement général de l'armée, allait emmener ou transporter à Jalapa tout ce qui se trouvait à Puente-Nazional. Pendant qu'on déballait les médicaments et qu'on établissait l'ambulance, je rétrogradai sur mon infanterie, et je revins coucher à mon bivouac de la veille.

Je n'étais pas moi-même fort brillant, car j'étais arrivé à la Vera-Cruz imparfaitement guéri de mon accident de la Martinique, encore incapable de digérer un aliment solide et par conséquent fort mal préparé à affronter l'insalubrité de la côte. Mon cuisinier, Dargenson, pouvait donc goûter auprès de moi les charmes de la sinécure, et mes officiers étaient seuls à profiter de ses talents remarquables. Il n'en prenait pas moins ses fonctions au sérieux. Il s'était procuré un cheval pour lui et un mulet pour sa batterie de cuisine. Il s'était procuré aussi un costume complet de riche Mexicain, et rien n'était drôle comme de le voir galoper sur sa rosse, le long des flancs de la colonne. On le prenait pour un colonel de l'armée auxiliaire, et il ne protestait pas. J'eus toutes les peines du monde à me tenir à cheval pendant le retour, d'autant plus que mon martyre fut encore allongé par une nouvelle mission. Je dus, sur les ordres du général Bazaine, aller enlever un Mexicain signalé comme dangereux, dans une hacienda où il se croyait à l'abri de notre atteinte. Ce n'était ni périlleux, ni difficile. L'homme fut cueilli et remis au général, qui l'expédia en France; mais cette contremarche, qui me prit toute une nuit, m'avait épuisé, et, rentré à la Vera-Cruz, il me fallut me soigner sérieusement. J'allai loger en ville, chez un négociant espagnol, qui me prodigua toutes les attentions imaginables. Il avait une maison fort belle, avec des appartements vastes et bien aérés, mais très sommairement meublés, suivant la coutume du pays.

Comme j'avais tâté de nos médecins militaires, qui ne comprenaient pas grand'chose aux maladies des pays chauds, j'eus recours aux lumières d'un médecin de la marine, le docteur Bouffier, qu'on m'avait indiqué comme un praticien aussi serviable qu'expérimenté. Et certes je n'eus pas à me plaindre de mon choix, car en un espace de temps relativement court, ses soins, aussi affectueux qu'intelligents, allaient me tirer d'affaire. Mais il devait me rester, de cette nouvelle maladie, un commencement d'anémie et une faiblesse extrême dont je ressentais les effets, même après mon retour en France. Et, dans les premiers temps, tout mouvement un peu brusque amenait chez moi un étourdissement qui allait parfois jusqu'à la syncope. La fièvre jaune était en décroissance, et parmi les malades, les guérisons commençaient à l'emporter sur les décès. Mais ce n'était pas à nos pauvres médecins qu'il fallait attribuer cette amélioration, et dans les débuts de l'expédition, quand on tombait malade, il valait mieux consulter les bonnes femmes du pays que nos chirurgiens militaires, qui commettaient parfois de très funestes bévues. L'une d'entre elles est restée célèbre. Il est vrai que le cas était curieux, inattendu et inconnu de la science. Il a, d'ailleurs, été raconté par mon excellent ami, l'intendant général Wolff, dans des Mémoires très curieux et trop peu connus.

A Cordova et à Acapulco, sur le Pacifique, vit une mouche qu'on appelle « mouche de Cordova ». Elle s'introduit dans les fosses nasales des hommes et y dépose ses œufs. Dans les vingt-quatre heures, les œufs donnent naissance à des vers qui évoluent et rongent positivement les cartilages du nez, la voûte du palais et la gorge du patient, qui se trouve ainsi dévoré vivant. Les indigènes se guérissent instantanément par des fumigations et des inhalations de vapeur d'eau saturée de piment rouge. Quand nos hommes furent atteints de cette maladie, leurs médecins, au lieu de consulter les confrères du pays, diagnostiquèrent la syphilis et ordonnèrent un traitement mercuriel qui fit mourir plus vite les malades. Un jour, pourtant, un de ces malades appela le médecin, et lui dit qu'il venait de voir sortir une mouche du nez de son voisin de lit qui agonisait. On renonça au mercure. On donna du chloroforme pour engourdir les larves, les vers, des injections d'eau phéniquée pour les tuer et les entraîner. Ce fut M. Dauzats, jeune pharmacien aide-major, qui institua ce traitement court et infaillible.

Mais, si je me permets de critiquer la moyenne de nos médecins, au point de vue de la perspicacité plus qu'au point de vue du dévouement, il n'est que justice de rappeler deux noms qui méritent une place à part parmi ceux des héros de la campagne : ceux du docteur Fuzier et de l'intendant Segonne. Le docteur Fuzier resta cinq années consécutives à la Vera-Cruz, retenu dans cet abominable endroit par son amour de la science et par son amour de l'humanité. M. Segonne, sous-intendant, y resta trois ans par dévouement. Il avait eu la fièvre jaune en arrivant, avait été guéri par les soins et les remèdes d'une femme du pays, était devenu réfractaire au fléau, et voulait épargner le danger qu'il avait couru à ceux de ses camarades qui auraient dû le remplacer dans son poste.

J'avouerai avec modestie que je n'étais pas tenté de les imiter et que je ne demandais qu'à m'en aller d'une ville où, d'ailleurs, j'étais parfaitement inutile. Ce fut donc avec un grand crève-cœur que je vis arriver l'ordre qui dirigeait mes escadrons sur Orizaba, car j'étais hors d'état de les suivre, et tellement malade que le général Bazaine m'offrit de me renvoyer en France, jusqu'à complète guérison. Je ne voulus même pas en entendre parler, et je répondis que j'attendrais à la Vera-Cruz la santé ou la mort. C'était pour mon amour-propre une profonde blessure, mais ma sollicitude de chef de corps était pleinement rassurée, car mes officiers m'inspiraient une confiance qu'ils devaient justifier. Le chef d'escadron de Tucé, solide et au courant du métier, servait avec une conscience et une application extrêmes. Les deux capitaines commandants Petit et Aubert étaient depuis peu de temps au régiment. Ils venaient, le premier, par permutation, d'un régiment de dragons, et le second, par avancement, du 2ᵉ régiment de cuirassiers de la Garde. Mais ils s'étaient vite fait apprécier tous les deux, et ils étaient très aimés de leurs hommes, dont ils s'occupaient constamment, avec autant de zèle que de dévouement. A côté d'eux, figurait encore un officier tout jeune, mais d'un mérite transcendant : le capitaine du Vallon, sorti le premier de Saint-Cyr avec des notes exceptionnelles, décoré un des premiers dans la campagne d'Italie, qu'il avait faite au 3ᵉ de chasseurs d'Afrique. Le général Desvaux l'avait pris comme officier d'ordonnance, et je lui réservais le même emploi auprès de moi, dès que j'aurais conquis le grade de général. Caractère un peu raide et difficile, mais intelligence de la guerre, vigueur au feu et érudition militaire tout à fait remarquable. Hélas ! quand je me retourne pour regarder en arrière, je ne vois plus que des tombes. Tucé est mort, il y a quelques années, général de brigade en retraite. Petit a été tué au combat de Cholula. Aubert est mort colonel du 2ᵉ de hussards, des suites d'une maladie contractée au Mexique, et dont il n'avait jamais pu se débarrasser. Et du Vallon est mort en mer, en vue de New-York, des suites de trois blessures reçues en un combat dans les Terres-Chaudes, où il passa, lors de ma rentrée en France, comme commandant en chef de la contre-guérilla, et où il resta comme second du colonel Dupin. Mais je les retrouverai encore avant de leur dire le dernier adieu.

Enfin, j'avais, dans ma tristesse, la consolation de penser que les opérations militaires n'allaient pas encore commencer, retardées qu'elles étaient par les difficultés des transports, et celle plus grande et plus désintéressée de voir partir tout mon monde à cheval. Car deux services de remonte établis, l'un à Tampico, et l'autre à la Vera-Cruz, avaient travaillé à combler les vides causés par la tempête. Les chevaux du pays vinrent remplacer ceux que j'avais perdus en mer. Mais quelle différence! On nous avait fait des descriptions fabuleuses du fameux mustang, qu'on nous représentait comme une monture superbe et infatigable. Il fallut décompter. Le cheval mexicain est un cheval andalou, un genet d'Espagne, comme on disait, dégénéré. Au pas, il est infatigable, on peut le dire. Il est rustique et porte la selle sans être blessé. Comme cheval de route, il est donc très appréciable; mais, comme cheval de guerre, il ne vaut rien, car il manque de vitesse et de force d'impulsion. Aussi, pendant toute l'expédition, dès que nous apercevions une troupe de cavalerie mexicaine, si loin qu'elle fût, nous étions certains de l'atteindre et d'en faire bon marché avec nos chevaux arabes. Nos montures firent bientôt l'admiration des gens du pays, qui offraient de les payer à des prix insensés. Et à ce propos, voici un fait curieux.

Quand je sortis des cuirassiers, j'avais forcément liquidé mon écurie composée de chevaux de grande taille, et, arrivé à Constantine, comme colonel du 3° de chasseurs d'Afrique, je n'avais pas trouvé à me remonter tout de suite convenablement. Un jour, mon lieutenant-colonel et ami de Francq, qui se connaissait en chevaux, m'avertit qu'il venait de voir au marché, portant sur un bât une charge de charbon, un tout petit cheval qui ne payait pas de mine, mais qui trottait merveilleusement. J'allai au marché, et en effet je fus séduit par le trot de la bête. Elle n'était pas jolie, avec sa grosse tête de cheval cosaque, au bout d'une encolure toute droite et toute raide, et sa croupe basse et commune. Mais, comme dit Ludovic Halévy dans son *Abbé Constantin*, elle « levait les pattes très haut », et filait avec une rapidité qui lui aurait assuré le premier prix dans toutes les courses de trot. Par pur caprice, je l'achetai et la payai ce qu'elle valait à Constantine :

cent cinquante francs. Je m'en amusai quelque temps. Puis, ayant trouvé des chevaux de plus belle apparence, je la cédai, pour le prix qu'elle m'avait coûté, à un adjudant-major du régiment, qui la revendit trois cents francs à un capitaine du 3ᵉ de zouaves. Ce dernier, en arrivant à la Vera-Cruz, la revendit trois mille francs à un Mexicain. Et tous deux firent une très bonne affaire; car le Mexicain eut un reproducteur hors ligne, qui améliora le troupeau de mustangs de son hacienda, et le capitaine de zouaves acheta, pour sept cents francs, un cheval du pays qui était mieux fait que l'arabe pour le porter, au pas, en tête de sa compagnie.

Je dirai tout de suite que notre remonte amena un fait de guerre qui valut à son auteur la première croix accordée au régiment dans l'expédition. C'était un officier nommé Jeantet, tout frais émoulu de Saint-Cyr et qui, en sa qualité de plus jeune sous-lieutenant, fut chargé de la mission, considérée comme une corvée, de conduire un détachement qui allait chercher des chevaux à Tampico. Il était hier un de nos plus brillants généraux de cavalerie, l'orgueil et l'espoir de son arme. Le service de la remonte à Vera-Cruz achetait aussi, chaque jour, des chevaux et des mulets, et, fait bizarre, presque tous ces animaux lui étaient présentés et vendus par une femme, une Française, établie depuis longtemps au Mexique et nommée Mme Morange. Elle portait le costume masculin, et, de loin, on la prenait pour un jeune garçon. Mais, de près, il était facile de constater, à sa figure, ridée comme une pomme au printemps, que depuis fort longtemps elle avait passé l'âge des idylles et des amours. Elle faisait son métier de maquignon mieux que n'importe quel homme, montant toutes ses bêtes, les unes après les autres, à califourchon, à poil, en selle, comme on voulait, et sachant admirablement les faire valoir.

Le jour vint enfin où je pus dire adieu à la Vera-

Cruz et songer à rejoindre mes escadrons. Le 29 novembre, je partis en chemin de fer pour la Tejeria. La Tejeria n'était qu'à six kilomètres de la côte, et c'était là que se terminait le premier tronçon de la ligne de Mexico, commencée avant notre arrivée au Mexique. Les libéraux avaient bien essayé de détruire ce tronçon, mais nos premières troupes l'avaient rétabli, et on s'en servait pour tout envoyer à la Tejeria, où les convois venaient se former. C'était toujours six kilomètres de gagnés pour nos attelages épuisés. Je comptais en partir le lendemain. Je dus y rester cinq jours, pour attendre la formation d'un grand convoi, dont faisait partie la batterie montée de la Garde et qu'escortait un bataillon du 95° de ligne. C'est un endroit très malsain : quelques masures lépreuses jetées sur les bords d'un étang marécageux qu'habitent d'assez nombreux caïmans et que fréquente une multitude d'échassiers.

Notre convoi aurait suffi à composer une exposition ethnographique complète, car les représentants de toutes les races de l'Ancien et du Nouveau Monde semblaient s'y être donné rendez-vous, depuis le Peau-Rouge, le Nègre et le Coolie chinois jusqu'au Parisien boulevardier, en passant par le Russe, l'Allemand, l'Italien, l'Espagnol, le Suisse et l'Anglo-Saxon. Il n'y manquait que les habitants des régions polaires : l'Esquimau et le Patagon. Comme langues, la tour de Babel. La même variété se retrouvait dans les bêtes auxiliaires. Cela défie toute description. Il était prodigieux qu'on pût mettre un peu d'ordre dans ce fouillis, et invraisemblable qu'on pût l'ébranler et le faire tenir ensemble, tout en le protégeant contre les attaques des guerilleros. Et quelle route! Un détail suffira pour en donner une faible idée.

Le lendemain de notre départ de la Tejeria, nous allâmes coucher à la Soledad, bourgade devenue historique par la convention que l'on connaît. Là, passe un torrent, au lit profond, qu'on appelle le Rio-Jemmapa. Les Mexicains avaient rompu le pont qui le traversait, et il fallait le franchir à gué. Il était presque à sec. L'eau recouvrait à peine le boulet des chevaux. Le passage commença à cinq heures du matin. A la nuit noire, il était à peine terminé. Ce jour-là, nous ne fîmes pas plus de cinq cents mètres. C'est qu'il avait fallu atteler jusqu'à trente mules à chaque voiture, pour lui faire gravir les rampes de la berge. On ne prévoyait pas ces difficultés à Paris. En Afrique, aux premiers jours de la conquête, faute de routes carrossables, on avait dû renoncer, pour les transports, au matériel roulant, qu'on avait remplacé par des bêtes de somme, chevaux de bât ou mulets, en attendant les chameaux. Le maréchal Bugeaud était même allé jusqu'à adopter des troupeaux de bœufs porteurs. Mais, pendant la campagne d'Italie, l'Empereur avait été frappé de la lenteur et de la confusion que cette quantité de bêtes de somme amenait dans la marche de l'armée, et, rentré à Paris, il avait ordonné d'étudier la réforme du système. Les commissions se mirent à l'œuvre, et leur travail aboutit, pour les équipages régimentaires, à la voiture à deux roues, traînée par un cheval ou un mulet, dont on se sert encore aujourd'hui. Au Mexique, ces voitures, bonnes sur une route roulante, furent cassées en un clin d'œil. On en construisit de plus solides, et finalement on y renonça pour revenir au mulet de bât.

Heureusement, les pluies avaient cessé. Les chemins étaient ravinés, mais secs, et nous franchîmes, sans accident, les différentes étapes qui nous séparaient de Cordova : Palo-Verde, le Paso-Ancho, l'Atoyac, le Chiquihuite, le Potrero. Le pays ressemblait à celui que j'avais déjà parcouru en allant à Puente-Nazional. Rien n'y rappelle les merveilleux récits des romans, la forêt vierge, avec ses géants enlacés par les lianes. La végétation est, au contraire, rabougrie, quoique dense. Elle dépasse à peine un homme à cheval. Mais ce qui est merveilleux, c'est la vie intense qu'elle abrite, dans ces plaines immenses en pentes douces, où de nombreux troupeaux vivaient encore à l'état à peu près sauvage. On se croirait dans une volière sans limites.

Dès le lever du jour, on chemine au milieu d'une multitude innombrable d'oiseaux chanteurs ou criards, parés de couleurs éclatantes, qui caquettent, piaillent et volètent, aussi nombreux que des grains de sable soulevés par le vent. Ils nagent là dans l'abondance, car, outre les baies et les fruits sauvages de toutes sortes, ils ont à leur disposition des myriades d'insectes, brillants quelquefois, presque toujours désagréables, dont ils ne consomment malheureusement que très peu. Les oiseaux mangent les insectes, les insectes mangent l'homme, et toute le monde est content, sauf l'homme.

Au Chiquihuite, cependant, l'aspect du pays change sensiblement. On commence à s'élever beaucoup ; l'Atoyac serpente au pied de hauteurs élevées et taillées à pic, qui ne livrent passage que par un défilé très étroit. Ce défilé, les Mexicains auraient pu le défendre avantageusement. Ils y renoncèrent, après y avoir établi, toutefois, des travaux assez sérieux. Là, pour la première fois apparaît quelque chose qui ressemble à la forêt vierge, c'est-à-dire de grands arbres unis par un lacis impénétrable de lianes et de végétation touffue où brillent les fleurs bizarres de l'orchidée. C'était derrière le Chiquihuite que le petit corps d'armée du général de Lorencez devait s'établir, après la convention de la Soledad. Mais le colonel Letellier-Valazé insista pour qu'elle s'établît à Orizaba, afin de faire tomber cette première ligne de défense. C'était nous donner les apparences de la mauvaise foi, et bien inutilement, car les Mexicains n'auraient pas mieux défendu les défilés du Chiquihuite qu'ils ne défendirent plus tard les défilés des Cumbres, où leurs positions étaient encore plus fortes.

A Cordova, je reçus l'hospitalité cordiale du brillant colonel du 1ᵉʳ de zouaves, qui occupait la ville avec son régiment, le colonel Brincourt. Cordova est une très jolie petite cité, percée de larges rues droites, et construite à plus de neuf cents mètres d'altitude, sur la limite des Terres-Chaudes et des Terres-Tempérées, au milieu de plantations de caféiers, de tabac, de bananiers et de jardins ravissants qui l'entourent d'une ceinture verdoyante et fleurie, dont la fraîcheur est entretenue par une quantité de sources d'eau vive. Au sortir de l'enfer des Terres-Chaudes, c'est un véritable paradis, et l'homme, épuisé par la maladie, sent ses forces renaître, au contact de cet air plus vif, plus pur et plus léger.

Sept lieues seulement séparent Cordova d'Orizaba, à travers un pays bien cultivé et incliné fortement du nord au sud. Notre zone d'occupation, en s'étendant, avait rendu les routes sûres, et j'en profitai pour devancer le convoi à Orizaba, où je comptais trouver mes deux escadrons. Il n'y en avait plus qu'un. L'autre, avec le général de Mirandol, avait suivi le mouvement de la division du général Douay, qui, traversant les défilés des Cumbres et passant par San-Andrez, au pied du pic d'Orizaba, avait établi son quartier général en une petite ville appelée San-Agostino del Palmar.

A Orizaba, peu à peu, se réunissait tout le corps expéditionnaire du Mexique; et quand j'y arrivai, tous les principaux officiers qui ont marqué dans cette expédition étaient répandus dans la ville ou campés dans les environs. C'est donc pour moi le moment, suivant ma coutume, de les faire défiler devant le lecteur.

Le commandant de la première expédition, le général de division Latrille de Lorencez, s'apprêtait à partir, emportant l'estime et les regrets de l'armée, qui reconnaissait ses grandes qualités militaires et, sans lui attribuer la responsabilité directe de notre premier échec, le considérait comme une victime de la fausse politique inspirée par M. de Saligny. Ce petit-fils du maréchal Oudinot tenait de son grand-père un courage inébranlable, un commandement ferme et imposant, encore relevé par sa haute stature. Mais il n'avait pas dans l'esprit les ressources nécessaires pour faire face, en ces circonstances, aux difficultés qu'il traversait, et pour démêler la vérité au fond des intrigues du diplomate qui se prétendait dépositaire du secret de l'Empereur. Son entreprise téméraire contre Puebla était une folie, contraire à toutes les règles de l'art. Mais il ne l'eût pas commise, s'il n'avait pas cru en ce diplomate, lui affirmant que nous étions attendus comme des sauveurs. Et, dans tous les cas, il l'avait rachetée par son attitude superbe, au lendemain de l'échec, attitude qui lui avait ramené la confiance de l'armée.

M. de Saligny, dans son entêtement, avait décliné toute responsabilité et prétendu que, si l'on avait suivi ses conseils, l'on aurait tourné Puebla, au lieu de s'y heurter, pour marcher droit sur Mexico, où l'on n'aurait trouvé, disait-il, aucune résistance. C'était de la démence, car Mexico n'est abordable que par des chaussées très étroites devant lesquelles, en 1847, les Américains faillirent échouer. Et si Mexico s'était défendu comme s'est défendue Puebla, le petit corps d'armée perdu au fond du Mexique aurait essuyé un désastre irréparable. Dans tous les cas, le général de Lorencez subit une disgrâce, dont la cause réelle était moins son échec que ses appréciations sur l'état politique réel du pays. Il ne fut pas rappelé. Mais, placé en sous-ordre là où il avait commandé en chef, il préféra rentrer en

France, laissant au général Douay une belle division, composée de troupes déjà acclimatées et qui, dans de nombreux engagements, avait conquis sur les Mexicains un ascendant irrésistible.

Avec le chef d'état-major du général de Lorencez, le colonel Letellier-Valazé, on fit moins de façons. On le rappela purement et simplement, et personne n'en fut surpris, car on lui reprochait, à juste titre, de n'avoir pas fait reconnaître les abords de Puebla avant l'assaut, tâche qui était dans ses attributions, et de n'avoir pas fait occuper le Borrego, lors de la retraite, faute qui nous eût été fatale, si elle n'avait pas été réparée par l'acte du capitaine Détrie que j'ai raconté plus haut. En outre, le colonel avait la langue trop bien pendue. Il critiquait hautement la politique impériale, et de bonnes âmes s'étaient chargées de faire parvenir en haut lieu l'écho de ses paroles imprudentes.

J'ai déjà présenté au lecteur le commandant en chef de l'expédition, le général Forey, et son premier lieutenant, le général Bazaine. Il me reste à lui faire connaître notre second divisionnaire, le général Douay. Il avait débuté, comme simple soldat, dans les colonies et avait conquis rapidement ses premiers galons, puisqu'il était revenu de la guerre de Crimée colonel du 2ᵉ régiment des voltigeurs de la Garde. Tempérament vigoureux et énergique, caractère froid, un peu sombre. Très autoritaire, très épris du commandement pour lui-même, mais un peu enclin à le discuter chez ceux dont la supériorité ne lui paraissait pas évidente. Très passionné pour son métier, et investi d'une grande autorité technique dans toutes les questions qui concernaient l'infanterie, le général Douay jouissait de l'estime et de la confiance des troupes, et de l'affection des officiers qui l'entouraient et qu'il traitait en collaborateurs plutôt qu'en subordonnés. Il avait deux frères, officiers de grand mérite comme lui, et qui, comme lui, arrivèrent au grade de général de division.

L'un d'eux avait trouvé une mort glorieuse sur les champs de bataille de l'Italie. C'était l'aîné des trois Douay. Le plus jeune, onze ans plus tard, le 3 août 1870, mourut à Wissembourg, après avoir soutenu tout l'effort d'un corps d'armée bavarois. L'héroïsme faisait partie du patrimoine de cette famille.

Notre chef d'état-major général était le colonel d'Auvergne. Très homme du monde, très élégant, très courtois, un peu bureaucrate et enclin à remplacer, par le travail assis, l'activité communicative qui voit dans la rapidité des opérations le premier facteur du succès. Le général en chef, qui avait un tempérament analogue au sien et qu'il doublait au lieu de le compléter, tenait assez à lui pour retarder le mouvement en avant de toute son armée, afin d'attendre qu'il fût guéri d'une fracture de la jambe que lui avait occasionnée une chute de cheval.

Le colonel d'Auvergne avait pour second le lieutenant-colonel Manèque, un de mes compagnons d'armes d'Afrique, un ami que j'étais heureux de retrouver et qu'appréciait beaucoup le général Pélissier. C'était un officier d'un rare bon sens, d'un parfait esprit de justice et d'impartialité, qui, sans empiéter sur les attributions d'autrui, exerçait une influence heureuse et féconde. Manèque devait mourir à Metz, général de brigade et chef d'état-major général du 3ᵉ corps d'armée. Il fut frappé, le 1ᵉʳ septembre, d'un éclat d'obus, aux côtés du maréchal Lebœuf. On espérait le sauver ; mais, quand j'allai lui rendre visite, deux jours avant sa mort, je surpris chez lui ces signes avant-coureurs du trépas que j'avais vus, hélas ! dans les yeux de tant de camarades.

L'artillerie était commandée par le beau de Laumière, le brillant colonel du régiment d'artillerie à cheval de la Garde, qui avait trouvé ses étoiles de général de brigade, en débarquant à la Vera-Cruz. Il avait pour officier d'ordonnance notre vieille connaissance des spahis : le caïd Osman, toujours lieutenant, toujours brave, toujours excellent garçon et toujours original.

Le génie était commandé par le colonel Viala, officier froid, méthodique, peu communicatif, avec lequel j'eus peu de rapports, et qui devait être nommé général le même jour que moi.

Notre brigade de cavalerie avait pour chef mon vieil ami le général de Mirandol. Et c'était une fête pour moi de servir sous ses ordres ; car jamais je n'ai connu d'homme plus vaillant et plus passionné pour les armes. Sa santé, éprouvée par les traverses terribles qu'il avait subies, exigeait des soins incessants. Il aurait voulu se faire accompagner au Mexique par sa femme, qui l'avait déjà suivi en Italie, où sa présence avait donné lieu à d'assez mauvaises plaisanteries. Le général Forey ne le permit point, et renvoya cette réunion à notre entrée à Mexico, et ceci amena entre les deux généraux un certain froid, dont le mérite de Mirandol finit par avoir raison. En outre, ce héros avait des goûts d'une simplicité exagérée et paraissait volontiers, devant sa troupe, dans une tenue peu soignée qui aurait détruit son prestige, si sa conduite sous le feu ne l'avait pas reconstitué, à chaque affaire.

A la tête de tous les services administratifs : hôpitaux, subsistances, transports, campement, etc., se trouvait un vieil ami à moi, l'intendant général Wolff, mon cher sous-intendant de Médéah. Et certes, jamais homme ne fut plus à sa place. Quel être charmant ! Quelle nature exquise d'artiste et de soldat ! A sa sortie de l'École polytechnique, il était entré dans l'arme du génie et avait pris part, en qualité de lieutenant de sapeurs, aux deux sièges de Constantine. Pour lui, un combat, un siège, une bataille étaient une sorte de drame auquel il assistait en dilettante raffiné, trop absorbé par les péripéties de l'action pour se soucier du danger. Et comme il comprenait les devoirs de l'administration! Comme il sentait que ce qu'on appelle les intérêts du Trésor, ce fétiche des autres intendants, doit s'effacer devant les besoins des braves gens, qui prodiguent leur sang et donnent leur vie pour la défense de la patrie et l'honneur du drapeau! Il était secondé par des fonctionnaires triés sur le volet et dignes de le comprendre, dont la plupart sont arrivés au sommet de leur carrière. C'était l'intendant Friant, le plus obligeant des hommes, que nous appelions familièrement notre « père nourricier ». C'était l'intendant Gaffiot, qui savait à la fois ménager les deniers de l'État et aller cependant au-devant de tous nos besoins.

Les quatre brigades d'infanterie avaient pour chefs : dans la première division, le général de Castagny, camarade de promotion du maréchal de Mac Mahon, très connu par son fameux ordre du jour à son régiment, au lendemain de l'attentat d'Orsini, et dans lequel il menaçait de poursuivre les « assassins politiques », — en ce moment il n'y avait pas encore d'anarchistes, — « jusque dans leurs repaires ». Cette phrase belliqueuse, qui sonnait comme un coup de clairon, produisit une certaine émotion en Angleterre. Le général baron Neigre, vieux brave homme, adoré de ses soldats, qu'il tutoyait tous et qu'il traitait avec une familiarité plaisante et de bon aloi.

Dans la seconde division : le général de Berthier, ancien capitaine de nos vieux zouaves, qui avait eu, en Crimée, l'épaule fracassée et auquel on avait réséqué l'humérus ; et le général L'Hérillier, l'ancien colonel du 99ᵉ de ligne, qui avait décroché les étoiles au combat de la Baranca-Secca.

Et quel excellent esprit animait la petite armée qui obéissait aux ordres de ces chefs! Quel dévouement!

Quelle ardeur parmi tous ces officiers, encore jeunes pour la plupart, et qui devaient, presque tous, parcourir la plus brillante carrière! Dans l'infanterie, tous les colonels et presque tous les officiers supérieurs étaient réservés aux plus hauts grades de la hiérarchie. Citerai-je le colonel Brincourt, qui s'est retiré volontairement du service, général de division et grand-croix de la Légion d'honneur, après avoir été ambassadeur en Suède? le colonel Lefebvre, du 2ᵉ de zouaves, commandant de corps d'armée? le colonel Mangin, du 3ᵉ de zouaves, qui mourut, général de brigade, dans toute la force de l'âge, et chez qui, on peut le dire, la lame avait usé le fourreau? le colonel Garnier, du 51ᵉ de ligne, commandant de corps d'armée, grand-croix de la Légion d'honneur? le colonel Aymard, du 61ᵉ, mort gouverneur de Paris? le colonel Clinchant, mort gouverneur de Paris? le commandant de Courcy, mort récemment, après avoir commandé en chef le corps du Tonkin? le commandant Delebèque, commandant de corps d'armée? A quoi bon allonger cette liste et rappeler le grand rôle militaire ou politique joué depuis par les hommes qui étaient arrivés au Mexique, chefs d'escadrons ou capitaines d'état-major : le général Billot, le général Lewal, le général Varnet, le général de Galliffet? Et dans l'artillerie, le général baron Berge, le général de Miribel, le général Mercier, le général de la Jaille, etc.

Le premier aide de camp du général en chef était le commandant d'Ornant, qui réussissait, en transmettant les ordres de son chef, à en atténuer la raideur et la brusquerie, à force d'aménité. Au quartier général, il y avait un bureau politique, dirigé par un chef de bataillon des voltigeurs de la Garde, le commandant Billard. Nos relations d'Afrique avaient amené entre nous une intimité que des dissentiments politiques ont fait disparaître, lorsqu'il eut fait son chemin plus tard, sous le nom de Carrey de Bellemare. Il avait autant d'ambition que d'intelligence. Il n'avait pas tardé à découvrir que le client de M. de Saligny, c'est-à-dire le parti réactionnaire et clérical, était de tous les partis au Mexique celui qui avait le moins de chances. Il est probable que le commandant Billard brouilla son chef avec le représentant de l'Empereur, et amena ainsi indirectement le rappel du maréchal Forey, qu'on attribua, dit-on, aux plaintes du ministre de France.

Mais, parmi tous ces officiers, il en était un qui avait su se faire une situation à part dans l'affection et dans l'estime de ses camarades ; c'était le chef d'état-major de la division Douay : le commandant Capitan, l'ancien aide de camp du général Trochu, en Crimée. Il avait fait son stage de cavalerie aux chasseurs de la Garde, où je le connus et l'aimai. Il avait accompagné, en qualité d'aide de camp, l'amiral Jurien de la Gravière. Science, érudition, puissance de travail, activité sans limites, courage à la fois bouillant et imperturbable sur le champ de bataille, sentiments élevés, égalité d'humeur, simplicité, modestie, le tout rehaussé et comme couronné par une piété d'ange, faisaient de Capitan un de ces modèles parfaits de l'homme et du guerrier, que notre imagination évoque dans les légendes des croisades, et que les hasards de la vie nous mettent si peu souvent à même de rencontrer. Capitan était très éprouvé par le climat, et on le suppliait de rentrer en France. Il crut que le devoir le retenait au Mexique, et il fut la plus noble et la plus pleurée de toutes les victimes du siège de Puebla.

Enfin, pour compléter ce croquis imparfait, je dois signaler la présence à l'état-major d'un certain nombre d'officiers prussiens, autorisés à suivre les opérations. Parmi eux figurait, je m'en souviens, le major baron de Stein, descendant du célèbre patriote de 1813. C'était le moment où le prince Frédéric-Charles venait de publier sa fameuse brochure : *L'art de combattre les Français*, qui causa tant d'émoi dans le monde militaire, et dont on prétendait que le titre avait été changé contre celui, moins agressif, de : *L'art de combattre des Français*. M. de Bismarck préparait l'absorption de l'Allemagne, et M. de Moltke ne négligeait aucune occasion d'envoyer à l'étranger ses officiers les plus capables. Notre légion étrangère en regorgeait. Tous, ils s'étaient expatriés, prétendaient-ils, à la suite d'un duel devenu traditionnel, et dans lequel ils avaient tué un supérieur. La plupart étaient des émissaires du grand état-major, qui venaient étudier un point spécial de notre organisation. Un beau jour, on apprenait qu'ils avaient obtenu leur grâce et qu'ils étaient rentrés dans l'armée prussienne. Au moins, ceux qui étaient venus avec nous au Mexique n'usaient point de ce subterfuge. Dans notre infatuation, nous étions flattés que les étrangers vinssent se mettre à notre école, car nous étions convaincus que notre état militaire était arrivé à un degré de perfection qu'on ne pouvait dépasser ni même atteindre; que nous n'avions rien à emprunter; qu'au contraire, nous étions assez riches pour prêter. Ces officiers étaient, d'ailleurs, de charmants compagnons, courtois, obligeants, et, avec leurs épaules carrées et leur belle barbe blonde, ils étaient le complément obligatoire de toutes nos réunions. Sept ans plus tard, nous devions retrouver nos camarades du Mexique, non plus à côté de nous, mais en face, sur les champs de bataille. Je dois dire à leur honneur qu'ils se multiplièrent pour offrir leurs services à ceux d'entre nous qu'ils avaient connus et fréquentés. Je dois dire aussi que pas un officier français ne crut devoir accepter d'eux le moindre adoucissement et la moindre consolation.

Il me faut citer encore particulièrement parmi les officiers allemands qui suivaient nos opérations au Mexique M. Von den Burg, capitaine d'état-major breveté, Prussien. Un homme de la plus haute valeur professionnelle. Il était un peu taciturne, mais ne dédaignait pas cependant d'aborder les sujets de politique transcendante. C'est à lui que j'ai entendu dire, au Mexique, ces paroles prophétiques : « Nous adoptons franchement les théories de l'empereur Napoléon sur les nationalités. Et, en nous réclamant d'elles, nous revendiquons l'Alsace comme terre allemande. »

C'est un original, pensions-nous. Cet original fut, par la suite, attaché militaire à l'ambassade de Prusse à Paris, où il se lia avec le comte Vimercati. En 1870, devant Metz, il était colonel, chef d'état-major d'un des corps d'armée qui nous investissaient. A sa rentrée en Prusse, il était en grande faveur auprès du prince Frédéric-Charles. Il fut quelque temps général gouverneur de Strasbourg. Il a pris sa retraite et s'est retiré à la campagne, près de Berlin, où il vit encore, je crois.

XIII

MARCHE SUR PUEBLA.

A l'état-major. — Un condottiere. — Marche en avant. — Les Cumbrès. — Opération de change. — Sur les plateaux. — Inaction. — Enfin ! — Répartition de la cavalerie. — Convoi attaqué. — Distractions dramatiques. — Nos auxiliaires. — Conseil de guerre. — Marche en bataille.

En arrivant à Orizaba, j'avais des visites officielles à faire, et la première de toutes était celle que je devais au général en chef.

— C'est très bien à vous, me dit le général Forey, dès que je l'abordai, de vous rendre à votre poste en l'état de santé où vous vous trouvez. Faites-moi le plaisir de venir dîner ce soir avec moi, pour que nous puissions faire plus ample connaissance.

— Mon général, c'est impossible; j'ai devancé mes bagages et je ne possède pas d'autre uniforme que celui que j'ai sur le corps.

— Voilà une excuse que je n'accepte pas. A ce soir !

L'impression qu'il me donna, pendant ce dîner, fut celle que j'avais déjà éprouvée, en 1847, lorsque, lieutenant de spahis, j'avais été pendant quinze jours le commensal du général Baraguey d'Hilliers, en tournée d'inspection. A la place du chef raide et enfermé dans sa dignité, que je m'attendais à rencontrer, je trouvai un homme bienveillant, un causeur intéressant, un maître de maison qui voulait qu'à sa table tout le monde fût à son aise. Il réservait pour le service, et pour les circonstances où ses ordres étaient mal exécutés, ses emportements, si terribles mais si courts, qui lui ont valu une réputation imméritée et persistante de violence et de brusquerie.

Le général Forey, esclave des volontés de l'Empereur, s'appliquait à entretenir de bonnes relations avec M. Dubois de Saligny et tenait à ce que les chefs de corps, de passage à Orizaba, fissent acte de politesse vis-à-vis du ministre de France. Il ne me dissimula pas sa pensée à ce sujet. Aussi, le lendemain matin, je m'informai très exactement du moment où M. de Saligny serait absent de chez lui. J'allai déposer à sa porte une carte qu'il ne me rendit même pas, et nous n'eûmes jamais d'autres relations. Je partageais, je l'avoue, toutes les préventions et toutes les répugnances que ce diplomate inspirait à l'armée, et que son entourage était encore venu augmenter. Cet entourage était, en majeure partie, composé de déclassés, de gens qui avaient perdu par leur faute des positions avouables en France, et qui étaient venus au Mexique chercher une nouvelle carrière, au milieu de la confusion générale, soit en briguant les principaux grades de l'armée que le parti conservateur cherchait à organiser, soit en s'occupant d'affaires. Et nous savons combien ce mot d' « affaires » est élastique ! Nous les traitions un peu en lépreux.

Nous faisions cependant une exception pour un ancien camarade qui, lui aussi, était une épave, mais dont les fautes n'avaient pu tarir entièrement notre estime : le colonel Dupin. Je l'avais beaucoup connu en Afrique où il était venu faire son stage, comme capitaine d'état-major, dans le 4ᵉ de chasseurs d'Afrique. Il était à la prise de la Smala, et, sur le fameux tableau d'Horace Vernet qui représente ce guerrier épisode, il figure au premier plan, dans une situation un peu idéalisée par l'imagination féconde du grand peintre militaire. Depuis, partout où l'on échangea des coups de sabre on vit toujours Dupin : en Crimée, en Italie ; et partout il attira l'attention par de remarquables qualités de soldat. Il ne pouvait pas laisser faire l'expédition de Chine sans lui. Il y alla, comme chef du service topographique, dans l'état-major du général de Montauban, et, la veille de Palikao, il faillit se faire enlever par les Chinois, avec quelques autres officiers qui périrent dans d'atroces tourments. Il rapporta du pillage du Palais d'été beaucoup de précieux souvenirs dont il ne fit pas mystère, car de nombreux amateurs, admis à visiter sa collection d'objets d'art, admirèrent le goût artistique qui avait présidé à sa formation. Mais ce soldat avait des défauts soldatesques assez nombreux. Il était comme les compagnons de Robert le Diable à l'Opéra ; il aurait pu chanter avec eux : « Le vin... le vin, le vin, le jeu, les belles. Voilà... voilà... voilà mes seules amours. » Il ne pouvait pas résister à la vue d'une carte, et ce défaut mignon le jetait dans des alternatives de bonne et de mauvaise fortune ; tant et si bien qu'un jour, il eut l'idée de réaliser sa collection et l'inconscience d'en faire annoncer la vente par les journaux. Ce fut un scandale énorme dont on profita pour représenter comme de simples pillards les conquérants de Pékin. Et, sous la pression irrésistible de l'opinion publique, Dupin fut mis en retrait d'emploi.

La campagne du Mexique s'ouvrit. Dupin, aussitôt, prit du service dans l'armée mexicaine. Bientôt, le général en chef jugea qu'il était absurde de se priver des services d'un homme pareil, et lui confia le commandement de la contre-guérilla chargée de purger les Terres-Chaudes des bandes innombrables et insaisissables qui les infestaient. Dupin eut carte blanche pour accomplir sa mission, et il s'en tira à merveille. C'était une espèce de *condottiere* du seizième siècle, un capitaine d'aventures qui aurait fait pousser des cheveux blancs à tous les comptables, mais qui était superbe à la tête de ses enfants perdus, véritables types de brigands qui eussent détroussé le voyageur, s'ils n'avaient pas trouvé plus d'avantages à détrousser ceux qui détroussaient les voyageurs.

Je le revois encore, dans l'uniforme éclatant et bizarre qu'il avait adopté : un dolman rouge, ouvert, flottant sur la chemise de flanelle et orné des cinq galons d'or de colonel, dont le nœud hongrois recouvrait les deux manches ; une large culotte blanche qui se perdait dans des bottes montant jusqu'au genou, et le sombrero mexicain de feutre gris clair, aux vastes bords plats, historiés comme une mitre d'évêque, garnis de pampilles, dont la coiffe était entourée d'un énorme bourdaloue d'or. Il fallut bien récompenser ses services, en oubliant ses fautes. On le replaça d'abord en activité hors cadre, et, à la fin de l'expédition, il fut nommé chef d'état-major de la division de Montpellier. Là, je le revis encore ; mais il n'était plus que l'ombre de lui-même. Le climat meurtrier des Terres-Chaudes, dont il n'avait pas songé à combattre les effets terribles par une sage conduite, avait fait son œuvre. Et ce héros, se survivant à lui-même, attendait, en se traînant péniblement, la mort qui allait apparaître.

Orizaba, qui était devenue notre principale place d'armes, le siège de nos dépôts, notre lieu de concentration, est une espèce de grande villace mal bâtie et mal pavée. Ses maisons n'ont généralement qu'un rez-de-chaussée, surmonté d'un toit de tuiles, débordant sur la rue en forme d'auvent, pour garantir les passants de la pluie et du soleil. Le climat y est agréable, car on est très près des derniers contreforts de la chaîne des Cordillères, qui marquent la limite des Terres-Tempérées et des Terres-Froides. La population est une sorte d'olla-podrida de toutes les races humaines, amalgamées, mélangées, croisées, depuis le Peau-Rouge le plus authentique jusqu'au Blanc le plus pur. Elle n'a pas, par conséquent, de type particulier ; elle ferait le désespoir ou le bonheur, ça dépend, d'un ethnographe. Cependant, dans le fond, elle est de race indienne, et c'est ce qui la rend, en général, douce, inoffensive et même timide. Le noble métier des armes répugne à son tempérament. Aussi, de tout temps, l'armée mexicaine a-t-elle été recrutée au moyen de la « presse ». C'est une méthode simple et expéditive qui s'applique de la façon suivante : un beau matin, on barre à la fois toutes les rues d'une ville. On arrête tous les hommes qui s'y trouvent, puis on extrait du troupeau ainsi formé tous les bipèdes qui semblent en état de porter les armes. On les attache solidement les uns aux autres, et on les dirige sur les dépôts des régiments qui ont besoin d'augmenter leur effectif. On peut juger ce que doit être une armée recrutée de cette façon-là. Et cependant, bien qu'incapables de résister en rase campagne au choc d'un corps dix fois inférieur en nombre, les troupes mexicaines font souvent preuve de constance, sous un feu à longue portée, et derrière un abri, derrière un mur, elles ne se comportent réellement pas trop mal.

A Orizaba, l'on est assez éloigné de la côte pour ne plus guère voir que le costume national mexicain : la veste ronde très courte, ouverte sur la chemise, le pantalon collant par en haut et démesurément élargi dans le bas, retenu à la taille par une ceinture et orné, sur les coutures extérieures, soit d'une bande étroite, soit d'une rangée de petits grelots ou de boutons d'argent, le sombrero, chapeau de paille ou de feutre, à coiffe basse et à bords plats et larges. Les femmes portent le costume espagnol : la jupe courte, la basquine cambrée, la mantille, la résille, avec des fleurs dans les cheveux. Le costume des Indiens est tout à fait primitif. Pour les hommes, un haillon quelconque et une sorte de couverture d'étoffe grossière percée, au centre, d'un trou dans lequel ils passent la tête et qui leur retombe en manteau sur le corps. Ça s'appelle zarape, et c'est obligatoire. Les gens riches la portent en fine laine, et en tissu qui atteint parfois des prix très élevés. Pour les femmes, une chemise de toile, un jupon ample et plissé et une sorte d'écharpe : le rebozo, avec lequel elles se drapent le haut du corps et qui leur sert pour se couvrir, pendant la nuit.

J'ai déjà dit que ce qui avait rendu si lents les débuts de la seconde expédition, c'était l'insuffisance des moyens de transport, dont on ne s'était pas assez inquiété à Paris, et qui seront, je le crois, la première condition du succès dans toute guerre future. Cependant, les attelages, voitures, harnais qu'on était allé recueillir un peu partout, à New-York, à la Nouvelle-Orléans et jusqu'au Venezuela, commençaient à affluer à la Vera-Cruz. Mais on ne pouvait pas compter uniquement sur les approvisionnements qui nous arrivaient à travers l'Océan et négliger les ressources considérables que renfermait le pays. Or, pour s'emparer de ces ressources, il fallait occuper ce pays. C'est pour cela que le général en chef poussait en avant ses têtes de colonnes, et qu'il avait fait franchir les défilés des Cumbrès à la division Douay, qui avait passé sans résistance sérieuse et marché jusqu'à San-Agostino del Palmar, à quatorze lieues plus loin. En même temps, le général Bazaine évacuait les Terres-Chaudes et, passant par Jalapa, où il recueillait la brigade de Berthier, il arrrivait jusqu'au fort de Perrotte qui, en 1847, avait opposé une résistance très sérieuse à l'armée américaine du général Scott. Les Mexicains, qui étaient décidés à concentrer tous leurs efforts pour défendre Puebla, avaient abandonné sans combat toutes leurs positions. Du reste, le général Bazaine aurait eu de quoi briser tous les obstacles, car il avait avec lui le 3ᵉ régiment de zouaves, colonel Mangin; le 51ᵉ de ligne, colonel Garnier; le 62ᵉ de ligne, colonel Aymard; le 7ᵉ bataillon de chasseurs à pied, commandant d'Albici; un escadron du 12ᵉ de chasseurs et plusieurs batteries d'artillerie. Tous ces mouvements accomplis, il ne restait plus en arrière qu'un seul régiment, le 81ᵉ de ligne, colonel Mery de la Canorgue. Il était chargé d'occuper la route des Terres-Chaudes, qu'on ne pouvait pas encore abandonner à la garde de notre contre-guérilla. Le général Forey, pour pouvoir attirer à lui, le moment venu, ce régiment, avait réclamé une brigade supplémentaire, dite de réserve, composée du 7ᵉ de ligne et de la légion étrangère, et qui, sous les ordres du général de Maussion, allait venir de France pour garder les derrières de l'armée.

Ma place était auprès du général de Mirandol, à San-Agostino del Palmar, qu'on appelait tout simplement Palmar.

De mes quatre escadrons, l'un marchait avec la colonne Bazaine; l'autre restait provisoirement à Orizaba, avec le commandant Carrelet, le fils du général dont la division joua un rôle au coup d'État; le troisième était à Palmar. J'emmenai le quatrième d'Orizaba, que je quittai le 6 décembre, mais je ne le gardai pas longtemps.

Je fis la première partie de la route, sous les ordres du colonel Jollivet, plus ancien que moi, qui conduisait deux bataillons de son régiment, une batterie d'artillerie et mon escadron de cavalerie. Le premier jour, nous allâmes coucher à seize kilomètres d'Orizaba, à Técamalucan. Ce fut une partie de promenade. La route, très bonne et très bien entretenue, remontait le fond d'une large vallée, entre deux montagnes élevées et boisées. A chaque pas, nous rencontrions des villages, des haciendas, des ajoupas d'Indiens. C'était très pittoresque. En outre, à mesure qu'on s'élevait, l'air devenait plus vif et plus froid. Le lendemain 17, nous ne fîmes que douze kilomètres, jusqu'à Alcuçengo, gros village indien, ancien préside, c'est-à-dire bagne espagnol, où il restait encore des maisons en pierre et une église. Nous allions lentement, à cause des rudes et continuelles montées de la route qui nous obligeaient, à chaque mauvais pas, à doubler les attelages, opération longue et fatigante.

Là, nous étions tout à fait au pied des Cumbrès. Figurez-vous un mur vertical d'une hauteur prodigieuse, qui s'étend à perte de vue, à droite et à gauche, sans qu'on puisse savoir par où il sera possible de le franchir autrement qu'avec des ailes. On n'aperçoit aucune route, aucune fissure, rien! Ce n'est qu'en se mettant pour ainsi dire le nez dessus qu'on finit par découvrir une fente, une rainure que je comparerais au passage de la Gemmi, si j'étais sûr que tous mes lecteurs connussent l'espèce de cul-de-sac de la vallée de Louèche, dans le Valais. La route s'engage dans cette fissure, et grimpe en se tire-bouchonnant dans les deux défilés successifs qu'on appelle les « Grandes » et les « Petites-Cumbrès », et qui sont séparés par une étroite vallée, au fond de laquelle bouillonne un torrent qu'on traverse sur un pont solide, bâti par les Espagnols : le Puente-Colorado. La nature a tout fait pour rendre ce passage infranchissable. C'est une succession de positions formidables, où une poignée d'hommes résolus arrêterait une armée, et nous ne pouvions comprendre, en les contemplant, comment nos fantassins s'y étaient pris pour en déloger les troupes mexicaines, qui avaient seulement fait mine de leur disputer le passage.

Nous employâmes toute la journée du 18 à franchir le premier défilé, les « Grandes-Cumbrès », et, ce jour-là, nous ne fîmes que deux lieues. C'est que la route, très raide, pour arriver au sommet de ce col si étroit, fait vingt-trois lacets, à chacun desquels il fallait dételer trois voitures pour en faire passer une. Dans ce couloir, il régnait un froid glacial, et, jusqu'à onze heures du matin, nous fûmes ensevelis dans un brouillard tellement épais qu'on ne voyait pas à deux mètres devant soi. Un kilomètre de descente rapide sépare le point culminant de ce premier défilé de Puente-Colorado, où nous trouvâmes, à la tête d'un fort détachement, le commandant Capitan, chef d'état-major de la division Douay, envoyé par le général pour nous recevoir, et protéger notre passage en prenant à revers des positions que l'ennemi, d'ailleurs, n'avait plus envie de réoccuper.

A Puente-Colorado, je pris congé de mon camarade Jollivet, qui filait sur la petite ville de Téhuacan avec ses deux bataillons et sa batterie, et qui m'emprunta, en outre, mon unique escadron. Le colonel Jollivet avait une mission bizarre à accomplir : il allait chercher de la monnaie, il allait « faire changer », comme on dit dans les ménages. La Trésorerie de l'armée était très abondamment pourvue en or et en billets de banque, mais elle manquait presque complètement de monnaie divisionnaire d'argent. De sorte que les officiers et la troupe étaient uniquement payés en or, et presque toujours en doublons ou onces d'Espagne qui valaient, selon le change, de 83 à 86 francs pièce.

Pour les officiers, c'était déjà un très grand embarras, car les menues dépenses courantes ne se soldent pas facilement en pareille monnaie. Mais, pour la troupe, c'était presque l'impossibilité de vivre. Comment payer les dépenses de l'ordinaire et faire le prêt aux hommes? C'était donc une opération de change qu'on allait tenter à Téhuacan, où le payeur général de l'armée comptait trouver 300,000 francs en argent, qu'on devait se faire remettre, de gré ou de force, contre pareille somme en doublons d'Espagne ou en billets.

En arrivant à Téhuacan, le colonel Jollivet trouva les « puros », c'est-à-dire les libéraux, postés à l'entrée de la ville et disposés à la lui barrer. Ils furent chargés et sabrés d'importance par l'escadron du capitaine Aubert, qui nous rapporta de là une véritable moisson de lances. La colonne n'eut pas d'autre perte que celle du cheval du colonel Jollivet, qui s'était mis à la tête de l'escadron pour charger. En sautant un fossé, l'animal désarçonna son cavalier, continua de charger pour son propre compte et se laissa prendre. Il fut rendu, longtemps après, au colonel, à Mexico, et en très bon état d'entretien. C'était un beau normand; mais comme il n'était pas apte à la reproduction, il n'avait pas grande valeur pour les Mexicains, qui cherchaient surtout à améliorer leurs races avec nos étalons arabes. A Téhuacan, on trouva non pas 300,000, mais 500,000 francs en pièces d'argent. On trouva aussi une grande provision de sel, et ce fut un grand soulagement pour l'armée, car elle manquait à la fois de monnaie et de sel.

Pendant cette expédition, j'avais continué ma route avec le reste du convoi, en me joignant à la colonne du commandant Capitan. Nous franchîmes en un jour les huit lieues qui séparent Puente-Colorado de Palmar. Après être descendus des Grandes-Cumbrès, il fallut grimper dans les Petites, qui n'étaient pas moins raides; mais, parvenus à leur sommet, nous débouchâmes tout à coup sur un plateau immense, mollement ondulé et bordé, à l'horizon lointain, par une ligne bleue de montagnes qui semblaient assez basses.

Cette plaine était à plus de deux mille mètres au-dessus du niveau de la mer. On fit la grande halte à un petit bourg, bâti en pierre, et appelé la Cañada, où étaient cantonnées deux compagnies du 99ᵉ de ligne, chargées de garder la sortie des défilés. Et notre convoi piqua droit sur Palmar, au milieu d'interminables champs de maïs, et aussi au milieu d'une poussière aveuglante ; car cette terre fertile est extrêmement meuble, et, pendant la sécheresse, un oiseau, en s'y posant, soulève un petit tourbillon.

Enfin, le soir de ce même jour, avec la joie intense du propriétaire qui retrouve son chez-soi, et du père de famille qui rentre chez les siens, je couchai au milieu de mes chasseurs d'Afrique, cantonnés, non pas à Palmar même, mais à un kilomètre plus loin, à l'hacienda de San-Pietro, aux avant-postes, à leur place. On m'avait réservé une chambre, à l'hacienda, et après être allé rendre mes devoirs au général Douay, ainsi qu'à mon chef direct et ami, le général de Mirandol, je m'y logeai et y vécus aussi heureux que le permettait l'état encore précaire de ma santé. Après la petite expédition de Téhuacan, le second escadron était venu rejoindre le premier, et j'avais sous la main tous les braves gens avec lesquels j'avais fait la traversée. Le service n'était pas fatigant, loin de là. Au milieu de cette plaine, notre tâche de surveillance et d'exploration était facile, et nous n'avions rien à redouter de l'ennemi. Tous les efforts des libéraux se concentraient sur les préparatifs de défense de Puebla. De notre côté, et sur notre front, ils se bornaient à faire circuler des patrouilles qui avaient pour mission de faire le vide devant nous, en brûlant les moissons et en empêchant les indigènes d'approvisionner nos marchés. On explorait la plaine avec des lorgnettes. Quand on apercevait, dans le lointain, un groupe de lances mexicaines, un peloton de chasseurs montait sur les chevaux, sellés d'avance, et partait au grand galop. Jamais les Mexicains ne les attendaient, et, dès qu'apparaissaient les vestes bleues, les patrouilles ennemies s'envolaient. C'était donc le repos, agrémenté de promenades hygiéniques, pour les hommes et les chevaux. Du reste, la guerre se faisait sans animosité et la lutte restait courtoise, si on peut employer ce mot, ou du moins aussi courtoise que possible. C'est ce qui faisait dire à M. Dubois de Saligny, avec sa jactance et sa présomption habituelles, qu'à la tête d'un bataillon de zouaves et d'un escadron de chasseurs d'Afrique, il se faisait fort de circuler dans tout le Mexique, sans être arrêté nulle part.

Les longueurs du siège de Puebla et la ténacité de ses défenseurs allaient répondre à ces rodomontades agaçantes. Sans doute, les lenteurs de nos préparatifs furent pour beaucoup dans les difficultés que nous allions rencontrer, mais il est juste de reconnaître que Juarez mit très habilement à profit le temps que nous lui laissions, et n'épargna rien pour se hausser au niveau des circonstances et pour donner un caractère national à la lutte qu'il soutenait afin de maintenir l'indépendance de son pays.

La plaine de Palmar fait partie de cet immense plateau de l'Anahuac qui constitue la troisième zone du Mexique, le troisième gradin : les Terres-Froides. Partout où l'eau se montre, il est très fertile en céréales, et le principal travail de sa population consiste à recueillir les eaux pluviales, dans de grands réservoirs qu'on appelle des « pressas ». Cette population est peu dense. Les villes sont assez rares, et, à l'exception des grandes cités, comme Mexico, Puebla, Guadalajara, Guanaxuato, qui ressembleraient à des villes espagnoles, sans leurs immenses et populeux faubourgs habités par des créoles et des Indiens, elles sont toutes bâties sur le même plan : une place démesurée au centre, et, tout autour, des maisons rangées le long de rues spacieuses qui se coupent à angle droit. C'est le triomphe de l'échiquier. Sur la place, l'église, bâtie dans le style décoratif qu'on appelle le « style jésuite », et très ornée à l'intérieur. Seulement, depuis le triomphe des libéraux, le budget des cultes ayant été supprimé, la plupart de ces églises, n'étant plus entretenues, présentaient déjà un aspect lamentable. Les habitants des villes sont presque tous créoles ou métis, la population indienne se groupant, de préférence, autour des belles haciendas, qui servent de centres aux grandes exploitations agricoles.

En dehors des céréales, la principale industrie est l'élevage des porcs et la culture du maïs, destiné à la nourriture de ces animaux. De même que, dans l'Armagnac, on dit souvent d'une jeune fille à marier qu'elle vaut tant de barriques d'eau-de-vie, de même là-bas, on disait des douces fiancées qu'elles valaient vingt mille, trente mille, cent mille cochons. Cependant, autour des villes, on cultive en grand des plantations d'agaves, sorte d'aloès qui sert à la fabrication du « pulque », la liqueur nationale. Voici comment on procède : on enlève le cœur de la plante, et, pendant la nuit, la sève vient remplir l'espace laissé vide par cette mutilation. On recueille cette sève dans un récipient et on en remplit des tonneaux où on la laisse fermenter. La boisson qu'on obtient ainsi conserve un goût d'herbe qui surprend le palais des Européens. Mais les indigènes en raffolent et en font une énorme consommation. Dans les cabarets ou « pulquérias », afin d'attirer le chaland par l'œil en même temps que par le gosier, on colore sa liqueur favorite des teintes les plus engageantes, en rose, en bleu de ciel. Le pulque grise comme l'eau-de-vie; cependant les cas d'ivrognerie ne m'ont pas paru très fréquents au Mexique.

Le 1ᵉʳ janvier 1863, le général Douay levait son camp de Palmar, pour porter son quartier général quatre lieues plus en avant, à une petite ville nommée Guetchetolac. Il s'agissait, en étendant notre ligne d'occupation, d'augmenter la zone où nous nous approvisionnions, et aussi de nous emparer des nombreux moulins que contenait la petite ville, et qui nous étaient devenus nécessaires pour constituer nos réserves de farine. Guetchetolac était occupé par les deux brigades d'observation des généraux Carbajal et Rocas, qui détachaient, journellement, les patrouilles que nous avions, journellement, la peine de mettre en fuite. Ils ne songèrent ni à résister sérieusement, ni à détruire les moulins que nous visions. Quelques meules brisées furent vite réparées, et presque aussitôt, sous les ordres de l'Intendance, le service de la meunerie entra en activité. Le général Douay était établi à Guetchetolac avec le gros de ses forces : deux bataillons de zouaves, un bataillon de chasseurs à pied, un bataillon de fusiliers marins, un demi-bataillon du 99° et une batterie d'artillerie ; le tout éclairé par trois escadrons, les deux miens et un du 1ᵉʳ de chasseurs d'Afrique. En même temps, le colonel Jollivet, avec son 95° de ligne, allait occuper, à deux lieues sur notre gauche, une autre petite ville appelée Técamachalpo, se reliant à nous par le poste intermédiaire d'Agua-Guetchetolac, où commandait le capitaine Petit, de mon régiment, ayant sous ses ordres trois compagnies de chasseurs à pied et la moitié de son escadron. Notre extrême droite touchait à San-Andrès. Nous présentions ainsi un front solide, derrière lequel l'Intendance pouvait se mouvoir dans une large zone.

L'état-major avait assigné à chaque corps de troupes un quartier de la ville, sans se préoccuper le moins du monde de la population, avec laquelle, d'ailleurs, nos troupiers firent tout de suite bon ménage. Du reste, ces malheureux Indiens ou métis avaient fait un long apprentissage de la résignation. Depuis un temps immémorial, ils étaient pillés tantôt par les uns, tantôt par les autres ; mais toujours pillés, toujours victimes, toujours opprimés. Ils étaient réduits à l'état passif le plus complet, et, au moral comme au physique, ils semblaient totalement abrutis. Le clergé exerçait sur eux une influence considérable, mais il ne s'était jamais préoccupé, il faut le reconnaître, de relever leur niveau moral, et de la religion chrétienne, ces pauvres diables ne connaissaient que les pratiques extérieures, auxquelles ils étaient, par exemple, complètement asservis. Au fond, ils étaient restés des idolâtres. Seulement, au lieu d'adorer les idoles informes d'autrefois, ils adoraient des statues de l'Enfant Jésus et de la Vierge, auxquelles ils reconnaissaient un pouvoir surnaturel.

Nous restâmes là longtemps, piétinant sur place, dans l'inaction et l'impuissance. Le gros matériel destiné au siège de Puebla était encore à la Vera-Cruz, et nul ne pouvait prédire quand il parviendrait sur le plateau de l'Anahuac. L'absence du commandant en chef arrêtait toutes les opérations, car le général Forey, qui maintenait en bride ses lieutenants, aurait trouvé fort mauvais qu'ils se permissent le moindre fait de guerre, en dehors de sa direction et de sa surveillance. On s'ennuyait donc ferme, et nos jeunes officiers n'avaient même pas la ressource, toujours appréciable en pareil cas, de rechercher auprès de Vénus les consolations que Mars leur refusait momentanément; car toutes ces Indiennes étaient fort peu attrayantes, et il n'était même pas prudent de goûter auprès d'elles les charmes de l'amour partagé.

Je rencontrai, par le plus grand des hasards, à Guetchetolac, un de mes anciens camarades d'Afrique, nommé Budin, dont j'avais fait la connaissance à Oran, alors qu'il était sous-officier d'infanterie et secrétaire du chef d'état-major, et alors que j'étais moi-même maréchal des logis de spahis. A l'expiration de son congé, Budin entra comme petit employé aux Finances. Il y fit son chemin, puisque, à la campagne d'Italie, il était payeur général de l'armée. L'Empereur, satisfait de ses services, le récompensa par une recette générale. Puis, dans ses illusions, il lui confia la mission de réorganiser les finances du Mexique.

Budin était donc à notre cantonnement, suivant philosophiquement l'armée, cherchant à s'instruire et à voir clair dans ce chaos qu'on appelait « la Dette mexicaine ». Il remplissait des fonctions plus illusoires encore que celles de mon cuisinier Dargenson : les fonctions de ministre des finances *in partibus* de notre future conquête. Il avait pour compagnon de route un négociant français, M. Toscan, possesseur d'une grande maison de commerce à Mexico, et qui, comme tous nos nationaux établis au Mexique, était résigné aux fantaisies du fisc local, nous avait vus arriver sans enthousiasme, et n'approuvait guère notre intervention qu'à cause des profits qu'il en espérait.

Cependant, janvier finissait. Le matériel de siège commençait à atteindre Orizaba. Une batterie de 12 de réserve avait même paru sur le plateau de l'Anahuac. Le moment arrivait où l'on allait pouvoir remuer, et certes il était temps, car une plus longue inaction aurait fini par démoraliser l'armée. Les officiers ne comprenaient plus rien aux tergiversations du commandant en chef, qui restait à Orizaba pour donner à son chef d'état-major le temps de se guérir d'une fracture de la jambe, et leurs dispositions frondeuses se répercutaient, en s'aggravant, sur leurs hommes. Les Mexicains, parfaitement au courant de la situation, l'exploitaient. Leur gouvernement nous inondait de proclamations où il affirmait ses sympathies pour la France, son admiration pour l'armée. « L'Empereur était trompé, disait-il, autrement jamais Napoléon III n'attenterait à l'indépendance d'un peuple, pour lui imposer un gouvernement abhorré. »

Déjà, surtout dans les régiments arrivés les premiers,

on signalait quelques désertions. Elles avaient l'avantage de débarrasser l'armée de ses plus mauvais soldats, et de rejeter hors de ses rangs des hommes qui n'étaient pas dignes d'y figurer. Mais il n'aurait pas fallu, cependant, que cela durât trop longtemps, car, après les mauvais sujets, les médiocres s'en seraient allés. Aussi voyait-on arriver avec joie le moment où l'on n'aurait plus de relations avec l'ennemi qu'à coups de canon.

En poussant tout son monde en avant, le général Forey ne s'était pas inquiété de savoir si les troupes destinées à marcher ensemble étaient bien les unes à côté des autres, et si elles avaient toutes leurs chefs naturels. Maintenant que le corps expéditionnaire avait grimpé et se développait sur le haut plateau, avant de l'emmener sous les murs de Puebla, dont aucun obstacle ne le séparait plus, il fallait tout remettre en ordre et tout reconstituer. Il fallait surtout répartir à nouveau la brigade de cavalerie du général de Mirandol, dont les éléments étaient épars de tous les côtés. Le général en chef commença par garder, pour le service du quartier général, un escadron du 5ᵉ de hussards, commandé par le capitaine Barbut, celui dont j'ai déjà raconté l'histoire après le désastre de Sidi-Brahim, alors que, maréchal des logis chef et prisonnier des Arabes, il échappa au massacre ordonné par Abd-el-Kader, grâce à son double galon qui le fit prendre pour un officier. Je l'ai retrouvé, bien plus tard, à Tours où il a pris sa retraite comme colonel de dragons, en 1875. Puis chacun des deux régiments de la brigade fut attribué à l'une des deux divisions d'infanterie. Le premier régiment de marche, colonel de Brémond d'Ars, resta à la division Douay, et je passai, avec le second régiment de marche, sous les ordres du général Bazaine, qui disposait déjà d'un des escadrons du 12ᵉ de chasseurs, avec le lieutenant-colonel Margueritte. Le deuxième escadron des chasseurs arrivait d'Orizaba, avec le commandant Carrelet, et ainsi mon régiment se trouvait complété.

Rationnelle à première vue, puisqu'elle donnait à chaque moitié de l'armée une force égale de cavalerie, cette organisation était en réalité défectueuse. Réunis, en un jour de bataille, nos huit escadrons eussent été irrésistibles. Les séparer en deux, c'était diminuer de moitié leur influence sur le combat. Et puis, avec lequel des deux régiments marcherait le général de brigade qui n'avait plus de rôle personnel? Le général de Mirandol demanda et obtint de venir à la division Bazaine. Il n'avait pas fait bon ménage avec le général Douay, qui était brigadier, comme lui, quoique commandant la deuxième division, qui avait le commandement net et brusque. De Mirandol, aigri par les souffrances de sa captivité, chétif, original, entêté, prêtant quelquefois à rire par une tenue négligée, ne pouvait pas sympathiser avec son camarade, plein de force et de santé, fastueux et rude. D'ailleurs, le général Douay ne fit rien pour le retenir. Il pensait qu'un colonel était plus que suffisant pour commander les quatre escadrons qui lui restaient. Quant à moi, je n'étais pas fâché d'être en sous-ordre derrière le général de Mirandol, car je l'aimais, je le connaissais, et je savais qu'au feu, cette âme devenait un foyer intense de force morale, dont je profiterais comme les autres. Mais la véritable victime de cette combinaison fut le pauvre Margueritte, qui, indépendant ou à peu près jusque-là, passait à la troisième place, après avoir espéré qu'on formerait pour lui un troisième régiment de marche, éventualité qui ne se réalisa que plus tard, et dont il ne profita pas.

Pour rejoindre la division Bazaine, qui, de Perrotte où elle avait séjourné longtemps, se dirigeait sur Nopaluca, nous dûmes rétrograder, revenir d'abord à Palmar et ensuite à San-Andrès. C'était bien la plus jolie petite ville que j'eusse encore vue au Mexique. Elle était bâtie sur le modèle des autres, mais mieux entretenue et pleine de jolies maisons, en outre, habitée par des créoles, c'est-à-dire par des Espagnols nés dans le pays, et très sympathiques à l'intervention française. Ses environs avaient été, au commencement de l'occupation, le théâtre d'un court mais brillant combat, où un escadron du 1ᵉʳ de chasseurs d'Afrique, sous les ordres du commandant Jamin du Fresnay, avait décidé le succès par une charge vigoureuse. Aucune famille n'avait émigré, et non seulement nos troupes avaient été bien reçues, mais il n'était bruit que de trois bals échangés par les officiers, la municipalité et la société, pour témoigner du plaisir qu'on avait à s'être rencontrés. C'est très caractéristique, car, partout ailleurs, la société mexicaine se tenait sur la réserve.

Nous partîmes de San-Andrès, avant quatre heures du matin, par un froid sibérien. Nous avions tous la barbe et les moustaches garnies de glaçons produits par la congélation de notre haleine, comme les grognards de la retraite de Moscou. Cet abaissement extraordinaire de la température est commun dans cette partie du Mexique, car, tant qu'il n'a pas été réchauffé par les rayons du soleil, l'air, qui a caressé les neiges éternelles du pic d'Orizaba et des sommets de la Cordillère, arrive glacé. Et, sur les hauts plateaux qui constituent les Terres-Froides, en plein midi, il suffit de passer du soleil à l'ombre pour contracter un refroidissement souvent fort dangereux.

Le 10 février, de très bonne heure, nous trouvâmes à l'hacienda de don José Orlando le général Bazaine, assez inquiet. Il avait laissé derrière lui un grand convoi de bagages, et on venait de lui apprendre que ce convoi aurait affaire à des guérillas mexicaines. Le 11, le général nous fit repartir pour une hacienda appelée El Ojo de Agua (l'œil de l'eau), où nous laissâmes nos bagages pour faire, à la légère, une grande reconnaissance sur la route de Perrotte. Nous ne vîmes rien. En chemin, nous avions été rejoints par le 3ᵉ de zouaves et une batterie de campagne. Il était minuit passé quand nous rentrâmes à notre hacienda.

Le 12, dans la matinée, nouvelle reconnaissance. A 11 heures, on nous signala le convoi dans le lointain. Il était assailli par deux régiments de cavalerie mexicaine, et le bataillon d'infanterie, qui l'escortait, s'était mis en état de défense. Laissant les zouaves et l'artillerie derrière lui, le général de Mirandol fit prendre à mes deux escadrons de chasseurs d'Afrique le grand trot que nous soutînmes pendant quatre lieues. A notre approche, les Mexicains lâchèrent le convoi. Nous filions, enveloppés d'un nuage de poussière qui cachait nos uniformes, de sorte que, en nous voyant arriver, le bataillon d'infanterie qui défendait le convoi ouvrit sur nous un feu très vif. Nous entendîmes siffler sur nos têtes des balles françaises qui, heureusement, ne nous atteignirent pas. L'officier qui commandait le premier peloton, déployé en fourrageurs, eut la présence d'esprit de s'arrêter, afin de laisser tomber la poussière, et d'envoyer en avant un sous-officier, accompagné d'un trompette, qui sonna des demi-appels pour faire cesser le feu. L'erreur reconnue, nous reprîmes notre marche. Les Mexicains n'étaient pas encore assez loin pour que nous ne pussions les atteindre, grâce à la supériorité des allures de nos chevaux arabes. Ils commirent, d'ailleurs, la faute de faire halte pour essayer de nous arrêter nous-mêmes par le feu de leurs carabines, et là nous eûmes, encore une fois, la preuve de l'inefficacité du tir à cheval, car cette manœuvre perdit les Mexicains, en nous donnant le temps de les aborder impétueusement. Ils furent mis en pleine déroute et se sauvèrent, laissant sur le terrain des hommes, des chevaux et quantité de lances inoffensives. Nous rentrâmes, à dix heures du soir, à Ojo de Agua, ayant fait vingt lieues dans la journée, sans compter la course de la veille. Mais nous ramenions, intact, le convoi, et c'était l'essentiel. Le général Bazaine adressa au commandant en chef, sur ce petit combat, un rapport très élogieux pour mes deux escadrons. D'ailleurs, le général Forey ne ménagea jamais à la cavalerie, dans ses ordres du jour, les témoignages de sa satisfaction pour les services considérables qu'elle lui rendit.

Le 13, il fallut se reposer. Nous avions deux chevaux morts de fatigue et quatre fourbus. Et c'était bien peu, après deux journées pareilles. Le 14, nous rejoignîmes le général de division, qui avait établi son quartier à Nopaluca, gros village n'offrant que de maigres ressources, et réparti ses forces dans les haciendas des environs. J'eus pour mes deux escadrons de chasseurs d'Afrique l'hacienda de San-Juan-Bautista, que je partageai avec le 7ᵉ bataillon de chasseurs à pied.

Le général de Mirandol s'était établi non loin de là, dans l'hacienda de San-Antonio de Tamaris, avec mes deux autres escadrons du 12ᵉ de chasseurs et les deux bataillons du 3ᵉ de zouaves.

Je passai là un bon mois qui ne fut pas d'une gaieté folle. Je vivais absolument seul, car je n'ai jamais recherché la popularité, et, comme colonel, je n'étais pas très commode. Très fier de mon régiment, très désireux de maintenir le bon renom qu'il s'était acquis en Afrique, j'exigeais, avec la dernière inflexibilité, que la tenue fût aussi belle, aussi soignée, aussi réglementaire en campagne qu'en garnison. Je n'admettais aucune tolérance, aucune défaillance sur ce point. Je me souvenais que, la veille d'Austerlitz, lorsque Napoléon alla visiter ses troupes, bivouaquant sur la neige, il les trouva astiquant les boutons rassemblés dans la « patience » et soufflant sur les plumets, sortis de leurs gaines, pour qu'ils fussent le lendemain frais et épanouis. Et je me disais que peut-être ces plumets avaient pesé d'un grand poids dans la victoire. Aussi, chez moi, les aciers, les cuivres brillaient comme des sous neufs, et on se serait miré dans les basanes et dans le sabot des chevaux. Tous les jours, nous fournissions un piquet de huit hommes, commandés par un maréchal des logis, au quartier général. J'allais l'inspecter moi-même et je ne le laissais partir que lorsqu'il avait l'air de sortir d'une boîte. On avait pensé au régiment que cette rigueur ne tiendrait pas contre quelques jours de campagne; mais, comme je ne m'en suis jamais départi, il a bien fallu se soumettre; seulement je passais pour plus raide et plus sec que je ne le suis en réalité, et dans les commencements, il y avait parmi mes officiers beaucoup de préventions contre un chef auquel j'espère que, depuis, ils ont dû rendre justice, en voyant qu'il était l'ennemi de toute coterie, et en voyant aussi les nombreuses récompenses dont a été favorisée cette troupe modèle, et qu'elle devait non seulement à son courage et à sa discipline, mais encore à la chaleur et à l'impartialité avec lesquelles ce chef sut faire valoir les droits de chacun.

Ma seule distraction était d'aller, de temps à autre, à l'hacienda de Tamaris, où j'avais de bons amis, et où les zouaves, toujours ingénieux et toujours gais, avaient organisé un théâtre. On y chantait la chansonnette comique, la romance sentimentale. On y enlevait lestement des saynètes, des vaudevilles et des petites opérettes, et c'était plaisir de voir la verve, l'entrain, la bonne humeur de tous ces braves gens, qui allaient se comporter comme des héros, à ce siège de Puebla, qui rappela par plus d'un côté le fameux siège de Saragosse, en 1808. Il fallait cela pour entretenir le moral du soldat, car le général Forey ne paraissait toujours pas. Il ne venait même pas visiter ses troupes dans leurs cantonnements, et restait toujours à Orizaba, avec une persistance qui prêtait à une foule de commentaires désobligeants. Les désertions recommençaient, et même quelques sous-officiers disparaissaient. Le général Forey s'en émut assez pour adresser à son armée plusieurs ordres du jour, dans lesquels il la mettait en garde contre les proclamations mensongères des libéraux, flétrissait en termes énergiques le crime du soldat qui abandonne son drapeau devant l'ennemi « et se condamne lui-même, disait-il, à mener désormais une vie misérable et déshonorée, même chez ceux pour lesquels il a trahi son devoir ».

Quelques reconnaissances dans la direction de Puebla, avec des troupes de toutes armes, vinrent seules rompre la monotonie de ce long mois d'attente. Il y eut aussi, à mon hacienda, une grande fête militaire, à la suite du remplacement du 7ᵉ bataillon de chasseurs à pied par un bataillon du 3ᵉ de zouaves. Il régnait depuis leur formation, entre le 3ᵉ de chasseurs d'Afrique et le 3ᵉ de zouaves, une grande confraternité d'armes. Mangin et moi, nous mettions tous nos soins à la cultiver, et cet excellent esprit militaire porta ses fruits, dans maintes circonstances où ces deux troupes d'élite se montrèrent toujours disposées à se prêter un mutuel appui, au moment du danger. Le théâtre des zouaves se transporta chez moi, et vint égayer nos longues soirées, avec les meilleures pièces de son répertoire.

Ce fut dans ces réunions du soir que je fis la connaissance du général Marquez, dont la petite armée auxiliaire campait non loin de nous, à Ixtinguo, au pied d'une montagne : le Malinche, dont le nom rappelle la poétique légende de cette jeune Indienne qui se donna corps et âme à Fernand Cortez et l'aida à conquérir l'empire de Montézuma. Cette armée, dont le recrutement avait fort occupé le général Forey, comptait environ deux mille hommes dans le rang, et quoique, suivant les mœurs militaires en honneur dans l'Amérique du Sud, elle eût, pour ainsi dire, plus de généraux, de colonels et d'officiers que de soldats, ses cadres étaient insuffisants, son administration nulle, ses habitudes en contradiction formelle avec les nôtres, et sa fidélité plus que douteuse. Elle offrait beaucoup d'analogie avec celle que le roi Joseph s'efforça de recruter en Espagne. C'était pitié de voir, dans les marches, cette troupe, composée en majeure partie de cavaliers, mal habillés, mal équipés, d'aspect minable, et suivie par une troupe presque aussi nombreuse de femmes, presque toutes à cheval, elles aussi, qui, arrivées au camp, étaient chargées de tous les soins du ménage, faisaient la cuisine, pansaient les chevaux, brossaient les habits de leurs seigneurs et maîtres, dont les visages rébarbatifs s'environnaient des nuages bleus de la cigarette.

Le général Marquez était un petit homme nerveux, sec, alerte, encore dans toute la force de l'âge. Chez lui, le type espagnol était très accusé, et sans la dureté de son regard qui éloignait la sympathie, il m'aurait rappelé de loin le général Yusuf. Lui, n'avait jamais changé de parti. Il avait toujours appartenu à celui de la réaction et en avait partagé les vicissitudes. On sait qu'il avait prêté son concours au général de Lorencez, lors du premier siège de Puebla. Il n'allait pas rendre beaucoup plus de services dans le second. Il passait pour être très brave, mais fanatique, peu intelligent et impitoyable. J'ai déjà dit qu'on l'avait surnommé le « Tigre de Tacubaya », parce qu'il avait tout détruit, tout massacré dans cette charmante petite ville, où étaient agglomérées les villas des riches habitants de Mexico. On l'appelait aussi « Leopardo », en équivoquant sur son prénom de Leonardo.

Le 8 mars, nous reçûmes les ordres de mouvement,

impatiemment attendus. Nous touchions au terme de notre inaction, la partie active de la campagne allait commencer. Le général Forey, sans plus attendre l'arrivée d'un convoi d'argent qui avait été la cause d'un dernier retard, avait définitivement quitté Orizaba, était venu se mettre à la tête de son armée, en rejoignant le quartier général de la division Douay, portée à Accacingo. Là, pour la première fois depuis son arrivée au Mexique, il tint un conseil de guerre, auquel furent convoqués les deux généraux de division, les chefs des différents services et les deux généraux mexicains Almonte et Marquez. Le général Bazaine s'abstint d'y paraître, sous prétexte que sa présence était nécessaire au milieu de ses troupes, et en réalité, pour ne pas prendre part aux résolutions qui allaient y être décidées et pouvoir réserver complètement sa liberté d'appréciation. C'était une nouvelle preuve de la duplicité dans laquelle il se maintint, depuis le commencement de la campagne jusqu'au jour où il fut parvenu à son but, qui était de supplanter le général Forey dans son commandement.

Au conseil de guerre d'Accacingo, le général en chef exposa la situation dans tous ses détails.

Il n'y avait plus d'illusions à conserver. La garnison de Puebla, forte de vingt mille hommes, commandés par un chef énergique, le général Ortega, qui avait remplacé Sarragoza, mort récemment, était décidée à défendre à outrance la place confiée à son courage et à son patriotisme. L'ennemi avait mis à profit le temps que nous lui avions laissé. Les fortifications de la place avaient été réparées et complétées. Les forts extérieurs, reliés entre eux par des ouvrages de campagne, ne pouvaient plus être enlevés que par un siège régulier, et, grâce aux églises et aux couvents, qui formaient de puissants réduits, le centre de la ville avait été converti en une citadelle redoutable. Le gouvernement mexicain n'était pas resté non plus inactif. Le président Juarez était venu de sa personne à Puebla. Il avait passé les troupes en revue, et, dans un noble langage, leur rappelant leur succès réconfortant de l'année précédente, il leur avait déclaré que la patrie comptait sur elles, pour sauver son indépendance et sa liberté. Puis, profitant de l'enthousiasme des populations, il avait ordonné l'incendie des récoltes, pour nous empêcher d'en user, et l'enrôlement de nouvelles recrues, destinées à former deux armées : l'une, dite de secours, confiée au général Comonfort, ancien président de la République; l'autre, réservée à la défense de Mexico, et enfin la formation de nombreuses guérillas qui devaient intercepter nos communications et nous fatiguer par des attaques incessantes.

Le général en chef, après avoir exposé l'état de l'ennemi, dressa le tableau de nos forces et de nos ressources.

L'armée destinée au siège de Puebla était forte de 26,000 hommes, y compris 2,000 Mexicains auxiliaires. Nos communications avec la côte étaient assurées par deux contre-guérillas, bien commandées, et par 4,000 hommes qui allaient bientôt pouvoir rejoindre l'armée, lorsqu'ils auraient été relevés par une brigade de réserve de 6,000 hommes, prochainement attendue.

La cavalerie, l'artillerie, le train des équipages, les services accessoires comptaient 6,000 chevaux ou mulets. Les services de l'artillerie, du génie, largement pourvus, allaient encore recevoir de nouveaux approvisionnements. Enfin, l'armée traînait avec elle 56 bouches à feu dont 8 de siège, 6 de réserve de 12, 16 de montagne de 4, et 24 de campagne de 4, plus 2 mortiers mexicains.

Après cet exposé, le général Forey mit en discussion les manœuvres à exécuter pour investir la place par des marches de flanc, toujours délicates à opérer sous le feu de l'ennemi ; enfin la détermination du point d'attaque. Sur cet objet, on discuta longuement sans aboutir. Cependant, on convint tout d'abord qu'on ne renouvellerait pas l'attaque de l'année précédente sur les forts de Guadalupe et de Loretto. Ces points écartés, il ne fallait plus songer à attaquer la ville que par le fort de Carmen, au sud, ou par le fort de San-Xavier et le Pénitencier, à l'ouest, le reste de l'enceinte se trouvant trop puissamment défendu par le feu des forts extérieurs.

Les généraux mexicains insistaient beaucoup pour que l'on choisît le fort de Carmen, assurant que c'était là le côté vulnérable de la place ; mais le conseil se sépara sans avoir rien conclu, et le général, se réservant de se prononcer plus tard, expédia aussitôt ses ordres pour le mouvement général en avant.

Le général Douay devait aller occuper la petite ville d'Amozoc, qui, comme pour le premier siège, devait servir de base d'opérations et de grand dépôt à l'armée. Le général Bazaine devait échelonner sa division sur une ligne de cinq lieues de long, d'Amozoc à Nopaluca, donnant la main au général Douay et prêt à opérer un grand mouvement de concentration générale, pour le cas où l'armée mexicaine viendrait offrir la bataille en avant de Puebla. Le 9, Amozoc fut occupé sans difficulté, et le général Bazaine porta son quartier général à Acajete, au centre de sa division. Mauvais bivouac, mauvais gîte, pas d'eau. Le 15 mars, toute la division était concentrée là. Le 16, nous traversions, à notre tour, Amozoc, et toute l'armée marchait en avant, réunie sous les ordres de son général en chef.

Le soir, au bivouac de Chachapa, nous n'étions plus qu'à six kilomètres de Puebla, qu'on commençait à apercevoir des avant-postes ; dans la plaine, un peu de cavalerie mexicaine était répandue pour surveiller nos mouvements. La vue de quelques-uns de nos pelotons la fit rentrer dans la place. Le 17, de grand matin, toute l'armée s'ébranlait, pour prononcer son mouvement définitif sur Puebla. Le temps, gris et troublé, les jours précédents, par de fréquentes averses et de violents orages, s'était remis au beau, et toutes les musiques, les tambours, les clairons saluèrent le lever du soleil.

C'était magnifique!

Arrivées à un endroit appelé Amalucan, les deux divisions se séparent. La division Bazaine tourne à gauche, et marche jusqu'à l'hacienda de San-Bartholo, où elle prend position, tandis que la division Douay tourne à droite, et va s'établir sur le Cerro (monticule) San-Juan, se prolongeant de là jusqu'à la route d'Amatlan.

On aurait dit d'une pince immense, qui s'ouvrait au sud de Puebla pour aller se refermer au nord, derrière la ville.

A peine arrivés à San-Bartholo, nous déposons nos bagages, et équipés à la légère, avec un bataillon du 3ᵉ de zouaves, deux bataillons de chasseurs à pied et une batterie d'artillerie, nous suivons le général Bazaine, qui va reconnaître le front de la place. Pendant toute cette journée, nous jouîmes du plus grandiose de tous les spectacles. Puebla, grande et belle ville, très régulière, sorte de damier gigantesque et fortifié, renfermant en quantité des couvents, des églises, de très beaux édifices, occupe exactement le centre d'une plaine en forme de cuvette évasée, dont les horizons sont bornés par les plus hautes montagnes du Mexique et par ces deux géants : le Popocatepetl et l'Istaccihuatl, qui semblent soutenir, de leurs fronts éternellement blancs, la voûte azurée du ciel. Ce bassin est semé de villages, de riches fermes, qui semblent dormir au milieu de leur splendide culture et entre des bouquets de bois.

Tout cet ensemble respire la splendeur, la richesse et la magnificence. Or, la route que nous suivions court sur les crêtes qui forment comme le rebord de la cuvette, et, bercés par le pas élastique de nos montures, enivrés par un air printanier, nous avions sans cesse devant les yeux les dômes, les clochers, les terrasses, les toitures de la ville, le panorama de ses environs. De loin en loin, un coup de canon inoffensif tiré de la place sur nous, ou quelques coups encore plus inoffensifs de carabine des vedettes à cheval dans la plaine, pimentaient nos plaisirs de touristes en nous rappelant que nous étions des soldats. Nous revînmes, le soir, coucher à San-Bartholo, éreintés, mais émerveillés. Le lendemain, nous repartîmes de grand matin pour organiser l'investissement de la moitié de Puebla, notre division se reliant, par le Cerro San-Juan, à la division Douay, qui investissait l'autre moitié.

Le général Bazaine, qui était passé maître en ce genre d'opérations, fit garder, couper et occuper, en force, toutes les routes. Nous bivouaquâmes, le soir, en vue des remparts. La nuit fut tranquille, et le lendemain l'investissement complet était terminé par l'occupation, sur notre gauche, d'un moulin où l'on échangea quelques coups de canon, et où nous retrouvâmes les troupes du général Douay, qui avait opéré comme nous, mais sur la droite. Je vins, avec mes deux escadrons de chasseurs d'Afrique, camper à portée de canon de la place, au bord d'une grande mare d'assez bonne eau, qu'on appelle la Lagune de San-Balthazar, et le général de Mirandol fit dresser sa tente au milieu de nous.

Rien n'aurait plus dû s'échapper de la place. Cependant, dans la nuit du 21 au 22 mars, par apathie, par négligence, peut-être bien par connivence, les troupes auxiliaires du général Marquez laissèrent filer 1,500 cavaliers, qui allèrent rejoindre l'armée de secours du général Comonfort. Le fait était déplorable, car il était bien inutile de renforcer cette armée, et cette cavalerie, impuissante pour la défense des assiégés, aurait diminué leurs ressources en vivres. Après ce léger à-coup, l'investissement était hermétique, le siège pouvait commencer.

XIV

« L'ARROGANTE PUEBLA. »

Devant la place. — A Cholula. — Dans un chemin creux. — Un succès. — Le Pénitencier. — Les cadres. — Conseil de guerre. — Fausse manœuvre. — Combat d'Atlixco. — Chez le curé. — Approvisionnements. — Attaque d'un couvent. — Temps d'arrêt. — Combat d'avant-garde. — La fin du caïd Osman. — Combat de San-Lorenzo. — Aux avant-postes. — Retour au Camp. — Une belle lettre. — Nos prisonniers. — Entrée à Puebla. — Soixante-cinq héros. — Au violon !

Ce ne fut pas sans une certaine surprise que les hommes du métier apprirent que le général en chef avait décidé l'attaque de Puebla par l'ouest, par le fort San-Xavier, alors que les généraux mexicains opinaient pour le sud, c'est-à-dire pour le fort de Carmen, alors que de Paris on indiquait aussi ce fort de Carmen comme le chemin le plus court pour arriver au succès définitif. Je ne suis pas un ingénieur, et le général Forey ne me racontait pas ses secrètes pensées ; mais je m'expliquai ainsi cette décision.

Le fort de San-Xavier, appuyé à l'église du même nom et à un bâtiment de construction récente et solide, qu'on appelait le Pénitencier, s'avançait en saillie vers le Cerro San-Juan, où se trouvait établi le quartier général. C'était comme un morceau de la place, détaché d'elle, quoique tenant à elle. Ce fort se prêtait à un siège régulier, et l'heure de sa chute pouvait être mathématiquement prévue. Si, au contraire, on prenait pour objectif le fort de Carmen, on avait en face de soi tout le front sud, espèce de longue courtine protégée, à chacune de ses extrémités, par un bastion dont les feux auraient battu les flancs de l'assaillant. La prise de ce fort eût été la victoire immédiate et complète, car il donnait accès au cœur de la place. Mais elle exigeait un plus rude coup de collier que celle du fort de San-Xavier. Pour me servir d'une comparaison familière, attaquer Puebla par San-Xavier, c'était saisir son adversaire par un bras ou une jambe ; attaquer Puebla par le fort de Carmen, c'eût été saisir son adversaire par le ventre. Le général Forey opta pour le bras ou la jambe. Le plan lui parut plus en rapport avec les moyens d'artillerie dont il disposait. Nous avions cinquante-six bouches à feu, dont huit de siège. Puebla avait sur ses remparts quatre-vingt-seize bouches à feu, dont huit seulement pour le fort San-Xavier. Cinquante-cinq autres bouches à feu en réserve portaient à cent cinquante et un canons l'armement total de la place. Et puis M. de Saligny n'était-il pas là pour affirmer que ces canons, ces parapets, ces forts n'étaient qu'un décor ; que derrière eux fermentait une population cléricale qui attendait impatiemment sa délivrance, et était prête à tomber aux genoux de ses vainqueurs ?

Le général Forey le croyait, parce que l'on croit ce qu'on désire, et il ne soupçonnait pas du tout la résistance qu'on lui préparait. Il avait dit et répété souvent qu'il ne venait pas chercher au Mexique une gloire nouvelle, qu'il en avait été saturé dans ses campagnes précédentes ; mais qu'il voulait faire une campagne en quelque sorte administrative, et rendre la paix et le bonheur à un beau pays et à de braves gens livrés au pillage et à l'anarchie, qui n'avaient besoin que d'ordre et de sécurité pour marcher de pair avec les peuples les plus civilisés, dans la voie du progrès. Comprenait-il déjà la vérité qui commençait à sauter aux yeux des clairvoyants, à savoir que l'Empereur ne s'était pas mis sur les bras une affaire aussi grosse que celle du Mexique, par compassion pour les Mexicains ou par faiblesse pour les hommes d'affaires; qu'il avait une arrière-pensée, une arrière-pensée plus grandiose que grande, nébuleuse, extravagante, dont la dernière formule, presque inexpressible, eût été celle-ci : la reprise du continent nord-américain par les races latines, ou au moins le partage de ce continent entre Latins et Anglo-Saxons ? Je n'en sais rien. Dans tous les cas, sans être assez vain pour croire que Puebla céderait à une chiquenaude, il espérait bien ne pas être arrêté trop longtemps par elle. Et quand elle lui résista avec un véritable héroïsme, sa surprise et son dépit percèrent dans des ordres du jour où il la traitait d' « arrogante ».

Quelqu'un que la confiance imperturbable de M. de Saligny n'avait pas gagné, c'était le commandant Billard, des voltigeurs de la garde, le chef du bureau politique, le futur général Carrey de Bellemare. Il ne croyait pas du tout à l'influence du parti clérical, et il avait cherché à mordre sur le parti libéral, en organisant une sorte de pronunciamiento contre le gouvernement de Juarez. Mais le commandant s'illusionnait sur son importance et comptait trop sur la bienveillance de son général. M. de Saligny eut vent de cette intrigue mal conçue et la fit échouer par des indiscrétions calculées, qui eurent pour résultat de transformer en ennemis irréconciliables les hommes avec lesquels on avait essayé de négocier. Il commit même la faute de repousser les avances de Santa-Anna, l'ancien dictateur, qui avait eu la jambe emportée en défendant jadis la Vera-Cruz contre l'amiral Baudin, personnage très considérable et très influent, dont nous aurions pu utiliser les services.

M. de Saligny et le commandant Billard se trouvaient ainsi aux deux bouts d'une bascule. Le premier de ces deux diplomates finit par l'emporter sur l'autre, qui, dès le commencement du siège, fut nommé major de tranchée et disparut avant la prise de Puebla, renvoyé en France avec une mission pour l'Empereur. Quant au général Bazaine, il était ce qu'il fut toute sa vie, ambigu et cauteleux. Il voyait le moins possible le général Forey. Il cultivait le plus possible M. de Saligny et avait fini par lui inspirer la conviction que les affaires ne marcheraient bien que lorsque lui, Bazaine, aurait remplacé le général Forey. Le ministre de France travaillait dans ce but, et l'armée en général, je dois le dire, partageait cette conviction.

L'investissement était complet le 19, et, installés à notre lagune de San-Balthazar, nous nous livrions à un service de surveillance actif et rigoureux. Mais avant même que la tranchée fût ouverte, mon régiment allait se distinguer dans un très brillant combat de cavalerie qui lui valut un ordre du jour des plus flatteurs et des récompenses exceptionnelles : ce fut le combat de Cholula.

Le 22 mars, au matin, mes deux escadrons de chasseurs d'Afrique et mon escadron du 12ᵉ de chasseurs partaient, avec le général et moi, pour une grande reconnaissance, ne laissant au bivouac que les cuisiniers. Il s'agissait de visiter quelques gros villages répandus dans la plaine, afin de rassurer les populations, en leur faisant connaître les proclamations du général en chef, qui leur rcommandait la tranquillité et leur promettait sa protection. Nous allâmes d'abord à six kilomètres, à Ixtingo-Tchichaña, et tout se passa convenablement. Les bons Indiens reçurent notre message avec une docilité silencieuse, et continrent d'autant plus leur émotion qu'ils ne comprenaient pas un mot de la prose du général. Puis, nous gagnâmes, à quatre kilomètres plus loin, **Cholula**, l'ancienne ville sainte de l'empire aztèque, où l'on trouve encore un *teocali*, monticule artificiel de soixante mètres de haut, surmonté jadis d'un temple réservé aux sacrifices humains, et que remplace aujourd'hui une chapelle dédiée à Notre-Dame de los Remedios.

La population de Cholula, qui compte ordinairement cinq mille âmes, s'était beaucoup augmentée, par suite de l'émigration d'habitants de Puebla, désireux de se soustraire au siège. Nous entrâmes dans Cholula au bruit de nos trompettes, traversant, pour gagner la place centrale, des rues bordées d'assez jolies maisons et pleines d'une foule considérable et même sympathique. Mes jeunes gens se redressaient sur leurs chevaux, qu'ils faisaient caracoler, et échangeaient des œillades engageantes avec les mañolas coquettes, qui leur souriaient du haut de leurs balcons. C'était jour de marché. La place était pleine de marchands et de clients. Nous nous formons en bataille sur cette place, et le général m'envoie dire que je peux permettre à quelques cavaliers de descendre de cheval, pour acheter des légumes frais.

L'alcade arrive, salue, et s'abstient consciencieusement de nous prévenir qu'un gros détachement de cavalerie mexicaine avait quitté la ville en nous voyant arriver. Le général, du haut de son cheval, commence à lire la proclamation à l'alcade, lorsque tout à coup éclatent des coups de fusil, tirés sur nous d'une petite éminence qui dominait la ville. Comme par un coup de baguette, la place se vide; marchands et clients s'enfuient dans toutes les directions. En un clin d'œil, tout mon monde est remis en selle, et nous nous portons au galop sur le mamelon d'où étaient partis les coups de fusil, assez inoffensifs, puisque je n'avais eu qu'un cheval de blessé. Les Mexicains avaient décampé. Je prends position sur le mamelon. Le général, rassuré, me fait dire de renvoyer les hommes au marché, et de débrider pour donner à manger aux chevaux. Puis, avec ses officiers d'ordonnance et quelques hommes d'escorte, il se porte en avant.

Quoique nous fussions très unis, le général et moi, il y avait, ce jour-là, entre nous un peu de mauvaise humeur. Il souffrait de ses rhumatismes ; je me ressentais toujours de mes accès de fièvre de la Vera-Cruz, j'étais énervé de n'avoir jamais mon régiment complet sous la main et de faire, en somme, un service de chef d'escadrons. Bref, nous étions, tous les deux, agacés l'un contre l'autre.

De l'endroit où j'étais, je dominais une assez grande étendue de pays et j'aperçus, dans le lointain, une grosse masse de cavalerie qui se dirigeait sur nous. J'envoyai aussitôt mon adjudant-major au général, pour le prévenir que nous allions être attaqués.

— C'est bien, dit-il, que le colonel fasse ce que je lui ai dit.

Au lieu d'obéir, je fis partir en avant deux pelotons, et bientôt une fusillade, engagée entre ces avant-postes et l'ennemi, ne nous laissa plus de doutes sur les intentions de ce dernier.

Cependant le général de Mirandol s'était engagé, avec son escorte, dans un chemin creux qui débouchait sur une vaste plaine plantée de maïs et d'agaves, par conséquent difficile pour les chevaux. Il me fit dire de le rejoindre le plus vite possible, et, comme j'avais tous mes hommes en main, je partis lestement derrière lui, très mécontent, d'ailleurs, le taxant, dans mon for intérieur, d'imprudence et d'entêtement. Nous marchions en colonne par quatre sur cette route encaissée dont les berges, arrivant à la hauteur de nos têtes, nous cachaient à l'ennemi. Il n'y avait pas assez de place pour nous développer davantage.

Tout à coup, un grand bruit de galop ! Mes deux pelotons revenaient grand train, ramenés par les lances de tout un régiment de cavalerie mexicaine. Et pas moyen de manœuvrer. Oh ! là, je retrouvai mon Mirandol tout entier, mon Mirandol qui, suivant l'expression d'un de ses camarades d'école, « volait au combat comme un amant entre les bras de sa maîtresse ». Il nous donna l'exemple, et d'un bond de son cheval il fut sur la berge. Instinctivement, chaque cavalier l'imita individuellement, en faisant faire un à droite à son cheval, et en grimpant sur le bord du chemin. Nous sortîmes du chemin creux comme des diables d'une boîte. C'était le désordre, mais notre apparition subite produisit sur la cavalerie mexicaine, qui chargeait nos pelotons, l'effet de la tête de Méduse. Elle s'arrêta net, désunie par sa charge. Nous étions déjà sur elle. L'ennemi s'avançait sur trois lignes. La première, abordée avec un élan irrésistible, fut culbutée sur la seconde qu'elle entraîna avec elle, et la troisième s'enfuit sans nous attendre, mais non sans laisser quelques-uns de ses traînards sous le sabre des chasseurs d'Afrique.

Le succès était aussi complet que possible. Le terrain était jonché de cadavres. Nous avions fait cent prisonniers, et parmi eux le colonel des lanciers rouges de Durango, réputés les plus braves du pays, qui, relevé blessé sur le champ de bataille, nous affirma que son régiment était anéanti. La deuxième et la troisième ligne mexicaine étaient formées, nous dit-il, par deux régiments de rifles, c'est-à-dire de carabiniers. C'étaient donc trois régiments, quinze cents hommes, que deux seuls escadrons de chasseurs d'Afrique avaient mis dans la plus complète déroute, l'escadron du 12ᵉ de chasseurs ayant été maintenu en réserve. Cette affaire inspira à la cavalerie mexicaine une telle terreur que jamais, depuis, elle n'osa se mesurer avec nous. Outre les prisonniers, nous ramenâmes quantité de chevaux, équipés et harnachés, et plusieurs chargements de lances, de sabres et de carabines. Nos pertes furent les suivantes : le capitaine Petit, blessé mortellement ; mon adjudant-major, le capitaine Bossant, blessé grièvement d'un coup de lance à l'épaule ; un maréchal des logis et quatre chasseurs tués, et dix-huit blessés plus ou moins gravement.

Ce succès, réellement très glorieux pour mon régiment, frappa d'autant plus les imaginations qu'il eut pour spectateurs non seulement toute la population de Cholula qui, du haut de ses terrasses, assista au combat livré aux portes de sa ville, mais encore deux bataillons de zouaves et deux escadrons du 2ᵉ de chasseurs d'Afrique qui arrivaient par hasard à Cholula, escortant l'intendant général, et qui eussent été pour nous une puissante réserve, si la fortune nous eût trahis. Enfin, dans le lointain, du haut du Cerro San-Juan, où était établi son quartier général, le général en chef lui-même put suivre, avec sa lorgnette, toutes les péripéties d'un combat dont il fut ravi. Nous rentrâmes dans Cholula, pour nous débarrasser de nos prisonniers et de nos blessés, que nous confiâmes aux zouaves, et pour nous occuper des détails qu'entraîne forcément un combat. Et le soir, nous repartîmes, par un orage épouvantable, sous une pluie torrentielle. Notre retour fut encore attristé par un accident terrible. Un cheval échappé galopait le long de la colonne. Un officier du 12ᵉ de chasseurs étendit le bras pour l'arrêter, et, au lieu de la bride, il saisit le pistolet d'arçon qui, sorti des fontes, pendait au bout de sa lanière. Le pistolet partit si malheureusement que le pauvre officier, atteint en plein corps, fut tué net. Arrivés à Ixtingo par hasard, car nous marchions comme dans un four, le général réquisitionna pour nous éclairer les grosses lanternes d'église qu'on porte au bout d'un bâton, dans les processions. D'ailleurs, depuis notre succès, nous ne rencontrions plus que des gens disposés à nous servir, et ceux d'Ixtingo se mirent d'eux-mêmes, avec leurs lanternes, à la tête de nos pelotons, qui firent ainsi une rentrée d'opéra-comique à leur bivouac, sous Puebla.

Là, les marmites bouillaient dès le matin. Les ragoûts de Dargenson mijotaient doucement depuis douze heures, et à minuit, fourbus, mais enchantés, après avoir servi le souper des chevaux, nous prîmes tous un bon repas avant de nous coucher.

Le lendemain, à dix heures du soir, à six cents mètres de la place, on ouvrait la première parallèle contre l'« arrogante » Puebla. Le 25, le génie traçait une seconde parallèle à trois cent cinquante mètres, et l'artillerie commençait la construction de ses batteries. L'ennemi ne semblait pas songer à contrarier nos travaux d'approche et se contentait de tirer quelques coups de canon, qui faisaient peu de mal à nos troupes, très habilement abritées. Le 26, l'artillerie française ouvrit son feu, qu'elle soutint très énergiquement pendant deux jours.

Le 28 fut un jour de fête pour mes deux escadrons. Le général en chef les passa pompeusement en revue et leur adressa, de vive voix et par un ordre général, de très chaleureuses félicitations. Le commandant de Tucé reçut la croix d'officier de la Légion d'honneur. Le pauvre capitaine Petit, qui allait mourir à l'ambulance, fut fait chevalier, ainsi que le capitaine Perrin et le lieutenant Compagny. Six médailles militaires furent distribuées à des sous-officiers et à des cavaliers.

Le soir, les travaux d'approche étaient arrivés à 70 mètres du saillant du bastion, qui fut battu en brèche, toute la nuit et toute la journée du lendemain. De notre bivouac de San-Balthazar, nous suivions, minute par minute, le drame militaire et les effets destructeurs de notre artillerie rayée, dont les coups frappaient, avec une précision mathématique, le mur du bastion et élargissaient la brèche à vue d'œil.

Dans l'après-midi du 29, cette brèche était jugée

praticable, et, à cinq heures, la colonne d'assaut s'élançait. Le général en chef avait voulu que l'honneur de cette périlleuse attaque fût réservé aux deux bataillons qui, le 5 mai précédent, avaient échoué dans leur téméraire entreprise contre le fort de Guadalupe : le 1er bataillon de chasseurs à pied et un bataillon du 2e de zouaves. Nous vîmes tous ces braves gens se jeter sur la brèche et la gravir sous le feu le plus violent. Au bout de quelques minutes, le drapeau tricolore, hissé sur le fort San-Xavier, et accueilli par les applaudissements de toute l'armée, annonçait leur victoire.

L'heure de l'assaut n'avait pas été très bien choisie, car, à cinq heures, le 29 mars, il ne restait plus assez de jour pour poursuivre un succès ou réparer un échec. Il fallut se contenter de s'emparer du fort et de se loger dans le gros bâtiment du Pénitencier, sa dépendance, qui, battu toute la nuit par l'artillerie, n'offrait plus un abri bien sûr, et dans lequel on ne se maintint qu'à force d'énergie.

Et puis, tout était-il fini? Puebla était-elle à nous? Hélas! non. Tout commençait seulement. Puebla n'était pas prise.

J'ai déjà dit plusieurs fois que toutes les villes du Mexique sont constituées par une grande place carrée centrale, entourée de maisons, séparées par de grandes rues, larges, qui se coupent toutes à angle droit. Cette disposition fait donc de chaque îlot de maisons une sorte de quartier particulier, isolé par la largeur des rues et flanqué à droite, à gauche, en avant, en arrière, par des quartiers exactement semblables. Les gens du pays appellent ces îlots des cadres. A Puebla, presque tous ces cadres contiennent soit une église, soit un couvent très solidement bâtis et qui formaient une sorte de réduit. Or, le gouverneur de la place avait fortifié tous ces cadres. Non seulement il y avait du canon dans le réduit central, mais toutes les maisons étaient barricadées, toutes les issues minées. Tout était disposé pour que, lorsque l'assaillant aurait forcé l'entrée d'un cadre, soit par des pétards, soit à coups de canon, et lorsqu'il se précipiterait dans l'intérieur, il se trouvât ou bien dans une cour hérissée d'obstacles, ou bien dans une chambre dont il ne pourrait sortir que par l'ouverture qu'il s'était faite, subissant à découvert le feu meurtrier d'ennemis invisibles.

Dans ces cadres, attendaient les soldats mexicains, et certes ce n'étaient pas les prétendus cléricaux qui devaient tomber à nos genoux. Ce n'étaient pas davantage les prétendus pauvres diables d'Indiens recrutés au lasso et retenus dans le rang par la force, à ce point qu'on avait dû, disait-on, clouer les portes de leurs casernes pour empêcher les désertions en masse. C'étaient des hommes peu aguerris, incapables de résister en rase campagne à une attaque vigoureuse, fuyant toujours devant une charge à la baïonnette et un combat corps à corps, mais suffisamment tenaces sous le feu à longue portée, et redoutables lorsqu'on les mettait derrière un abri quelconque.

Le siège de Puebla allait fourmiller d'épisodes prouvant le courage des défenseurs et l'habileté des ingénieurs mexicains. Mais aussi, il allait fourmiller d'épisodes prouvant la valeur incomparable du soldat français, l'abnégation sublime de notre vieille armée, car jamais, parmi nos troupes, il n'y eut la moindre hésitation à se jeter, à la suite des officiers, dans ces gouffres carrés d'où sortait la mort.

Donc, le lendemain de la prise du San-Xavier, le siège prit une physionomie particulière; il devint la guerre des rues. Puebla, violée, se transformait en Saragosse.

Le 30 et le 31 furent employés à se consolider dans les positions conquises. Le 1ᵉʳ avril, on élargit un peu notre conquête, en s'emparant, à gauche de Guadalupita, de quelques îlots, abandonnés, sans grande résistance, par les Mexicains, qui ne les jugeaient pas utiles à leur défense. Le 2, on occupa de même le couvent de San-Marcos.

Mais quand, dans la nuit du 2 au 3, on voulut de nouveau se porter en avant, on se heurta à une résistance tellement opiniâtre qu'il fut impossible de déboucher. En vain le commandant Carteret-Trécourt, le capitaine Lalanne, le lieutenant Galland entraînent leurs zouaves; les défenseurs, abrités, font un feu d'enfer, et les nôtres se retirent, laissant la rue couverte de leurs morts. Le 6, on fait venir à San-Marcos deux pièces de 12, qui abattent un pan de mur, en face d'elles. Le lieutenant Galland se précipite à la tête d'une soixantaine de zouaves. Il pénètre dans une chambre basse, qui n'a pas d'autre ouverture que la brèche par laquelle il est entré et doit se retirer.

Ce même jour, l'armée française perdit le général qui commandait l'artillerie, le beau de Laumière, comme on disait. L'avant-veille de l'assaut, dans les tranchées, pendant qu'il établissait la batterie de brèche, il avait été frappé à la tête d'un éclat d'obus. Il fut transporté immédiatement à l'ambulance, où les médecins qui l'entouraient crurent bientôt pouvoir répondre de sa vie. Se croyant lui-même en convalescence, il envoya son officier d'ordonnance, notre vieil ami le caïd Osman, chercher la voiture qui devait le transporter à son quartier général. Quand le caïd revint, il trouva le général étendu par terre, mort. Les médecins expliquèrent qu'une esquille intérieure avait dû se détacher du crâne et déchirer le cerveau.

Cependant, depuis une semaine déjà, on se battait, on s'entre-tuait sans pouvoir avancer. C'était maintenant le général Douay qui commandait les troupes, acharnées à la prise de la ville, tandis que le général Bazaine était plus particulièrement chargé des opérations extérieures. On commençait à remarquer qu'une fois encore, le général Forey se confinait dans l'abstention majestueuse qui avait tant fait jaser, alors qu'il semblait ne pas vouloir quitter Orizaba. Il n'avait pas paru dans les endroits où l'on se battait. Il était resté à son quartier général du Cerro San-Juan. Il se décida pourtant, le 6, à paraître, et reconnut qu'avec les moyens jusqu'alors mis en usage, il était impossible d'avancer sans perdre du monde en quantité. Il recommanda d'employer plus largement, pour l'attaque des cadres, le canon et la mine. C'était fort sage, mais pas très facile à exécuter. On ne pouvait pas employer beaucoup de canons, parce qu'il fallait ménager nos provisions, qui n'étaient ni inépuisables, ni faciles à renouveler, et on ne pouvait pas se livrer à de grands travaux d'excavation, parce que Puebla est, en grande partie, construite sur le roc.

Le lendemain, le général Forey réunit au quartier général un grand conseil de guerre, en même temps qu'il donnait l'ordre aux troupes de se fortifier dans les quartiers conquis et d'attendre. L'intendant général Wolff, qui assistait à ce conseil, en a donné un récit coloré et pittoresque. Cette fois-là, le conseil fut au complet, et le général Bazaine avait consenti à s'y rendre.

Le matin, l'armée avait rendu les honneurs funèbres au général de Laumière, et sur la tombe ouverte, le commandant en chef avait prononcé une allocution qui se terminait par ces mots énergiques : « Nous mourrons tous, moi le premier! Mais nous prendrons Puebla. » Remarquons que cette phrase, qui produisit beaucoup d'effet, est le fond même, la formule obligatoire de tous les discours guerriers, depuis l'allocution classique de la Spartiate, qui disait à son fils, en lui remettant le bouclier : « Reviens dessus, ou avec! » jusqu'au fameux : « Je ne rentrerai que mort ou victorieux! » du général Ducrot, qu'en même temps, à peu

près, Gambetta traduisait, par cette autre phrase :
« Faisons un pacte avec la victoire ou avec la mort ! »

Aussi les chefs de l'armée furent-ils surpris d'entendre l'orateur du matin exposer ses anxiétés, ses craintes de voir tomber dans les rues de Puebla tous les éléments vigoureux de cette armée, et cette idée que la situation devenait intolérable. Il termina en proposant d'attaquer à nouveau la place par le sud, par le fort de Carmen, tout en continuant la guerre des cadres avec du canon et de la mine.

Le lieutenant-colonel Lafaille, qui remplaçait provisoirement le général de Laumière comme commandant de l'artillerie, fit remarquer que les canons de campagne seraient impuissants à abattre les murs des couvents et des églises, et que nos huit pièces de siège ne pouvaient pas être mises en position dans les cadres. Il déclara, en outre, que nous n'avions plus assez de munitions pour entamer un second siège, et qu'il ne nous restait plus que six cents kilogrammes de poudre de mine. Il conclut, par conséquent, qu'il fallait attendre l'arrivée d'un grand convoi de munitions.

Après l'avoir entendu, le conseil repoussa les propositions du général en chef. Alors, le général Forey proposa à ses auditeurs stupéfaits un plan qu'il leur présenta comme une inspiration de génie due à un jeune officier d'état-major. On a raconté que cet officier aurait été le capitaine Billot, mais je n'affirme rien. En tout cas, l'inspirateur était l'instrument conscient ou inconscient de M. de Saligny, car il s'agissait tout simplement de lever le siège de Puebla, d'évacuer nos malades et nos blessés sur Cholula, et de marcher sur Mexico.

Politiquement et militairement, c'était de la démence. Une pareille reculade devait rallier toute la nation mexicaine à Juarez, nous couvrir de honte et de ridicule, justifier toutes les attaques de l'opposition en

France, et tous ces discours enfiellés qui servaient déjà de bourre aux balles de l'ennemi. Et puis, nous n'avions pas assez de monde pour marcher sur Mexico, tout en maintenant l'investissement de Puebla, et en laissant garnison à Cholula! Nous n'avions pas assez de munitions pour continuer le siège de Puebla, et nous allions risquer celui de Mexico, qui, comme Puebla, contenait des cadres, des couvents, des églises, une citadelle, une armée enthousiaste! de Mexico, presque complètement entouré d'eau, qu'on ne peut aborder que par des chaussées étroites et longues ou, en faisant un long détour, par des terrains volcaniques d'un très difficile accès. Et nous allions essayer ce coup de tête, ayant derrière nous les vingt mille valeureux assiégés de Puebla! devant nous l'armée de secours de Comonfort! C'était le désastre certain et la déroute assurée.

Et cependant ce projet insensé conquit tous les suffrages du conseil. Trois hommes seuls s'y opposèrent : le chef d'état-major, colonel d'Auvergne, le sous-chef d'état-major, lieutenant-colonel Manèque, et l'intendant général Wolff. Ce dernier déclara que l'abandon du siège, après un insuccès, serait à coup sûr interprété, en France et au Mexique, comme un acte de faiblesse, et que le moment de reconnaître notre impuissance lui semblait encore loin. « Au surplus, ajouta-t-il, quoi que l'on décide, l'administration est prête. »

Mais le général Douay, mais le général Bazaine votèrent pour la levée du siège et la marche sur Mexico. « Nos hommes n'en veulent plus », disaient-ils en parlant de la guerre des cadres. C'était faux, et d'ailleurs ils n'en savaient rien, puisqu'ils n'avaient pas marché à la tête de leurs hommes. Enfin, c'était une injure qu'un instant de faiblesse devant San-Marcos ne justifiait pas et dont mille traits d'héroïsme allaient encore démontrer l'injustice.

Les membres du conseil de guerre se retirèrent tristes et inquiets, après s'être promis le secret sur ce qu'ils avaient décidé. Mais de pareils secrets ne se gardent pas; ils intéressent trop de monde, ils sont trop lourds à porter. Et, une demi-heure après la fin du conseil, nous étions tous au courant de ce qui s'y était passé; tous atterrés et tous furieux. Pour mon compte, je me rappelais que, devant Sébastopol, nos chefs militaires les plus qualifiés avaient eu une conception semblable; qu'ils avaient failli abandonner le siège pour aller livrer bataille à l'armée russe, et barrer l'isthme de Pérécop aux renforts envoyés, de l'intérieur de la Russie, à la place assiégée. Les hommes ordinaires, dans de pareilles circonstances, troublés par le poids des responsabilités, subissent une espèce de vertige comparable à celui qui saisit les spectateurs dans un théâtre incendié, et qui les porte à courir de côté et d'autre, sans trouver d'issue. Les hommes supérieurs, quand ils ont réfléchi et décidé quelque chose, s'y obstinent et s'y entêtent, et finissent généralement par avoir raison.

A peine remis en contact avec l'armée, nos chefs comprenaient l'énormité de leur faute, et, avant même que l'intendant général Wolff fût rentré dans sa tente, le général Douay lui envoyait son chef d'état-major, le commandant Capitan, pour lui dire qu'il avait changé d'avis et qu'il le suppliait d'insister auprès du commandant en chef pour qu'il en changeât aussi, et pour qu'il continuât le siège. L'intendant général Wolff ne se trompa pas en attribuant au bon sens et à l'influence du commandant Capitan ce brusque revirement d'opinion. Il se mit aussitôt à l'œuvre, et il réussit. Le soir même, la délibération du conseil de guerre était oubliée, le général en chef décidait que l'on resterait, que, coûte que coûte, l'on viendrait à bout de l' « arrogante » Puebla; que le général Douay continuerait à diriger l'attaque des cadres, et que, dès l'arrivée du convoi des munitions d'artillerie, attendu et annoncé par le lieutenant-colonel Lafaille, le général Bazaine ferait le siège des forts du sud : Carmen et Totimehuacan.

Bientôt, on finit par déboucher du couvent de San-Marcos et par s'emparer de quelques îlots de maisons, dans lesquels on s'établit fortement. Mais il ne fallait pas se dissimuler que le siège de Puebla prenait des proportions imprévues, dépassant tous les calculs, et que, pour ce trop long séjour devant la place, l'armée devait chercher ses vivres dans le pays, car tous les moyens de transport étaient accaparés, de la côte à Puebla, pour son approvisionnement en munitions de guerre.

A deux journées de marche, se trouvait la ville d'Atlixco, d'environ cinq mille âmes, contenant d'assez grandes ressources et occupée par un détachement de l'armée de Comonfort. Le colonel Brincourt, du 1er de zouaves, reçut la mission de s'en emparer avec un bataillon de zouaves, une section d'artillerie, un contingent de troupes auxiliaires, de cinq cents fantassins et de deux cents cavaliers, et enfin mes deux escadrons, sous les ordres du commandant de Tucé. Il y arriva dans la soirée du 13 avril. L'ennemi avait évacué la ville. Mais, dans la matinée du 14, une brigade de cavalerie mexicaine, soutenue par un régiment d'infanterie, dessinait un retour offensif. Le colonel Brincourt donna aussitôt au commandant de Tucé l'ordre de se porter au-devant de cette cavalerie et de la charger. Entre elle et les chasseurs, il y avait un obstacle : une rivière peu large, mais très encaissée, et le seul passage qu'on trouva était assez étroit pour obliger les chasseurs à passer d'un bord à l'autre, en colonne par un. Si l'ennemi l'avait voulu, jamais ils n'auraient pu déboucher. Mais le combat de Cholula leur avait donné une telle supériorité morale, que leur commandant n'hésita pas à les faire défiler ainsi devant l'ennemi immobile. Dès que l'escadron du capitaine Aubert fut reformé, il se lança à toute bride sur la brigade ennemie et la culbuta. Derrière lui, arrivèrent le second escadron et les deux cents cavaliers auxiliaires, pour compléter la déroute. Entraînés par notre exemple, nos auxiliaires se comportèrent fort bien. Ils eurent dix-sept cavaliers tués et trente blessés. Mes chasseurs eurent trois tués et neuf blessés, dont deux officiers.

Pendant ce temps, le colonel Brincourt lançait le bataillon de zouaves, formé en colonne d'attaque, contre le régiment d'infanterie, déjà ébranlé par quelques coups de canon, et qui s'enfuit dans le plus grand désordre. On ramassa sur le terrain plus de deux cents libéraux tués ou blessés et quelques prisonniers, parmi lesquels un officier payeur dont la caisse était vide.

Ce combat d'Atlixco ajouta une belle page aux états de service déjà si chargés du colonel Brincourt, une belle page aussi à l'historique de mon brave régiment, sur lequel descendirent encore, à cette occasion, de nouvelles récompenses.

Pourquoi n'étais-je pas à sa tête, ce jour-là? Parce que les questions de personnes, dans l'aventure mexicaine, jouèrent toujours un rôle prépondérant. Le général en chef avait voulu que le colonel Brincourt dirigeât l'opération, et comme, plus ancien que ce dernier, je ne pouvais pas marcher sous ses ordres, l'état-major avait spécifié que mes chasseurs seraient commandés par un chef d'escadrons. Plus que moi encore, le général de Mirandol aurait pu revendiquer l'honneur de cette mission. Le zèle le dévorait, et, dans son commandement, tellement morcelé qu'il était devenu nominal, il devait se borner, tous les jours, à nous faire monter à cheval pour faire quelques démonstrations en vue des remparts, afin de détourner sur nous l'attention et les coups de l'ennemi. Mais il ne plaisait pas au commandant en chef. Le général Forey, qui avait opposé un *veto* formel au désir exprimé par Mme de Mirandol d'accompagner son mari au Mexique, venait d'apprendre qu'elle était débarquée à la Vera-Cruz et arrivée à Orizaba. Et il ne pouvait pardonner au général une démarche qui lui semblait nuisible à la dignité du commandement.

Lorsque mes escadrons revinrent de leur expédition d'Atlixco, je songeai à m'installer plus sérieusement sur les bords de ma lagune. Le siège traînait. Nous n'avions pas d'autres distractions que de regarder les pots à feu que les assiégés lançaient, pendant toute la nuit, pour éclairer le pied de leurs remparts et se mettre à l'abri d'une surprise. Le séjour sous la tente était très désagréable. Le jour, il y régnait une chaleur insupportable, avec des bouffées de vent qui la remplissaient de poussière. La nuit, on grelottait de froid. Je me fis construire un gourbi de branchages, semblable à ceux où nous vivions, dans nos stations en Afrique, et dès qu'il fut terminé, nous reçûmes l'ordre d'aller nous établir à Cholula. On n'avait plus besoin de nous pour l'investissement. Le général Bazaine avait commencé ses travaux d'approche contre le fort de Carmen, et ils avaient déjà un relief suffisant pour rendre impossible toute évasion. Comme, pour les compléter, on avait besoin d'infanterie, on rappela de Cholula le bataillon de zouaves qui y tenait garnison, et que le général de Mirandol alla remplacer, avec mes trois escadrons. Nous campâmes d'abord quelques jours sur la grande place, pour aller bientôt nous établir, hommes et chevaux, chez l'habitant.

Mon billet de logement me conduisit chez le curé. Le padre n'avait pas l'air très enthousiaste de l'armée française. Il me fit grise mine et m'envoya coucher dans la plus triste pièce de sa maison, une sorte de taudis qui donnait sur la rue et ne communiquait pas même avec l'intérieur. Comme j'étais, cependant, le plus commode et le moins exigeant des hôtes, et aussi le plus tranquille, il s'adoucit, et un jour que devant lui le général, venu pour me voir, me reprochait ma discrétion, et me disait que j'étais bien bon de ne pas avoir pris toute la maison, le padre me donna la plus belle chambre de son presbytère.

Là, si je n'avais pas eu d'autres occupations et d'autres soucis, j'aurais pu dresser une monographie complète sur les mœurs du clergé mexicain. Je crois que je ne me serais pas trop avancé en prétendant que ses habitudes ne ressemblent guère à la manière de vivre de notre bon clergé français. Il y avait, dans la maison, je ne sais combien de femmes, des jeunes, des vieilles, des créoles, des Indiennes, et je n'ai jamais pu démêler bien exactement la nature de leurs fonctions. Le soir, j'entendais tout ce monde jacasser dans une chambre à côté de la mienne, et, de temps en temps, la voix de basse-taille du padre dominait dans la volière, car le brave homme ne dédaignait pas de se mêler à la conversation. Et je m'endormais en me remémorant une vieille histoire d'aumônier qu'on m'avait racontée.

Cet aumônier avait à son service deux gouvernantes, l'une de vingt-deux, l'autre de vingt-quatre ans. Et, comme son évêque lui faisait observer qu'il aurait dû se contenter d'une seule gouvernante ayant l'âge canonique :

— Eh, monseigneur, répondit-il, je suis dans la règle. Seulement ma servante est en deux volumes.

Ce n'étaient pas deux volumes, c'était une bibliothèque complète que possédait le bon padre de Cholula.

Nous n'étions pas retournés à Cholula pour nous y reposer. L'armée de secours du général Comonfort guettait une défaillance de l'assiégeant, pour jeter dans la place des vivres qui commençaient à y manquer, et l'armée française, dont tous les attelages transportaient des obus, avait elle-même besoin de vivres. De là, notre double mission de surveillants et d'approvisionneurs. De là, des reconnaissances quotidiennes, pour chercher l'ennemi, et des explorations fréquentes dans les riches haciendas de la plaine de Puebla, pour chercher des vivres. L'administration avait fini par se procurer de grandes voitures mexicaines, des arabas, destinées à rapporter les grains et les fourrages; et nous passions nos journées à escorter ces véhicules.

Le 22 avril, à l'aube, les trois escadrons, deux bataillons de zouaves et une section d'artillerie de montagne filaient, sous les ordres du général de Mirandol, vers une hacienda nommée Chahuhac, située à cinq lieues de Cholula et bondée, disait-on, de blé et de maïs. On ne nous avait pas trompés. Les greniers de l'hacienda contenaient de quoi nourrir toute l'armée pendant un mois. On se mit à ensacher tout ce grain. Mais la besogne allait lentement, parce que très peu d'hommes pouvaient travailler à la fois dans les greniers, et le général, qui ne se maintenait à cheval qu'à force d'énergie, eut peur d'être cloué par la maladie et de ne pas pouvoir revenir à son campement le lendemain. Il préféra rentrer vers minuit, ne ramenant qu'un demi-convoi. Le commandant en chef se montra mécontent et prescrivit de recommencer l'expédition, le lendemain, avec l'artillerie et la cavalerie, mais en nous retirant un des deux bataillons de zouaves. Le général de Mirandol étant à plat de lit, je pris le commandement, et je partis, le 24 dans l'après-midi, conduisant, outre mes trois escadrons, le bataillon de zouaves du commandant de Briche et la section d'artillerie servie par des marins.

Les libéraux occupaient l'hacienda et avaient commencé à détruire les approvisionnements. Mon lieutenant-colonel Margueritte, qui me précédait, avec les escadrons, les en délogea; mais ils partirent, en nous donnant rendez-vous pour le lendemain. Aussi, au lieu de laisser dormir les hommes, je les tins sur pied toute la nuit, occupés à ensacher le blé et le maïs et à charger les soixante voitures que j'avais amenées, et qui étaient traînées chacune par un attelage de dix mules. Toutes ces bêtes, dételées, avaient été entassées dans le corral, espèce d'enclos entouré de murs.

A la pointe du jour, l'ennemi, fidèle à sa promesse, signala sa présence en ouvrant un feu d'artillerie sur l'hacienda. Son premier boulet donna en plein dans le corral, et voilà mes six cents mules sautant les unes sur les autres, comme des grenouilles dans un panier à salade. Les libéraux avaient mis en batterie quatre pièces de canons américains rayés, à longue portée, dans une position bien choisie, dans l'angle formé par un ravin, une barranca et un ruisseau encaissé; trop loin pour que je pusse leur répondre avec mes deux petites pièces de montagne. Leurs officiers d'artillerie, heureusement, ne sortaient pas de l'École polytechnique, et, à part le premier boulet qui frappa, par hasard, dans le corral, les autres projectiles passèrent au-dessus de nos têtes. Je n'eus que quatre hommes blessés par des éclats de pierres.

Mon premier cri avait été : « Du calme; ne vous pressez pas, nous avons le temps », parce que je savais que dans des circonstances semblables, si l'on a le malheur de se hâter et d'abandonner les hommes à leurs nerfs, on arrive fatalement à la confusion, c'est-à-dire à l'impuissance. Je faisais donc charger les voitures l'une après l'autre. Je forçais les hommes à compter les sacs, comme s'ils avaient été dans une manutention. Quand une voiture était pleine, on allait chercher dix mules, on l'attelait et elle filait, sous la conduite d'une dizaine de cavaliers, jusqu'à un endroit situé hors de portée de l'ennemi et fixé pour le rassemblement du convoi.

Lorsque mes soixante voitures furent alignées l'une derrière l'autre, précédées et flanquées de cavaliers et chargées à déborder, il était deux heures de l'après-midi, et il restait encore dans l'hacienda autant de grains que nous en avions pris. Je donnai le signal du départ, couvrant le convoi avec les zouaves et les artilleurs. L'ennemi n'osa pas faire un pas en avant pour nous inquiéter.

En rentrant à Cholula, je trouvai les camarades avec des visages longs d'une aune, et je compris tout de suite qu'il y avait de mauvaises nouvelles.

En effet, dans la guerre des cadres nous venions d'éprouver un échec et de subir des pertes sensibles, devant le couvent de Santa-Inèz. Depuis que le général Douay avait pris la direction des combats contre les îlots des maisons de Puebla, on avait pu déboucher de San-Marcos et conquérir plusieurs cadres. Mais les Mexicains avaient accumulé tous leurs moyens de défense dans un nouveau couvent, celui de Santa-Inèz. Son église était précédée de deux cours, flanquées à droite et à gauche par les ailes du couvent, et séparées par un large fossé avec parapet de terre. Derrière le fossé, s'élevait une grille de fer, scellée de chaque côté dans les murs et inclinée en avant, à quarante-cinq degrés. De sorte qu'après avoir franchi le fossé, on se trouvait en face d'une ligne de baïonnettes immobiles. Et, comme si cela ne suffisait pas, derrière la grille se trouvait une redoute à trois étages de feux, et devant le parapet des abatis d'arbres et des filets de grosse corde fixés à de solides piquets enfoncés en terre. C'était ingénieux et à peu près inabordable.

L'attaque fut confiée à quatre compagnies de zouaves, soutenues par un bataillon ; mais, préalablement, le génie et l'artillerie durent la préparer. Le génie disposa deux fourneaux de mine auxquels on mit le feu, dans la soirée du 24. L'un fusa sans produire d'effet. L'autre, au lieu de renverser les murs du couvent, démolit simplement l'angle d'une maison d'où les Mexicains pouvaient tirer sur l'agresseur, au moment où il franchirait la rue.

A six heures du matin, le 25, l'artillerie ouvre son feu et abat les murs de clôture, mais sans réussir à endommager les défenses intérieures. Seuls, quelques barreaux de la grille sont tordus et faussés. A neuf heures, l'artillerie, ayant tiré son dernier coup, se tait. Les clairons sonnent la charge, et les zouaves se précipitent sur le couvent éventré. Ils enlèvent les premiers obstacles, arrachent les filets de corde, franchissent le parapet, descendent dans le fossé. Là, ils essayent d'ébranler la grille, qui résiste à tous leurs efforts, pendant que des trois étages du bâtiment situé derrière on les fusille. Ils cherchent alors à pénétrer, soit par la droite, soit par la gauche de cette grille maudite, et débouchent dans des pièces du rez-de-chaussée dont toutes les issues ont été barricadées, et où ils reçoivent une grêle de balles lancées par des ennemis invisibles. Il faut battre en retraite, emportant les blessés et laissant de nombreux morts qui attestent le courage des survivants, laissant aussi dans le cœur des assiégés une admiration dont leur chef, le général Ortéga, envoya le témoignage au président Juarez.

Par une ironie singulière du sort, au moment où les clairons qui avaient sonné la charge sonnaient la retraite, le général Forey recevait une lettre de l'Empereur, l'informant qu'il savait de source certaine, par le ministre des États-Unis, que nous ne rencontrerions de défense sérieuse ni à Puebla ni à Mexico ! La désillusion dut être grande à Paris, lorsque, en réponse à cette lettre, arrivèrent les rapports du général en chef qui montraient que la défense était au moins aussi énergique que l'attaque. Et nous aurions bien voulu savoir quelles impressions allaient produire ces rapports, en haut lieu.

Nous nous disions : A Paris, ils ne vont rien comprendre à ce que nous faisons ici. Jamais ils ne s'expliqueront que nous ne puissions pas venir à bout de ces Mexicains, et les camarades doivent être en train de nous prendre pour des mazettes.

Et cependant on faisait ce qu'on pouvait, on ne se ménageait pas; mais outre nos lenteurs passées qui avaient permis à Juarez de se pourvoir, nous connaissions, vaguement au moins, d'autres causes morales de cette extraordinaire ténacité. D'abord, de tout temps, Puebla a passé pour la capitale réactionnaire et cléricale du Mexique; on l'appelait « Puebla de los Angelos », et jusque-là elle n'avait pas volé son nom. Il s'ensuivait que le gouvernement libéral avait un double intérêt à prolonger la résistance : il montrait que le parti dissident était contraint de lutter avec lui contre l'envahisseur, et puis il ruinait de fond en comble la citadelle de ses adversaires politiques, pour la punir d'une longue opposition.

Ensuite, de tous les coins du monde les aventuriers s'étaient envolés vers Puebla, attirés, les uns par l'amour maladif des crises, les autres par la cupidité, par la chance de faire un coup, au milieu d'une ville bouleversée; d'autres, enfin, par leur haine contre l'Empire ou contre la France. Tous ces étrangers se tenaient scrupuleusement éloignés des endroits où l'on échangeait les coups de fusil. Mais ils surexcitaient, par leur présence et leurs discours, chez les officiers mexicains, la volonté de ne se rendre qu'à la dernière extrémité. Enfin, il n'était pas jusqu'à nos discordes politiques qui ne vinssent allonger le siège. J'ai déjà parlé de l'opposition faite par les fameux Cinq de la Chambre des députés à l'expédition du Mexique. Le discours que prononça Jules Favre à cette occasion, traduit en toutes les langues, avait été expédié par ballots à Puebla. Les assiégés nous en jetaient des exemplaires, et c'est un curieux exemple des complications humaines que cette bile, extravasée à la tribune du Corps législatif, venant, en quelque sorte, se transformer, de l'autre côté de la terre, en balles de plomb, qui frappaient peut-être les enfants de ceux qui avaient élu Jules Favre.

Pour me servir d'une expression courante, on n'en menait pas large, au quartier général, sur le Cerro San-Juan, d'où sortait si peu le général Forey. Le ministre de France et le commandant en chef s'attribuaient mutuellement la responsabilité de ce qui arrivait : « Qu'est-ce que vous faisiez donc depuis que vous étiez ici, disait le général, pour ne pas savoir que les Mexicains se défendraient comme les Espagnols de Saragosse?

— C'est votre faute à vous autres, militaires, répondait le diplomate, qui ne rêvez que plaies et bosses, que croix et grades. Il fallait laisser Puebla et marcher sur la capitale, où nous aurions résolu la question mexicaine. »

Le général Forey, complètement déconcerté, multipliait les conseils de guerre, espérant y trouver les lumières qui lui manquaient, et n'aboutissant qu'à susciter entre ses principaux officiers de nouvelles récriminations.

Règle générale : Quand dans une armée vous voyez convoquer un conseil de guerre, vous pouvez être assuré qu'il y a quelque chose de cassé. Lorsque tout marche bien, le général en chef confisque toujours pour lui tout seul la gloire des opérations ; mais quand les événements prennent une mauvaise tournure, oh ! alors, il se hâte de partager les responsabilités avec le plus grand nombre de gens possible. Cependant, ces conseils de guerre ne furent point néfastes, car ils établirent les deux points essentiels et nécessaires, à savoir, qu'on ne s'en irait pas avant que l' « arrogante Puebla » fût prise, que l'on continuerait avec prudence la guerre des cadres et avec vigueur les attaques contre les forts de Carmen et de Totimehuacan. Les assiégés se rendaient parfaitement compte du danger qui les menaçait de ce dernier côté, et, par des attaques de jour et de nuit exécutées avec des forces imposantes, ils tentèrent de bouleverser les travaux d'approche. Mais le général Bazaine faisait bonne garde, et toutes les sorties furent repoussées avec une telle vigueur que les défenseurs durent bientôt y renoncer.

Nous étions là depuis cinq semaines. Le 5 mai, date anniversaire de notre échec de l'année précédente en ce même endroit, approchait. Il était naturel que l'ennemi voulût célébrer cette journée par une entreprise quelconque. Les vivres commençaient à manquer dans la place, nous le savions. Nous attendions, par conséquent, pour le 5 mai, une sortie de la garnison, combinée avec une attaque de l'armée de secours de Comonfort, essayant de faire pénétrer dans Puebla un convoi de ravitaillement; et même le point probable de la lutte était tout indiqué. C'était la partie faible de notre cordon d'investissement; celle où étaient campés nos auxiliaires mexicains. Un simple caporal aurait découvert et pressenti la manœuvre. Pour la déjouer, on embusqua un bataillon de zouaves, soutenu par toute la brigade du général L'Hérillier, avec du canon, dans de bonnes positions à portée de nos auxiliaires.

En effet, le 4 mai, vers deux heures de l'après-midi, l'avant-garde de Comonfort nous fut signalée. Elle précédait à petite distance une colonne de six mille hommes. Elle allait s'engager dans une région ravinée, et déjà nous aurions pu chanter comme à l'Opéra : « Nous les tenons ! Nous les tenons ! » lorsque se produisit un épisode imprévu et regrettable. Il y avait au 1ᵉʳ de chasseurs d'Afrique un chef d'escadrons tout récemment nommé, le commandant de Foucauld, qui brûlait d'illustrer par une action d'éclat son quatrième galon. Dès qu'il vit apparaître les Mexicains, il n'y tint plus ; sans ordre, à la tête de trois pelotons, 60 hommes seulement, il se jeta sur l'avant-garde, la chargea à fond, la mit en désordre et lui prit un drapeau. Il paya de sa vie ce coup de témérité folle qui nous ravissait une victoire, mais qui cependant priva Puebla des vivres impatiemment attendus ; car la colonne de Comonfort, voyant sa marche éventée, se retira précipitamment. L'étendard du 1er de chasseurs d'Afrique fut décoré en cette circonstance, et, en attendant la rentrée à la portion centrale des escadrons qui avaient conquis le drapeau mexicain, la croix de la Légion d'honneur fut suspendue au fanion du chef du détachement.

Cependant, la mission confiée au général Comonfort était trop importante pour qu'il l'abandonnât ainsi, après un premier insuccès. Les libéraux et nous-mêmes, nous croyions, faussement, du reste, que la chute de Puebla consacrerait à jamais l'écrasement du gouvernement national, et Comonfort, pressé par Juarez, voulait l'empêcher à tout prix. Le lendemain, 5 mai, il renouvela sa tentative infructueuse de la veille. Toute la matinée se passa en fausses démonstrations de sa part. Puis, à une heure de l'après-midi, il attaquait franchement les positions occupées par le général Marquez. Mais tout le monde, chez nous, était sous les armes. Deux batteries d'artillerie ouvraient le feu contre lui, et trois bataillons de zouaves, se jetant sur ses flancs, l'obligeaient encore à reculer. En même temps, les assiégés tentaient une diversion de l'autre côté de la place, en sortant avec de grandes masses contre les troupes qui assiégeaient le fort de Carmen. Ils étaient mis en déroute et laissaient derrière eux des morts, des blessés et deux pièces d'artillerie.

Le général Forey venait de recevoir au Cerro San-Juan les nouvelles de ces deux succès, lorsque le général Bazaine s'y rendit, pour lui proposer un nouvel acte de guerre. Comonfort était établi, avec environ dix mille fantassins, une vingtaine de pièces de canon et une assez nombreuse cavalerie, au village de San-Lorenzo, à dix kilomètres de nous, dans une position bien choisie, à cheval sur la rive de l'Atoyac, petite rivière très encaissée. Il s'y était retranché, couvert par des ouvrages de campagne, et s'y croyait en pleine sécurité. C'était de là qu'il s'agissait de le déloger. Le général Bazaine offrait de s'en charger, à condition que le commandant en chef voulût bien lui en fournir les moyens, et que le secret indispensable à la réussite de cette opération fût scrupuleusement gardé. Il eut toutes les peines du monde à vaincre les hésitations de son chef. Il y parvint cependant, après une longue discussion.

Le 7 mai, à deux heures de l'après-midi, je recevais à Cholula l'ordre d'aller me mettre avec mes trois escadrons, cantonnés dans cette ville, à la disposition du général Bazaine, pour une opération qui n'était pas indiquée, mais que des indiscrétions calculées me firent croire dirigée contre la ville de Tlascala, où je devais aller chercher de nouveaux approvisionnements. A six heures du soir, j'arrivais au camp du général où se tenaient déjà, prêts à marcher, un bataillon du 3ᵉ de zouaves, le bataillon de tirailleurs algériens, un bataillon du 51ᵉ de ligne, un bataillon du 81ᵉ, la batterie montée de la Garde et deux obusiers de montagne, servis par les canonniers marins. En tout, quatre bataillons d'infanterie, trois escadrons de cavalerie et huit pièces de canon. Les faisceaux étaient formés, les chevaux à côté de leurs pièces, et le général me fit dire que j'avais le temps de laisser reposer les hommes, car on ne partirait qu'à une heure du matin.

Je profitai de ces quelques heures de liberté pour aller voir à l'ambulance mon pauvre ami le commandant Capitan, qui y était entré depuis quelques jours, avec le bras fracassé par une balle. Il avait refusé de se laisser amputer, préférant mourir plutôt que de vivre mutilé. Et bientôt, en effet, il allait mourir. L'armée perdit en lui un soldat grand par le cœur et le savoir, et qui, de l'aveu de tous, était réservé au plus haut avenir.

A côté de lui, il y avait la place encore chaude qu'avait occupée un autre de mes amis, une autre noble victime : le caïd Osman, l'aide de camp du beau de Laumière, qui avait suivi son général dans la tombe. A l'attaque du couvent de San-Inez, il avait reçu une balle qui lui avait cassé le bras et avait pénétré dans la poitrine. On avait pu extraire la balle, mais les chirurgiens avaient déclaré au caïd que, s'il les empêchait de couper le bras, ils ne répondaient pas de sa vie.

— Tant pis, répondit-il, je veux m'en aller tout entier.

C'était un beau soldat et un brave garçon que ce Jeger, le Prussien fantaisiste qui faisait depuis si longtemps la guerre avec nous et qui, comme s'il eût voulu justifier son nom véritable, qui signifie chasseur, passait son temps, dans nos courses africaines, à tirer le lièvre et l'antilope sur les flancs de nos colonnes. Lorsqu'il fut mort, on trouva dans son portefeuille une lettre de sa famille qui lui pardonnait ses frasques de jeunesse et le rappelait dans sa patrie.

A une heure du matin, notre petite colonne partait dans le plus profond silence, derrière le général Bazaine, qui marchait avec les cavaliers d'extrême avant-garde. Sous ses ordres, l'excellent général baron Neigre commandait les quatre bataillons d'infanterie. Le général de Mirandol avait pris la direction de la cavalerie, composée de mes trois escadrons. L'artillerie était aux ordres du capitaine Vaudrey, le fils du colonel d'artillerie qui, en 1836, engagea tout son régiment dans l'entreprise qu'on a appelée l' « échauffourée de Strasbourg ».

Le général Bazaine conduisait en expert les marches de nuit, et la nôtre se passa sans autre incident que l'enlèvement d'un avant-poste ennemi. Fait assez rare dans l'histoire des guerres, ce fut le général qui répondit lui-même en espagnol au : « *Quien viva?* » (« Qui vive? ») de la vedette mexicaine. Le petit groupe de cavaliers fut lestement enveloppé; cependant, l'un d'eux put s'échapper et porter l'alarme au camp de Comonfort. Nous arrivâmes en vue des retranchements de San-Lorenzo à la pointe du jour, et les Mexicains aussitôt ouvrirent le feu contre nous. En même temps nous prenions l'ordre de bataille suivant :

L'infanterie à droite, déployée par bataillons. A gauche et à sa hauteur, la cavalerie marchait en bataille, ayant seulement une ligne de flanqueurs, pour protéger son flanc gauche; au centre, c'est-à-dire entre l'infanterie et la cavalerie, nos huit pièces de canon s'avançant de front sur la même ligne que nous, s'arrêtant pour faire feu, rattelées après chaque coup de canon et se portant immédiatement en avant.

Nous marchâmes dans cet ordre jusqu'à cent mètres du village. Là, pendant que l'infanterie posait ses sacs à terre et se précipitait au pas de course sur les retranchements qu'elle enlevait du premier élan, nous, les cavaliers, nous prenions le grand trot pour nous porter derrière San-Lorenzo, couper la route aux fuyards et les rejeter dans l'Atoyac, dont nous nous étions empressés d'occuper le seul passage guéable. Le combat ne dura pas une heure, et encore peut-on appeler un combat cette brusque attaque, presque immédiatement suivie de la déroute complète de l'ennemi?

Comonfort fut surpris par la hardiesse et la rapidité de notre manœuvre. Il s'était imaginé que les choses se passeraient autrement ; que, par exemple, notre artillerie prendrait méthodiquement et traditionnellement position pour chercher à éteindre le feu de la sienne, et qu'elle attendrait, avant de se porter en avant, qu'elle eût obtenu ce résultat. Mais le général Bazaine, qui fit preuve, en cette circonstance, d'un réel talent militaire, s'était rendu compte du moral de son adversaire et avait conclu que l'audace et l'impétuosité de l'attaque vaudraient mieux que toutes les préparations et constitueraient la meilleure tactique à employer contre lui. Le succès le plus complet répondit à cet habile calcul. L'ennemi abandonna dans ses positions ses morts et ses blessés, nous laissant dans les mains, comme trophées de la victoire, 1,200 prisonniers, 3 drapeaux, 11 fanions et 8 belles pièces de canon, supérieurement attelées.

Le général Bazaine, acclamé par ses troupes, après cette brillante affaire, dont elles avaient pu comprendre le mécanisme et admirer la rapidité, devint, à partir de ce jour-là, le grand favori de l'armée. Le soldat, heureux et fier de se sentir commandé par un véritable homme de guerre, lui prodiguait les marques d'une confiance illimitée, aveugle. Mais, comme il arrive toujours, sa popularité était taillée aux dépens de celle qu'aurait pu obtenir le général en chef. On les comparait tous les deux. Et cette comparaison n'était pas à l'avantage du général Forey. Je l'ai déjà dit, notre commandant en chef, au dire de ses pairs eux-mêmes, était un excellent officier d'infanterie et ne le cédait à personne comme courage et comme énergie. Mais avec l'âge il s'était un peu alourdi et avait perdu de son activité physique. Il était resté trop longtemps à Orizaba, où, disait-on calomnieusement, le retenaient les charmes d'une belle pharmacienne. Les soldats ne se gênaient pas pour lui reprocher ses lenteurs, ses indécisions, son apathie. Il avait fallu, prétendaient-ils, que Comonfort vînt nous insulter jusque dans notre camp pour que le général Forey se décidât à le punir de son audace. En outre, dans les rares circonstances où il apparaissait parmi eux, il se montrait rude, prompt à s'emporter, d'un abord décourageant. Il ne sortait de son Cerro de San-Juan que comme Jupiter de ses nuages, la foudre à la main, et il fallait être de son intimité pour apprécier des qualités d'esprit et de cœur que le public ne soupçonnait pas.

Quelle différence avec le général Bazaine! De jour, de nuit, dans la tranchée, au bivouac, on le voyait perpétuellement circuler sans faste, sans embarras, sans escorte, à pied, la canne à la main, l'air bonhomme, causant familièrement avec tout le monde, plaisantant avec le soldat, l'écoutant, lui expliquant ce qu'il avait à faire et comment il devait le faire, marchant, en somme, très habilement à son but, qui était de supplanter son chef. Ce chef, on le croyait jaloux de lui. On disait, un peu légèrement, que s'il lui avait donné les trois escadrons et les trois bataillons de plus qu'il demandait, le général Bazaine aurait certainement enveloppé et fait prisonnière l'armée de Comonfort tout entière, à San-Lorenzo. Ce qu'il y a de certain, c'est que le général Forey refusa à son lieutenant la permission que ce dernier lui demandait de poursuivre, dans leur déroute, les Mexicains et de les empêcher de se rallier, dût-on, pour les atteindre, aller jusqu'à Mexico. Il lui prescrivit de rentrer et de reprendre sous Puebla la direction du siège des deux forts. Le général Bazaine dut s'incliner et revenir avec la majeure partie de ses troupes, laissant pourtant au général Neigre, posté à Santo-Domingo, en avant de San-Lorenzo, une colonne composée de mes deux fidèles escadrons de chasseurs d'Afrique, d'un bataillon et demi d'infanterie et de deux sections d'artillerie, une de la Garde et celle des canonniers marins. Le général Neigre revint bientôt lui-même sous Puebla, et je restai seul à la tête de la colonne.

J'aurais voulu que l'ennemi tentât quelque chose, et je déplorais qu'il fût trop démoralisé pour paraître devant nous. Il était vexant de penser qu'à Cholula, à six lieues en arrière de l'armée, nous étions perpétuellement en alerte et sous les armes, tandis que maintenant, aux avant-postes, nous jouissions d'une sécurité inaltérable. Enfin, je me consolais de mon inaction en lisant les ordres du jour dans lesquels le général Forey adressait force éloges à mes escadrons, et dans lesquels j'étais moi-même honorablement cité. Les récompenses avaient plu sur mes chasseurs, et bientôt le général Desvaux, qui méritait légitimement sa part de leur gloire et de nos succès, par la forte éducation militaire qu'il avait donnée au régiment, en Algérie, tenait à nous témoigner sa satisfaction par la flatteuse lettre autographe suivante :

« *A Monsieur le colonel du Barail, commandant le 3ᵉ régiment de chasseurs d'Afrique.*

« Constantine, le 5 juillet 1863.

« Mon cher colonel,

« Je suis bien heureux d'avoir à vous envoyer les félicitations de la division de Constantine pour la série d'actions glorieuses accomplies par le 3ᵉ régiment de chasseurs d'Afrique. J'ai suivi avec un intérêt particulier les opérations de votre régiment; outre la part qu'elles apportaient au succès général de l'armée du Mexique, elles venaient éclairer les discussions engagées au sujet du rôle de la cavalerie. Vous avez prouvé, Dieu merci, que notre arme, entre des mains habiles comme celles du général de Mirandol et les vôtres, sera toujours l'arme des résultats décisifs, surtout dans les terrains qui lui conviennent.

« Vos chasseurs ont été admirables d'entrain et de courage. J'avais l'espoir que vous sauriez tous vous faire remarquer, mais vous avez dépassé mes espérances. Sans doute, les circonstances vous ont été favorables; mais vous étiez à la hauteur de ces circonstances, et vous avez su en tirer tout le parti possible. Vous avez recueilli les fruits de votre travail, de vos études, et ceux mêmes qui autrefois contestaient l'utilité de ces exercices qui donnent confiance, adresse, solidité au cavalier, doivent être revenus de leur erreur.

« M. le commandant de Tucé a conduit sa troupe à Atlixco d'une manière fort distinguée; faites-lui mon compliment.

« Soyez l'interprète de la division de Constantine et le mien en particulier, auprès de tous vos officiers, sous-officiers et soldats. Témoignez aux blessés la part que nous prenons à leurs souffrances. Laissez-moi vous serrer cordialement la main et comme chef et comme ami.

« Tout à vous.

« *Le général commandant la division de Constantine*,

« DESVAUX.

« Dites mes amitiés au général de Mirandol, au lieutenant-colonel Margueritte et au 12ᵉ de chasseurs. »

(Le général Desvaux avait été autrefois le lieutenant-colonel du 12ᵉ de chasseurs.)

Un autre remède contre l'ennui consistait à visiter les haciendas des environs de Santo-Domingo, qui regorgaient de ressources de toutes sortes, et à renvoyer chargées, au camp, les voitures que l'administration nous expédiait vides et qui rentraient bondées et suivies par des troupeaux de bestiaux.

Le camp français était dans l'abondance, pendant que les malheureux assiégés de Puebla mouraient littéralement de faim. Quand les intendants jugèrent qu'ils étaient plus que largement pourvus, l'ennemi continuant à ne pas paraître, je dus ramener à l'armée mon infanterie et mon artillerie, en passant par le quartier général. Lorsque j'y parvins, le général Forey sortait de chez lui, avec un officier mexicain envoyé en parlementaire par la place, et qui prenait congé en se confondant en formules de politesse. Cela me parut d'un très bon augure. D'ailleurs, tout le monde savait que les défenseurs étaient aux abois. Tous les jours, il sortait de Puebla une quantité de pauvres diables qui désertaient et qui, pour manger du pain, semblaient trop heureux de changer de drapeau, en s'engageant immédiatement dans les troupes auxiliaires du général Marquez. Le commandant en chef me fit l'accueil le plus gracieux, et je repartis immédiatement, avec mes escadrons, pour Cholula, où nous attendait la plus enthousiaste des ovations. Toute la ville était pavoisée. Des arcs de triomphe de verdure étaient dressés dans les rues que nous devions traverser. Les cloches sonnaient à toute volée. La population, dans ses habits de fête, se pressait sur notre passage, tirant des boîtes et des pétards dans les jambes de nos chevaux, qui cabriolaient en désordre et augmentaient ainsi l'enthousiasme général. Il y eut procession solennelle, avec tous les cierges, toutes les lanternes, tous les saints et toutes les reliques qu'on put se procurer, et au Mexique, ces différents objets ne manquent guère. Le soir, il n'y avait pas une fenêtre qui n'eût ses lampions. Ce fut ensuite une retraite aux flambeaux, avec sérénade sur la grande place et devant le logis des principaux officiers. Mon « padre » ne savait comment me témoigner sa joie et son respect. Il voulait, cette nuit-là, me forcer tout uniment à coucher dans son propre lit. Ah! la victoire assouplit joliment les caractères autour de soi! Et pendant ce temps-là, à quelques kilomètres, Puebla agonisait!

Le 16, au matin, quarante pièces de canon avaient ouvert le feu contre les forts de Carmen et de Totimehuacan, dont elles avaient, en deux heures, fait taire l'artillerie et bouleversé les défenses.

A midi, le général Mendoza, chef d'état-major d'Ortega, était venu en parlementaire pour traiter de la reddition de la place. Le feu avait été aussitôt suspendu, quitte à le reprendre à une heure, puis à quatre heures, pour préparer l'assaut du lendemain matin. On ne parvenait pas à s'entendre, parce que le général Forey exigeait que l'« arrogante Puebla » se rendît sans condition. Le général Mendoza rentra donc sans avoir rien conclu, mais après avoir obtenu que la réouverture du feu serait reportée au lendemain. Le gouverneur de Puebla employa ces dernières heures de répit à faire détruire tout ce qu'il put de son matériel. On scia les affûts, on noya les poudres et on brisa les fusils de toute la garnison, qui fut immédiatement licenciée.

Au lever du jour, les zouaves, qui étaient de garde auprès du fort de Loretto, virent venir à eux une foule désarmée. C'était une partie de la garnison qui désertait en masse. On croisa la baïonnette devant elle pour l'arrêter, et, après quelques minutes de confusion, on écoula ces pauvres gens sur les derrières de l'armée; on leur fixa un emplacement pour bivouaquer provisoirement. L'armée partagea avec eux les provisions qu'elle avait en abondance, et ils restèrent là, entourés d'un cordon de sentinelles, attendant qu'on décidât de leur sort.

A la même heure, le général Forey recevait un parlementaire qui lui apportait la belle lettre suivante du général Ortega :

« EXCELLENCE,

« Le manque de munitions et de vivres ne me permettant pas de continuer la défense de la place, j'ai dissous l'armée qui servait sous mes ordres, et brisé son armement, y compris toute l'artillerie.

« La place est donc aux ordres de Votre Excellence, qui peut la faire occuper si elle le juge convenable, et prendre les précautions nécessaires afin d'éviter les malheurs qui seraient la conséquence d'une occupation de vive force, sans raison actuellement.

« Les généraux, officiers supérieurs et subalternes se trouvent au palais du Gouvernement et se rendent prisonniers de guerre.

« Je ne puis me défendre plus longtemps, sinon Votre Excellence ne doit pas mettre en doute que je l'eusse fait.

« ORTEGA. »

Au reçu de cette lettre, le général Forey fit occuper les forts abandonnés, et notamment ceux de Guadalupe et de Loretto qui commandaient la ville.

Ces belles lignes d'un chef vaincu passèrent sous les yeux du général Bazaine. Pourquoi, hélas ! en 1870, les avait-il oubliées? Pourquoi ne les copia-t-il point purement et simplement, pour les envoyer au prince Frédéric-Charles? Pourquoi le maréchal de France ne profita-t-il point de la leçon que lui avait donnée le général mexicain, en lui apprenant comment on accepte la défaite, après avoir fait tout son devoir, pour tâcher d'obtenir la victoire?

L'arrogante Puebla était prise. Sa chute faisait tomber entre nos mains 20 généraux, 303 officiers supérieurs, 1,179 officiers subalternes et plus de 11,000 sous-officiers et soldats. Quel traitement devions-nous réserver à cette garnison vaincue?

Cette question fut encore la cause de vives discussions entre le général en chef et le ministre de France, dont les relations en devinrent plus aigres, s'il était possible. M. Dubois de Saligny fit remarquer que les défenseurs de Puebla s'étaient rendus sans condition, qu'ils n'étaient protégés par aucune convention, qu'on en pouvait, par conséquent, faire ce qu'on voulait. Et il conclut en demandant qu'Ortega et ses officiers fussent déportés à Cayenne, tout au moins exportés à la Martinique.

— C'est vrai, répondit le général Forey, il n'y a pas de convention écrite; mais, à défaut de ma signature sur un papier, il y a les lois de l'honneur qui m'engagent encore plus. Il y a les traditions de la confraternité militaire auxquelles je ne faillirai pas. Par l'opiniâtreté de sa défense et la valeur que ses principaux chefs ont déployée, cette armée a pu exciter les colères des hommes politiques. Elle a forcé notre estime et notre considération, à nous autres, soldats. Et jamais je ne supporterai qu'on traite en malfaiteurs ces braves gens.

Plus radicaux encore que M. Dubois de Saligny, les généraux mexicains qui servaient les Français, le général Almonte, le vieux général Woll, qui, lui pourtant, était d'origine française, proposaient une mesure encore plus sommaire. Ils voulaient qu'Ortega et ses officiers fussent fusillés, purement et simplement. Le général Forey ne se donna même pas la peine de répondre à ces deux sauvages, qui, du reste, plusieurs années après, devaient trouver dans l'Indien Juarez un imitateur, et dans le drame de Queretaro la réalisation de l'infamie qu'ils avaient méditée sous Puebla.

Pour n'avoir plus à revenir sur la destinée de nos

prisonniers, je dirai tout de suite que le commandant en chef la régla de la façon suivante. Il décida que tous les officiers seraient conduits en France, comme prisonniers de guerre. On choisit parmi les sous-officiers et soldats environ 5,000 hommes qui consentirent à être incorporés dans les troupes du général Marquez, nos auxiliaires, et les autres durent être employés aux travaux de terrassement du chemin de fer, dans les Terres-Chaudes.

La masse des prisonniers fut concentrée à Amozoc. Puis on la forma en colonne. On l'encadra entre plusieurs bataillons français et on la dirigea sur la Vera-Cruz. Pour empêcher tout ce monde de s'échapper en route, on avait pris une précaution assez singulière : on avait coupé les boutons de tous les pantalons ; de sorte que tous, aussi bien les généraux que les simples soldats, étaient obligés de tenir leurs culottes à deux mains en marchant, ce qui leur ôtait la possibilité de courir. Pourtant, quand on arriva au port d'embarquement, 13 généraux, 110 officiers supérieurs et 407 officiers subalternes seulement répondirent à l'appel. Les autres avaient pris la poudre d'escampette, et parmi eux, le général Ortega, qui avait suivi la colonne jusqu'à Orizaba et qui, là, avait réussi à disparaître. Il était dans son droit, ayant refusé de prendre aucune espèce d'engagement et n'étant point prisonnier sur parole.

M. Dubois de Saligny profita de cette fuite en masse pour déblatérer contre nos généraux, auxquels il ne pouvait pardonner le siège de Puebla, qui avait donné à ses pronostics optimistes un si éclatant démenti, et qu'il s'obstinait à représenter comme un fait de guerre inutile, provoqué par le désir qu'avaient les chefs de l'armée de rédiger des bulletins retentissants. Seul, le général Bazaine trouvait grâce à ses yeux, parce que le madré compère s'abstenait de toute critique et était parvenu à faire croire au ministre de France qu'il abondait dans ses vues.

Le 19 mai, l'armée française entrait solennellement dans Puebla au son de ses trompettes, clairons, tambours et musiques, enseignes déployées. Le général Forey, qui la précédait à la tête de son état-major, me parut surpris et — faut-il le dire? — consterné de l'aspect morne que présentait sa conquête. A la porte de Puebla, pas une autorité pour le recevoir, pas un officier, personne. Dans les rues, pas un curieux pour nous regarder; aux fenêtres, pas une femme pour nous sourire. Nous entrions dans une ville morte. Nous traversions des quartiers complètement bouleversés, non point par nos projectiles, qui n'en avaient atteint qu'une faible partie, mais par les travaux de défense et par les obstacles matériels accumulés partout, dans les rues barricadées, dans les maisons, dans les églises et les couvents. Nous marchions au milieu d'un abandon et d'un silence lugubres et saisissants, et nous arrivâmes ainsi jusqu'à la grande place centrale, magnifique esplanade entourée sur trois côtés de portiques.

En face de nous, la cathédrale, avec sa façade peuplée de statues blanches, ses portes de bois de cèdre revêtues d'ornements de bronze, ses deux hautes tours aux toits de briques vernies surmontés d'une lanterne qui porte elle-même un globe et une croix de marbre, sa coupole de faïence jaune et verte sur laquelle se dresse la statue de sa patronne, Notre-Dame de Guadalupe. Les trente cloches qui garnissent l'une des tours et dont quelques-unes sont colossales, étaient muettes, comme la ville elle-même. Mais son intérieur resplendissait d'argent et d'or, avec ses grands lustres d'argent aux bobèches d'or, dont le principal pèse, dit-on, cent quarante-quatre kilos, avec ses urnes d'où s'élancent des fleurs artificielles d'orfèvrerie, avec, dans le lointain, son autel qui supporte des chandeliers d'argent massif de trois mètres de haut. C'était un éblouissement au milieu de la désolation.

L'armée s'installa dans Puebla. En rendant la place, le général Ortega avait écrit qu'il cédait à l'épuisement de ses vivres et de ses munitions. Pour les vivres, le général disait vrai. Mais, pour les munitions, c'était une autre affaire. J'ai déjà dit que nous avions amené devant Puebla 56 bouches à feu. Nous apportions avec nous, et nous reçûmes par nos convois d'approvisionnement, pendant les deux mois que dura le siège, 24,342 projectiles. Du 17 mars au 17 mai, nous en envoyâmes sur la place et sur les forts 10,430.

J'ai déjà dit aussi que les assiégés disposaient de 151 pièces de canon, et que la nuit du 17 au 18 mai avait été employée par eux à détruire tout ce qu'ils avaient pu de leur matériel, à faire sauter les magasins à poudre, à scier les affûts, à faire éclater les obus. Néanmoins, le capitaine d'artillerie, baron Berge, chargé de faire l'inventaire de nos prises, le 19 mai et les jours suivants, trouva encore 117 bouches à feu en état de tirer. Il trouva en même temps 17,000 charges de coups de canon, c'est-à-dire plus que nous n'en avions nous-mêmes dans nos caissons, le jour de l'investissement.

Évidemment, on aurait pu réduire la place par la famine, en instituant autour d'elle un blocus rigoureux, puisqu'elle n'épuisa pas contre nous son formidable armement. Mais l'honneur des armes exigeait davantage. Nous avions à prendre la revanche de notre échec du 5 mai de l'année précédente, et, en outre, il fallait bien un coup de force pour imposer la terreur aux libéraux que nous venions de combattre, et pour donner aux conservateurs que nous venions défendre de la confiance en notre force militaire.

Les deux mois que nous venions de passer devant Puebla avaient été marqués, dans les Terres-Chaudes, par quelques incidents fâcheux, auxquels il fallait s'attendre et se résigner. D'abord, à la Vera-Cruz, la fièvre jaune avait fait son apparition avec une intensité et une précocité extraordinaires, décimant la garnison, laissant les survivants tellement anémiés qu'ils ne pouvaient plus faire aucun service et n'épargnant que le bataillon des nègres abyssins qui, habitués aux chaleurs torrides de l'Afrique équatoriale, résistaient admirablement au fléau.

De plus, jusqu'au débarquement du corps de réserve de six mille hommes, qui arriva le 1ᵉʳ avril, notre ligne de communication avec la côte, amincie par la concentration générale de toutes nos forces autour de Puebla, fut souvent menacée, et les guérillas mexicaines tentèrent quelques coups de main heureux sur des convois insuffisamment protégés.

De toutes ces affaires, la plus terrible et la plus glorieuse eut pour date le 1ᵉʳ mai, pour héros une compagnie de la légion étrangère récemment débarquée, forte de trois officiers, de soixante-deux hommes, commandée par le capitaine Danjou, et pour théâtre Palo-Verde. Cette compagnie était partie de Chiquitte avant le jour, pour aller au-devant d'un convoi de munitions et de trois millions en pièces d'argent qui montait de la Vera-Cruz sur Puebla. Arrivée à Palo-Verde, à sept heures du matin, elle y fut attaquée par mille hommes d'infanterie mexicaine et huit cents cavaliers, embusqués là pour surprendre le convoi. Le capitaine Danjou fit former le carré et réussit à se réfugier dans un bâtiment abandonné, que sa résistance allait rendre célèbre et qu'on appelait Cameron. Ces soixante-cinq braves, cernés et enveloppés dans ce refuge, n'avaient aucun secours à attendre, et leur perte était certaine.

On les somme de mettre bas les armes. Ils répondent à coups de fusil et tiennent bon. Les heures s'écoulent. Les Mexicains criblent de balles Cameron. La compagnie répond coup pour coup. Vers midi, on entend dans le lointain la sonnerie de clairons qui s'approchent rapidement. Un instant, les nôtres se croient sauvés. C'étaient trois bataillons, de quatre cents hommes chacun, qui venaient renforcer les Mexicains. Les Français se voient perdus, mais, décidés à ne pas se rendre et à vendre chèrement leur vie, ils continuent à combattre. Les trois officiers tombent mortellement frappés. Autour d'eux, vingt-huit hommes tués ou grièvement blessés sont couchés. Les autres, tous atteints par le feu, continuent le combat jusqu'à ce qu'ils aient épuisé leur dernière cartouche.

Il est six heures du soir, et depuis sept heures du matin, ils luttent sans boire ni manger. L'ennemi s'empare de Cameron, d'où ne part plus un coup de fusil. Il a fallu onze heures à trois mille hommes pour en abattre soixante-cinq, et trois cents Mexicains tués ou blessés gisent sur ce champ de bataille. Ce fait d'armes remplit l'ennemi d'admiration et le frappa de terreur. Depuis, nos convois ne furent plus attaqués.

Après avoir, comme il convient, rédigé un bulletin pompeux, qui rappelait un peu trop ceux de la Grande Armée, pour faire connaître les résultats de notre victoire à l'armée, au Mexique et à la France, le général Forey s'était installé au palais du Gouvernement. L'infanterie échangea ses campements contre le séjour plus confortable des fameux cadres qui lui avaient coûté si cher à conquérir. Quant à mes escadrons, ils retournèrent passer quelques jours à Cholula, avec le général de Mirandol et moi. Et nous eûmes pour nous distraire le spectacle de nombreuses fêtes et d'interminables processions qui célébraient nos succès. C'était la fête des « Rogations », la fête des « Indiens », celle des « Moissonneurs », et on partagea l'enthousiasme entre l'envahisseur et le bon Dieu.

Pendant trois jours, les églises vomirent dans les rues un flot de reliques, de statues de saints, de papes, d'abbés, de confesseurs et de martyrs, escortées par des nuées de chérubins en costume de danseuses de l'Opéra. C'était presque un mardi gras, car tout le monde était vêtu en costumes du seizième ou du dix-septième siècle.

La marche était terminée par l'image du Christ sur la croix, figurée avec un naturalisme épouvantable, avec la figure convulsée, couverte du sang qui coulait de la piqûre des épines, les genoux écorchés et saignants, et un vêtement de seigneur hidalgo en lambeaux. Le clergé dirigeait tout cela avec un air de componction et de béatitude indicibles, et les Indiens se prosternaient dans la poussière en se bourrant la poitrine de grands coups de poing. C'était touchant, mais un peu comique. Et la musique! Clarinettes, cornets à piston, trombones, ophicléides, grosses caisses, cymbales nasillaient, glapissaient, rugissaient, mugissaient, tonitruaient, toujours des valses, des polkas, des scottish, que les musiciens exécutaient de mémoire et sans cahiers de musique, pas trop mal, d'ailleurs, mais trop souvent.

Cette musique accompagnait la procession. Mais un autre orchestre restait sur le parvis de l'église, et, à ma grande surprise, je retrouvai là les instruments, les airs, les motifs, les mélopées de la musique arabe qui m'était si familière. Le soir, la fête recommença avec accompagnement de pétards et de feux d'artifice, car les Indiens sont passés maîtres dans l'art de la pyrotechnie. Les musiciens, gorgés de pulque, faisaient rage toute la nuit, tant et si bien que, le troisième jour, le général de Mirandol, en entendant recommencer le charivari, qui mettait ses nerfs dans un état abominable, n'y tint plus. Il commanda un piquet de chasseurs d'Afrique pour conduire toute la musique au violon et l'y garder jusqu'au lendemain matin. Les malheureux diables s'étaient enfuis de tous les côtés, à l'apparition des cavaliers, et il fallut leur donner la chasse dans tous les villages environnants. C'était un peu excessif, mais il fallait bien pardonner quelque chose au pauvre général qui avait tant souffert.

XV

MEXICO.

Le « Rio frio ». — Panorama. — En vue de Mexico. — Coquetterie guerrière. — Entrée solennelle. — Procession. — Le triumvirat. — A l'Alameda. — Au bal. — Buitron. — Tranquillité. — Séjour à Mexico. — Récompenses. — Le maréchal Forey rappelé. — Tristes adieux.

Les militaires sont des gens pressés, et à peine étions-nous maîtres de Puebla que déjà nous nous demandions à quoi songeait notre général en chef en ne marchant pas sur Mexico. La saison des pluies allait réapparaître. Nous avions déjà subi quelques violents orages et appris d'avance au milieu de quels torrents d'eau il nous faudrait vivre, si nos opérations militaires n'étaient pas terminées avant l'hivernage. Mais le général Forey, talonné par l'impatience universelle, était bien obligé pourtant de consacrer quelques jours à l'organisation de sa conquête, et à controverser avec le ministre de France. Laissé à lui-même, il aurait probablement abandonné le pouvoir à ceux des Mexicains qui l'exerçaient déjà. Ce n'eût pas été très logique, puisque notre expédition était dirigée contre eux, mais ce n'était pas plus désastreux que ce que nous devions faire. Ne voulait-il pas proposer à Ortega d'entrer dans le gouvernement provisoire ! En lui résistant vigoureusement, le général mexicain lui avait plu, et c'est là un trait du caractère du soldat. Ce fut avec un vrai chagrin que, sur les injonctions de M. de Saligny, le commandant en chef signa l'ordre d'embarquer son adversaire, et ce fut avec une joie véritable qu'il apprit la fuite de cet adversaire. En somme, le représentant diplomatique et le représentant militaire de l'empereur Napoléon III, l'un entraînant l'autre, commencèrent, à Puebla, à signer des décrets, des arrêtés, des ordres qui comblaient de joie le parti conservateur mexicain, mais qui avaient un caractère réactionnaire tel qu'on en fut bientôt scandalisé à Paris.

Au pied de la haute chaîne de montagnes qui sépare le bassin de Puebla du bassin de Mexico, la division Bazaine, dépassant Puebla, s'était établie dans la jolie petite ville de San-Martino. Mes chasseurs d'Afrique, dans la marche sur Mexico, devaient fournir l'extrême avant-garde, et, avant la fin du mois de mai, je les emmenai auprès de San-Martino, à l'hacienda de San-Christobal. Devant nous, s'étendait à droite et à gauche, comme un mur gigantesque, la chaîne volcanique des montagnes, dont quelques cratères ne sont pas encore éteints, et nous voyions l'échancrure par laquelle passe la route de Puebla à Mexico, que nous allions suivre. C'est un col de 3,000 mètres d'altitude, qui sépare les deux plus hauts volcans : le Popocatepetl (5,400 mètres) et l'Istaccihuatl (4,870 mètres), les deux grands fantômes neigeux qui étaient apparus au bout de notre horizon, lorsque, deux mois et demi auparavant, nous débouchions dans la plaine de Puebla. Le col forme entre eux une sorte de plateau qu'on appelle le « Rio frio », du nom de la petite rivière alimentée par la fonte des neiges qui le traverse, et dont les eaux glacées ont été mortelles pour de nombreux voyageurs. Cet endroit, lors de la campagne des Américains, en 1847, avait été le théâtre d'un combat fort sérieux, et les troupes du général Scott avaient eu la plus grande peine à l'enlever. Il constituait de véritables Thermopyles, et trois cents hommes, postés dans les nombreux ouvrages de campagne qui le défendaient, y auraient arrêté une armée. Mais la prise de Puebla avait jeté la terreur et le découragement autour de nous, et quand nous allâmes, le général et moi, en faire la reconnaissance, nous vîmes les ouvrages abandonnés et le passage libre.

Le 1ᵉʳ juin, la division Bazaine traversa le « Rio frio », où elle ne trouva personne. On campa auprès d'un misérable village indien. La nuit fut glaciale et vint encore compliquer les souffrances physiques qui s'acharnaient sur moi, depuis mon passage à la Martinique. En installant notre camp, nous vîmes arriver par la route de Mexico une voiture sur laquelle flottait le pavillon blanc des parlementaires. Elle contenait les consuls de Prusse, d'Espagne, d'Angleterre et des États-Unis. Ces messieurs venaient prévenir le général en chef que, la veille, le président Juarez avait évacué Mexico, emmenant avec lui à San-Luis de Potosi tout le gouvernement, les ministres, le Congrès, les archives, les caisses, désorganisant, en un mot, toute l'administration du pays, et attirant derrière lui les quelques troupes nationales qui restaient encore dans la capitale. Les agents consulaires, reçus par le général Bazaine, lui firent part de ces nouvelles et ajoutèrent que, les gouvernements qu'ils représentaient s'étant engagés à observer la neutralité la plus stricte, ils s'opposeraient de tout leur pouvoir à une manifestation politique quelconque.

Le général Bazaine leur répondit fort sèchement qu'ils se méprenaient sur leur rôle, qu'ils n'avaient qu'à s'occuper de la sûreté de leurs nationaux et nullement de politique ; que nous allions entrer à Mexico, et que là, s'il nous plaisait de nous prêter à une manifestation ou même de la provoquer, nous n'irions pas demander leurs conseils. Puis, il leur livra passage à travers nos lignes, et ils filèrent sur Puebla, où ils ne reçurent pas meilleur accueil.

Cet incident, sans grande importance, nous prouva, du moins, que, dans notre entreprise mexicaine, nous n'avions ni la complicité ni l'encouragement des gouvernements étrangers.

Le lendemain, 2 juin, la division descendait du « Rio frio », et le quartier général se portait à la ferme de Buena-Vista (Belle-Vue). Nous fûmes cantonnés dans les haciendas environnantes. La ferme de Buena-Vista méritait son nom. De là on découvrait un panorama admirable, dont une journée splendide nous permettait d'apprécier en détail toutes les beautés. A nos pieds s'étendait une plaine encore plus grande que celle de Puebla, en forme de cirque, fermée par un amphithéâtre de montagnes au bas desquelles on devinait, sans la distinguer encore, la capitale de ce beau pays, la vieille ville fondée en 1325 par les Aztèques, sous le nom de Tenochtitlan, et devenue plus tard Mexico, après la conquête de Fernand Cortez, en 1521. Nos yeux erraient sur une multitude de fermes et de villages entourés de plantations, enfouis sous la verdure; et le soleil, dont le globe éblouissant planait sur toutes ces richesses et sur toutes ces fécondités, faisait scintiller dans le lointain, en y réfléchissant ses rayons, les miroirs des cinq grands lacs qui environnent Mexico et qui, jadis, l'enserraient, l'envahissaient, avant que les Espagnols en eussent rétréci les surfaces et tari partiellement les eaux, en déboisant le pays autour d'eux. Je passai une bonne heure là, une heure inoubliable, une de ces heures dont l'enivrement paye les fatigues de toute une campagne et explique l'attirance du métier militaire, perdu dans mes admirations mes réflexions et mes rêveries.

Il semble qu'à certains moments l'âme se détache du présent, pour s'enfoncer dans les abîmes du passé ou dans les mystères de l'avenir. Positivement, la mienne s'incarnait, en cette matinée d'été, dans un des compagnons de Fernand Cortez. Je revivais les sensations de cet hidalgo, débarqué, comme moi, de sa caravelle, et campé sur son genet d'Espagne comme moi sur les reins souples de mon arabe. Il avait vu le même soleil, les mêmes lacs, la même verdure, la même conquête. Il avait eu les mêmes sentiments d'orgueil et de joie, en pensant, comme moi, à la patrie servie si loin d'elle-même. Là où j'étais, peut-être trois cent quarante-deux ans plus tôt, il avait, comme moi, écrit à sa femme pour lui raconter ses aventures, pendant qu'à côté de lui le Conquistador rédigeait pour Charles-Quint ses rapports, qui sont devenus des lettres historiques. Puis, comme j'allais le faire, il était allé s'occuper du bien-être de ses hommes, pauvres diables qui, pas plus que les miens, ne s'imaginaient faire de l'histoire avec leurs fatigues et avec leur sang.

En arrivant à Buena-Vista, le général Bazaine avait trouvé une première députation des notables de Mexico. Au milieu d'elle figurait un de nos compatriotes, un Français, qui avait fait preuve, en s'y joignant, d'une effronterie sans pareille. Quelque temps auparavant, ce gaillard-là, pour faire sa cour à Juarez, dont il espérait tirer pied ou aile, avait bu publiquement à l'extermination de l'armée française. Nous le savions, et nous étions stupéfaits de tant d'audace. Le général Bazaine fit dire aux notables qu'il ne les recevrait pas, parce qu'il y avait parmi eux un homme qu'il ne pourrait voir sans le faire appréhender et conduire devant un peloton d'exécution. Et les notables partirent. Ils furent remplacés bientôt dans leur mission par la nouvelle municipalité, qui s'était formée après le départ de Juarez. Elle fut accueillie et nous confirma les nouvelles apportées la veille par les consuls étrangers. Elle avait hâte de nous voir arriver le plus vite possible, car la sécurité de la capitale n'était plus assurée, disait-elle, que par une espèce de garde civique, composée de tous les étrangers valides en résidence à Mexico. Sans doute, un retour offensif des troupes de Juarez n'était pas à craindre, mais il suffirait d'un coup de main, tenté par un chef libéral audacieux, pour amener un désastre. A Mexico, la propreté des rues est confiée aux galériens, surveillés par les soldats. Le bagne renfermait mille chenapans ; s'ils se révoltaient ou s'ils étaient délivrés, la ville était mise au pillage, à feu et à sang. Les instructions du général Bazaine lui défendaient d'entrer à Mexico sans un ordre formel. Il renvoya donc la députation au général en chef qui, le même jour, devait quitter Puebla, avec la division Douay, pour suivre notre mouvement en avant.

Le 3 juin, le général Bazaine et moi, à la tête de mes deux escadrons, nous poussâmes une grande reconnaissance jusqu'à un endroit appelé le « Peñon », à moins de trois lieues de Mexico, d'où nous distinguions parfaitement les dômes et les clochers de la ville. Sur la route, nous rencontrâmes de nombreux Français établis à Mexico, et qui venaient au-devant de nous. Ils avaient déjà assez de leur service de garde nationale, et nous suppliaient d'aller les relever. La veille au soir, il y avait eu une petite émeute libérale, heureusement éteinte par l'attitude de la population. Une estafette venait précisément d'apporter au général Bazaine l'ordre d'entrer à Mexico, le 7. Il fit venir jusqu'au Peñon un bataillon de chasseurs à pied qui, le lendemain, occupa la guerrita (corps de garde) de San-Lazaro, au faubourg sud de Mexico, et qui était suffisant pour assurer la tranquillité parfaite de la ville. Le 4, le 5 et le 6 furent employés à échelonner toute notre division en avant de Buena-Vista, pour qu'elle entrât en bel ordre, sans fatigue et avec toute son artillerie, dans la ville. Et j'avais grand besoin de ces trois jours de repos.

Le 7, nous quittions notre bivouac, à quatre heures du matin, pour former l'avant-garde de la division entrant à Mexico. On n'avait guère dormi, la nuit, dans mon bivouac, car je voulais que mes cavaliers et leurs chevaux apparussent irréprochables aux yeux des populations. Hommes et bêtes avaient fait leur toilette des grands jours. Et quand ils partirent, on aurait dit qu'ils sortaient de la caserne, pour aller subir l'inspection du général Desvaux. Les vestes bleues semblaient neuves, tant elles avaient été brossées et dégraissées. Les gros boutons ronds étincelaient. On avait avivé l'écarlate des grandes ceintures rouges et des pantalons, on aurait pu se mirer dans les basanes et les harnais ; l'acier des mors, des éperons, des fourreaux, le cuivre des poignées des sabres étincelaient. Les buffleteries étaient blanches comme la neige des cimes que nous laissions derrière nous, et les couvre-nuques, attachés aux turbans des képis rigides, ressemblaient à des ailes de papillons blancs, nés le matin même. Tous, enfin, nous étions gantés de frais, comme pour une noce. Mes hommes avaient fini par devenir coquets, et d'eux-mêmes ils soignaient leur tenue ; d'eux-mêmes ils faisaient leur police de propreté, bousculant ceux d'entre eux qui paraissaient négligés, quitte à leur donner ensuite un coup de main pour se mettre au niveau du régiment.

Quand on veut s'en donner la peine, rien au fond n'est plus facile que d'obtenir du soldat ce soin de lui-même qui le relève à ses propres yeux et qui est un moyen puissant de discipline, de cohésion et, par conséquent, de victoire. Il est tellement dans la nature du guerrier de s'orner pour combattre, que le sauvage lui-même, avant d'aller se mesurer avec ses ennemis, se harnache de plumes et se fait un uniforme en rapport avec les moyens dont il dispose, en étendant sur sa peau des peintures variées. C'est comme pour la politesse. Rien n'est plus simple que d'obtenir du soldat les signes extérieurs du respect; mais il faut lui montrer par son attitude qu'on apprécie son salut et qu'on y tient. Jamais, devant un soldat, je n'ai imité ceux de mes camarades qui touchaient distraitement du revers du doigt la visière de leur coiffure. Jamais je n'ai considéré le salut comme une corvée, mais toujours comme une fonction. Quand un soldat me saluait, je faisais un geste aussi réglementaire que le sien, en me tournant vers lui et en le regardant, pour bien lui faire voir que j'étais sensible à sa politesse et que je la lui rendais avec préméditation. On ne s'imagine pas quels égards on obtient des hommes en faisant attention à eux. Quand je croisais les miens, le salut devenait toute une affaire et un véritable contact d'homme à homme, entre eux et moi. Or, on peut poser cette règle que tout soldat qui se donne du mal pour être propre et qui salue ses chefs est un bon soldat. Et, comme il est facile d'obtenir la propreté et les égards, on peut conclure qu'il est facile de faire un bon soldat, surtout avec notre admirable race française.

Donc, le 7, à huit heures du matin, nous fîmes dans Mexico une entrée très pimpante, mais pas très solennelle cependant, car le général Bazaine avait formellement interdit toute manifestation de la part des autorités, voulant laisser tous les honneurs au général en chef, qui en était très friand et très jaloux. La population bordait les maisons et remplissait les rues. Nous trouvâmes néanmoins que les belles Mexicaines avaient trop observé la consigne donnée par le général. Elles avaient laissé les hommes seuls venir nous voir passer, et très peu d'entre elles étaient à leurs fenêtres. Elles réservaient toutes leurs grâces pour le commandant en chef.

Mes escadrons ne firent que traverser la ville, pour aller passer deux jours à l'hacienda del Ateja, une habitation ravissante située au milieu d'immenses jardins, et s'installer définitivement dans la délicieuse ville de Tacubaya, le Saint-Cloud de Mexico, où toute la haute société de la capitale possède de luxueuses villas.

Celle qui m'avait été assignée était une grande et belle maison appartenant à la famille Escandon. Les Escandon avaient émigré et habitaient Paris, où ils étaient à la tête de la colonie mexicaine conservatrice, et où ils avaient travaillé plus que personne à faire décider l'expédition. Ils se promettaient de notre intervention des avantages considérables, et franchement ils auraient contribué d'une façon bien légère à la réussite de la campagne, en mettant de bonne grâce leur maison inhabitée à la disposition d'un des officiers qui risquaient leur existence dans une expédition entreprise à leur bénéfice et pour servir leurs intérêts. Quand je me présentai avec mon billet de logement, délivré par la municipalité de Tacubaya, je trouvai porte close, et, comme personne ne répondait à mon appel, j'eus l'idée d'employer comme clef de serrure la hache de mes sapeurs. Au premier coup, je vis apparaître le vieil intendant classique. Il me présenta, en guise de sauvegarde, un billet signé par le général de Castagny, qui déclarait qu'il se réservait la maison de M. Escandon, pour le cas où il viendrait mettre son quartier général à Tacubaya. C'était évidemment là un billet de complaisance que M. Escandon avait surpris au général et dont j'aurais pu ne pas tenir compte, mais je ne voulus pas soulever de conflit, et j'allai me faire délivrer un autre billet de logement, en admirant le patriotisme de ces gens qui demandaient à la France son sang et son or, sans même vouloir offrir l'hospitalité à un de ses enfants. On m'assigna un très joli petit hôtel, entouré d'un grand parc, et pourvu de communs suffisants pour y loger mes chevaux et mes ordonnances, mais inhabité depuis longtemps et totalement dépourvu de meubles. J'y campai avec mon adjudant-major, le capitaine du Vallon, qui devait bientôt devenir mon officier d'ordonnance. Mon séjour allait y durer quatre mois, jusqu'au 15 octobre, et il aurait été fort agréable, sans cette maudite santé qui assombrit pour moi toute la campagne du Mexique.

Le général Forey avait fixé au 10 juin seulement son entrée solennelle à Mexico, et on trouvait déjà qu'il ne se pressait guère. La division Douay devait suivre le commandant en chef, et nous, la division Bazaine, nous devions aller recevoir nos frères d'armes. On prit donc les armes de bonne heure, le 10 juin. Les régiments de nos deux brigades encadraient d'une haie tout le chemin, toutes les rues que devait suivre le cortège, et tout ce qui n'était pas absorbé par le service était massé sur les grandes places de la ville. A neuf heures précises, le général Forey, à la tête de la division Douay, arrivait à la Guerrita de San-Lazaro, où il était reçu par le général mexicain Salas, accompagné des différentes autorités élues ou nommées sous notre influence irrésistible. Et, derrière lui, la seconde moitié de l'armée française défilait dans les rues de Mexico, où l'attendait la première. C'était réellement très beau et très saisissant.

La journée était superbe, le soleil resplendissant, quoique supportable. Les cloches des églises et des couvents sonnaient à toute volée. Les musiques de la première division répondaient à celles de la seconde. Chez nous, les tambours et les clairons battaient et sonnaient aux champs, tandis que les tambours et clairons de la division Douay battaient et sonnaient des marches variées. Toute la population était dans les rues. Toutes les maisons étaient pavoisées. Tous les balcons étaient garnis de femmes, pour la plupart jolies, parées et décolletées comme pour le bal, et de ces bouquets de fleurs vivantes tombaient, jetées à profusion, des gerbes de fleurs parfumées, des couronnes qui jonchaient la chaussée et étalaient un véritable tapis diapré sous les pieds des fantassins, sous les sabots des chevaux et sous les roues des pièces d'artillerie, qui passaient, silencieuses et amorties, sur des couches de roses, d'œillets, de fougère, de camélias et de palmes ; les régiments traversaient à chaque carrefour des arcs de triomphe, construits par les habitants du quartier et mariant dans leur verdure les drapeaux de la France à ceux du Mexique.

A chaque pas l'enthousiasme grandissait, dans ce contact de deux races latines, à l'imagination vive et aux nerfs vibrants, qui s'exaltaient au bruit de leurs acclamations et au spectacle de leur joie. Ce fut un moment de délire profond et fraternel, dont le souvenir restera ineffaçable dans l'âme des acteurs et des spectateurs. Quand la tête du cortège déboucha sur la grande place, entourée de portiques, où se trouve la cathédrale, dont les portes ouvertes laissaient voir l'intérieur doré, et sur le parvis de laquelle attendait un clergé étincelant, en grand costume, on eût dit que les âmes des deux peuples s'épousaient dans une féerie.

Le général Forey rayonnait de joie et d'orgueil. Il mit pied à terre devant la cathédrale et y entra, pour assister à un *Te Deum* solennel. Puis, remonté sur son destrier, il passa en revue les vainqueurs de Puebla, qui défilèrent tous devant lui, aux cris répétés de : « Vive l'Empereur ! vive l'Impératrice ! » Leur tenue parfaite, leur air fier et content, leur tournure martiale frappèrent la population presque autant que l'attitude, un peu humble et piteuse, de la petite armée auxiliaire mexicaine, qui défila aussi à son tour, et qui contenait près de 5,000 des prisonniers de Puebla.

Cette belle journée fut terminée par les illuminations traditionnelles ; et quand, le soir, le général Forey eut pris possession des somptueux appartements du palais du Gouvernement, il dut s'endormir pour faire deux rêves dorés : pour voir partir de France un bâton de maréchal, juste récompense, croyait-il, d'un succès dont, dans la naïveté de son âme, il s'attribuait tout le mérite, et pour voir l'Histoire inscrivant son nom à côté de celui de Fernand Cortez. Et cette dernière illusion lui était permise. Tout ce qui s'était passé lui permettait de croire qu'il venait de délivrer un peuple, que son triomphe répondait aux vœux et aux intérêts les plus chers des Mexicains, et qu'après avoir goûté les joies de la victoire, il allait connaître les joies plus grandes et plus nobles d'une œuvre pacificatrice et civilisatrice.

Cette belle fête eut un lendemain. Le 10 juin avait vu le triomphe de l'armée française, le 11 vit le triomphe du parti clérical, qui l'avait appelée et qu'elle venait soutenir. A son arrivée au pouvoir, le président Juarez avait ordonné la fermeture des couvents et l'expulsion des religieux des deux sexes, sur tout le territoire de la République, et, depuis trois ans, les processions qui constituent, avec les courses de taureaux, les spectacles favoris des Mexicains, n'étaient plus sorties des églises. On organisa donc, pour ce jour-là, une procession monstre, et on ne négligea rien pour lui donner un éclat incomparable. Les arcs de triomphe de la veille servirent à ce nouveau cortège, qu'escortaient un escadron de cavalerie et trois régiments d'infanterie française, et qui fut accueilli avec le même enthousiasme, avec les mêmes fleurs, avec les mêmes acclamations et les mêmes sourires de femmes. Les politiques de l'armée et de la mission française trouvèrent même qu'on allait trop loin, et qu'on se jetait trop dans les bras du parti clérical. Il est certain que tous les actes du général en chef avaient pour but de rendre ostensible la protection que nous accordions à ce parti. Ainsi, pour n'en citer qu'un, le général Forey avait pris une décision qui fut observée pendant toute l'occupation. Tous les dimanches, une messe militaire était célébrée à la cathédrale, et une division entière y assistait. Un régiment était rangé dans l'église et fournissait les piquets d'honneur. Le reste de la division, avec son régiment de cavalerie et ses batteries d'artillerie, était massé sur la place et exécutait, sous les ordres d'un général, les mouvements et maniements d'armes prescrits par le rituel, à chaque phase du service divin. Le général en chef, escorté de son état-major, assistait toujours à cette messe, à l'issue de laquelle il faisait défiler les troupes devant lui. Cette parade produisait les meilleurs effets, en ce sens qu'elle montrait à la capitale des troupes splendides. Mais on faisait observer qu'elle froissait les sentiments du parti libéral, qu'il eût peut-être été sage de nous concilier par quelques concessions, au lieu de creuser chaque jour davantage le fossé qui nous séparait de lui.

J'avoue qu'il était presque impossible de tenir la balance droite entre deux partis aussi irréductibles que les cléricaux et les libéraux. Les cléricaux n'étaient pas loin de demander le rétablissement de l'Inquisition, et les libéraux, l'expulsion de tout ce qui portait une soutane. Le général Forey perdait son latin, au milieu de toutes ces intrigues et de toutes ces contradictions. Il était animé des meilleures intentions, avait été très touché de l'accueil fait à l'armée française et à lui-même, et ne demandait qu'à travailler sincèrement au bonheur du Mexique. Mais la tâche était au-dessus de ses forces, d'autant plus qu'il manquait de cette énergie continue, sans laquelle on ne fait pas les grandes choses; une caricature, un article de journal le mettaient hors de lui et lui faisaient prendre le contre-pied des mesures décrétées par lui-même, la veille. Mais c'était un très brave homme, qui aurait voulu ramener le calme et la tranquillité dans l'ancien empire de Montézuma, déchiré par les divisions que nous avons connues depuis chez nous. Et son honnêteté native devait se soulever contre la comédie arrangée entre M. Dubois de Saligny et le général Almonte, pour arriver à la solution de la question mexicaine, par l'établissement d'un empire en faveur de Maximilien.

Le soir de la manifestation religieuse du 11 juin, la nouvelle municipalité de Mexico offrit un banquet de cent cinquante couverts à l'état-major de l'armée et aux chefs de corps. Je profitai de l'éloignement de mes cantonnements à Tacubaya pour décliner cette corvée, plus fatigante qu'attrayante.

Le lendemain 12, nous eûmes une proclamation pompeuse et sonore du général Forey, suivie d'un décret par lequel il remettait officiellement la direction des affaires à un triumvirat, chargé du pouvoir jusqu'à l'établissement d'un gouvernement définitif. Ce triumvirat était composé du général Almonte, qui devait le présider; de l'archevêque de Mexico, Mgr Labastida, prêtre de bonnes mœurs, mais très fanatique, et d'un vieux guerrier, dont le nom n'encombrera guère l'Histoire : le général Sallas. Ces trois personnages, qu'on appela aussitôt irrévérencieusement « les trois caciques », étaient censés avoir été élus par une première assemblée de trente-cinq membres, tous individuellement désignés par le général en chef, et chargés de nommer eux-mêmes une assemblée constituante de deux cent quinze membres, qui devait arrêter la forme du gouvernement définitif et en proclamer le chef.

Nous fûmes officiellement convoqués pour assister à l'ouverture des travaux de cette assemblée constituante, qui représentait fictivement toutes les provinces du Mexique, dont la plus grande partie obéissait encore réellement à Juarez, et qui avait été, pour ainsi dire, simplement ramassée sur le pavé de Mexico. Ses membres me firent l'effet de pauvres diables dont la physionomie, les manières et même le costume ne répondaient guère à l'idée que nous avions alors de ce que doivent être les mandataires d'un peuple. Il eût été plus digne de nous et plus franc de ne pas recourir à de pareils procédés, qui ne trompaient personne, et qui prêtaient à rire aux plus indulgents.

Mexico, que je commençais à parcourir et à connaître, a positivement l'air d'une capitale, par le luxe qui y règne et par le mouvement qui l'anime, plus que par ses monuments, qui n'offrent rien de particulièrement remarquable. Son plus bel édifice est sa cathédrale, bâtie sur un des côtés de la grande place, ainsi que le palais du Gouvernement, sorte d'immense caserne qui peut contenir tout le monde officiel, Chambre, Ministères, Hôtel des monnaies, etc., et son palais municipal l'Ayuntamiento. Les autres côtés de la place sont formés par des maisons dont les arcades, surbaissées, constituent des portiques, lieu de promenade très fréquenté et abrité du soleil et de la pluie. Le soir, ces portiques sont, comme notre ancien Palais-Royal, le rendez-vous des beautés faciles. A cette place aboutissent quelques grandes rues où se concentrent toute l'activité, toute la richesse de la ville. Mais les belles maisons sont rares, et celles qui ont trois étages se comptent. Presque toutes ces maisons sont bâties dans le style espagnol, qui dérive du style mauresque : une cour intérieure, carrelée en faïence, et autour de laquelle s'ouvrent les appartements. Autour de ces quartiers du centre, de vastes faubourgs allongent leurs rues, bordées de fabriques et de masures, où grouille une population de créoles, de métis et d'Indiens, bruyants, mais assez doux. Ce monde-là se bat assez fréquemment dans ses cabarets, où coule le pulque.

Mais, comme on a l'habitude de le tenir sévèrement, la voie publique est tranquille. Ces régions faubouriennes sont très mal entretenues, mal pavées ou pas pavées du tout. On y patauge, pendant les pluies, dans une boue profonde, et pendant l'été, on y est enterré dans une poussière intense et nauséabonde. Le service de la voirie est confié aux forçats, on le sait déjà, et les bagnes sont généralement habités par des travailleurs plus que médiocres.

Une véritable curiosité à Mexico, c'est la promenade de l'Alameda, sorte de square très étendu où, de trois à six heures, la société mexicaine se croit tenue d'apparaître, même pendant la saison des pluies, dont elle utilise la moindre éclaircie. Les femmes y viennent en calèches attelées de mules, aux harnais garnis de grelots et de passementeries; les jeunes gens, à cheval, habillés à l'européenne, ou revêtus du gracieux costume national, et assis sur la selle mexicaine, incrustée d'argent. L'allée centrale est réservée aux cavaliers, et les voitures circulent autour d'eux. Les chevaux caracolent, les cavaliers se redressent. Dans les voitures, les yeux noirs brillent sous la mantille, les éventails répandent dans l'air les parfums des fleurs piquées dans les chevelures d'ébène, qui se mêlent à la fumée bleue des cigarettes, et il est facile de voir qu'un flirt forcené est le fond de la vie sociale au Mexique. Pendant le carême, cette promenade journalière, ce paseo, déserte l'Alameda pour les rives du canal de Tetzcuco, dernier vestige des lagunes d'autrefois, et que sillonnent des barques chargées de fleurs, de légumes et de fruits. C'est très pittoresque.

Tacubaya, où je gîtais, est à six kilomètres de Mexico. Mais la petite ville est reliée à la capitale par un tramway que traînent des mules. La route passe sous un aqueduc qui apporte l'eau de source à Mexico. A moitié chemin se trouve le château de Chapultepec qu'ont bâti les souverains aztèques, et qu'habitèrent ensuite les vice-rois d'Espagne. La république mexicaine l'avait transformé en caserne et laissé tomber dans un délabrement complet. Le 20ᵉ bataillon de chasseurs à pied était venu y prendre garnison. Plus tard, l'empereur Maximilien devait le réparer et en faire sa résidence favorite. C'est un bâtiment original, splendide, assis sur une colline et entouré d'un grand parc dont des cèdres séculaires sont le principal ornement.

L'armée française n'a jamais passé pour un foyer de mélancolie, et l'Histoire nous la montre toujours complétant par son entrain et sa gaieté la conquête des populations qu'avaient soumises ses armes. Au Mexique, nous tenions à honneur d'entretenir les traditions nationales, et ce devoir était rendu facile et agréable par les prévenances d'une société aimable, qui ne demandait qu'à s'amuser. Aussi, le lendemain du jour où nous avions organisé la représentation politique et l'Assemblée constituante, organisions-nous un grand bal par souscription, offert par les officiers à la société de la capitale, qui s'empressa d'accepter nos invitations. La dépense, réglée au prorata des grades, fut bien un peu lourde pour la bourse plate du sous-lieutenant, mais on va voir que tout le monde en eut pour son argent.

Du péristyle aux dernières galeries, le théâtre n'était qu'un vaste bouquet de fleurs embaumées, au milieu desquelles nos artilleurs, décorateurs émérites, avaient jeté des trophées militaires, des drapeaux, des emblèmes. Des casques, des sabres en panoplie, des baïonnettes en rosaces scintillaient, inoffensifs et brillants, sous l'éclat de milliers de bougies et sous les lueurs changeantes des flammes de Bengale. La scène, reliée à la salle, était une miniature de forêt vierge dans laquelle des victuailles exquises et des serviteurs empressés remplaçaient les baies sauvages et les Indiens armés en guerre. Plus de cinq cents dames mexicaines, couvertes de bijoux, remplissaient les loges.

Souple, gracieuse, petite, mignonne, enjouée, spirituelle, avec son teint mat, ses yeux de diamant noir ombragés de grands cils, ses lèvres charnues et rouges, qui découvrent des dents blanches comme des perles, son abondante chevelure d'ébène, dont l'entretien est un de ses grands soucis, ses formes à la fois opulentes et délicates et son pied cambré, la femme mexicaine peut passer pour une des merveilles de la création. Elle est coquette, langoureuse, et si on la jugeait d'après l'extérieur et même d'après sa correspondance amoureuse, ses œillades provocantes, on jurerait qu'elle a gardé dans le sang toutes les braises du soleil sous lequel elle est éclose. Cependant, ceux de mes camarades qui avaient assez de temps et de tempérament pour se livrer à ce sujet à des études comparatives m'ont affirmé, et je les ai crus sur parole, que ses passions n'étaient qu'en surface, et qu'en elle tout était sacrifié à la façade. Il n'en est pas moins vrai que ce jour-là, les officiers français, sanglés dans leur uniforme numéro un, paraissaient tout à fait ravis, lorsque, après avoir épuisé leurs ardeurs dans les danses européennes, ils les sentirent renaître au spectacle de la « habanera », ce long poème d'amour dansé et mimé par les indigènes. L'intendant général Wolff, qui assistait à cette féerie, faisant trêve à ses soucis administratifs, prétend que si on était venu proposer à nos jeunes gens un nouvel enlèvement des Sabines, ils n'auraient pas reculé devant cette réminiscence classique. Ce qu'il y a de certain, c'est que Français et Mexicaines ne se retirèrent qu'au grand jour, partirent enchantés les uns des autres et convaincus qu'en se trémoussant pendant toute une nuit, ils venaient d'accomplir une action à la fois très agréable et très politique. Là se nouèrent des relations et s'ébauchèrent des romans, dont plusieurs aboutirent au dénouement le plus honnête : à un mariage. C'est peut-être même le moment de raconter tout de suite une anecdote assez drôle dont le héros vit encore.

Un jeune et beau capitaine, à la suite de ce bal, fut reçu affablement dans une famille composée d'une veuve et de sa fille. La fille était charmante, le capitaine était tendre. L'amour naquit, et le mariage suivit l'amour. Le jour où elle agréa la demande solennelle, la maman dit au capitaine : « Je dois vous prévenir que moi-même, qui ne suis pas encore arrivée à un âge où l'on prend une retraite définitive, j'ai l'intention d'imiter ma fille et de faire, comme elle, le bonheur d'un de nos vainqueurs. » Le capitaine, un peu interloqué, demanda le nom de son heureux collègue et futur beau-père, et cita, en commençant par le plus gradé, tous les officiers qui fréquentaient la maison. Quand il eut bien cherché, et quand il n'eut rien trouvé, la dame, pour ne pas le faire languir, lui dit : « El assistante de usted. » Et voilà comment le beau capitaine devint le gendre de son brosseur.

Pendant qu'à Mexico on dansait et on flirtait, dans le reste du Mexique, on s'amusait un peu moins. Depuis qu'il avait chassé les Espagnols, ce malheureux pays avait vu grandir dans son sein, à la faveur de l'anarchie, dont il n'avait pu se débarrasser, une institution de jour en jour plus florissante : celle du brigandage. Il était sillonné par des bandes d'aventuriers qui, sous le prétexte de défendre le parti triomphant, opéraient pour leur propre compte, pillaient les fermes, détroussaient les voyageurs et se livraient à tous les excès imaginables. Les chefs de ces bandes étaient tantôt pendus et tantôt incorporés dans l'armée, avec des grades plus ou moins élevés, suivant leur plus ou moins de chance. Notre intervention, amenant une complication nouvelle, avait développé encore cette industrie, qui aboutissait soit à un gibet, soit à une épaulette à gros grain.

Aussitôt après son installation à Mexico, le général en chef avait appris que les environs de la capitale étaient exploités et mis à contribution par une bande de cent cinquante hommes, commandés par un certain Buitron. Buitron, après avoir travaillé pour les libéraux, s'était converti aux réactionnaires et pillait les gens au nom de la bonne cause. Il s'était nommé lui-même général, pour se récompenser des services qu'il était censé nous rendre. Il s'était installé à quatre lieues de Tacubaya, à San-Angel, militairement, dans un couvent fortifié, terrorisant les alentours et menant joyeuse vie. Il importait de mettre un terme au service de cet auxiliaire gênant, et un jour qu'il était venu incognito se distraire à Mexico, le général Bazaine le fit arrêter. Puis il me prescrivit d'aller enlever la bande avant qu'elle connût le sort de son chef.

Je me mis en route, à deux heures du matin, avec quatre compagnies du 20ᵉ bataillon de chasseurs à pied et mes deux escadrons. J'arrivai à San-Angel à la pointe du jour. Notre marche n'avait pas été éventée, et tous les sacripants dormaient encore dans leur couvent, ce qui était heureux, car, s'ils s'étaient défendus, je ne sais pas trop comment j'aurais fait pour les forcer.

Le peloton d'avant-garde cueillit la sentinelle qui veillait à la porte principale, sans lui donner le temps de jeter l'alarme. Puis, mes chasseurs sautèrent à bas de cheval et empêchèrent les Mexicains de refermer cette porte. Le reste des escadrons arriva au galop, et bientôt l'infanterie, cernant tout le couvent, ôta à la bande ses velléités de résistance. On me montra alors les cadavres de deux pauvres diables qui se balançaient à la maîtresse branche d'un arbre planté sur la place du bourg. **C'était la justice de Buitron.** Je revins dans la journée, ramenant 140 gentilshommes de grand chemin, 160 bons chevaux sellés et harnachés, trente-quatre mille cartouches, avec les sabres et les fusils. Le coup de filet avait été complet. Lorsque Buitron fut en prison, les langues se délièrent, et ses victimes, terrorisées jusque-là, racontèrent ses méfaits. Buitron et son premier lieutenant furent traduits devant une cour martiale et fusillés, un beau matin. Quant aux chenapans de la bande, les uns furent envoyés dans les Terres-Chaudes, pour y travailler au chemin de fer, et les autres furent incorporés dans l'armée mexicaine. J'eus pour ma part des dépouilles opimes de cette expédition, et je conserve encore la selle de Buitron, une fort belle selle.

Buitron n'était malheureusement pas seul à exercer son industrie dans le pays. Les débris de l'armée libérale s'étaient disséminés en bandes de deux cents ou deux cent cinquante hommes, qui coupaient les routes, arrêtaient les voyageurs, ôtaient toute sécurité au pays et fatiguaient l'armée, obligée de fournir à chaque diligence, à chaque voiture un détachement d'escorte.

Il fallut faire rayonner partout des colonnes mobiles, étendre le réseau de l'occupation. Le 81ᵉ de ligne, colonel Méry de la Canorgue, alla occuper la grande et belle ville de Tlascala, à dix lieues de Puebla. Le 51ᵉ, colonel Garnier, prit position à Toluca, à quinze lieues de Mexico, avec de la cavalerie et de l'artillerie. Et enfin le 62ᵉ, colonel baron Aymard, fut chargé de protéger les grandes mines d'argent de Real-el-Monte et de Patchucas.

Depuis la découverte des placers d'or en Californie et en Australie, la prospérité des mines d'argent du Mexique a beaucoup diminué. Mais à cette époque, on citait encore quelques grandes fortunes réalisées par des plateros, c'est-à-dire des propriétaires de mines d'argent : celle des Escandon, des Errazu, celle de M. Bastegui, dont le père, simple matelot à bord d'un bâtiment espagnol, avait déserté et trouvé un filon considérable. Ce qu'on ne citait pas, par exemple, c'étaient les noms de milliers de pauvres diables qui, moins heureux qu'eux, avaient trouvé au même endroit la misère et la mort, et les nombreuses sociétés qui y avaient fait faillite. On sait que les mines du Mexique ont fait la prospérité des fameuses mines de mercure d'Almaden, en Espagne, parce qu'on traite le minerai d'argent en l'amalgamant avec le mercure, après l'avoir broyé dans des moulins actionnés par des mules. Ces pauvres bêtes sont vite empoisonnées, et les propriétaires retirent de leurs cadavres assez de mercure pour s'indemniser de leur perte.

L'argent sort des établissements miniers en petites barres, et il est escorté par une force armée considérable jusqu'aux ports d'embarquement.

Le reste de l'été se passa très tranquillement pour moi. La saison des pluies avait interrompu toutes les opérations, et depuis la fin de juin, je passais mon temps à me soigner et à regarder tomber les averses, qui sont journalières et épouvantables, accompagnées de roulements de tonnerre à faire croire que le ciel va tomber sur la terre. Je n'étais pourtant pas complètement inactif. J'avais reçu de mon dépôt de Constantine tous les approvisionnements nécessaires et réclamés. J'en profitai pour remettre en parfait état hommes et chevaux. Et mes chasseurs, à qui j'avais inculqué mon goût pour la bonne tenue, se prêtaient à merveille à tous les soins que je leur donnais. Il y avait parmi eux des soldats réellement admirables, un entre autres dont je me souviens et qui, à Cholula, au plus fort de la mêlée, sabrant, pointant, frappant d'estoc et de taille, s'écriait dans son exaltation : « Je ne donnerais pas ma place pour cent mille francs! » Ma grande distraction était d'aller de temps en temps au paseo de l'Alameda, où ils faisaient à leur tour le service d'ordre, et je constatais avec joie qu'ils étaient toujours les mieux tenus de l'armée.

A part ces déplacements, en quelque sorte professionnels, je venais peu à Mexico, où cependant la vie était très agréable pour les officiers, reçus dans l'intimité par la société indigène et accablés d'invitations par la colonie étrangère, principalement les banquiers anglais et allemands, qui donnaient de grands dîners et de grands bals. Dans toutes ces soirées, on jouait d'une manière effrénée. Les Mexicains adorent le jeu, et dans les salons aussi bien que dans les tripots et les cabarets, tout le monde joue avec fureur au « monte ». Je ne sais pas en quoi il consiste. Je n'aime pas les cartes. Mais je sais qu'on y perd très bien et très vite son argent.

La maison la plus hospitalière, celle où tous ceux qui portaient l'uniforme étaient sûrs de trouver un accueil cordial, était celle d'un banquier anglais, M. Davidson, correspondant des Rothschild, je crois. M. Davidson n'était pas seulement un hôte très riche et très affable, c'était aussi un de ces hommes qui, par leur situation et leur intelligence, dominent en quelque sorte le mouvement humain et voient naître les événements. On n'allait pas chez lui seulement pour s'amuser et jouer gros jeu, on y allait aussi pour s'instruire et chercher des nouvelles, surtout en ce moment où commençaient les affaires de Pologne et où plusieurs d'entre nous craignaient d'être retenus au Mexique, alors que de grandes complications pouvaient surgir en Europe. Un jour, il nous dit : « On m'écrit de Paris que l'insurrection de Pologne est un feu de paille, qui s'éteindra de lui-même. Mais il y a une question des duchés du Sleswig-Holstein qui, elle, mettra le feu aux quatre coins de l'Europe. » Que de fois, depuis, je me suis rappelé cette prévision d'un esprit supérieur appréciant d'avance le génie, encore non révélé, d'un Bismarck !

A Mexico, on ne jouait pas qu'aux cartes, on ne s'adonnait pas qu'aux jeux de l'amour et du hasard. On spéculait à la Bourse. Un jour, un de mes amis, qui occupait une haute situation financière, me dit : « Si j'étais à votre place, j'achèterais demain des « Pagarès ». On appelait ainsi des bons émis par Miramon, des délégations sur certains revenus du Trésor public qui étaient tombés dans le discrédit le plus absolu. — « Pourquoi faire ? lui répondis-je. D'abord, je n'ai pas d'argent à aventurer. Je suis soldat, et un soldat ne doit jouer que sa peau. — Soit ! Mais vous le regretterez. » Le lendemain, un avis paraissait dans le *Journal officiel* déclarant que le nouveau gouvernement reconnaissait toutes les dettes de la République, et les « Pagarès » montaient comme une soupe au lait. Quelques jours après, nouvel avis dans le même journal, apprenant au public qu'on s'était mépris sur le sens de la note précédente, et qu'en aucun cas il ne pouvait être question des « Pagarès », vu que les « Pagarès » n'étaient pas garantis par un contrat valable. Et les « Pagarès » de retomber comme une outre vidée.

Le temps se passait donc parmi ces occupations variées et parmi ces plaisirs, toujours renouvelés, au milieu d'un échange de politesses mondaines, car les grands chefs tenaient, eux aussi, à honneur de recevoir. Le général Douay donnait des fêtes élégantes. Quant au commandant en chef, il avait adopté un train destiné à frapper les imaginations et qui contrastait avec ses allures un peu frustes. Il ne sortait que dans une voiture à quatre chevaux, précédée et suivie de hussards, le capitaine commandant l'escorte à cheval à la portière de droite, et un des officiers d'ordonnance à cheval à la portière de gauche. Derrière, galopait un maréchal des logis portant le fanion du commandement, un grand drapeau tricolore. Le général escomptait d'avance la munificence impériale et les témoignages de satisfaction qu'accorderait l'Empereur à lui et à son armée, qui avait si bien soutenu l'honneur de la France. Il avait reçu du général Frossard, aide de camp de l'Empereur, une lettre lui racontant que « Sa Majesté, qui ne dormait pas depuis sept nuits, dans l'anxiété où l'avaient jetée les dernières nouvelles du siège, avait pleuré de joie en apprenant la prise de Puebla, et qu'elle était disposée à accorder toutes les récompenses qui lui seraient demandées pour l'armée ». Or, ces récompenses étaient en route. Le navire qui les apportait avait quitté Saint-Nazaire le 15 juillet, et nous étions arrivés au 15 août, jour de la fête de l'Empereur. Cependant le général Forey savait déjà officieusement qu'il était nommé maréchal, et il s'était empressé de prendre le titre et d'arborer l'uniforme de sa nouvelle dignité. Il avait décidé qu'une messe solennelle, suivie d'un *Te Deum*, serait célébrée, à huit heures, dans la cathédrale de Mexico, et qu'ensuite les troupes qui auraient assisté à la cérémonie défileraient devant lui. Le triumvirat mexicain, le général Almonte, Mgr Labastida et le général Salas, les trois caciques, avaient été invités à cette solennité. Avant d'accepter l'invitation, ils exigèrent qu'une estrade fût élevée pour eux dans le chœur de la cathédrale, et que le maréchal se contentât d'un simple fauteuil, au pied de l'estrade. Le maréchal concédait l'estrade, mais à la condition qu'une estrade semblable fût élevée en face, de l'autre côté du chœur, sur laquelle il prendrait place avec le ministre de France. Les trois caciques trouvèrent que leur dignité était compromise par cette seconde estrade et refusèrent d'assister à la cérémonie. On se passa d'eux. Mais il était incroyable vraiment que ces trois personnages, dont un évêque, refusassent ainsi de s'associer à des prières dites pour un souverain qui avait prodigué l'or et le sang de la France afin de les faire sortir de leur néant et de soutenir leur cause, antipathique non seulement à la masse de la nation mexicaine, mais à l'armée française elle-même, comme le prouva l'attitude de quelques régiments qui défilèrent dans le plus profond silence devant le maréchal, à l'issue de la messe. Ce qui est encore bien plus incroyable, c'est que le ministre de France, M. de Saligny, les soutint dans leurs prétentions injustifiables et inconvenantes.

Ce jour-là, par extraordinaire, le beau temps dura jusqu'au soir, et la municipalité donna en notre honneur une magnifique course de taureaux, comme en Espagne. Ce genre de divertissement est devenu trop classique pour que j'aie besoin de le décrire. Il était presque hebdomadaire, et je comprends, à la rigueur, l'enthousiasme et même l'enivrement qu'il excite. Le soir, il y eut grand banquet chez le maréchal. On n'y discuta pas les préséances. Les trois caciques y burent et y mangèrent comme quatre.

Cinq jours après, le 20 août, le bienheureux courrier de France arriva, avec l'avis officiel des récompenses impatiemment attendues. Le général Forey recevait le bâton de maréchal de France, le général de Castagny recevait la troisième étoile, le général Douay ayant déjà été confirmé dans son grade de divisionnaire. Un autre brigadier d'infanterie obtenait la plaque de grand officier. Il eût été promu divisionnaire, comme on s'y attendait et comme le méritait sa valeur, s'il n'eût pas affecté des allures de troupier qui nuisaient à la dignité du commandement.

Cinq colonels étaient nommés généraux de brigade. Les voici, par ordre d'ancienneté :

Le colonel Méry de la Canorgue, du 81°, le plus ancien colonel d'infanterie de l'armée;

Moi, bien que je fusse le plus jeune de grade des deux colonels de cavalerie. Je devenais ainsi le plus jeune des généraux de l'armée française ;

Le colonel d'Auvergne, chef d'état-major général ;

Le colonel Brincourt, du 1ᵉʳ de zouaves ;

Le colonel Viala, commandant le génie du corps expéditionnaire.

Le général Méry de la Canorgue rentrait en France. Les quatre autres étaient maintenus à la disposition du commandant en chef.

Ce courrier, en même temps que ma nomination, m'apportait une bien triste nouvelle, celle de la mort de mon oncle, le général de Chalendar, le frère très aimé de ma pauvre mère.

Je laissai à mon ami Margueritte, nommé colonel du 3ᵉ de chasseurs d'Afrique à ma place, et remplacé comme lieutenant-colonel par le commandant de Tucé, un régiment magnifique et dévoué, deux escadrons qui, depuis moins d'un an, avaient reçu une croix d'officier, quinze croix de chevalier et vingt-deux médailles militaires, un régiment que j'aimais de toute mon âme et qui me le rendait, j'ose le croire ; et je n'en veux pour preuve que les manifestations de sympathie dont il m'accabla, quand je lui dis adieu. Tous ceux que j'avais eus sous mes ordres, sans exception, vinrent m'apporter l'expression de leur estime, de leur affection et de leurs regrets. Les camarades d'Afrique et de France se joignirent à ceux du Mexique, ainsi qu'à ceux que j'avais connus dans ma carrière, non seulement dans la mère patrie, mais encore à l'étranger. Il me vint des félicitations du fond de la Valachie, où servait un jeune officier, M. Yarka, qui avait fait son stage au 3ᵉ de chasseurs d'Afrique, où il avait été accueilli en frère, et nous avait accompagnés jusqu'au Mexique. Le ministre de la guerre de Roumanie, général Floresco, m'écrivit pour me remercier officiellement des attentions prodiguées à son compatriote. Je devais revoir Yarka encore une fois, en 1873. J'étais ministre de la guerre et lui lieutenant-colonel. Il mourut peu de temps après.

Mon brave régiment! je veux tout de suite conter un fait bien postérieur, mais qui prouve combien étaient vivaces parmi mes chasseurs les traditions de coquetterie militaire que je leur avais apportées.

En 1870, une partie du régiment vint d'Afrique à l'armée de la Loire. Après le premier engagement avec les Prussiens, on fit passer aux chasseurs d'Afrique l'ordre de noircir les buffleteries blanches, qui, disait-on, servaient de point de mire aux balles allemandes. Savez-vous ce qu'ils répondirent? « Si on nous tue, ça ne regarde que nous. Mais nous ne voulons pas renoncer aux buffleteries blanches ». Et jusqu'à la fin de la campagne, on blanchit avec rage, aux chasseurs d'Afrique, les buffleteries.

Ce qui est plus sérieux, c'est que le jour de l'armistice, les chasseurs d'Afrique, après avoir roulé dans toutes les neiges et toutes les boues, étaient propres et bien ficelés.

Enfin, que dirai-je? Toutes ces félicitations m'allaient à l'âme, parce qu'elles me prouvaient que l'opinion de l'armée acceptait mon rapide avancement comme une récompense méritée, et non comme une faveur accordée à des complaisances ou à des services contestables.

Le maréchal Forey comptait bien que sa nouvelle élévation ne le priverait pas d'un commandement dont il était si fier et si heureux, et que l'Empereur lui permettrait de continuer ce qu'il appelait son œuvre. Mais en le nommant maréchal, l'Empereur le rappelait en France et le remplaçait, comme commandant en chef, par le général Bazaine, à la grande joie de l'armée dont il était le favori et dont les sympathies ne devaient, d'ailleurs, pas résister longtemps, lorsqu'on le vit à l'œuvre. Ce fut pour le maréchal une déception amère, dont ne le consola aucun compliment. Il ne pouvait pas se faire à cette idée que l'Empereur le rappelait, encore bien que le général Bazaine lui eût mis sous les yeux une lettre impériale qui expliquait ce rappel et les raisons pour lesquelles lui, Bazaine, était investi du commandement : « Je ne veux pas, écrivait l'Empereur, que ce soit celui qui a fait la campagne qui organise le pays, après la victoire. »

Napoléon III voulait si bien faire table rase qu'il rappelait, en même temps que le maréchal, le ministre de France, M. Dubois de Saligny, remplacé par M. de Montholon. Et certes, de toutes les nouvelles apportées par le courrier de France, ce ne fut point la moins agréable à l'armée, qui considérait en M. de Saligny l'auteur de toutes les fautes commises, le bourreau de l'amiral Jurien de la Gravière et du général de Lorencez, le fauteur de la politique réactionnaire et cléricale, opposée au goût des Mexicains et même aux institutions politiques des Français, et enfin le principal obstacle à la pacification désirée.

Mais le maréchal Forey, rappelé pour avoir subi les caprices du ministre, alors que les autres avaient été rappelés pour les avoir combattus, ne l'entendait pas ainsi. Il ne pouvait pas croire que l'Empereur fût inexorable. L'Assemblée constituante, que l'on parait du nom de Congrès, venait de voter l'établissement de l'empire au Mexique, en la personne de l'archiduc Maximilien, qui avait fait connaître officiellement son acceptation. Le maréchal pensait que, lorsqu'on connaîtrait cet événement à Paris, on en attribuerait la gloire à ses efforts et qu'on serait bien contraint de lui permettre de consolider le trône qu'il venait de relever. Il avait écrit dans ce sens à l'Empereur, et, sous prétexte d'attendre la réponse du souverain, mieux informé, il persistait à rester à Mexico. Les mauvaises langues prétendaient déjà qu'il retardait son départ pour n'avoir pas à traverser les Terres-Chaudes, où sévissait cruellement la fièvre jaune. Il ne pouvait se décider à abandonner un pouvoir dont il commençait même à mésuser, accordant des grades dans la Légion d'honneur à des officiers mexicains, sans souci du sentiment de l'armée, qui en était froissée, et afin, disait-on, d'obtenir pour les officiers de son état-major des décorations de l'ordre de Guadalupe, rétabli par le gouvernement provisoire ; alors qu'il n'avait ni le droit de conférer la Légion d'honneur à des officiers étrangers, ni le droit d'accepter des décorations étrangères pour des officiers français.

Sa situation devenait bizarre et fausse. Il ne commandait plus. Il ne recevait même plus rien de Paris. Toutes les pièces de service étaient adressées « au général commandant en chef ». Un instant, il avait émis la singulière prétention de se les faire remettre, en les envoyant réclamer à la Vera-Cruz par un exprès que le directeur des postes repoussa avec perte. Enfin, le ministre de la guerre écrivait au général Bazaine : « M. le maréchal Forey sera déjà bien loin du Mexique, quand vous recevrez cette lettre. Vous avez dû être frappé des fautes qui ont été commises depuis l'entrée de l'armée à Mexico. Je ne doute pas que vous vous soyez déjà mis à l'œuvre, pour réparer les fâcheuses mesures ordonnées par votre prédécesseur. »

Cependant, il fallait bien que cet imbroglio sans exemple prît fin. Le maréchal se résigna et annonça son départ. Les officiers allèrent en corps lui présenter leurs adieux, et il eut des accents véritablement touchants pour leur peindre sa douleur. Son discours manquait de correction, mais ses sentiments étaient tellement sincères qu'il nous tira presque des larmes. Sa sortie de Mexico fut solennelle, comme avait été son entrée. C'était un dimanche. Après avoir assisté à la grand'messe, le maréchal trouva toute l'armée française et toute l'armée mexicaine bordant les rues par lesquelles il devait passer. Il s'en alla au bruit des cloches, au bruit de l'artillerie, au bruit des tambours et des clairons qui battaient et sonnaient aux champs, au bruit de toutes les musiques qui jouaient l'air de la *Reine Hortense,* et il subit en dernier lieu les harangues de la municipalité. Les officiers généraux et tout l'état-major l'accompagnèrent à cheval jusqu'à deux lieues de la ville. Là, on se dit adieu avec émotion, et nous revînmes tous escortant le général Bazaine, qui restait seul à la tête du corps expéditionnaire. Son but était atteint. Il avait abordé le sommet si longtemps convoité, et presque aussitôt il allait rejeter du pied l'escabeau qui lui avait servi : le ministre de France, M. Dubois de Saligny. Quoique rappelé en même temps que le maréchal Forey, ce diplomate restait encore à Mexico, comptant sur l'appui et la bienveillance du général dont il avait servi les ambitions.

Le général Bazaine ne voulut pas se donner l'odieux d'expulser lui-même son protecteur, mais, en partant pour l'expédition que je vais raconter, il laissait au général Neigre, resté à Mexico, des instructions formelles pour qu'il embarquât M. Dubois de Saligny sur le premier paquebot en partance de la Vera-Cruz. Et ce fut ainsi que le ministre de France fut jeté dehors par l'homme dont il avait dit si souvent : « Les choses ne marcheront que lorsque le général Bazaine en aura la direction. »

XVI

LE MEXIQUE SOUMIS.

Campagne politique. — L'armée écrémée. — Les trois caciques. — Mœurs mexicaines. — Brigade d'élite. — Petit des Adieux. — Comonfort. — Marches forcées. — But atteint. — A Guadalajara. — Excommuniés ! — Suisse mexicaine. — Il faut partir. — Retour en colonne. — Pauvre Maximilien !

Quand du grade de colonel on passe à celui de général, on fait un bond considérable dans la hiérarchie, tant au point de vue du prestige qu'au point de vue des avantages matériels. On devient un personnage. On jouit d'une foule de privilèges. Le commandant en chef me destinait la succession de mon ami de Mirandol, c'est-à-dire le commandement de la cavalerie du corps expéditionnaire, commandement plus nominal que réel, puisque les deux régiments étaient séparés, et puisque même les escadrons étaient répartis de côté et d'autre, de telle sorte que le général avait été réduit jusque-là à suivre celui des deux colonels qu'il préférait. Mais encore fallait-il que ce poste fût rendu libre par la nomination de son titulaire au grade de général de division. Et pendant près de deux mois, de Mirandol attendit sa troisième étoile. Ces deux mois, je les passai dans une situation bizarre, irrégulière, en activité de service, mais sans emploi, touchant, par conséquent, ma solde brute. Il en résultait que, comme général, j'étais beaucoup moins payé que je venais de l'être comme colonel. Je m'inquiétais assez peu de ce détail, cependant, qui se noyait pour moi dans les joies de l'avancement.

N'ayant rien à faire, je fréquentais un peu dans le monde. A Tacubaya, j'allais volontiers chez un M. Perry, négociant anglais, qui menait une existence de haut luxe et qui recevait la meilleure compagnie, des gens à la fois simples et bien élevés, au milieu desquels on se plaisait, parce que l'on était à son aise. A Mexico, c'était aussi la société européenne cosmopolite que je voyais : des banquiers anglais, allemands, tous gens d'une honorabilité parfaite. J'ai peu vu la société indigène, qu'on disait accueillante et aimable.

Quant à la colonie française, qui comptait plus de deux mille individus, elle n'entretenait pas avec les officiers les rapports d'intimité qu'aurait pu faire prévoir la confraternité nationale. Il est très rare que les couches sociales auxquelles appartiennent les officiers de l'armée française fournissent un contingent à l'émigration, et nos compatriotes établis au Mexique y occupaient presque tous des situations modestes et peu propres aux relations mondaines. C'étaient de très braves gens, mais qui n'éprouvaient pas le besoin d'étendre leur contact avec l'armée au-dessus des sous-officiers. Je dînais cependant chez l'un d'eux, M. Toscan, que j'avais rencontré, on s'en souvient, sur la route de Puebla. Il était le plus notable Français de Mexico, et il ne se gênait pas pour déplorer notre intervention, racontant qu'elle lui faisait perdre plus d'argent que ne lui en auraient coûté les exigences financières du gouvernement de Juarez. On comprend que des compliments semblables n'avaient rien de bien attirant pour nous. L'armée et la colonie française semblaient donc, spectacle bizarre, gênées l'une vis-à-vis de l'autre, à ce point qu'on ne voyait jamais un

Français autre que des militaires aux réceptions du général Douay, fort brillantes pourtant et fort suivies par la haute société mexicaine et étrangère.

Enfin, vers le milieu d'octobre, la nomination du général de Mirandol au grade de divisionnaire arriva, et il partit pour la France, abandonnant son commandement, dont je fus aussitôt investi. Mais auparavant, j'avais été chargé d'une besogne que j'avais accomplie avec autant de scrupule que peu d'enthousiasme. Le général Bazaine préparait une grande expédition dans le nord du Mexique. Cette expédition devait être plus politique encore que militaire. Sans doute, il s'agissait de repousser le plus loin possible de la capitale les restes de l'armée mexicaine qui ne tenaient nulle part devant nous, et les troupes sans consistance et sans organisation que Juarez, réfugié à San-Luiz de Potosi, avait hâtivement levées. Sans doute, il s'agissait aussi de transformer le corps expéditionnaire en une sorte de grand filet, tendu derrière Mexico, traîné vers le nord et dans les mailles duquel viendraient donner et se faire prendre les nombreuses bandes de brigands qui désolaient la contrée. Mais il s'agissait surtout de faire reconnaître et, si c'était possible, acclamer partout le gouvernement nouveau de l'empereur Maximilien, élu par la Constituante de Mexico.

Napoléon III et Maximilien n'avaient pas jugé que la comédie jouée par cette Constituante fût une base suffisante pour l'établissement d'un nouveau régime. Ils avaient accepté son vote, à titre d'indication sur les volontés du pays. Mais ils voulaient le corroborer par celui des populations, et nous étions chargés de le recueillir. Nous allions faire une campagne électorale, dont le succès ne pouvait pas être douteux, car ces populations, habituées à voter aujourd'hui pour Pierre, demain pour Paul, auraient acclamé le diable ou le Grand Turc, si nous avions présenté leur candidature au bout de nos sabres et de nos baïonnettes. Nous allions donc transporter à la fois des urnes et des canons, et faire le double office de soldats et de courtiers électoraux.

Avant de s'élever dans le Nord, le général Bazaine, pour assurer la sécurité de ses derrières, voulait réorganiser et développer l'institution des contre-guérillas, qui, sous les ordres du colonel Dupin, opéraient dans les Terres-Chaudes. Le général Bazaine avait toujours la tête farcie des souvenirs des fameuses compagnies franches, dans lesquelles il avait combattu en Espagne, pendant la guerre entre carlistes et christinos. Il y joignait le souvenir des bachi-bouzoucks de Crimée, qu'on lançait en enfants perdus dans les embuscades. Mais il oubliait que tous ces corps étaient restés sous la main du commandement et n'avaient jamais été livrés à eux-mêmes, comme ils le furent dans les Terres-Chaudes. Il me confia le soin de choisir dans le corps expéditionnaire des hommes de bonne volonté que tenterait ce service spécial. Et je n'eus que l'embarras du choix. L'imprévu, le débraillé de cette vie aventureuse, sa quasi-indépendance, de sérieux avantages de solde, la perspective de bénéfices à récolter et de coups à faire, séduisaient, tournaient les têtes, et enlevaient ainsi à nos régiments et à nos escadrons quelques-uns de leurs meilleurs éléments, des hommes hardis, qui rongeaient leur frein dans la monotonie et les liens étroits de la vie régimentaire. J'en étais navré, car je ne partageais pas du tout les théories du général Bazaine.

Pour moi, le premier élément d'un succès militaire, c'est une discipline très forte et très exacte, qui subordonne tous les efforts individuels à un but commun, au lieu de les laisser s'épuiser dans le désarroi et les fantaisies particulières. Le progrès consiste à introduire dans une troupe irrégulière l'ordre et la règle. Il ne consiste pas à désorganiser systématiquement des forces qu'on a eu tant de peine à juxtaposer et à combiner pendant la paix. La guerre entraîne avec elle assez de désordre et de trouble pour qu'on ne s'amuse pas à y ajouter encore de parti pris. Aussi, je suis l'ennemi convaincu de toute espèce de corps franc, de francs tireurs, et de troupes guerroyant pour leur propre compte. J'avais essayé de faire partager ce sentiment au général Bazaine. Il m'écouta avec une bienveillance extrême, ne me fit aucune objection, et de sa voix empreinte d'une politesse exquise, il me déclara qu'il ne changeait rien à ses instructions primitives. Je me mis donc à désorganiser avec zèle et amertume, et j'envoyai au roi des Terres-Chaudes, au mousquetaire sorti du roman de Dumas qu'était Dupin, et qui maniait l'épée, tirait le pistolet, comme feu d'Artagnan, des bandes de hardis et gais compagnons, avec lesquels il éplucha, pour ainsi dire, le pays embrasé des Terres-Chaudes.

Ceci réglé, il restait au général Bazaine, avant de partir pour le Nord, une autre entreprise à mener à bien. Il voulait qu'en entrant dans son nouvel empire, Maximilien y trouvât une armée nationale solidement constituée, et ce fut encore dans l'armée française qu'on puisa, pour donner à cette armée nationale les cadres qui devaient en assurer la solidité. Il fit appel aux hommes de bonne volonté dans le corps expéditionnaire. Cet appel fut entendu, et, du jour au lendemain, le général se trouva débordé par le nombre des demandes. Les avantages de toutes sortes qu'on faisait aux militaires français passant dans l'armée mexicaine justifiaient cet empressement. Les officiers, en s'engageant sous le drapeau du Mexique, gagnaient un grade, tout en continuant à compter à leur régiment et en conservant leurs droits à l'avancement. Pour nos sous-officiers surtout, cette perspective était alléchante.

Chez nous, la carrière était encombrée par le nombre des engagés qui restaient au service jusqu'à leur retraite, et un sous-officier devait s'estimer très heureux lorsqu'il arrivait à l'épaulette vers vingt-huit ou trente ans. Le corps expéditionnaire contenait donc une foule de sous-officiers qui saisirent avec bonheur cette occasion unique de devenir sous-lieutenants mexicains et, par suite, sous-lieutenants français.

Sans doute, cette organisation eût été bonne si nous eussions eu pour nous le sentiment du pays, et si les Mexicains étaient venus d'eux-mêmes renforcer les cadres à base française. Mais elle devait s'écrouler comme un château de cartes, et l'armée française, en se retirant plus tard, allait attirer derrière elle presque tous ses enfants détachés, dont quelques-uns seulement continuèrent à servir dans les troupes restées fidèles à l'empereur mexicain.

Quelques jours avant de se mettre en route, le général en chef donna un grand dîner auquel je fus invité. Ce fut pour moi l'occasion d'être présenté aux membres du triumvirat et de faire la connaissance personnelle des trois caciques : le général Almonte, Mgr Labastida et le général Salas. Entre le quartier général et le triumvirat on échangeait des politesses officielles; mais on se regardait déjà un peu comme chien et chat, tout en se faisant, cependant, patte de velours, et le général Bazaine ne laissait pas sans inquiétude derrière lui des gens dont les actes et les allures lui inspiraient une profonde défiance, des gens qu'il considérait à la fois comme un peu bornés et comme très dangereux.

J'ai déjà présenté au lecteur le général Almonte, le métis, fils du curé patriote. Dévoué corps et âme au parti réactionnaire, le général Almonte n'était cependant point tout à fait une tête de bois. Il gardait à Napoléon III une reconnaissance attendrie pour tous les bienfaits qu'en avait reçus son parti, et, en faisant vibrer ce sentiment, on aurait pu en obtenir certaines concessions aux idées libérales.

Son collègue, le vieux général Salas, était un comparse, sans idée et sans volonté, une marionnette dont les ficelles se trouvaient dans la main de l'archevêque de Mexico, Mgr Labastida. L'archevêque était donc l'homme important, la tête et le bras du triumvirat. Encore jeune, gras, la figure rose et fleurie, encadrée d'un triple menton, avec un petit ventre qui ne demandait qu'à pousser, Mgr Labastida était le type de l'ecclésiastique papelard, onctueux, doucereux et faux. Quand on l'entendait parler, on l'aurait pris pour un libéral et on l'aurait cru résigné à toutes les concessions. Mais, au fond, c'était un entêté des idées les plus vieilles, un mulet obstiné dans l'immobilité, qui regrettait le tribunal du Saint-Office et les autodafés, qui fut la grande pierre d'achoppement pour le succès de notre intervention et un obstacle invincible à la conciliation des partis. Le conflit entre le général Bazaine et lui était encore à l'état latent. Il pivotait sur la question des biens du clergé.

L'empereur Napoléon avait blâmé la concession de pouvoirs politiques à peu près illimités accordée par le maréchal Forey au triumvirat, et il avait prescrit au général Bazaine d'assurer la sécurité des détenteurs actuels des biens du clergé, menacés par les revendications de Mgr Labastida. Il avait ordonné aussi que le général fît rapporter tous les décrets pris par les triumvirs et qui se trouveraient contraires à notre législation, car nous ne pouvions pas décemment imposer à coups de fusil aux Mexicains, qui n'en voulaient pas, des lois que nous-mêmes nous avions biffées de nos codes. Tel était, à ce moment, l'objet des discussions entre le général Bazaine et le triumvirat. Et ce fut là peut-être la cause initiale de la chute de Maximilien,

Il est entendu que le triomphe des États du Nord sur les États du Sud et la réconciliation des deux parties de la grande République américaine déterminèrent l'échec de notre intervention.

Mais, d'un autre côté, il est permis de penser que, si nous étions arrivés à éteindre rapidement les dissensions intestines de ce malheureux pays du Mexique, en face de populations réconciliées et unies sous le sceptre incontesté de Maximilien, les États-Unis se seraient probablement résignés au fait accompli.

Il est donc légitime d'affirmer que nos pires ennemis ont été les gens dont nous étions venus assurer le triomphe. Mgr Labastida était l'homme le plus impopulaire, et le plus justement impopulaire. D'ailleurs, moi qui suis un admirateur du clergé français, un catholique convaincu et un adversaire irréductible des gens qui se prétendent des anticléricaux, je dois à la vérité cet hommage de confesser que le clergé mexicain, quand je l'ai connu, était tellement démoralisé, et ignorant, et compromis de toutes les façons, qu'il justifiait, jusqu'à un certain point, les passions anticléricales des libéraux. Un trait de mœurs en dira plus long, à ce sujet, que toutes les phrases.

Quand j'avais pris mon cantonnement à Tacubaya, on ne parlait que du récent mariage d'un homme affligé de dix millions, qui venait d'épouser sa propre sœur de père et de mère, avec laquelle il vivait depuis fort longtemps. Cela n'est pas très rare au Mexique; mais ce n'est pas très admis en Europe, et, comme le frère et la sœur voulaient y vivre, ils se rendirent à Rome, afin de demander au Saint-Père de régulariser leur situation. Je n'ai pas besoin d'ajouter que le Pape leur refusa une dispense réellement exorbitante. Ils revinrent à Mexico, et là, un dignitaire ecclésiastique, moyennant finance et en parfaite connaissance de cause, célébra le mariage. C'était un fait de notoriété publique dont personne ne se scandalisait. Le ménage était même très bien vu dans le pays. Il retourna peu après en France, où il trouva la considération et les égards qu'on accorde aux écus.

Autre trait de mœurs, mais, celui-là, simplement plaisant. J'étais à Mexico le 2 novembre et j'assistai, par hasard, ce jour-là, à la fête traditionnelle de la commémoration des morts. C'était une très joyeuse solennité. Devant la cathédrale étaient installées les baraques d'une foire, avec tourniquets, jeux de tir, chevaux de bois, salle de concert et de spectacle, arènes d'hercules, voitures de somnambules, le tout assiégé par un monde fou. Ce qu'il y avait de plus curieux, c'est que les camelots et les industriels des baraques ne vendaient que des objets de circonstance : des têtes de mort, des ossements, des squelettes, des petits cercueils, le tout en sucrerie. Entre amis et parents, on échange ces cadeaux peu folâtres, et tout gamin qui se respecte doit, ce jour-là, sucer au moins un tibia. Ainsi le veut la mode.

Pendant que le général Bazaine était retenu pour quelques jours encore à Mexico, par ses travaux d'organisation et par ses débats avec le triumvirat, il avait donné des ordres pour sa campagne du Nord et poussé en avant ses deux divisions : la division qu'il avait cédée au général de Castagny et la division Douay. Leur objectif commun était Queretaro, ville située à cinquante lieues au nord de Mexico et à laquelle la mort de Maximilien devait donner plus tard une ineffaçable et lugubre célébrité. Là, s'était posté le général Comonfort, à la tête de la nouvelle armée libérale, une quinzaine de mille hommes. Deux routes conduisent de Mexico à Queretaro. La division de Castagny prit la route de droite, et la division Douay la route de gauche. L'avant-garde de Comonfort occupait une localité appelée « Arroyo-Zarco ». Le général Bazaine donna l'ordre de faire marcher en avant la nouvelle armée impériale mexicaine, qui était déjà assez bien organisée pour tenir la campagne. L'élément français qu'elle contenait suffisait pour lui assurer une supériorité indiscutable sur les troupes libérales. Il convenait donc de lui faire gagner ses éperons. En outre, un succès remporté sur les juaristes par l'armée impériale mexicaine devait donner au parti conservateur une prépondérance locale sur ses adversaires, qui étaient aussi les nôtres. D'ailleurs, pour ne rien négliger et ne pas s'exposer à une mésaventure, le commandant en chef avait prescrit à ses généraux de soutenir à distance nos alliés, dans leurs premiers débuts.

Tout se passa comme l'avait ordonné et prévu le général Bazaine. L'armée mexicaine, appuyée par la brigade de Berthier, qui resta en arrière, et entraînée avec vigueur et intelligence par son chef, le général Méjia, enleva la position d' « Arroyo-Zarco », et, avant même d'avoir été attaqué par elle, Comonfort, avec le reste de ses troupes, se mit en pleine retraite. Ce général Méjia, qui devait, avec Miramon, partager le sort fatal de l'empereur Maximilien sur le Cerro de Queretaro, théâtre de sa victoire, était un Indien pur sang. Je le revois encore, petit, trapu, avec sa figure large, ses pommettes saillantes, ses yeux bridés, ses lèvres épaisses et sa peau de bronze. Il n'en était pas moins un général de premier ordre, aimé et respecté de ses soldats, d'un courage éprouvé, et l'un des hommes les plus éminents de son parti, consciencieux, loyal, fidèle à sa parole, esclave de son devoir et patriote dans l'âme, c'est-à-dire ayant pour opinion politique le dévouement sans limites à ce qu'il croyait être l'intérêt et le salut du Mexique.

La nouvelle de ce succès, qui ouvrait brillamment la campagne du Nord, arriva au général Bazaine, quelques jours avant son départ de Mexico, où j'étais resté avec lui, pendant que le reste de l'armée commençait son mouvement en avant. Les divisions étaient parties le 8 novembre ; elles étaient depuis huit jours en marche. Le commandant en chef m'avait gardé avec lui, à la tête d'une brigade légère, véritable corps d'élite que j'étais très fier de commander, qu'il devait conserver sous la main, en se portant rapidement à droite ou à gauche de sa ligne de bataille. Cette brigade légère était composée de six escadrons de cavalerie, des deux bataillons de zouaves de mon ami le colonel Mangin, et de la batterie montée de la Garde.

J'ai déjà présenté au lecteur mon nouvel officier d'ordonnance, le capitaine du Vallon, ancien officier d'ordonnance du général Desvaux, et sorti avec le n° 1 de l'école de Saint-Cyr d'abord, et de l'école de Saumur ensuite. Grand jeune homme, mince, tenant de sa mère le type anglais, remarquablement spirituel et intelligent, un peu caustique et un peu susceptible, outil merveilleux, mais délicat à manier. Il semblait réservé à la plus belle carrière et me rendit, pendant toute cette campagne, les plus précieux services. Plus tard, quand je quittai le Mexique, le général Bazaine, qui l'appréciait hautement, lui offrit le commandement intérimaire de la contre-guérilla des Terres-Chaudes, que Dupin venait d'abandonner pour entrer à l'hôpital, en lui en promettant la survivance. Du Vallon accepta ; contre toute attente, Dupin guérit, et du Vallon dut rester commandant en second, avec la promesse de devenir bientôt chef d'escadrons. Mais Dupin et lui étaient l'eau et le feu. Du Vallon était froid, correct, règlementaire, des pieds à la tête, et Dupin, exubérant, capricieux, fantaisiste, prit bientôt en grippe ce censeur silencieux. On était arrivé au déclin de notre occupation. Les bandes renaissaient dans les Terres-Chaudes. Un jour, du côté de Tampico, Dupin se heurta contre un détachement de « puros » posté sur un mamelon rocailleux et donna à du Vallon l'ordre de l'enlever avec ses cavaliers. Ce dernier fit remarquer que le terrain ne se prêtait pas à une action de cavalerie et proposa de tourner la position. Dupin réitéra son ordre. Du Vallon, donnant un magnifique exemple du respect de la discipline et de l'abnégation militaire, commença à gravir, à la tête de ses hommes, les pentes rocheuses du haut desquelles les Mexicains les fusillaient. Il reçut trois balles en pleine poitrine, vécut assez longtemps, pourtant, pour être embarqué à bord d'un navire en partance pour New-York, et mourut en vue du port.

Le lecteur connaît aussi mon ami le colonel Mangin, dont les deux bataillons de zouaves avaient pour officiers des jeunes gens qui, pour la plupart, ont porté plus tard les trois étoiles.

Quant au premier régiment de marche de cavalerie qui faisait partie de ma brigade, il était commandé par le colonel Petit, qui venait de remplacer le colonel de Brémond d'Ars, nommé général de brigade et rappelé en France. Le colonel Petit était le fils du général de la Garde Impériale, à qui l'Empereur, en 1814, au moment de partir pour l'île d'Elbe, adressa dans la cour du Cheval blanc, à Fontainebleau, des adieux historiques. Nous l'appelions « Petit des Adieux ». Tout le monde a vu le tableau célèbre qui représente Napoléon serrant sur son cœur l'aigle des grenadiers et embrassant le général Petit. La lithographie, la gravure et l'imagerie d'Épinal l'ont popularisé. Or, à Mexico, un adjudant-major du régiment trouva une reproduction de ce tableau et en fit l'acquisition. Cette gravure devint l'instrument d'une farce inénarrable. A chaque étape, l'adjudant-major, après avoir désigné la chambre réservée au colonel Petit, suspendait religieusement à un de ses murs le tableau des *Adieux*. Dans la moindre petite ville, dans la plus obscure hacienda du Mexique, le colonel retrouvait invariablement les *Adieux de Fontainebleau*. Jamais il ne reconnut la supercherie. Toujours il s'imagina que c'était un nouveau tableau, et que, dans l'antique empire de Montezuma, son père jouissait d'une popularité sans égale. Et tous les soirs, quand il montait se coucher, à l'aspect de ce tableau vagabond, on l'entendait murmurer, en proie à l'émotion filiale : « Oh ! encore papa ! papa ! papa ! »

Petit devait son avancement à la faveur de l'Empereur qui l'avait pris pour officier d'ordonnance, dès le début du règne. C'était un caractère original, un esprit à tournures imprévues, un mondain déterminé, mais un militaire sans grande vocation. Il avait embrassé la carrière des armes par piété filiale, parce que le fils d'un général, embrassé par l'Empereur, devant toute la vieille Garde, ne pouvait pas ne pas être soldat. Mais il eût bien préféré les aises de la vie parisienne et la jouissance paisible de sa fortune à des courses interminables sur les plateaux de l'Anahuac. Je l'aimais beaucoup, quoique nous ne fussions pas d'accord sur les questions militaires. Que de fois je l'ai entendu s'écrier en zézayant : « Le Mexique ! Sale pays ! De la poussière ! Pas de pâtisseries ! Pas de dessert ! Sale pays ! » Ce brave Petit s'était un peu rattrapé à Mexico, et il recommençait sans enthousiasme la vie errante. Le pauvre garçon, il y a quelques mois, a subi une espèce de transport au cerveau. Il s'est cru ruiné, réduit à la misère, et s'est fait sauter la cervelle.

Un capitaine du 3ᵉ de zouaves exerçait dans ma brigade les fonctions de sous-intendant militaire, et s'acquittait avec une intelligence et une activité sans pareilles de cette tâche, toujours difficile en campagne, où tout est à créer. C'était le capitaine du Bessol, qui vient de quitter le service comme commandant du 19ᵉ corps d'armée.

Nous quittâmes Mexico avec le commandant en chef

le 17 novembre, et le surlendemain, nous étions à Toluca, jolie petite ville de 12,000 habitants, capitale de la province de ce nom, blottie au milieu de ses jardins, dans une région montagneuse et entre des pics gigantesques. Puis, laissant à droite Queretaro, occupé déjà par le général Douay, nous nous portions, à marches forcées, sur Guanaxuato, capitale d'un très riche district minier et ville très importante.

Nous marchions ainsi, au centre d'une grande ligne de troupes déployées, dont la division de Castagny formait la gauche et la division Douay la droite. Tout à l'heure, je comparais cette ligne à un vaste filet. Il serait plus exact peut-être de l'assimiler à une manœuvre de rabatteurs qui s'avancent, en frappant les buissons de leurs bâtons, pour faire partir le gibier. Notre gibier, c'étaient les débris de l'armée libérale, qui ne nous attendait jamais et qui, mise au courant de nos marches, décampait toujours, la veille de notre arrivée. Les journaux conservateurs du cru disaient, en parlant de l'armée libérale : « Ce n'est pas une retraite de soldats; c'est une panique de malfaiteurs, à l'apparition de la police. » Le général Bazaine conduisait avec une maestria incomparable cette opération si étendue, et, fidèle à sa tactique, il poussait toujours en avant de nous la nouvelle armée impériale mexicaine, qui grossissait en marchant, puisque, presque toujours, une partie de ses prisonniers devenaient ses recrues.

Il faudrait avoir une carte détaillée du Mexique sous les yeux, pour suivre les opérations de cette campagne du Nord qui s'accomplit avec une rapidité pour ainsi dire vertigineuse, et dans laquelle nous faisions des étapes qui oscillaient entre neuf et treize lieues. Mais je crois en avoir exposé le thème général. Nous courions sus aux Mexicains qui s'enfuyaient, et dans chaque ville, même dans chaque village, nous provoquions de la part des autorités et des populations un acte public d'adhésion au régime nouveau. Autorités et populations accomplissaient ledit acte avec une docilité qui frisait l'enthousiasme et nous donnait l'illusion du succès, alors qu'en réalité nous n'étions les maîtres que de l'espace que nous occupions. Derrière nous, nous laissions le pouvoir entre les mains du parti conservateur, qui se hâtait de perdre l'influence par ses divisions, tandis que le parti libéral, même vaincu, marchait comme un seul homme.

Et cependant, ce parti libéral venait encore de perdre un de ses chefs les plus illustres : le général Comonfort, l'ancien président de la république mexicaine, le vaincu de San-Lorenzo, redevenu ministre de la guerre de Juarez et commandant en chef de l'armée libérale. Il se distinguait au milieu de son parti par l'élévation et la modération de ses sentiments ; et le général Bazaine n'avait pas perdu l'espoir de le rattacher au nouvel empire, lui et un de ses collègues, un autre ministre de Juarez, nommé Doblado. Revenant de San-Luiz de Potosi, où il avait été appelé par Juarez, et regagnant son quartier général avec ses aides de camp et une centaine de cavaliers d'escorte, le général Comonfort fut surpris par un détachement de la division Méjia, lancé à sa poursuite, et trouva la mort dans cette rencontre.

A Acambaro, le général en chef retrouva la division Castagny, et immédiatement, avec ma brigade, il se porta sur Celaya, distante de dix-huit lieues, où il retrouva la division Douay. C'est ainsi que nous faisions perpétuellement la navette entre les deux divisions en marche. Là une rumeur, qui nous annonçait que les libéraux nous attendaient près de Salamanca, nous fit encore faire dix-huit autres lieues pour rejoindre cette dernière ville, où nous ne trouvâmes rien. Celaya et Salamanca sont les deux centres de fabrication du manteau national mexicain, le « zarape », qui est pour les indigènes ce que le burnous est pour les Arabes.

Une pointe sur San-Iago, une autre sur Strapuato, et une autre enfin sur une grande et belle ville appelée Silaô, où nous fîmes séjour, nous exténuèrent sans nous permettre d'apercevoir l'armée fantôme.

Là, je fus logé, à une lieue de la ville, dans une hacienda qui pouvait contenir neuf escadrons de cavalerie : l'hacienda de Cerrito, ancien établissement où se traitait le minerai d'argent et qu'avaient achetée deux Français dont je fus l'hôte. Ces Français me parurent vivre en très bonne intelligence avec les libéraux. « Ne croyez pas, nous dirent-ils, un seul instant, que les libéraux soient hostiles aux Français et qu'ils aient envie de se battre avec eux. Ils n'ont qu'un plan : vous fatiguer par des marches continuelles et inutiles, et vous forcer à rentrer à Mexico. Leurs chefs considèrent la France comme la source du progrès et le flambeau de la civilisation ; mais jamais ils n'accepteront le gouvernement réactionnaire et clérical que vous voulez leur imposer. Puisque vous aimez tant votre Labastida, pourquoi l'empereur Napoléon III ne le prend-il pas comme premier ministre? Il ne tiendrait pas vingt-quatre heures en France. Pourquoi voulez-vous qu'il dure davantage ici? Quant à Maximilien, on le déteste avant de le connaître, parce qu'on s'imagine que les prêtres seront prépondérants dans son gouvernement. »

Que répondre à ce raisonnement? Rien, sinon se remettre en selle et s'en aller à Lagos, dans l'espoir de gagner de vitesse les libéraux. Là, le général Bazaine apprit, de source certaine cette fois, que Doblado occupait Aguas-Calientes, grande ville de la province de Zacatecas. Vite, il fallait profiter de ce sourire de la fortune. Le général Bazaine réunit quatre bataillons, trois batteries d'artillerie et mes six escadrons. Il fit laisser les sacs, les bagages, tout, et le 18 décembre, nous partions de grand matin pour faire dix lieues, arriver au bivouac à six heures du soir et en repartir à une heure du matin, avec l'espoir d'atteindre Aguas-Calientes dans la journée. Mais, dans cette marche de nuit, on vint nous apprendre que deux escadrons de lanciers libéraux, partis de San-Luiz pour rejoindre Doblado, étaient venus donner près de nous, à las Demas, dans un poste occupé par un chef mexicain de nos auxiliaires, Chalvez, à la tête de 800 chevaux. Les lanciers avaient été battus, mais notre marche était éventée, et Doblado avait probablement déguerpi d'Aguas-Calientes. Nous courûmes au plus pressé, à las Demas, où nous trouvâmes une trentaine de cadavres de libéraux et Chalvez qui rentrait, encore tout échauffé de sa poursuite, après avoir détruit ou fait prisonnier le quart de l'effectif des libéraux et capturé une bonne partie de leurs chevaux. Nous restâmes là, toute la journée, sous un vent violent, au milieu d'une poussière aveuglante. Nous allions en repartir, quand on vint dire au général en chef que Doblado venait de rentrer à Aguas-Calientes avec deux bataillons. Renvoyant une partie de ses troupes et ne conservant que ma brigade dite d'avant-garde, qui était plus que suffisante, le général Bazaine marcha sur Aguas-Calientes, où nous arrivâmes le 20 décembre, sans rencontrer, sur la route ou dans la ville, l'ombre d'un ennemi.

Aguas-Calientes est une grande et belle cité d'environ 30,000 âmes. La plupart des habitants l'avaient abandonnée à notre approche, et ceux qui restaient nous accueillirent très fraîchement. Pourtant, comme nous payions tout, rubis sur l'ongle, ils nous fournirent tout ce dont nous avions besoin, pendant la journée que nous passâmes chez eux. Le général Bazaine aurait voulu pousser jusqu'à Zacatecas, le grand centre des mines. Mais on ne peut pas imposer à des troupes, dépourvues de toute espèce de bagages, d'aussi longues marches. La vie n'est pas tenable, quand on est privé de tous les menus objets nécessaires à l'entretien quotidien. Et il fallut se replier sur Lagos. En route, nouvelle alerte et nouvelle marche de nuit causée par le bruit faux d'une halte de Doblado à notre portée. Enfin, après avoir fait étape à une ville qui porte le joli nom d'Incarnacion, nous rentrâmes à Lagos, exténués, fourbus, quoique très intéressés par cette campagne qui nous rappelait nos courses en Algérie, à la poursuite des Arabes.

Pendant ces marches et contremarches, le général Bazaine avait appris la mort de sa première femme, qu'il avait épousée quinze ans auparavant, en Afrique. En arrivant à Lagos, nous apprîmes deux faits d'armes qui s'étaient passés, en notre absence, sur le front des deux divisions françaises et qui prouvaient enfin que cette armée libérale n'était pas un fantôme. La ville de Morelia, chef-lieu de la province de Michoagan, et qui passait pour très hostile à l'intervention, avait été occupée, sur l'ordre du commandant en chef, par le général Marquez, notre fidèle allié, à la tête d'une partie de l'armée auxiliaire. Uraga, qui depuis la mort de Comonfort commandait l'armée libérale, comptant sur les intelligences qu'il entretenait dans la place, vint attaquer Marquez qui se défendit comme un beau diable, mit hors de combat 600 hommes, fit 700 prisonniers, prit 5 obusiers et perdit 45 tués et 65 blessés. Le général Douay, qui se trouvait à proximité, accourut, se mit à la poursuite de l'ennemi, et le colonel Margueritte atteignit, à Zamora, l'arrière-garde d'Uraga qu'il dispersa entièrement.

Un événement tout à fait semblable se passait en même temps à San-Luiz de Potosi, que Méjia avait occupé, le 25 décembre, et où, deux jours après, il avait été attaqué par l'armée libérale, qu'il défit complètement. Nos auxiliaires eurent 50 tués et 65 blessés ; mais les libéraux perdirent toute leur artillerie, 850 prisonniers et plus de 600 hommes mis hors de combat. Le général de Castagny entra à San Luiz de Potosi, que Juarez avait abandonné. Le malheureux président faillit même être pris, car, lorsqu'il voulut traverser Monterey, le général libéral Vidauri lui refusa le passage. Mais ce général fut abandonné par ses troupes et dut se réfugier dans le Texas.

En somme, le général Bazaine avait atteint son but. L'armée libérale n'existait plus, et le nouveau commandant en chef venait de faire preuve d'incontestables talents, ainsi que d'une rapidité de conception et d'exécution qui contrastait heureusement avec les lenteurs de son prédécesseur.

Le général Forey avait mis plus de cinq mois et demi pour aller de la Vera-Cruz à Puebla, à travers les contrées les plus riches du Mexique, faisant subir à son armée des privations de toutes sortes. En six semaines, le général Bazaine avait porté cette armée, toujours en haleine, toujours en mouvement, à plus de cent cinquante lieues au nord de Mexico, dans des régions qui offraient relativement peu de ressources ; et payant largement ce que nous prenions, sans molester une seule fois l'habitant, nous avions toujours été largement pourvus de tout.

Que faut-il en conclure ? Que si le général Bazaine avait précédé le général Forey, au lieu de le remplacer, l'expédition du Mexique eût réussi ? Je ne l'oserais pas. Mais en tout cas, l'honneur des armes eût été plus grand, et l'effet produit sur l'ennemi, plus considérable. J'ajouterai que, si le général Forey, au lieu de précéder le général Bazaine, lui avait succédé, l'aventure mexicaine se serait sûrement terminée d'une autre façon ; car le général Forey n'eût pas ajouté ses intrigues personnelles à toutes celles qui tourmentaient ce malheureux pays. Il n'eût pas, à coup sûr, laissé derrière lui l'infortuné Maximilien, voué au trépas. Il l'aurait tiré de l'enfer où nous l'avions jeté, eût-il dû pour cela, et afin de sauvegarder à la fois notre responsabilité et l'honneur d'un souverain, faire prisonnier l'empereur et l'emmener derrière lui, pieds et poings liés.

Mais revenons à notre course dans le Nord. Le général Bazaine s'était réservé l'honneur d'aller faire reconnaître le nouveau régime à Guadalajara, la ville la plus importante du Mexique après Mexico, la seconde capitale du pays. Il emprunta, pour les attribuer à ma brigade, deux bataillons au général de Berthier qui, tombé sérieusement malade, rentrait à Mexico. Ce général, un des plus brillants officiers de nos vieux zouaves, venait d'être atteint d'une singulière affection mentale, à la suite d'une de ces violentes insolations si communes au Mexique. Il conservait son intelligence et la mémoire des faits anciens ; mais il avait perdu la notion du temps présent. Il lui était impossible de se rappeler où il était, ce qu'il faisait, pourquoi il marchait ; il n'y était plus du tout.

De Lagos à Guadalajara nous avions soixante lieues à faire. Nous les franchîmes lestement, sous des pluies abondantes qui gâtaient les routes sablonneuses que nous suivions et rendaient la marche pénible pour l'infanterie. Je n'imposerai pas à mes lecteurs les noms de nos différentes étapes à travers un pays très laid et sans caractère. Celle du 31 décembre à la Venta de Pescueros fut cependant assez originale. Les soldats baptisèrent leur bivouac le « Camp des lièvres », à cause de la quantité invraisemblable de ces animaux qu'ils rencontrèrent. La brigade entière se gorgea de civet. Le lendemain, 1ᵉʳ janvier 1864, à Tépatitlan, nous fûmes rejoints par le colonel Garnier qui remplaçait le général de Berthier dans le commandement de sa brigade, et à qui le général Bazaine réservait le commandement supérieur de Guadalajara. Nous descendions les pentes du Mexique vers l'océan Pacifique et nous retrouvions des gradins semblables à ceux que nous avions gravis, du côté de l'océan Atlantique. Nous n'étions plus, je crois, qu'à une vingtaine de lieues du Pacifique et sur la limite des Terres-Tempérées et des Terres-Chaudes de ce côté-là. Aussi les plantations de caféiers reparaissaient, et avec elles la flore tropicale. A San-Pedro, bourgade située à une lieue de Guadalajara et composée de maisons de campagne et de villas, nous fîmes un bout de toilette pour entrer, à notre avantage, dans la seconde ville du Mexique.

Guadalajara est une grande ville de cent mille âmes, bâtie sur le même plan que les autres. Elle contient six ou sept belles rues, quelques églises luxueuses, de nombreux couvents solides, abandonnés ou transformés en casernes, et une infinité de masures, construites en briques cuites au soleil, comme les maisons arabes. Ce qui frappe dans cette ville, comme dans les autres, c'est l'état de vétusté et de dégradation des monuments, à peine terminés. Toutes ces villes mexicaines, qui pourraient être fort belles, nous donnent une impression analogue à celle qu'on éprouverait en voyant un jeune homme de vingt-cinq ans déjà flétri par la décrépitude sénile. Autour de Guadalajara, dans un rayon d'une lieue environ, on trouve des jardins, des plantations, puis plus rien, le désert. C'est encore là une chose très frappante, dans le Mexique. On chemine à travers un pays complètement abandonné, dans lequel les routes généralement détériorées attestent seules le passage de l'homme. Pas de maisons, pas de villages, pas de culture. Et puis, tout à coup, on tombe, sans préparation aucune, sur des villes de cinquante, soixante, cent mille âmes. Chez nous, les abords des grandes villes s'annoncent par des centres de population plus ou moins importants, par des maisons de campagne, des usines, des fermes, des exploitations quelconques, sortes d'organes avant-coureurs de la cité. Au Mexique, rien de semblable : une ville au milieu d'un désert. C'est là, évidemment, le résultat de l'anarchie qui a dévoré si longtemps ce pays. Les villes étaient des refuges contre le brigandage. Tout ce qui n'offrait pas les éléments d'une résistance imposante étant invariablement pillé, razzié, saccagé par les bandits qui opéraient au nom des partis politiques, il fallait chercher la sécurité dans une ville.

Il y a bien les haciendas. Elles sont bâties comme si elles devaient soutenir un siège et ont pour garnison le nombreux personnel de leur exploitation. Mais les haciendas sont rares, et pour les posséder, il faut disposer de nombreux capitaux. Et voilà pourquoi toute cette poussière humaine qui s'éparpille sur un pays civilisé, en le fécondant, se trouve, là-bas, ramassée par petits tas, laissant dans la stérilité une terre bénie qui ne demanderait qu'à produire. Mais que dire de l'incurie et de la lâcheté de toutes ces populations, se laissant terroriser par quelques poignées de misérables que la moindre résistance eût mis en fuite ?

Le général Bazaine resta quelques jours à Guadalajara. Il en profita pour organiser l'occupation permanente du vaste territoire qu'il venait de soumettre. Les troupes des deux divisions furent réparties en garnison dans les principales villes. Le général Douay prit le commandement supérieur de la contrée, grande comme la moitié de la France, où nous venions de jeter les mailles de fer de notre occupation. Puis, avec précipitation, le commandant en chef, toujours suivi de ma brigade, reprit le chemin de Mexico, où l'appelaient des soins urgents.

Le triumvirat gouvernemental était plus difficile à pacifier qu'une province, et l'archevêque Labastida nous donnait, pour le moins, autant de fil à retordre que le président Juarez. La question des biens du clergé s'était envenimée, et le conflit était passé à l'état aigu. L'archevêque, en prenant la direction de la Justice et de l'Intérieur, avait commencé par déclarer qu'il ne reconnaissait point le décret qui avait sécularisé les biens du clergé; qu'il considérait comme nuls et non avenus tous les contrats de vente ou de location passés à la suite de ce décret, et que, disponibles ou non, tous les biens ecclésiastiques devaient être restitués à leur légitime propriétaire. Les généraux Almonte et Salas avaient blâmé cette attitude et avaient supplié leur collègue d'y renoncer, pour laisser au futur empereur la solution de cette difficulté si grave. Et, comme l'archevêque refusait, ils prirent un arrêté annulant sa décision. Alors, l'entêté prélat, sans donner sa démission, s'abstint de paraître aux séances du triumvirat, protestant par son abstention contre les actes de ses collègues et se réservant un moyen d'en contester la légalité. En même temps, comme cette opposition muette ne lui semblait pas suffisante, il rallia les évêques qui dépendaient de lui, et sept évêques, d'accord avec leur métropolitain, menacèrent d'excommunication majeure tous ceux qui obéiraient aux décrets de sécularisation. Nous étions dans de beaux draps, car nous faisions partie, nous autres Français, du troupeau sur lequel grondaient ces foudres. Enfin, Mgr Labastida en était arrivé à faire à l'intervention une guerre acharnée et clandestine, à comploter un appel aux armes et un soulèvement général contre les libéraux, y compris les Français. Le tribunal suprême de Mexico, cédant à la contagion, s'était rangé du côté de l'archevêque, contre Almonte et Salas, qui, désespérant de venir à bout de tous ces enragés, pressaient le retour du général en chef. Tant et si bien qu'un beau dimanche matin, à Guadalajara, l'armée française apprit qu'elle venait d'être excommuniée.

Cela ne nous empêcha pas d'assister au service divin. Mais, à Mexico, les choses faillirent se gâter, et on vit le moment où les canons de nos batteries allaient tourner leurs gueules vers la cathédrale, pour enfoncer les portes qu'on fermait devant nous. Le général Bazaine avait répondu à cette sentence d'excommunication en destituant l'archevêque, et, rentré à Mexico, il allait bientôt se résoudre à le transformer en martyr, en prenant contre lui un arrêt d'éloignement.

Le commandant en chef, en sa hâte de remettre un peu d'ordre dans les esprits de la capitale, avant l'arrivée prochaine de l'empereur Maximilien, voulut passer par le plus court pour rentrer, et il s'enfonça dans un massif montagneux que nos grandes voitures mexicaines du convoi eurent toutes les peines du monde à franchir. Il fallut plusieurs fois doubler les attelages, et nous nous amusions à voir dix ou douze mules, enlevées par un seul postillon qui les tenait toutes en main, donner ensemble dans le collier, au bruit d'un sifflement particulier. Au sortir des montagnes, la brigade se butta contre le seul cours d'eau important du Mexique, le Rio-Grande. Nous n'avions pas d'équipage de ponts, et on perdit trois jours avant que l'artillerie eût organisé un passage sur cette rivière large et profonde. Par exemple, le pays était magnifique, et, comme le temps était admirable, nous pouvions jouir de ses beautés pittoresques.

Nous passâmes une journée ravissante à suivre les rives du grand lac Chapala, que traverse précisément le Rio-Grande, par lequel ses eaux se déversent dans l'océan Pacifique. La Suisse n'offre rien d'aussi beau que cette immense nappe d'eau claire, dormant sur un plateau élevé, et enchâssée à distance par des montagnes artistiquement découpées qui lui font un cadre splendide. Ce lac est le quartier général d'une quantité prodigieuse d'oiseaux de toute espèce et de toutes grandeurs, depuis le canard sauvage jusqu'aux flamants roses et aux grands échassiers. Ce fut une journée de divertissement et de chasse. Le soir, dans toutes les marmites, il y eut des salmis variés, dont le troupier se lécha les doigts. Mon officier d'ordonnance, Nemrod enragé, garnit notre garde-manger pour plusieurs jours, et mon cuisinier, Dargenson, dont l'importance avait grandi avec la mienne et qui, maintenant, était populaire dans toute l'armée, sous son costume de colonel mexicain, nous confectionna des pâtés de grue qui furent proclamés dignes de la table impériale.

Puis, nous retombâmes sur la route suivie précédemment par le général Douay, et qui n'offrait rien d'imprévu. A la Piedad, où nous bivouaquions, le 18 janvier, le général Bazaine décida l'occupation de Zacatécas dont il chargea le général Douay, et qui complétait, au nord du Mexique, notre ligne d'avant-postes, développée sur un front de plus de cent cinquante lieues. Nous repassâmes ensuite par les centres que nous avions déjà visités : Salamanca, Celaya, et le dernier jour de janvier, nous étions à cinquante lieues de Mexico, à Queretaro, ravissante petite ville dont le nom allait devenir si lugubre.

Je vois encore le Cerro, monticule où un drame terrible devait être le dénouement de l'aventure mexicaine. La route de Mexico passe au pied de ce monticule. Nous la suivions, le 1ᵉʳ février, en fredonnant gaiement, par le plus beau temps du monde. Cette course vertigineuse était finie, et il était grand temps pour moi qu'elle se terminât; j'étais à bout de forces et si épuisé que je ne pouvais plus supporter les réactions pourtant si douces de nos chevaux arabes. J'avais dû faire toute la route monté sur un cheval mexicain, que j'avais acheté précisément parce qu'il marchait comme glisse un fauteuil.

A Mexico, je repris le commandement dont j'étais

titulaire : celui de la cavalerie du corps expéditionnaire. Cette cavalerie allait être augmentée et portée de huit à seize escadrons, par l'arrivée de renforts venus de France, avec le colonel du Preuil et le lieutenant-colonel Sautereau-Duparc. C'était magnifique pour un général de brigade tout récemment nommé; mais, comme cette cavalerie était répartie dans tout le Mexique, depuis la Vera-Cruz jusqu'à l'extrême Nord, son commandant jouait un rôle plus administratif qu'actif, et il n'était en réalité qu'un inspecteur général, chargé de faire valoir des titres acquis sous d'autres yeux que les siens.

D'ailleurs, rester plus longtemps au Mexique, c'était m'exposer à y rester pour toujours. J'avais vingt-cinq ans de service, dont près de vingt-trois ans passés dans des campagnes actives. J'étais pâle comme un mort, maigre comme un clou, et je ne pouvais plus monter un étage sans suffoquer. Un congé s'imposait. Le général Bazaine me l'offrit, je l'acceptai avec reconnaissance.

Peut-être le commandant en chef était-il guidé, dans sa sollicitude pour ma santé, par l'ambition de posséder mon cuisinier, dont il appréciait fort les talents. Et, sans le savoir, Dargenson me sauva probablement la vie. Il entra, le jour même de mon départ, dans les cuisines du général en chef, qu'il quitta plus tard pour passer au service du nouveau ministre de France à Mexico, M. le marquis de Montholon. Pour en finir tout de suite avec cet artiste culinaire, je dirai qu'à la fin de notre campagne au Mexique, il alla chercher fortune à New-York. Là, j'ai perdu sa trace.

Le marquis de Montholon, qui représentait la France aux États-Unis, avait remplacé, pendant notre campagne du Nord, M. Dubois de Saligny à Mexico, où je le connus assez pour savoir que c'était un homme fort aimable et fort accueillant, marié, aux États-Unis, à une ravissante Américaine, qui fit de sa maison la plus hospitalière et la plus recherchée de Mexico. En même temps que lui, était arrivé le général d'artillerie nommé en remplacement du « beau de Laumière », tué au siège de Puebla. C'était le général Courtois Roussel d'Urbal; et nul mieux que lui ne justifiait le premier de ces trois noms. Il appartenait à la grande école des officiers d'artillerie du premier Empire : les Sénarmont, les Lariboissière, les Éblé, et venait chercher au Mexique une troisième étoile qu'il méritait déjà.

Toutes mes affaires étant réglées et mon commandement remis au colonel de Lascours, du 1ᵉʳ de chasseurs d'Afrique, je quittai Mexico dans les premiers jours de mars. Nous formions une petite colonne, assez nombreuse pour n'avoir rien à craindre des guérillas. Avec moi, rentrait en France le général d'Auvergne, remplacé dans ses fonctions par mon excellent ami le colonel Manèque. Le général revenait sous prétexte de soigner sa santé ébranlée et de guérir définitivement sa jambe, fracturée dans une chute à Orizaba, mais en réalité parce qu'à un régime nouveau il faut des hommes nouveaux, et parce que le général Bazaine avait des habitudes trop dissemblables de celles du maréchal Forey, pour s'accommoder longtemps avec le chef d'état-major de son prédécesseur. D'ailleurs, le général Bazaine possédait un homme de confiance, par l'intermédiaire duquel il traitait toutes les grandes affaires : son aide de camp, le commandant Boyer, le seul peut-être qui connût ses pensées intimes et qui ait su les exprimer complètement et clairement, aussi bien au Mexique que pendant le siège de Metz.

Boyer et Villette, que nous appelions familièrement le « Padre », étaient ses deux seuls confidents. Pauvre Villette ! Devenu lieutenant-colonel, il fit preuve auprès de son chef, devenu le maréchal Bazaine, du plus admirable et du plus infatigable dévouement, dont il ne fut récompensé que par six mois de prison, pendant lesquels, traité comme un malfaiteur vulgaire, il subit les horreurs et les humiliations de la plus dure captivité.

Nous avions encore avec nous un jeune officier suédois, autorisé à suivre les opérations, attaché au 3ᵉ de zouaves, et qui venait d'être le héros d'une aventure où il s'était comporté admirablement : M. Erickson. Avec un de ses compatriotes, attaché, lui, au quartier général, il nous avait quittés au mois de décembre, pendant notre campagne du Nord, pour rentrer dans son pays, où il était rappelé.

Arrivés à Queretaro, les deux officiers suédois prirent la diligence qui faisait un service quotidien entre cette ville et Mexico, et qu'escortaient, ce jour-là, neuf soldats français, répartis sur l'impériale et à l'intérieur, pour protéger la valise de la poste, confiée au conducteur. Près d'un petit village appelé la « Soledad », la diligence est attaquée par plus de trois cents guérilleros, dont la première décharge tue raide deux soldats et l'officier suédois, camarade de M. Erickson. Les survivants sautent à bas de la voiture et, s'en servant comme de rempart, se défendent deux heures durant, tuant ou blessant une cinquantaine de bandits. Ils succombent l'un après l'autre dans cette lutte par trop inégale, et Erickson reste seul. « Rendez-vous ! lui crie le chef mexicain. — A quelle condition ? — Donnez vos armes, vous aurez la vie sauve. — Jamais ! plutôt mourir ! » Et, comme il n'avait plus de cartouches, Erickson se dégage, en cassant d'un coup de crosse la tête du bandit le plus rapproché.

Le chef de la guérilla dut faire sonner la charge à ses deux cent cinquante hommes pour en attaquer un seul. Une balle casse le bras gauche d'Erickson, qui est désarmé. Il reçoit un coup de lance dans le flanc, deux coups de sabre sur la tête et un coup de baïonnette dans l'aine. Les Mexicains pillent la voiture et le laissent pour mort sur la place. Pendant la nuit, il se traîne dans une hacienda voisine, où, deux jours après, le recueillit un détachement français. Quand il partit avec nous, il était à peu près guéri, sauf de sa blessure au bras.

Nous refaisions, en sens inverse, toute la route que nous avions suivie pour arriver à Mexico. On s'arrêta un jour à Puebla, où commandait le général Brincourt, avec son ancien régiment, le 1ᵉʳ de zouaves, passé sous les ordres du colonel Clinchant, le futur gouverneur de Paris, qui m'emmena visiter le théâtre de nos exploits. Tout avait été réparé; mais on se rendait encore parfaitement compte des obstacles sans nombre que nos admirables soldats avaient dû surmonter.

De Puebla, on se rendit directement à Orizaba, où commandait le général de Maussion, nouvellement promu. Et, le 15 mars, nous arrivions à la Vera-Cruz, où le *Tampico*, assez mauvais marcheur, qui faisait le service avec Saint-Nazaire, se fit attendre quelques jours.

Enfin, nous fîmes route vers la France, avec une première escale de vingt-quatre heures à San-Iago de Cuba, dont nous admirâmes la superbe rade, fermée par un goulet que défendent deux forts croisant leurs feux. C'était le vendredi saint. Les églises étaient pleines, et les femmes avaient arboré leurs plus brillantes toilettes. Nous rencontrâmes là un bataillon espagnol qui allait réprimer une insurrection à Saint-Domingue, et dont les soldats me parurent bien tenus, bien disciplinés. Le bâtiment qui l'amenait, une grosse frégate, lente, partit douze heures avant nous. Le *Tampico* la rejoignit et la dépassa avant qu'elle eût touché Haïti.

Nous fîmes une seconde escale de vingt-quatre heures à la Martinique, et je revis Fort-de-France, où deux ans auparavant j'avais failli mourir. Là, je rencontrai mon ami le commandant Colonna d'Ornano, mon compagnon de Laghouat, qui amenait le 2ᵉ bataillon d'infanterie légère d'Afrique au Mexique, pour garder les Terres-Chaudes. Je savais qu'il accomplirait avec intelligence et dévouement cette tâche dangereuse. Elle lui coûta la vie, car il mourut d'épuisement à bord du navire qui le rapportait, en rade de Mers-el-Kebir.

A Fort-de-France, nous prîmes avec nous quelques malades convalescents qui venaient de Cayenne. Nous en perdîmes quatre, dont deux officiers, pendant la traversée. Et quatre fois, en pleine mer, à la nuit tombée, nous entendîmes les prières des morts dites par l'aumônier qui, chaque dimanche, nous célébrait la messe sur le pont ! Quatre fois, nous vîmes s'ouvrir le funèbre sabord et se dresser la planche lugubre sur laquelle glissait le corps, enveloppé d'un linceul de toile à voiles et qui descendait tout debout dans les profondeurs de l'Océan, entraîné par le boulet attaché à ses pieds.

A ce moment, le timonier donne un coup de barre, et le vaisseau évite, pour s'éloigner brusquement du cadavre qui, sans cette précaution, pourrait être rencontré par l'hélice. Affaire de convenance, car cette rencontre serait sans inconvénient pour le défunt et pour le navire.

Si, pendant cette traversée, la France perdit quatre de ses enfants, elle en acquit un, car, un beau matin, nous vîmes inoccupée, à la table du déjeuner, la place qu'y tenait d'ordinaire une jeune et jolie créole, dont les vêtements amples nous avaient dissimulé la situation ; et, au dessert, nous apprîmes que la mère et l'enfant se portaient bien. On sabla le champagne à leur santé.

Je me souviens qu'une après-midi de cette traversée, qui dura vingt-huit jours, j'étais appuyé, le menton dans les deux mains, sur le bastingage, et je laissais errer mes regards sur l'immensité vide. Tout à coup, dans le lointain apparurent deux petites traînées de fumée, oh! bien légères, pareilles à celle qui s'échappe du bout d'une cigarette, entre deux aspirations. Les fumées grandirent, et bientôt, braquant sa lorgnette sur elles, le commandant me dit : « C'est la *Novara* et la *Thétis*. La *Novara* est une frégate autrichienne qui emporte au Mexique l'empereur Maximilien. La *Thétis* l'escorte. »

Et, tant que je le pus, je regardai de tous mes yeux les deux navires, gros comme deux petites mouches, qui nous croisaient dans le lointain, et dont bientôt la fumée se perdit dans la brume du soir qui tombait. Mais quand mes yeux ne les virent plus, ma pensée les suivait encore, attachée au passage de cet empereur qui ne voulait pas de sa couronne, qu'une femme ardente et captivante avait entraîné malgré lui, et qui partait après s'être jeté aux genoux du Pape et avoir senti sur son front les mains bénissantes de Pie IX. « Pauvre Maximilien! pensais-je; que vas-tu faire dans ce pays atroce que je quitte sans regret ; au milieu de ces gens qui s'entre-déchirent depuis plus de quarante ans; au sein de ces intrigues, alimentées par le fanatisme et la convoitise; dans cette contrée où les hommes se serrent comme un troupeau dans les villes, pour échapper aux bandits qui rendent les campagnes inhabitables; dans ce Mexique sans commerce, sans industrie; dans ce Mexique qu'ont tué ses richesses minières, ne lui laissant plus, comme jadis à l'Espagne, que la guerre civile, comme seule branche possible de l'activité humaine? Les défenseurs mêmes de ton trône, ces Mexicains qui t'appellent, vont t'abandonner parce que tu ne pourras aller jusqu'au bout de leurs plans rétrogrades. Et cette armée française qui a versé son sang pour te donner une couronne, elle va jouer vis-à-vis de toi, forcément, le rôle qu'elle jouait, au commencement de ce siècle, vis-à-vis des frères couronnés de notre grand Empereur, pour lesquels nos maréchaux devenaient des rivaux et des adversaires. Si tu parviens à mettre de l'ordre dans ce chaos, de la fortune dans cette misère, de l'union dans ces cœurs, tu seras le plus grand souverain des temps modernes. Mais, hélas! je crains bien que la tâche que tu as entreprise soit au-dessus des forces humaines! Va! pauvre fou! tu regretteras ton beau château de Miramar! »

Le 16 avril, nous débarquions à Saint-Nazaire. Le même soir, je prenais le chemin de fer, et le lendemain, 17, j'étais à Paris.

FIN DU TOME DEUXIÈME.

TABLE DES MATIÈRES

DU TOME DEUXIÈME.

I. — Boghar.

Au pied du mur. — Triste impression. — Un bon Agha. — Les nomades. — Une défection. — Larbâ et Ouled-Nayl. — Gendre et beau-père. — Un convoi. — Les illusions d'un général. — Fausse alerte. — En Smala.................................... 1

II. — Laghouat.

Mon blé. — *Sic vos non vobis*. — En expédition. — Nos alliés. — Investissement. — Devant Laghouat. — Sur la brèche. — Ville prise. — Un document. — L'assaut. — Ceux qui se sont distingués. — Les assiégeants. — Funérailles. — Scène pénible. — Chez Pélissier. — Commandant supérieur! — Dialogue. — Un sauveur. — Dénouement. — Mes prisonniers. — Le commerce du Sud. — Mort d'un héros. — Rapports et couriers. — Le bois d'ébène. — Les trafiquants. — Moutons et chameaux.. 24

III. — D'Ain-Mahdy a Saint-Cloud.

Chef d'escadrons. — Chez le Marabout. — Une mort subite. — Tranquillité. — Caravansérails. — Un petit congé. — Le colonel des Guides. — En frac. — A la table de l'Empereur. — Retour au désert. — Un coup d'épervier. — La bride sur le cou... 77

IV. — Au M'zab.

Les Mozabites. — Mes tonnelets. — Marche joyeuse. — Un coup de caveçon. — Fausse manœuvre. — Un autographe. — Histoires de femmes. — Singulier candidat. — Les puits artésiens. — Amende honorable. — Les zéphyrs. — Deux meurtres. — Un dispensaire. — Officier de la Légion d'honneur.......... 103

V. — Touggourt et Alger.

Les bachi-bouzoucks. — Guet-apens. — A travers les défilés. — Nuit agitée. — Le général Gastu. — Prise de Touggourt. — Le colonel Desvaux. — Chaude affaire. — N'abîmez pas mes chameaux. — Lieutenant-colonel. — A l'état-major. — Retour vers le passé. — Le capitaine Doineau. — Au bal. — A franc étrier. — Partie de plaisir. — Major récalcitrant. — Le comte de Kératry. — L'ordonnance de 1829. — Un hiver à Alger. — Un deuil.. 132

VI. — La Garde Impériale.

Faut-il une Garde? — Civils et militaires. — Élite, pas foule. — Comment on entrait dans la Garde. — D'Alger à Compiègne. — Le colonel de Cauvigny. — Rivalités. — Hommes et chevaux. — Notre uniforme. — Une grande revue à Longchamps. — Restons ce que nous sommes. — Les Africains de la Garde. — Mes collègues. — Quelques types. — Paul de Molènes........ 175

VII. — Compiègne, Camp de Chalons.

La Cour à Compiègne. — Un compétiteur. — Encore l'affaire Doineau. — Trop jeune pour être colonel. — Un ordre du jour. — Grandes manœuvres. — Un dîner pénible. — La messe militaire. — A Fontainebleau. — Audiences impériales. — Le comte Vimercati.. 206

VIII. — Aux cuirassiers.

Notre brigade de Versailles. — Une revue à Satory. — Le brunissage. — Un pari. — Manœuvre impériale. — Souvenir d'Austerlitz. — Artilleurs frondeurs. — Un coup de clairon. — La guerre d'Italie. — Canrobert sauveur de Turin. — Guides et hussards. — La rentrée des troupes. — Aux lanciers. — Histoire d'une caisse.. 229

IX. — Constantine.

Le général Desvaux. — Camarades de garnison. — Mon régiment. — Prix de vertu. — Numéro porte-bonheur. — L'Empereur à

Alger. — Fête arabe. — Au travail ! — Le Prince Napoléon. — L'école de Saumur. — En voyage. — Biskra. — Anecdote scabreuse. — Autres excursions. — Un assassinat.......... 258

X. — Le Mexique.

Fédéraux et confédérés. — La plus grande pensée du règne. — Triple alliance. — Le Suisse Jecker. — Le général Almonte. — Le drapeau engagé. — Le corps expéditionnaire. — Tâtonnements. — Régiments de marche. — Un œuf et un volcan. — Embarquement. — Sur rade. — En route !............ 288

XI. — Journal de bord.

Beau temps. — Relâche à Ténériffe. — Jours moroses. — Les économies de charbon. — Grosse mer. — En pleine tempête. — Où sommes-nous ? — A la Martinique. — Mademoiselle Émilie. — Empoisonné ! — A la Vera-Cruz. — Premier deuil. — Accès de fureur... 315

XII. — La Vera-Cruz.

Le vomito-negro. — Le général Forey. — Le général Bazaine. — Premières difficultés. — Une catastrophe. — Dans la brousse. — Terrassé par la fièvre. — La mouche de Cordova. — Les mustangs des prairies. — La Tejeria. — Mulets et voitures. — Orizaba. — Le général de Lorencez. — Les Douay. — L'intendant général Wolf. — Nos futurs généraux. — Quelques Allemands... 342

XIII. — Marche sur Puebla.

A l'état-major. — Un condottiere. — Marche en avant. — Les Cumbrès. — Opération de change. — Sur les plateaux. — Inaction. — Enfin ! — Répartition de la cavalerie. — Convoi attaqué. — Distractions dramatiques. — Nos auxiliaires. — Conseil de guerre. — Marche en bataille...................... 374

XIV. — « L'arrogante Puebla. »

Devant la place. — A Cholula. — Dans un chemin creux. — Un succès. — Le Pénitencier. — Les cadres. — Conseil de guerre. — Fausse manœuvre. — Combat d'Atlixco. — Chez le curé. — Approvisionnements. — Attaque d'un couvent. — Temps d'arrêt. — Combat d'avant-garde. — La fin du caïd Osman. — Combat de San-Lorenzo. — Aux avant-postes. — Retour au Camp. — Une belle lettre. — Nos prisonniers. — Entrée à Puebla. — Soixante-cinq héros. — Au violon!.................... 404

XV. — MEXICO.

Le « Rio frio ». — Panorama. — En vue de Mexico. — Coquetterie guerrière. — Entrée solennelle. — Procession. — Le triumvirat. — A l'Alameda. — Au bal. — Buitron. — Tranquillité. — Séjour à Mexico. — Récompenses. — Le maréchal Forey rappelé. — Tristes adieux............................ 450

XVI. — LE MEXIQUE SOUMIS.

Campagne politique. — L'armée écrémée. — Les trois caciques. — Mœurs mexicaines. — Brigade d'élite. — Petit des Adieux. — Comonfort. — Marches forcées. — But atteint. — A Guadalajara. — Excommuniés! — Suisse mexicaine. — Il faut partir. — Retour en colonne. — Pauvre Maximilien!................ 481

www.ingramcontent.com/pod-product-compliance
Lightning Source LLC
Chambersburg PA
CBHW051128230426
43670CB00007B/727